55,

A bem da Nação

Francisco Carlos Palomanes Martinho

A bem da Nação
o sindicalismo português entre a tradição e a modernidade (1933-1947)

CIVILIZAÇÃO BRASILEIRA

Rio de Janeiro
2002

COPYRIGHT © 2002 Francisco Carlos Palomanes Martinho

CAPA
Evelyn Grumach

PROJETO GRÁFICO
Evelyn Grumach e João de Souza Leite

CIP-BRASIL. CATALOGAÇÃO-NA-FONTE
SINDICATO NACIONAL DOS EDITORES DE LIVROS, RJ

M338b
    Martinho, Francisco Carlos Palomanes
    A bem da Nação: o sindicalismo português entre a tradição e a modernidade (1933-1947) / Francisco Carlos Palomanes Martinho. – Rio de Janeiro: Civilização Brasileira, 2002.

    Inclui bibliografia
    ISBN 85-200-0587-X

    1. Nacionalismo – Portugal. 2. Sindicalismo – Portugal. 3. Portugal – Política e governo, 1933-1947. 4. Portugal – História – 1933-1947. I. Título.

01-1441
    CDD – 946.9042
    CDU – 946.9"1933-1947"

Direitos desta edição adquiridos pela
EDITORA CIVILIZAÇÃO BRASILEIRA
um selo da
DISTRIBUIDORA RECORD DE SERVIÇOS DE IMPRENSA S.A.
Rua Argentina 171 – 20921-380 Rio de Janeiro, RJ, Tel.: (21) 2585-2000

PEDIDOS PELO REEMBOLSO POSTAL
Caixa Postal 23.052, Rio de Janeiro, RJ – 20922-970

Impresso no Brasil
2002

Para Wanda, Renatinha e Pedro.

E para Avelino Gonçalves Martinho (1924-1999)

Agradecimentos

Este trabalho foi apresentado originalmente no Programa de Pós-Graduação em História Social da UFRJ, tendo sido aprovado com uma generosíssima nota máxima. Por isso, meus primeiros agradecimentos vão para o professor-doutor Francisco Carlos Teixeira da Silva, pela orientação paciente e sempre instigadora. Aproveito também para agradecer aos professores doutores Maria Yedda Leite Linhares, Francisco José Calazans Falcon, José Ricardo Ramalho, António Costa Pinto, Lincoln de Abreu Penna e Daniel Aarão Reis Filho por terem aceitado participar da banca examinadora.

Agradeço igualmente à Capes, que me concedeu uma bolsa de estudos e uma bolsa sanduíche, sem as quais não teria sido possível a realização deste trabalho, e a todo o pessoal do PPGHS, sempre atento às nossas sempre urgentes requisições. Especial agradecimento devo fazer ao professor-doutor Afonso Carlos Marques dos Santos, não só pela permanente cordialidade como também pelas indicações que tanto facilitaram minha vida em Lisboa.

Aos meus colegas do Departamento de História da UERJ e do CAP/UERJ, pelo apoio e incentivo sempre demonstrados. Um agradecimento especial devo fazer a Tânia Maria Bessone da Cruz Ferreira, com quem compartilhei a nem sempre grata função de chefia do Departamento de História da UERJ. Uma convivência que me permitiu conhecer uma profissional capaz de aliar sensibilidade e rigor na condução da coisa pública.

Aos professores-doutores Francisco Carlos Teixeira da Silva, Afonso Carlos Marques dos Santos, João Luís Ribeiro Fragoso e Franklin Trein, pelos cursos ministrados, que permitiram novos cursos ao meu trabalho.

Ao Wander, funcionário do Programa de Estudos do Tempo Presente, pela profunda consciência do que deve ser o servidor público.

Em Portugal, os apoios foram diversos, e a todos eles devo a realização deste trabalho. À Fundação Casas de Fronteira e Alorna e ao presidente de seu Conselho Diretivo, D. Fernando Mascarenhas, pelo generoso e nobre abrigo que me concedeu ao longo de sete meses. Ao ISCTE (Instituto Superior de Ciência do Trabalho e da Empresa), por ter me aceitado como seu investigador visitante entre os meses de fevereiro e julho de 1997. Mais uma vez, ao professor doutor António Costa Pinto, meu orientador em Portugal, sempre atento às minhas indagações e sempre sugestivo em seus pareceres. No ISCTE, devo agradecer também à funcionária Ana Maria Pereira da Graça, que buscou sempre facilitar minha vida e atender às constantes demandas de um estrangeiro pouco afeito às questões burocráticas. Ao Arquivo Nacional da Torre do Tombo e à Biblioteca Nacional de Lisboa, onde passei boa parte de meu tempo a pesquisar, pela agilidade com que procuravam atender a meus pedidos e também pela presteza e atenção de seus funcionários. Ao dr. Paulo Nascimento, do Arquivo Histórico do Ministério para a Qualificação e o Emprego, que, abrindo o arquivo para minhas "investigações", foi definitivo à feitura deste livro. Às direções dos sindicatos dos Empregados do Comércio de Lisboa e dos Têxteis do Porto, que permitiram a coleta e a pesquisa de seus documentos. Aos amigos que, em Portugal, aliviaram o peso de tanto mar: Carlos Henrique Vianna, Heliana Bibas, Marcelo Fernandes, Gucha Lalanda, Augusto Nascimento, Maria Eugénia e Rogério Ribas. Agradeço também aos jovens Marta, Maria e Tiago, amigos, filhos de amigos, que tinham o dom de me fazer sentir mais moço. A todo o pessoal da Casa do Brasil de Lisboa: paulistas, cariocas e pernambucanos, um grande abraço pela deliciosa nostalgia de todas as noites de sexta-feira. Também em Portugal, na minha primeira estada, contei com a cumplicidade e presença de Fernando Teixeira da Silva, Alessandra Ramundo, Ângela Gonçalves e, durante o carnaval, Marco Aurélio Santana e Paula Ritter.

A Joaquina, Miguel, Luís, Maria e Olavo, que não só torceram, mas apoiaram.

A Marco Aurélio Santana, mais uma vez, não só pelas interlocuções permanentes, mas também pela companhia que ajudou a abrandar uma vida que às vezes seguia em águas bravias. A Alcir Henrique da Costa, pelas diversas e generosas utopias acalentadas em comum. Aos amigos que gravitavam em torno da também saudosa Livraria Artes e Letras: José Antônio, Anita, Stephen, Marcela, Flávio, Keila, Lúcia, Ana, Larissa, Ademar, Léo e Léo, cujas conversas, umas vezes alegres, outras vezes indignadas, outras ainda provocadoras, sempre renovaram a vontade de escrever e, sobretudo, de continuar a pensar e agir. Ao José Antônio Ribas Soares agradeço também o oferecimento de toda a obra de Oliveira Salazar e outra grande quantidade de livros raros sobre o período que estudei.

A Oswaldo Munteal Filho, companheiro do NAVEGAR — Laboratório de Estudos Portugueses, pelas trocas permanentes e pelo apoio neste momento difícil que é o da elaboração do livro.

Aos meus tantos parentes de Portugal e Espanha, que fizeram questão de mostrar a todo tempo que eu era um deles.

E é claro, e sempre, a Wanda, que, além do paciente trabalho de revisão, me acompanhou confiante esse tempo todo.

O Tejo é mais belo que o rio que corre pela minha aldeia,
Mas o Tejo não é mais belo que o rio que corre pela minha aldeia,
Porque o Tejo não é o rio que corre pela minha aldeia.

FERNANDO PESSOA

Abreviaturas

AC	Associação de classe
ACP	Acção Católica Portuguesa
AG	Assembléia geral
AHS	Arquivo Histórico-Social
AHMNE	Arquivo Histórico do Ministério dos Negócios Estrangeiros
AHMQE	Arquivo Histórico do Ministério para a Qualificação e o Emprego
ANTT	Arquivo Nacional da Torre do Tombo
AMI	Arquivo do Ministério do Interior
AOS	Arquivo Oliveira Salazar
APIDE	Arquivo da Polícia Internacional de Defesa do Estado
BN-L	Biblioteca Nacional de Lisboa
GNR	Guarda Nacional Republicana
LAAGSNCDL	Livro de Actas de Assembléias Gerais do Sindicato Nacional dos Caixeiros do Distrito de Lisboa
LADSNCDL	Livro de Actas de Reuniões de Direção do Sindicato Nacional dos Caixeiros do Distrito de Lisboa
LOC	Liga Operária Católica
MI/GM	Ministério do Interior/Gabinete do Ministro
PCP	Partido Comunista Português
PDPS	Polícia de Defesa Política e Social
PIDE	Polícia Internacional de Defesa do Estado
PSP	Polícia de Segurança Pública
PVDE	Polícia de Vigilância e Defesa do Estado
SAS	Serviços de Acção Social
SN	Sindicato Nacional

SSECPS	Subsecretariado de Estado das Corporações e Previdência Social
SU	Sindicato Único
SNEBDL	Sindicato Nacional dos Empregados Bancários do Districto de Lisboa
RGPL/RJ	Real Gabinete Português de Leitura do Rio de Janeiro

Sumário

PREFÁCIO 19

INTRODUÇÃO 21

CAPÍTULO I
A construção do projeto corporativo: Ilusões, sedução e resistência (1933-1936) 27

INTRODUÇÃO 30
1.1. O DILEMA DA PARTICIPAÇÃO NOS ANTECEDENTES DO ESTADO NOVO 31
1.2. A LEGISLAÇÃO CORPORATIVA — ESCOLHAS E OPÇÕES 34
1.3. LEGALIDADE, LEGITIMIDADE E AUTORIDADE 48
1.4. ESTRATÉGIAS DE RESISTÊNCIA, SOBREVIVÊNCIA E CONTROLE 51
1.5. O 18 DE JANEIRO — MEMÓRIAS EM DISPUTA E HISTÓRIAS DE RESISTÊNCIA 53
1.6. RESPOSTAS POSTERIORES AO DECRETO Nº 23.050 64
1.7. O ESTADO NO ESTADO CORPORATIVO — AÇÕES E APREENSÕES 75
1.8. O ESTADO CORPORATIVO — PRIMEIRAS IMPRESSÕES 78
1.9. ESTADO E CRISE NO TRABALHO — EM BUSCA DA PROTEÇÃO 80
1.10. EMPREGO E PROTEÇÃO DO TRABALHO NACIONAL 86
1.11. ESTADO E TRABALHO ENTRE A COERÇÃO E A SEDUÇÃO 96
1.12. A VIDA SINDICAL — HISTÓRIAS DE ADESÃO 102
1.13. PREVENÇÃO E CONTROLE 106
CONCLUSÃO 107

CAPÍTULO II
Revisões a um projeto idealizado — um corporativismo real (1937-1939) 123

INTRODUÇÃO 126
2.1. A ORDEM E A LEI COMO PRINCÍPIOS 127

2.2. A BUSCA DE CONTROLE SOBRE O TRABALHO 133
2.3. SINDICATOS, ESTADO E DESEMPREGO — PROJETOS ESTATISTAS 135
2.4. LIMITES E ALCANCES DA SEDUÇÃO 137
2.5. GOVERNOS LOCAIS E A "QUESTÃO SOCIAL" — EM BUSCA DO ESTADO 139
2.6. SANÇÃO E CONTROLE — OS SINDICATOS E A PVDE 143
2.7. OS MINEIROS DO PORTO — SALÁRIOS E CONDIÇÕES DE VIDA 144
2.8. OS GRÊMIOS E SUAS DEMANDAS — O CASO DO GRÉMIO DOS IMPORTADORES E ARMAZENISTAS DE BACALHAU E ARROZ (GIABA) 146
2.9. APOIOS E BARGANHAS — DISPUTAS COM A CUF 148
2.10. ESTADO, IGREJA E SINDICATOS — CONCILIAÇÃO, VALORES, POSSIBILIDADES E LIMITES 150
2.11. O ESTADO VENDO A FÁBRICA POR DENTRO 163
2.12. A MORAL DO TRABALHO 164
2.13. OS DISCURSOS DA LEGITIMIDADE E DA RESPONSABILIDADE 169
2.14. TENTATIVAS DE REGULAÇÃO E ORGANIZAÇÃO 173
2.15. OS HOMENS "CONTADOS" — ENTRE O FARDO DA CARGA E DA DESCARGA 181
2.16. A ORGANIZAÇÃO CORPORATIVA ENTRE A VONTADE INDIVIDUAL E A AÇÃO DO ESTADO — UM MOMENTO DE TRANSIÇÃO 191
CONCLUSÃO 205

CAPÍTULO III
Despachos, negociações e conflito — o corporativismo em movimento (1940-1943) 221

INTRODUÇÃO 224
3.1. PROCURANDO O ESTADO — REPERCUSSÕES À LEI DAS COTIZAÇÕES OBRIGATÓRIAS 226
3.2. O ESTADO, A GUERRA E A ORDEM PÚBLICA 230
3.3. GREVES — CONSEQÜÊNCIAS DA GUERRA 234
3.4. OS DESPACHOS SALARIAIS DOS TRABALHADORES DA CERÂMICA — MOMENTOS DE (IN)DEFINIÇÃO 237
3.5. HISTÓRIAS DE REBELIÕES — O EQUILÍBRIO EM QUESTÃO 264
3.6. O ESTADO EM DEFESA DO SINDICATO 273
3.7. O SINDICATO EMPREGADOR 275
3.8. GREVES E CRISE NOS SINDICATOS NACIONAIS 277
3.9. AS CONCESSÕES DO ESTADO 281
3.10. FISCALIZANDO AS FÁBRICAS — AGÊNCIAS DO ESTADO EM POSIÇÕES OPOSTAS 282
3.11. A ORDEM REGULADORA E A MORAL EXEMPLAR — O CONTROLE ESTATAL SOBRE OS SINDICATOS 284
3.12. SINDICATOS EM BUSCA DO ESTADO — A QUESTÃO DO HORÁRIO DE TRABALHO 289
3.13. EM DEFESA DA DOUTRINA 291
CONCLUSÃO 295

CAPÍTULO IV
Despachos, negociações e conflito — o corporativismo em transição (1944-1947) 311

INTRODUÇÃO 314
4.1. DEMANDAS PATRONAIS 315
4.2. GREVES, MOBILIZAÇÕES, CRISE 322
4.3. RECLAMAÇÕES OPERÁRIAS E ARGUMENTOS JURÍDICOS 325
4.4. ESTADO E TRABALHO — A MORAL ESGARÇADA 327
4.5. SALÁRIOS MÍNIMOS — RECURSOS E PEDIDOS DE ALTERAÇÃO 340
4.6. A FORMALIDADE DA DISPUTA 345
4.7. AINDA OS CONTRATOS 347
4.8. A REGULAÇÃO DO TRABALHO 350
4.9. TRABALHO E CONDIÇÕES DE TRABALHO NA CONSTRUÇÃO CIVIL 351
4.10. TENSÕES CONTINUADAS — O COMPROMISSO EM QUESTÃO 376
4.11. MARINHA GRANDE — TENSÕES E TRADIÇÕES CONTINUADAS 381
CONCLUSÃO 387

CONSIDERAÇÕES FINAIS 399

FONTES 417
1. RELATÓRIOS DE ASSOCIAÇÕES SINDICAIS 417
2. PUBLICAÇÕES DO PARTIDO COMUNISTA PORTUGUÊS 417
3. PUBLICAÇÕES 418
4. ARQUIVO OLIVEIRA SALAZAR — AOS/ANTT 418
5. ARQUIVO DO MINISTÉRIO DO INTERIOR-GABINETE DO MINISTRO/ANTT 418
6. ICS (INSTITUTO DE CIÊNCIAS SOCIAIS) DA UNIVERSIDADE DE LISBOA 418
7. ARQUIVO HISTÓRICO DO MINISTÉRIO PARA A QUALIFICAÇÃO E O EMPREGO 419
8. DISCURSOS E OBRAS DE OLIVEIRA SALAZAR 419

BIBLIOGRAFIA GERAL 421

Prefácio

O corporativismo foi uma componente central de vários regimes autoritários e fascistas, particularmente nos países latinos. Quer como ideologia, quer como prática política, este tem sido um elemento essencial do debate sobre a natureza dessas ditaduras, na Europa e na América Latina, e o livro de Francisco Martinho é uma excelente contribuição para ele.

O "Estado Novo" de Salazar, como salientou P. Schmitter, foi um laboratório invejável da experiência corporativa, simultaneamente como reinvenção de um imaginário legitimador da "regeneração" nacionalista e como forma de "integração" das classes trabalhadoras na ditadura, evitando a radicalidade do fascismo italiano e do nacional-socialismo alemão.* O corporativismo salazarista foi de fato apontado como exemplo a seguir pelos ideólogos da direita radical européia, fundamentalmente pelos católicos conservadores e pelos maurrasianos do período de entre as duas guerras mundiais do século XX, como "terceira via" autoritária entre a democracia e o fascismo.**

O autor apresenta aqui uma tese muito interessante: o corporativismo português foi parte integrante de "uma modernidade nostálgica", na medida em que se amparava nos valores de um tempo passado, um tempo em que Portugal havia sido "moderno". Sem cair na armadilha culturalista dos que vêem as sociedades ibero-americanas amarradas a um corpo-

---

*Vide Philippe C. Schmitter, *Portugal. Do autoritarismo à democracia*, Lisboa, Imprensa de Ciências Sociais, 2000.
**Vide Antônio Costa Pinto, *Salazar's Dictatorship and European Fascism. Problems of Interpretation*, Nova York, SSM-Columbia University Press, 1995.

rativismo societal que as condenava à eterna impossibilidade de consolidação de uma cultural política pluralista,* Francisco Martinho integra muito bem as alternativas corporativistas como peça da legitimação do novo Estado autoritário português.

O corporativismo português teve ideólogos entusiastas, e segmentos da elite autoritária acreditaram e ensaiaram uma nova prática de intervenção do Estado no mundo laboral, ao longo dos anos da consolidação do Estado Novo. Na esteira de investigações como as de Fátima Patriarca, o autor analisa exaustivamente a legislação e as relações de trabalho nessa fase crucial do salazarismo, para observar como, de um forte investimento social e relativo sucesso de "integração" da classe operária no regime, o Estado Novo português perdeu ímpeto e desinvestiu na estratégia corporativa a partir dos anos 40, sofrendo uma progressiva mobilização hostil, sobretudo durante os anos da Segunda Guerra Mundial e o imediato após-guerra.** Como salienta Francisco Martinho, frustravam-se assim as expectativas de alguns "arquitetos do regime", e a "ordem perdia o seu carácter 'orgânico' e passava a assemelhar-se com todo e qualquer regime de excepção". De facto, quando, no fim da "época do fascismo", o salazarismo ensaiou com sucesso a sua sobrevivência, o corporativismo cresceu formalmente nas instituições da ditadura na inversa proporcional do seu ensaio prático.

Inteligente e atualizado, inovador no campo empírico e interpretativo, este livro é um contributo indispensável à história social comparada do corporativismo do século XX.

António Costa Pinto
Instituto de Ciências Sociais da Universidade de Lisboa
Novembro de 2001

---

*Para uma versão já mais moderada desta tese, vide Howard Wiarda, *The Soul of Latin America*, New Haven e Londres, Yale University Press, 2001.
**Vide Fátima Patriarca, *A questão social no salazarismo, 1930-1947*, 2 vols., Lisboa, Imprensa Nacional-Casa da Moeda, 1995.

Introdução

Antes de se haver entrado no trabalho de reorganização, uma palavra só — desordem — definia em todos os domínios a situação portuguesa. (...)
No cimo, um pouco causa um pouco efeito de todas as outras desordens, o irregular funcionamento dos Poderes Públicos. (...) A Presidência da República não tinha força nem estabilidade. O Parlamento oferecia permanentemente o espetáculo da desarmonia, do tumulto da incapacidade legislativa ou do obstrucionismo escandalizando o país com seus processos e a inferior qualidade do seu trabalho. Aos Ministérios faltava a consistência; não podiam governar mesmo quando os seus membros queriam. A administração pública, compreendida a das autarquias e a das colónias, não representava a da unidade e acção progressiva do Estado; era ao contrário o símbolo vivo da desconexão geral, da irregularidade, do movimento descoordenado, a gerar o cepticismo, a indiferença, o pessimismo dos melhores espíritos. (...)

Oliveira Salazar (1930)

Um reparo prevejo eu: em tão longo discurso, exclusivamente sobre matéria política, pouco se fala de liberdade, de democracia, de soberania do povo, e muito ao contrário, de ordem, de autoridade, de disciplina, de coordenação social, de Nação e de Estado. É certo, e há-de confessar-se corajosamente, se nos dispomos a fazer alguma coisa de novo, que há palavras e conceitos gastos sobre os quais nada de sólido se pode edificar já.

Oliveira Salazar (1930)

O presente texto tem por objetivo discutir o papel do nacionalismo e de suas interfaces com a tradição e a modernidade no processo de institucionalização e consolidação de um Estado corporativo em Portugal durante os anos 30 e 40.[1] Conforme se pode observar nas epígrafes que dão início a esta parte introdutória, as opiniões daquele que se tornou a mais importante figura do Estado Novo português partiam do pressuposto de que a imposição da ordem e da disciplina em torno da Nação e do Estado era o caminho necessário para que se pudesse superar a conjuntura de crise anterior, evidenciada na crise da presidência da República, na incapacidade legislativa do Parlamento e na ausência de união nacional, entre outros. Ao mesmo tempo que procuraremos perceber o processo de organização do Estado Novo como um modelo autoritário e corporativo dotado de características muito próprias, será destacado, como elemento de grande importância, a situação européia no pós-guerra, quando a crise do liberalismo possibilitou o nascimento de regimes antidemocráticos em diversos de seus países.[2] A conjuntura internacional será vista como um dos elementos relevantes na consolidação do Estado Novo, mas não o mais importante, posto que as razões endógenas foram aquelas que, fundamentalmente, impuseram o nascimento de um regime de tipo autoritário e corporativo em Portugal.

O nacionalismo, como fenômeno político de importância para a definição de políticas de Estado, nasceu, historicamente, a partir da Revolução Francesa, vinculado à idéia de uma Nação pertencente a todo o povo. A Nação era entendida, nesse sentido, como elo entre Estado e povo. A idéia de pertencimento, ao longo do século XIX, possibilitou o desencadear de movimentos revolucionários e de libertação nacional, ao mesmo tempo que permitiu a consolidação de regimes políticos que conseguiram evocar, com eficácia, os princípios de um "patriotismo estatal" como componente mais importante no relacionamento entre Estado e povo.[3]

No fundamental, a idéia de que uma Nação se confunde com o Estado que a administra era a perspectiva dos governantes europeus do final do século XIX e início do XX. Para Portugal, esta simbiose era "natural", haja vista a vitória de uma perspectiva unitária (um único povo) desde a

Reconquista, quando uma nova institucionalidade jurídica e administrativa redefiniu os contornos do Estado nacional português. Esta situação era, em larga medida, uma vantagem se comparada com o predomínio dos nacionalismos autonomistas da Espanha, por exemplo, apesar dos temores portugueses com os potenciais desejos espanhóis de construir um Estado ibérico.[4] Assim, quando o regime do Estado Novo português reproduzia, em toda a sua documentação oficial, a expressão *A bem da Nação!*, ela podia perfeitamente ser entendida tanto como a defesa do povo quanto do Estado. Era dita com esta intenção e assim percebida por aqueles que apoiavam o regime e pela população em geral.

Entretanto, desde antes de seu nascimento como regime político, na oposição à República liberal e durante a ditadura militar, o nacionalismo apregoado por aqueles que ajudaram na queda do sistema democrático trazia consigo contornos da tradição e da modernidade. Por tradição, entende-se, por um lado, a evocação do passado português, de sua importância na construção de um mundo moderno e na aquisição de um vasto poderio colonial. Neste caso, a memória da construção da nacionalidade portuguesa, do sebastianismo, da Reconquista e do antiliberalismo de D. Miguel possuía importância determinante. Por outro, procurava-se consolidar a idéia de existência de uma "psicologia" tradicional do povo português: ordeiro, pacato, católico e vocacionado para o trabalho agrícola, em particular na pequena propriedade familiar. Não por acaso, em seu estudo para ingresso como professor da Universidade de Coimbra, ao mesmo tempo que denunciava a falência de um Alentejo latifundiário, Oliveira Salazar enaltecia o norte do país e sua pequena economia como elemento agregador da Nação portuguesa, "fecundada pelo capital e o trabalho".[5]

Mas essa tradição, conforme foi dito, vinha combinada com elementos de modernidade. A própria citação do passado português já era, em si, uma homenagem ao moderno, uma vez que foi exatamente naquele passado que se evocava o período em que Portugal havia não só constituído a sua modernidade mas, sobretudo, havia sido o pioneiro em sua constituição no mundo ocidental. Além de uma constante homenagem ao seu modernismo pretérito, o Estado Novo português apontava para outra modernidade mais condizente com sua época, própria da situação da crise liberal vivida pela Europa na conjuntura do entreguerras. Se é verdade que o fascismo, com sua estética futurista, era, não só um movimento dotado de modernidade mas, além disso, se julgava revolucionário, alguns outros regimes — entre eles o Estado Novo — beberam também da fonte que apontava para a identificação do liberalismo e da democracia como representantes do velho e do decadente. Assim, a organização de um Estado regulador, ainda que sem maiores projetos de industrialização, era um elemento constituinte dessa modernidade. A importância do Estado era permanentemente reiterada e, assim como nos regimes fascistas, a preocupação com a propaganda doutrinária e formadora era constante. Não por acaso, um dos mais importantes quadros do Estado Novo, António Ferro,[6] foi designado para dirigir a agência oficial de propaganda, o SPN (Secretariado de Propaganda Nacional). Desta forma, os valores do Estado reproduziam-se com eficácia, de modo a promover uma constante aproximação com o povo a quem deveria servir e proteger.

Outro lugar em que se evidencia essa regulação estatal foi o universo sindical, objeto de estudo do presente livro. A criação da organização corporativa obedeceu, simultaneamente, à idéia de resgate da tradição medieval perdida com o advento do liberalismo e à projeção do dever do Estado em servir como mediador dos conflitos entre capital e trabalho presentes no mundo contemporâneo. Mais uma vez, passado e futuro se encontravam. E também nos organismos sindicais, conforme se verá, prevaleceu a concepção de que estes, mais do que representantes dos projetos particulares e econômicos das classes sociais, deveriam, sim, agir em favor do bem comum. A bem da Nação.

Notas

1. O regime do Estado Novo português originou-se da ditadura militar implementada com o golpe de 28 de maio de 1926 em alternativa às constantes crises da primeira etapa do republicanismo português (1910-1926). Dois anos depois, o pensador católico e professor da Universidade de Coimbra António Oliveira Salazar ocupou a pasta do Ministério das Finanças. E foi na condição de ministro que liderou o processo transitório de uma ditadura militar para uma ditadura civil, iniciada com sua passagem para a chefia de Governo em 5 de julho de 1932 e, por fim, institucionalizada com a Constituição do Estado Novo, de 11 de abril de 1933. Sobre o republicanismo português, ver: CATROGA, Fernando. *O republicanismo em Portugal: da formação ao 5 de outubro de 1910*, 2ª edição. Lisboa: Editorial Notícias, 2000. Sobre a Primeira República portuguesa, ver: LOPES, Fernando Farelo. *Poder político e caciquismo na Primeira República portuguesa*. Lisboa: Estampa, 1994; MEDEIROS, Fernando. *A sociedade e a economia portuguesa nas origens do salazarismo*. Lisboa: A Regra do Jogo, 1978; WHEELLER, Douglas L. *História política de Portugal, 1910-1926*. Lisboa: Europa-América, 1985. Sobre a oposição conservadora ao liberalismo republicano, ver: LEAL, Ernesto Castro. *António Ferro: espaço político e imaginário social (1918-1932)*. Lisboa: Cosmos, 1994; idem. *Nação e nacionalismos: a cruzada nacional D. Nuno Álvares Pereira e as origens do Estado Novo (1918-1938)*. Lisboa: Cosmos, 1999. Sobre o golpe militar de 1926, ver: PINTO, António Costa. "Muitas crises, poucos compromissos: a queda da Primeira República." In: *Penélope: Fazer e desfazer história*. Lisboa: Cosmos, 1998, pp. 113/143.
2. Sobre a crise do liberalismo no entreguerras, ver: HOBSBAWM, Eric J. *A era dos extremos: o breve século XX (1914-1991)*. São Paulo: Companhia das Letras, 1995 (ver, especialmente, o capítulo 4: "A queda do liberalismo", pp. 113-143).
3. HOBSBAWM, Eric J. *Nações e nacionalismo desde 1780: programa, mito e realidade*. Rio de Janeiro: Paz e Terra, 1990.
4. GÓMEZ, Hipólito de la Torre. *Do "perigo espanhol" à amizade insular. Portugal-Espanha (1919-1930)*. Lisboa: Estampa, 1985; "Iberismo". In: GUERRERO,

Andrés Brass (diretor). *Enciclopedia del Nacionalismo*. Madri: Tecnos, 1997, pp. 223/226.
5. SALAZAR, António Oliveira. "A questão cerealífera — O trigo." Trabalho apresentado a 19 de março de 1916 para admissão no concurso para assistente da Universidade de Coimbra. Coimbra, 1916, p. 8.
6. FERRO, António Joaquim Tavares (1895-1956) foi um dos nomes mais importantes da política cultural do Estado Novo, tendo sido diretor do Secretariado de Propaganda Nacional. Jornalista por vocação, jamais concluiu o curso de direito, iniciado em 1913. Era também poeta e ensaísta. Antes do Estado Novo, Ferro já era um dos mais importantes personagens das letras portuguesas. Modernista, ativo e brilhante intelectual, defendia um Estado intervencionista, protetor das artes. Adversário da democracia, destacou-se como propagador do pensamento antiliberal nos anos 20. Antes, já havia se entusiasmado com o breve período do sidonismo em Portugal. Apesar da frustração com o assassinato de Sidónio, Ferro nunca deixou arrefecer seu entusiasmo pelo autoritarismo. Assim, na década de 1920, entrevistou diversos expoentes do autoritarismo e antiliberalismo europeu: Gabriele D'Annunzio, Primo de Rivera, Mustapha Kemal, Benito Mussolini e outros. Em 1932 publicou, no jornal *Diário de Notícias,* uma longa entrevista com Salazar, publicada logo a seguir em livro e utilizada como fonte de propaganda do regime. No SPN, foi o principal elaborador da política de propaganda do Estado Novo. Cf. PAULO, Heloísa. FERRO, António Joaquim Tavares. In: ROSAS, F. & BRANDÃO de BRITO, J. M. *Dicionário de história do Estado Novo*. Volume I: A-L. Lisboa: Círculo de Leitores, 1996, pp. 355/357.

CAPÍTULO I   A construção do projeto corporativo:
Ilusões, sedução e resistência
(1933-1936)

Nenhum de nós — nacionalista e amante do seu País — faz profissão de nacionalismo agressivo, exclusivo, odioso, antes, se apega à noção de pátria, que compreende, por instinto do coração e por imposição da inteligência, que o plano nacional é ainda o melhor para a vida dos interesses da humanidade. E no entanto, fugindo da divinização do Estado e da sua força, em nome da razão e da história, nós temos de realizar o Estado forte, em nome dos mais sagrados interesses da Nação; temos de fortalecer a autoridade, desprestigiada e diminuída, diante das arremetidas de mal compreendida liberdade; temos de dar à engrenagem do Estado a possibilidade de direcção firme, de deliberação rápida, de execução perfeita.

Oliveira Salazar (1934)

Não temos o encargo de salvar uma sociedade que apodrece, mas de lançar, aproveitando os sãos vigamentos antigos, a nova sociedade do futuro. Ela é ordeira e pacífica; ela conhece as fronteiras da pátria, alargadas por esse Mundo, a golpes de audácia, por antepassados ilustres; ela respeita a hierarquia e diferenciação de funções como facto natural e humano, necessário ao progresso geral; ela honra e defende o trabalho, como base da prosperidade e lei inelutável da vida, fonte de riqueza e saúde física e moral; ela tomará a capacidade e o mérito como os critérios fundamentais da valorização social; ela compreenderá, na luta incessante pelo pão de cada dia, que o homem não vive só de pão e que uma vida, esmagada pelo anseio de materialidades sem o culto dos valores morais, seria humanamente inferior e indigna de viver-se.

Oliveira Salazar (1935)

INTRODUÇÃO

Se tomarmos o início da década de 1930 como marco inicial de referência para nosso estudo, constataremos um quadro de crise e enfraquecimento por parte do movimento operário. A esta tendência, entretanto, não se deve acusar a condição antidemocrática que se afirmava com a ditadura. Por certo ela já vem de antes do 28 de maio.[1] Nesse momento, a questão mais importante a ocupar o movimento sindical eram os problemas do horário e dos acidentes de trabalho.[2] A crise de 1929, fundamental para o entendimento dos desdobramentos políticos dos diversos países europeus, não exerceu, entretanto, grande influência em Portugal. Fernando Rosas indica algumas importantes razões para que Portugal não tivesse sofrido grandes efeitos com a crise de 1929: 1ª. A economia portuguesa era pouco aberta ao exterior, sendo que o volume de suas exportações nunca ultrapassou 10% do Produto Interno Bruto; 2ª. Mesmo as exportações tradicionais — como o vinho, a cortiça ou conservas de peixe — eram compostas de produtos de baixa concorrência internacional; 3ª. A indústria portuguesa gozava de "vantagens" por conta de seu fraco desenvolvimento, entre outras razões, devido ao uso predominante da produção oficinal e artesanal, do atraso tecnológico e da utilização intensiva de uma mão-de-obra abundante e barata; 4ª. O domínio da estrutura agrária permitiu certa capacidade de absorção do desemprego.[3]

Foi dentro, portanto, de um quadro de relativa estabilização política e econômica, se comparada a realidade portuguesa com a dos países mais diretamente atingidos com a crise de 1929, que o movimento operário, já estruturalmente fragilizado, enfrentou o processo de organização corporativa e de conseqüente alteração em seu relacionamento com o Estado.

1.1. O DILEMA DA PARTICIPAÇÃO NOS ANTECEDENTES DO ESTADO NOVO

Em fevereiro de 1930 o governo nomeou uma comissão tripartite para discutir a legislação sobre o horário de trabalho, além de elaborar um regulamento sobre o tema. Representando as organizações operárias, o governo convocou o Sindicato dos Empregados no Comércio e Indústria de Lisboa, ligado à CGT (anarquista), e a Associação dos Caixeiros de Lisboa, de hegemonia socialista. Para os sindicalistas, o convite do governo abria um sério problema, que consistia em participar ou não da referida Comissão e, conseqüentemente, participar das negociações com um governo considerado ilegítimo. Se, para as lideranças anarquistas, a participação significava uma afronta aos princípios que norteavam sua ação, para a maioria dos membros da Associação de Classe dos Empregados no Comércio de Lisboa, a questão era de intensa responsabilidade e mesmo decisiva, sendo a maioria favorável à participação. A decisão tomada, visando ao mesmo tempo à manutenção dos "princípios" que norteavam a ação anarquista e a necessidade de não se isolar diante da classe que pretendiam representar, foi a convocação das diversas entidades de classe de Lisboa para que pudessem, de forma coletiva, se pronunciar sobre o tema.[4]

A reunião ocorreu no dia 25 de fevereiro de 1930, na sede do Sindicato do Pessoal Ferroviário da CP. Dos sindicatos que participaram com direito a voto, verificava-se um forte equilíbrio entre "participacionistas" e "não-participacionistas". Os socialistas, por um lado, nada se opunham à participação da classe operária na Comissão; anarcossindicalistas e comunistas, por outro, eram por questões de princípio contra a participação. Os primeiros chamavam a atenção para a desigual representação de operários e patrões. Lembravam também que, mesmo que tal não ocorresse, os patrões teriam sempre vantagem, uma vez que contariam sempre os votos dos representantes do Estado.[5] Além do mais, as conquistas operárias deveriam ser obtidas por meio da luta de classes, e não em acordos com o Estado. Quanto aos comunistas, os discursos em torno das tradições combativas da classe operária eram suficientes para que não houvesse adesão às propostas do governo. A decisão final terminou por ser a da não-participação.[6]

No dia 6 de março ocorreu nova reunião, desta vez no Sindicato dos Arsenalistas da Marinha, de hegemonia comunista. Por 12 votos a 5, a proposta do representante do Sindicato dos Compositores Tipográficos, também de hegemonia comunista, de se organizar uma "Comissão Intersindical Pró-Defesa do Horário de Trabalho", terminou por sair vencedora. Mais uma vez a proposta de adesão ao Estado era derrotada.[7]

Apesar de minoritária, havia, entretanto, uma corrente favorável à participação. Por exemplo, para o membro do Sindicato dos Empregados do Comércio e Indústria de Lisboa, era "justo e razoável" subir as escadarias dos ministérios, desde que para atender às demandas dos trabalhadores no sentido da melhoria das suas condições de vida. Quanto à acusação de colaboracionismo, afirmava que "a pureza e a coerência de princípios deveriam obrigar igualmente a não participar nos tribunais arbitrais, aos quais quase todos os delegados enviam delegados".[8] Para outros, a participação por dentro das vias legais, desde que respeitando o equilíbrio de forças, era o melhor caminho para a defesa dos interesses dos trabalhadores.[9]

Apesar da opção por não participar, reconheciam as lideranças, tanto anarquistas quanto comunistas, que não tinham forças para fazer os patrões cumprirem as oito horas de jornada de trabalho. Instalada a Comissão Intersindical Pró-Defesa do Horário de Trabalho, em pouco tempo a mesma passou a se constituir única e exclusivamente no apêndice sindical do Partido Comunista, constituindo-se, a partir de então, na Comissão Intersindical (CIS). Criava-se, assim, a Central Comunista, que passaria a disputar com a CGT, anarquista, o controle sobre o movimento operário. Nesse episódio de criação da CIS, parece-nos interessante observar que, consolidada a oposição entre esta e a CGT, ambas buscavam negar a tênue unidade constituída no início do ano de 1930.[10]

Resta aqui, antes da discussão sobre a institucionalização corporativa, uma breve menção à importante e não por acaso esquecida corrente sindical composta pelos socialistas. A atitude do esquecimento provocado constituía-se em um comportamento deliberado de anarquistas e comunistas, como se as lutas sociais do período se resumissem ao duelo travado por ambos.[11] No fundamental, a estratégia do sindicalismo socialista consistia em manter o movimento sindical dentro da legalidade. Tal conduta valeu aos socialistas o epíteto de "colaboracionistas", além do descrédito em relação à sua efetiva importância no meio sindical. Esta, de fato, é difícil de ser avaliada, fato expressivo de sua menor representatividade se comparada a anarquistas ou comunistas. Entretanto, não só existia como interveio diretamente nas questões postas no dia-a-dia pelas demandas do sindicalismo português. No âmbito das organizações operárias, os socialistas do Porto organizaram-se, desde 1929, na Federação das Associações Operárias (FAO). No resto do país, a ação dos socialistas vinculava-se às associações de classe, organizadas por estes ou sobre as quais exerciam alguma influência. Ao reconhecerem a necessidade de uma organização mais ampla, defendiam os socialistas a criação da União Geral dos Trabalhadores (UGT). Esta, que deveria aglutinar em todo o país as forças sindicais "reformistas", terminou por nunca se realizar.

Portanto, no início da década de 1930, três importantes correntes sindicais disputavam a hegemonia junto à classe operária portuguesa: anarquistas, comunistas e socialistas.[12] Destes, os dois primeiros eram contrários às negociações com o Estado, enquanto os últimos, de menor peso social, defendiam uma proximidade que garantisse a negociação no âmbito das condições econômicas e de vida dos trabalhadores. Havia, portanto, de um lado uma aparente concepção doutrinária, enquanto de outro predominava uma forma de pragmatismo. Mas esta breve aparência não deve ser confundida com um comportamento absolutamente estático das correntes sindicais. Elas estavam em movimento e as circunstâncias muitas vezes as obrigavam a migrar para posicionamentos diversos daqueles originalmente pretendidos. No caso dos comunistas, em particular, ver-se-á uma forte capacidade de adaptação a novas condições surgidas a cada momento, pois vieram a participar posteriormente, abdicando dos "princípios", dos sindicatos nacionais.

1.2. A LEGISLAÇÃO CORPORATIVA — ESCOLHAS E OPÇÕES

As posições e as escolhas de todas as correntes sobre o futuro do sindicalismo português ganharam contornos de dramática radicalidade a partir de 1933. A 23 de setembro de 1933, por intermédio de três decretos-leis,[13] foi instituído o Estatuto do Trabalho Nacional (ETN). Além disso, foi criado, também por decreto-lei,[14] no âmbito do subsecretário de Estado das Corporações e Previdência Social, o Instituto Nacional de Trabalho e Previdência (INTP). Inaugurava-se, portanto, a partir da constituição do Estado Novo português, uma nova forma de relação entre o Estado e o universo do trabalho. Embora o processo de aproximação entre o Estado e os trabalhadores tenha começado, conforme vimos, a partir de 1930, foi com a implementação do Estado Novo e das instituições destinadas formalmente a um relacionamento de proximidade com o mundo do trabalho (particularmente o ETN e o INTP) que se pode falar de um efetivo início de corporativização do Estado português. E foi com este novo padrão de relacionamento que teve de lidar o movimento sindical a partir de então. Como diz Fátima Patriarca:

> Ao criar os sindicatos nacionais, o decreto-lei nº 23.050 (...) não se limita a estabelecer um certo número de regras organizativas, nem a enunciar genericamente os fins a que os sindicatos licitamente poderiam aspirar ou ainda os limites a que sua acção deveria obedecer. Retomando os princípios enunciados no ETN, define orientações ideológicas precisas, estabelece normas de funcionamento interno minuciosas e, mais importante, atribui ao Estado extensos poderes que, entre 1933 e 1944, outros decretos se encarregarão de alargar.[15]

Ainda de acordo com a autora:

> Segundo o decreto nº 23.050, os trabalhadores do comércio e da indústria devem organizar-se em "sindicatos nacionais". Estes têm por base a profissão e por âmbito o distrito. Dentro de cada área geográfica, só é reconhecido um sindicato por profissão. A ele é atribuído o monopólio da

representação profissional e esta abrange a globalidade da categoria. Nos termos do ETN e do decreto nº 23.050 — artigos 9 e 6 —, os sindicatos obedecem a três princípios fundamentais: o da hierarquia dos interesses, que subordina os interesses particulares aos da economia nacional; o da colaboração com o Estado e com as outras classes; o do nacionalismo, que limita a actividade dos sindicatos exclusivamente ao plano nacional, em respeito absoluto aos "superiores interesses da Nação". Para que não restem dúvidas, o legislador determina, aliás, que os estatutos dos sindicatos devem conter, expressa e obrigatoriamente, não só a afirmação de fidelidade ao nacionalismo e à colaboração social, como a declaração de "renúncia" a toda e qualquer actividade contrária aos "interesses da Nação portuguesa" e a do "repúdio da luta de classes".[16]

A essa nova política, de caráter eminentemente corporativo, tiveram os trabalhadores de responder. Mas responder "reativamente" a uma política já implementada e que, a despeito das lideranças do movimento operário, repercutiam entre seus "representados". As escolhas poderiam tanto consolidar como isolar lideranças, da mesma forma como consolidava um projeto de organização sindical que se opunha aos modelos vigentes entre as principais correntes operárias. A subordinação ao Estado e o compromisso "nacionalista" apresentavam-se como impedimentos por demais fortes para serem passivamente aceitos.

Se, por um lado, percebia-se a unidade em torno dos projetos estatais, já plenamente definidos em torno de um grupo dotado de coesão, o mesmo não se podia ver no ambiente operário e no comportamento deste diante das novas regras. Do ponto de vista das lideranças operárias de esquerda — anarquistas, comunistas e socialistas —, a tendência geral foi a de não aceitar as determinações "impostas" pelo Estado. Entretanto, os caminhos escolhidos pelos diversos setores do sindicalismo para fazer frente a um processo de corporativização nem sempre foram os mesmos.

A exceção geral à regra foram as correntes de "direita" do movimento sindical, imediatamente dispostas a aceitar as mudanças ocorridas. Como exemplo, podem ser citados o Sindicato de Empregados e Operários da Indústria de Laticínios e o Sindicato dos Empregados de Construção Civil. Ambos da Covilhã, hegemonizados pelos católicos, e com um único órgão de imprensa, *Voz dos trabalhadores*. Não só se percebia um grande otimismo em relação ao modelo organizacional corporativo, como também se afirmava que tal modelo significava o fim do liberalismo e do comunismo, "causas principais de desordem no mundo econômico e moral". E ainda mais:

> A Revolução Francesa havia suprimido as corporações, "único amparo da classe trabalhadora, ficando esta sujeita ao jogo, por vezes tirânico, do capitalismo desenfreado". De ora em diante deixaria de ser assim. "Os sindicatos, órgãos cooperadores do Estado corporativo, satisfarão de comum acordo as necessidades mais urgentes das classes operárias e patronais, até que, com o tempo, se entre abertamente em regime corporativo, criando-se escolas profissionais e aprendizagem, bolsas de trabalho, elaborando regulamentos e elegendo delegados próprios para as Câmaras defenderem seus interesses profissionais."[17]

Aqui, evidenciam-se não só a negação à herança liberal e de seus herdeiros, como também o papel "cooperador" dos sindicatos na nova organização política. A idéia do sindicato como órgão destinado ao conflito — como quer a tradição liberal — era, a partir de então, negada em favor de um novo projeto. Não anti-sindicalista, mas sim defensor de uma idéia de sindicato colaborador da ordem. O papel destes seria, agora, meramente técnico, defensor dos "interesses profissionais". É importante destacar dessa passagem a existência de segmentos organizados no meio sindical favoráveis à nova ordem corporativa. No caso dos católicos, lembremos, uma cultura nesse sentido vinha desde finais do século XIX, quando a Igreja buscou formular uma primeira alternativa entre o capitalismo liberal e o socialismo. E serviu também para mostrar que a constituição do sindicalismo corporativo em Portugal não foi apenas fruto da repressão política, mas sim da adesão imediata de setores que atuavam organizadamente desde o período anterior no mundo sindical.[18]

O Estado havia imposto, como data limite, o dia 31 de dezembro para que os vários sindicatos fizessem assembléias a fim de se adequarem às novas diretrizes. Das 38 associações de classe que fizeram assembléia até a data limite, 15 delas se recusaram a integrar a nova ordem corporativa e 23 aceitaram.[19] Na Associação de Classe dos Ajudantes de Farmácia, o resultado foi o do empate. Muitas das associações que aceitaram a integração, entretanto, eram recentes, tendo sido fundadas nos anos 30, fruto das tensões promovidas com a elaboração da nova ordem corporativa. As associações que rejeitaram o projeto estatista ou que não fizeram assembléias deveriam ser logo dissolvidas. No primeiro caso, muitas vezes grupos de associados procuraram formar comissões organizativas para que pudessem fundar um sindicato nacional reconhecido pelo Estado. No segundo caso, muitas vezes a não-realização de assembléias demonstrava não necessariamente um rompimento ou desobediência perante o Estado, mas sim, o que é mais provável, um forte estado de desmobilização. Em janeiro de 1934, uma série grande de associações de classe procurou fazer assembléias no sentido do reconhecimento legal nos moldes impostos pelo Estado, a fim de que a entidade voltasse a ter reconhecimento legal.

A análise dos documentos das diversas organizações sindicais mostra-nos um quadro complexo, em que as escolhas e opções eram feitas sob a marca da insegurança quanto ao futuro. Tratava-se de um jogo e, para cada caminho adotado, os resultados eram imprevisíveis. Um dos primeiros sindicatos a optar por tomar partido acerca do decreto-lei nº 23.050 foi o dos profissionais da imprensa de Lisboa. Por este motivo, elaborou um parecer sobre a nova legislação a fim de que o mesmo fosse encaminhado à assembléia geral da categoria.[20] Logo de início, o parecer demonstrava conhecimento dos interesses do Estado Novo no sentido de fazer com que a nova legislação viesse a atender aos interesses políticos do Estado Novo. Mais ainda, percebia a tentativa das elites estado-novistas de criar uma ordenação monolítica, apesar de seu caráter inequivocadamente "heterogéneo":

> A leitura dos decretos que estabelecem a nova organização corporativa depressa certifica que o pensamento do Governo é de tomar todas as posi-

ções associativas, tal como já tomou todas as posições políticas, só permitindo a actividade do grupo partidário em que se apóia. Não há dúvida de que ele pretende estender e firmar a sua influência dentro das colectividades profissionais, aglutinando, sob a mesma finalidade política, ao serviço da ditadura e do Estado Novo, elementos logicamente heterogéneos.[21]

Assim, era dentro de uma percepção de que se estava caminhando no sentido da limitação das liberdades que os profissionais da imprensa definiriam o rumo a ser tomado. O sindicato, ao mesmo tempo, procurava afirmar o caráter estritamente apartidário da entidade, preservando exclusivamente seu caráter econômico e cultural. Dessa forma, quando foram estabelecidos a censura à imprensa e a substituição da carteira de identidade do profissional de imprensa, pelo bilhete de identidade do jornalista, este sob o controle do Estado, evitou protestos, para que não fosse confundido com atividade política.[22] Assim, tendo a entidade se mantido afastada do que chamava de "campo político", não considerou coerente que o Estado a obrigasse a uma integração forçada. Quanto à legislação propriamente dita, além da crítica ao cerceamento de um debate mais amplo sobre seu conteúdo, afirmava:

> Dos seis decretos que organizam esse regime, e sobre os quais não foi permitido livre debate de opiniões, o do Estatuto do Trabalho Nacional estabelece o contrato de trabalho; mas como não obriga o patronato a aceitá-lo, resultará letra morta. O artigo 45 desse diploma preceitua que as "CORPORAÇÕES" serão constituídas pelos sindicatos e pelos grémios; mas como às associações patronais se permite, embora a título provisório, continuem organizadas conforme a lei de 9 de maio de 1891, resulta que não é igual a situação para trabalhadores e patrões, em nada aproveitando ao Estado tal diferença do tratamento. Dessa injustiça julgareis vós.[23]

O problema, portanto, não estava exatamente no fato de o sistema corporativo ser cerceador das liberdades e uma imposição. Ou, ao menos, não era somente isso. Havia também o fato de que a forma como se organizou o modelo obedecia a uma lógica que, na opinião dos signatários do documento, favorecia aos interesses patronais, uma vez que permitia que os mesmos, ainda que provisoriamente, mantivessem seus organismos representativos de acordo com a legislação anterior. Havia, assim, um desequilíbrio incoerente com a propota de "harmonia" pregada pelo governo do Estado Novo.

Outro problema verificado pelos profissionais da imprensa foi a legislação acerca das casas econômicas, uma vez que o decreto nº 23.052 previa que, majoritariamente, as mesmas deveriam ser destinadas aos sindicatos nacionais. O teor da crítica neste caso se devia à incapacidade, segundo os profissionais de imprensa, de o Estado assumir aquilo que determinava a legislação:

> É certo que o novo regime corporativo, tirando às classes o direito de agirem por si mesmas (embora sob a fiscalização do Estado), lhes promete algumas vantagens. Assim, o decreto nº 23.052 estipula que 75 por cento das casas económicas serão destinados aos sindicatos nacionais. Para se verificar, porém, como é ilusória a promessa, basta fazer um cálculo por alto: computando-se em 10 mil escudos o valor de cada casa, segundo o decreto, e em 100 mil o número de trabalhadores associados, seram precisos 750 mil só para as casas destinadas aos sindicatos; mas, como se sabe, o Governo votou apenas 20 mil contos para tal.[24]

Quanto ao decreto nº 23.053, que criou o Instituto Nacional de Trabalho e Previdência (INTP), a crítica recaía no fato de que o mesmo extinguiu alguns tribunais que julgavam conflitos de trabalho. Muitas vezes, o Sindicato dos Profissionais da Imprensa havia utilizado tais tribunais. Consideravam, portanto, que mais uma garantia aos trabalhadores se havia perdido.[25]

A observação maior recaía, porém, no decreto nº 23.050, que criava os sindicatos nacionais e impunha a data de 31 de dezembro como limite para a modificação dos estatutos e a adesão ao sistema corporativo. A primeira observação crítica recaía sob o artigo 9, que determinava que os sindicatos deveriam subordinar-se aos interesses da economia nacional:

Começam nossos reparos com a doutrina do artigo 9, segundo o qual os sindicatos devem subordinar-se aos interesses da economia nacional, em colaboração com o Estado e os órgãos superiores da produção e do trabalho.

É evidente que seria mais agradável podermos defender os nossos direitos e regalias de harmonia com os interesses da economia nacional, numa perfeita colaboração com o Estado e seus organismos, quando esses se expandissem livremente e com eqüidade.

Mas o que não podemos é simular desconhecimento dos efeitos de semelhante doutrina, concordando com a nossa subordinação à estrutura económica burguesa, sabendo que esta, em vez de atender ao bem comum, é cimentada nos privilégios dos interesses privados, quais sempre contrários aos interesses económicos dos trabalhadores, e não poucas vezes até prejudiciais para o próprio Estado.[26]

O argumento demonstrava uma clara opção por um tipo de sindicalismo antagônico àquele pretendido pelos agentes do Estado Novo. Para os dirigentes do Sindicato dos Profissionais de Imprensa, prevalecia a tese de um sindicalismo de luta, construído nas sociedades de tipo liberal, e marcado fundamentalmente pelas disputas de caráter econômico. Ao mesmo tempo, os sindicalistas compreendiam o Estado português a partir de um modelo de apreensão dominante à época. Um Estado restrito, defensor exclusivo dos interesses de uma única classe, não permitindo a ação e a influência de diversos segmentos que não a burguesia.[27] O Estado Novo, por seu turno, pretendia uma organização de apoio e complementar à institucionalização corporativa, não devendo, portanto, prevalecer os interesses "egoístas" das classes antagônicas.[28]

O artigo 10º, que determinava o caráter nacional dos sindicatos — o que os impedia de se filiar a qualquer organismo de caráter internacional ou de participar de congressos ou encontros sem a prévia autorização do governo —, também mereceu apreciação do Sindicato. Também neste caso prevalecia a idéia de um modelo de sindicalismo tradicional, em contraposição aos traços nacionais e corporativos que o Estado Novo buscava implementar:

Como claramente, ressalta da leitura deste artigo, quase nos ficam vedadas as relações profissionais ou culturais com os nossos camaradas estrangeiros, não podendo dar um passo nessa matéria sem autorização do Governo, que assim nos impõe uma tutela inexplicável, como se qualquer entidade oficial soubesse, melhor do que nós, as relações que nos interessa manter ou fôssemos capazes de estreitar relações internacionais contrárias ao interesse nacional. Note-se: tanta importância o legislador liga a esse aspecto da vida sindical, que impõe a pena da dissolução aos sindicatos e a perda de direitos políticos aos seus gerentes, no caso de qualquer transgressão.[29]

A divergência com relação a este artigo dizia repeito, segundo os dirigentes do Sindicato dos Profissionais de Imprensa, ao fato de que as relações internacionais não só eram benéficas para os trabalhadores, como também não se contrapunham necessariamente aos chamados "interesses nacionais". Exemplo disso era a própria Igreja Católica, que, sendo um organismo de caráter internacional, exercia atividades em cada país sem que isso caracterizasse uma afronta à Nação:

> A letra de tal artigo não pode merecer o nosso acordo, numa época em que o intercâmbio internacional é sistema aceito e consagrado, de que todos os indivíduos e classes lançam mão para aperfeiçoamento e renovação de cultura, de reconhecida utilidade para os próprios Estados. Não podemos compreender como os trabalhadores são exceptuados dessa regra de aperfeiçoamento profissional, tanto mais que, entre as diversas classes, algumas não dispensam esse contacto internacional, dada a sua característica intelectual, encontrando-se no número dessas classes a dos profissionais de imprensa.
>
> Sem reparos, não pode ficar a doutrina de que, para exercermos a nossa actividade num plano exclusivamente nacional, seja essencial proibirem-nos relações com organismos congéneres estrangeiros, ou sujeitarem essas relações ao policiamento do Estado. E podemos citar um grande exemplo que confirma a nossa opinião: Não há maior organização internacional que a Igreja Católica; todavia, dentro de cada País, ela exerce a

actividade no plano nacional, e nenhum Governo se lembrou de fiscalizar ou condicionar as relações que os católicos e seus organismos têm com o estrangeiro.[30]

As observações sobre o Estado e a Igreja Católica demonstravam a capacidade de os sindicalistas utilizarem-se dos elementos mais fortes do discurso do Estado Novo para a defesa de seus interesses. Como se sabe, a Igreja Católica foi um dos principais, senão o principal, veículo de sustentação ideológica do regime. Ao mesmo tempo, os valores de um Estado forte e interventor não se contrapunham ao fato de que este recebia influências de outros movimentos internacionais também propagadores de modelos estatais fortes e autoritários. Não se tratava, assim, de um rompimento com a ordem, mas a demonstração de que a própria ordem proporcionava, para as instâncias mais caras ao novo regime —, a Igreja e o próprio Estado —, direitos que, contraditoriamente, eram vedados aos sindicatos e demais organismos civis.

O documento adiante fazia uma apreciação do artigo 15° e dos seguintes, que tratavam das disposições estatuárias, considerados de tal modo prejudiciais "que torna inútil a existência do nosso sindicato". Segundo os signatários do documento:

> Na alínea c) do artigo 15° determina-se que os estatutos conterão, obrigatoriamente, o repúdio da luta de classe. Ora, as lutas de classes só desaparecerão quando deixarem de existir as anomalias e iniqüidades económicas que lhes dão causa. Lutar pelas reivindicações da classe é a principal acção que deve ser atribuída ao nosso sindicato. Se o forçam a renunciar, previamente, a essa luta, eliminam-lhe a principal finalidade. Nem tem razão para existir, visto que para as outras funções associativas já temos os organismos do mutualismo, de previdência, as sociedades de instrucção e recreio.[31]

Desse modo, procuravam salientar as diferenças que separavam os sindicatos das demais formas de organização do trabalho, não destinadas à defesa dos interesses econômicos. Ficava claro também que a defesa desses interesses significava necessariamente conflito e, como conseqüência, aquilo que o novo regime buscava extirpar: a luta de classe.

Assim, uma concepção diferenciada de sindicalismo recusava-se a aderir à nova ordem institucional. Também nos Arquivos Oliveira Salazar, encontramos outra manifestação contrária à implementação da nova ordem corporativa. Tratava-se, dessa feita, de uma moção elaborada por um grupo de trabalhadores ferroviários, não assinada, provavelmente em virtude das condições de restrição às liberdades impostas à época. Ao contrário do documento acima mencionado, esta moção não era feita em nome de uma entidade sindical, mas de um grupo de profissionais.[32] Apesar disso, algumas semelhanças com o documento anterior eram evidentes.

Quanto à questão da chamada luta de classe, que o decreto, por intermédio de sua alínea *c* do artigo 15°, abolia, afirmava a moção que "a luta de classes manter-se-á a todo o transe enquanto existir o actual sistema capitalista". Também este grupo de sindicalistas repudiava a restrição às liberdades impostas pela legislação, assim como a proibição de apoios às greves ou de articulações internacionais.[33]

Quanto ao parágrafo 1° do mesmo artigo 15°, que obrigava os membros dos sindicatos nacionais a estarem em pleno gozo dos seus direitos civis e políticos, as críticas dos dirigentes do Sindicato dos Profissionais da Imprensa deviam-se ao fato de que, para eles, os problemas políticos enfrentados por cada indivíduo não impediam que o mesmo fosse dotado de honradez e, além do mais, tal ordem de problema era alheia à organização sindical.[34] Mais uma vez, o que estava em jogo na assertiva dos dirigentes que assinaram o parecer era uma disputa entre concepções sindicais diferentes. O novo projeto sindical implementado pelo Estado caminhava em sentido contrário àquele oriundo da tradição liberal e individualista. Portanto, para os dirigentes, os problemas políticos de cada indivíduo diziam respeito apenas ao mesmo. Ao contrário, sendo o sindicato parte integrante da Nação, um de seus corpos, ele deve estar coadunado com os interesses desta mesma Nação e, assim, não cabiam elementos hostis ao projeto governamental implementado.

Um dos limites impostos pela nova legislação era a assembléia geral que passaria a se reunir apenas a cada ano, com o propósito de eleger sua mesa e sua direção. Quanto à administração e às contas do Sindicato, ela ficaria sob a tutela do INTP.[35] Assim, enfraquecia-se a forma mais importante de representação dos trabalhadores junto ao sindicato, que é a assembléia geral. Além disso, suas deliberações só seriam aprovadas depois de sancionadas pelo subsecretário de Estado das corporações. O caminho natural de tais resoluções seria o enfraquecimento da organização sindical:

> Então os nossos prezados consócios vendo a que fim fica reduzida a acção associativa, e a inutilidade da nossa existênca sindical. Nenhuma espécie de autonomia nos deixam, nem sequer a de elegermos, livremente, as nossas direcções, cujos eleitos temos obrigação de conhecer melhor que qualquer entidade oficial.
>
> Deste modo, de futuro, a direcção do nosso sindicato passará a ser, apenas, aquela que os Governos entenderem. Como na organização corporativa há o propósito de atribuir funções políticas aos sindicatos, temos de admitir que o Instituto Nacional do Trabalho e Previdência procura assegurar nos sindicatos a influência favorável aos governos, através de direcções de sua confiança.[36]

Mais uma vez, na análise feita acima pelos dirigentes sindicais, há clara dicotomia entre sindicato com finalidades políticas — de fidelidade ao regime — e sindicato com finalidades exclusivamente econômicas — e dotado de autonomia. Outro artigo merecedor de anotações críticas por parte do documento foi o 20º, complementar às observações feitas acima, que determinava fidelidade dos sindicatos aos órgãos públicos:

> Segundo o artigo 20º será retirada a aprovação dos estatutos aos sindicatos nacionais que se desviarem do fim para que forem instituídos, não cumprirem os seus estatutos, não prestarem ao governo ou às entidades de direito público as informações que lhes forem pedidas sobre assuntos de especialidade dos mesmos sindicatos, não desempenharem devidamente as funções que lhes tiverem sido ou venham a ser confiadas, *promoverem ou auxiliarem greves ou supensões de actividade, ou infringirem as dispo-*

sições deste decreto-lei, *sem prejuízo de responsabilidade pessoal dos corpos gerentes e de quaisquer outras penalidades aplicáveis.*

Como nossos prezados consócios verificarão, o simples facto de *auxiliarmos* qualquer greve ou suspensão de actividade — que podem ser ocorrências legítimas e respeitáveis, como a nossa greve de 1921 — é motivo de dissolução e severas sanções contra a direcção.[37]

Uma definição tradicional nas organizações de caráter coporativo se encontrava no artigo 22º que determinava que os contratos e regulações de trabalho a serem assinados pelo sindicato deveriam incluir toda a categoria, e não apenas aqueles que pertenciam ao sindicato. Segundo o documento dos profissionais de imprensa, esta definição serviria para fragilizar ainda mais a organização sindical, ao invés de fortalecê-la:

> Salvo melhor opinião, não nos parece de boa lógica esta doutrina. Em primeiro lugar por entendermos que o indivíduo, desde que não é sócio do sindicato, não deve usufruir vantagens nem suportar sanções que derivem duma ação sindical ou corporativa de que ele não faz parte. Depois, porque aquela prática nos parece anti-sindical, visto poder levar o trabalhador ao convencimento de que lhe não interessa cumprir seus deveres morais e materiais de solidariedade para com o sindicato, não sendo necessário filiar-se neste para partilhar suas vantagens.[38]

A adesão ao sindicato era, para os agentes responsáveis pela constituição da ordem corporativa no Estado Novo, uma opção individual. Porém, para o regime corporativo, havia um "pertencimento" natural, haja vista o corpo profissional ser um só. Por isso, o sindicato representava a todos aqueles que compunham a mesma categoria profissional.

A esperança do Estado Novo era que houvesse uma adesão espontânea aos sindicatos nacionais, assim como às demais formas de organização corporativa, grêmios, casas do povo e ordens. Porém, para que ocorresse, haveria a necessidade de enfrentar a oposição de diversos setores sindicais refratários em aceitar a tutela estatal. Para alguns, como no caso citado, a adesão aos novos estatutos corporativos era entendida como a definitiva anulação da autonomia do sindicato:

> Pretende-se impor ao nosso sindicato nada menos do que um estatuto que nos amordaça à acção política dos governos; mais, a obrigação de exercermos funções políticas; a renúncia expressa a qualquer luta de classes; a aceitação do princípio colaboracionista com o patronato; a anulação do direito legítimo de elegermos, livremente, as nossas direcções e de administrarmos, com autonomia, o nosso sindicato. E sobre tudo isso, ainda uma longa série de penalidades e sanções, inclusive a imposição de organizarmos estatutos em conformidade com tal decreto, até 31 de dezembro próximo, imposição que não foi feita às organizações patronais.
>
> Não podemos deixar de reconhecer, com a maior serenidade o afirmamos, que os estatutos organizados dentro de tal sistema resultarão num instrumento que anula a nossa vida associativa, dadas as suas características, além de tão escusada exigência representar uma injustiça que não podemos aceitar.[39]

Ao final de toda a análise do documento, os signatários do parecer sobre a nova legislação corporativa aproveitavam para criticar as medidas de censura prévia à imprensa e a restrição das liberdades daí decorrentes:

> Seja-nos lícito, ao encerrar este relatório, consignar a maior estranheza pela continuação do exercício da censura prévia à imprensa, em termos que vão muito além da matéria política, o que, além de contrariar a letra da constituição em vigor, impede os profissionais da imprensa de cumprirem a sua missão de informar o País, e é contrário ao disposto no artigo 4º do decreto nº 23.048 (Estatuto do Trabalho Nacional), restringindo a liberdade de trabalho aos profissionais da imprensa e causando-lhes prejuízos morais e materiais.[40]

Em alguns momentos, a moção assinada pelos ferroviários e acima referida tinha um caráter mais incisivo e contundente que o parecer dos jornalistas. Segundo esta:

Considerando que a classe operária organizada sempre repeliu qualquer espécie de colaboração com o Estado ou com a classe patronal por ser contrária aos interesses dos trabalhadores, como está sobejamente comprovado;

Considerando que o referido decreto impõe precisamente essa colaboração sob a acção directa do Estado que é o mesmo que dizer, dos patrões;

Considerando que esta prática é antagônica à luta de classes, porquanto a nossa submissão à estrutura econômico-capital é prejudicialíssima, uma vez que sabendo-se que na ânsia de manter privilégios burgueses o patronato lesa sempre os assalariados;

(...);

Considerando, finalmente, que os sindicatos dos trabalhadores com estatutos aprovados ao abrigo da lei de 9 de março de 1881 devem confeccionar novos diplomas de harmonia com o novo decreto já citado e submeter-se à sanção do Governo, até 31 de dezembro de 1933, sem o que poder-se-á considerar dissolvidos.

OS FERROVIÁRIOS, reunidos em assembléia geral
RESOLVEM
1º Não concordar com tal deliberação;
2º Aconselhar a todos os ferroviários a cumprirem com os ditames da sua consciência;
3º Encarregar os actuais corpos gerentes a continuarem no desempenho dos seus cargos e conceder-lhes plenos poderes para agirem dentro do espírito da presente moção.[41]

Como se pode observar, o documento, assinado pelo grupo de ferroviários que se opunham à nova legislação corporativa, tinha não só um discurso mais incisivo, como também pretendia convencer os ferroviários, em assembléia geral, a tomarem a deliberação de não aderir ao sistema corporativo. Porém, apesar do método diferenciado, o conteúdo de ambos os documentos era o mesmo: pessimismo quanto às conseqüências que trariam para os trabalhadores e suas entidades representativas o decreto-lei nº 23.050.

1.3. LEGALIDADE, LEGITIMIDADE E AUTORIDADE

Em fevereiro de 1933, o ministro do Interior[42] recebeu uma correspondência dos membros do Conselho Fiscal da Associação de Classe dos Empregados de Escritório de Lisboa, requerendo a reabertura da entidade, fechada quatro meses antes, "pois nada lhes consta acerca das investigações que por certo se procedeu".[43] Percebendo, portanto, a existência de uma ação investigadora por parte do Estado, os trabalhadores requeriam apenas o direito de funcionamento, não questionando a legitimidade de tal procedimento.

O projeto de Estado que começava a ser construído constava de um programa de caráter social combinado com o controle sobre a sociedade como um todo e os trabalhadores em particular. Por isso, a ação investigadora implementada pela polícia. Nesses termos, a Polícia de Defesa Política e Social de Lisboa[44] encaminhou, ainda no mesmo mês de fevereiro, um relatório explicando as razões do fechamento da sede da referida Associação. Segundo o mesmo:

> A sede da Associação de Classe dos Empregados de Escritório foi selada em 17 de setembro do ano findo, após a prisão do Comité Regional de Lisboa, do Partido Comunista Português, que ali se encontrava efectuando uma reunião. (...)[45]

Era necessário, para o regime, uma reorganização do modelo sindical que eliminasse a tradição ideológica das organizações de classe, ainda mais se tratando de uma organização de trabalhadores descomprometida com a idéia de Nação que se construía, uma vez que vinculada a organismos internacionais:

> (...) consta também que esta Associação é aderente à Secção Portuguesa do Socorro Vermelho Internacional e aderente também à Comissão Intersindical, que é orientada e dirigida pelo Partido Comunista Português.[46]

Ainda segundo o relatório, formava-se, a partir das reuniões efetuadas na sede da Associação dos Empregados de Escritório, uma frente revolucionária, composta de facções comunistas e anarcossindicalistas:

> Enviou o seu Presidente da Direcção, Viterbo de Campos, à reunião clandestina da Comissão Intersindical, em que foram aprovadas as bases em que se assentaria a Frente Única de Luta, revolucionária, isto é, a fusão das organizações sindicais, comunistas e anarcossindicalistas.[47]

O comunismo era, para a propaganda do regime, ao mesmo tempo um "perigo real" e uma "ameaça exterior". Para isso, era visto como uma ameaça não européia, sendo entendido como um fenômeno oriental, estranho às tradições da civilização ocidental.[48] De acordo com Faria:

> (...) um sentimento anticomunista radicalizou todo o discurso ideológico do Estado Novo e sabemos como combinou diversas formas de intervenção, principalmente ao traduzir-se numa complexa rede de acções e de idéias de natureza política, económica, religiosa, cultural, militar etc., que atingiriam todas as esferas da vida social e permaneceriam incrustadas para lá da longevidade política do salazarismo.
> (...) O salazarismo alimentaria constantemente esse anticomunismo para criar em seu redor a unidade e o consenso sob uma pretensa idéia de invasão, de perigo e de caos.[49]

Embora ainda não se estivesse no período compreendido como do Estado Novo, era evidente, desde já, a necessidade do discurso do perigo externo como forma de consolidação e hegemonia do projeto nacional. Como um método na busca do consenso interno.

Em abril, os representantes do Conselho Fiscal da Associação dos Empregados de Escritório de Lisboa enviaram outra correspondência ao ministro do Interior, clamando no sentido da reabertura da referida entidade sindical. Segundo a correspondência:

Os empregados de escritório, como V. Exa., sr. Ministro, decerto não ignora, constituem uma classe ordeira que, sempre dentro da mais estrita legalidade, desejam expor e fazer respeitar os seus legítimos direitos. Fundaram para isso, dentro da Lei, em 1910, a sua associação de classe que sempre se tem caracterizado por resolver as questões inerentes à sua função.[50]

Assim, ao contrário das argumentações oficiais, os representantes da Associação dos Empregados de Escritório afirmavam o mais estrito compromisso com a legalidade. O problema era que tal legalismo implicava a necessidade de uma organização que, formalmente, representasse os interesses dos empregados de escritório, e tal organismo não existia:

> Há já, porém, seis meses que os empregados de escritório se encontram sem defesa, impedidos de reunir sua associação de classe, de formular suas reclamações a quem de direito, de estudar os problemas que à sua profissão interessam, de manifestar, em suma, legalmente, o seu direito à vida.
> Esta situação, a permanecer, pode acarretar, à classe dos empregados de escritório, irreparáveis prejuízos de ordem material independentemente de outros de ordem moral em que não necessitamos falar tal a sua evidência. É que, sr. Ministro, vai ser estudada por uma comissão nomeada pelo Ministério do Comércio, Indústria e Agricultura, a regulamentação da profissão de guarda-livros, contabilistas e perito-contabilistas, sem que, dessa Comissão, faça parte um representante da Associação de Classe de Empregados de Escritório. E não faz parte, sr. Ministro, apenas porque os empregados de escritório têm a sede de sua associação de classe fechada, porque estão impedidos de ali reunir, porquanto daquele ministério, pela Repartição de Fomento Comercial, da direção geral do Comércio e Indústria, já pela terceira vez pedem a nomeação daquele indispensável representante.[51]

Deste modo, sem a associação de classe funcionando, seus representados não teriam como fazer valer seus interesses mais imediatos, podendo inclusive perder a oportunidade de garantir legalmente suas conquistas. Além do mais, o documento chamava a atenção para o fato de que o impedimento de funcionar a Associação de Classe dos Empregados de Escritório constituía-se em um grave problema de ordem moral para a categoria. Era, portanto, uma vergonha estar fora da lei.

O Estado, por intermédio do chefe de gabinete do Ministério do Interior, Manuel Ribeiro Ferreira, comunicou ao presidente do conselho fiscal da Associação dos Empregados de Escritório a autorização para a reabertura da entidade estritamente para a escolha dos representantes na comissão do Ministério do Comércio, Indústria e Agricultura que se destinava a elaborar parecer sobre a regulamentação das profissões de guarda-livros, contabilistas e perito-contabilistas. A data e a hora da reunião deveriam ser comunicadas com antecedência à Polícia de Defesa e Política Social.[52] Ao mesmo tempo, o chefe de gabinete do Ministério do Interior também informava ao diretor da polícia que a permissão para a reabertura da sede da Associação de Classe dos Empregados de Escritório era restrita apenas à escolha dos representantes da comissão organizada pelo Ministério do Comércio, Indústria e Agricultura.[53]

Revelava-se, neste episódio, a marcante característica do corporativismo no regime que começava a se articular de forma mais definitiva. Por um lado, mantinha-se a punição contra uma entidade sindical vinculada ideologicamente ao comunismo e, portanto, defensora de um projeto antinacionalista. Por outro lado, porém, as demandas de interesse estritamente profissional deveriam ser mantidas, de modo a preservar o valor e o papel das categorias profissionais como um todo no projeto de construção nacional.

1.4. ESTRATÉGIAS DE RESISTÊNCIA, SOBREVIVÊNCIA E CONTROLE

A elaboração dos decretos-leis que regulamentavam a organização corporativa foram recebidos de forma ambígua pela classe trabalhadora portuguesa. Por um lado, houve aqueles que logo se opuseram ao projeto estatal na medida em que o consideravam coercitivo e autoritário. Ao mesmo tempo, houve também segmentos que se colocaram abertamente favoráveis à nova ordem de organização do trabalho, seja por resignação a um estado de coisas difícil de ser mudado, seja por considerar positiva a ação do Estado, já que ela poderia vir a se tornar uma alternativa de defesa dos interesses dos próprios trabalhadores. Respaldados na lei, eles poderiam atuar contra o desinteresse patronal em atender às suas demandas. O Estado, portanto, fazia-se presente tanto para aqueles que se opunham à ordem corporativa como para aqueles que optaram pela adesão.

Quanto aos segmentos que preferiram resistir à corporativização do Estado, algumas alternativas foram buscadas no sentido de se garantirem estratégias de sobrevivência das organizações sindicais anticorporativas. Algumas delas por dentro mesmo do Estado. Por outro lado, o Estado também buscava adotar estratégias que garantissem seu controle sobre o universo sindical. Em novembro de 1933, o chefe de gabinete do ministro do Interior,[54] António Leite Cruz, enviou uma correspondência aos governadores civis alertando para o fato de que

> (...) várias organizações operárias, não querendo adaptar seus estatutos à nova legislação do Estado corporativo, procuram no entanto manter as suas actuais organizações, servindo-se para isso, com habilidade, do recurso da transformação em sociedades de recreio, cujos alvarás são passados pelos governadores civis.[55]

Segundo o chefe de gabinete, o mesmo já vinha ocorrendo com o segmento dos bancários do distrito de Lisboa, que, tendo majoritariamente encaminhado resolução favorável à corporativização do Estado, viu parte de seus profissionais organizarem um "Grémio dos Empregados Bancários", que "não pretende ser mais do que a máscara legal, como associação recreativa, duma organização de classe absolutamente ilegal". Segundo ainda o chefe de gabinete, este Grémio dos Empregados Bancários já havia recebido o alvará de aprovação.[56] Para o assistente, deste modo, deveriam ser tomadas algumas cautelas nos momentos de concessão de alvarás, quais sejam:

1º) Averiguar rigorosamente quais as intenções dos fundadores das agremiações em vista;

2º) Não consentir que os títulos dessas agremiações possam estabelecer confusão com organizações profissionais nem permitir que as mesmas agremiações sejam exclusivas de qualquer classe; e,

3º) Em caso de dúvidas, consultar o Subsecretariado de Estado das Corporações e Previdência Social.[57]

Os segmentos que se opunham à implantação da ordem corporativa, já no início de seu processo, demonstravam que a única possibilidade de sobrevivência era a adesão mediada à nova estrutura. E procuravam fazê-lo por intermédio de "brechas" institucionais permitidas pelo próprio regime. Portanto, era por dentro do Estado que poderia se dar a resistência ao mesmo. Ao mesmo tempo, para o Estado, a adoção de medidas de caráter corporativo representava a implantação de um projeto nacional dotado necessariamente de harmonia. Assim, era inadmissível a intromissão de agentes estranhos à nova ordem, preocupados em desmantelar o edifício corporativo que se construía. Analisadas com rigor as duas estratégias, poderemos ver que o Estado obteve maiores vantagens na conservação do que os opositores em sua destruição. No máximo, sobreviviam os opositores em meio à ordem corporativa que imaginavam negar. Era uma estratégia que em vez de corroer a nova ordem instituída, acabava dando-lhe legitimidade, na medida em que era por dentro da organização corporativa-estatista que ocorriam as principais lutas e demandas dos trabalhadores.

1.5. O 18 DE JANEIRO — MEMÓRIAS EM DISPUTA E HISTÓRIAS DE RESISTÊNCIA

Desde finais de 1933, as correntes de esquerda preparam a resistência à corporativização dos sindicatos. Neste quadro, além — e muito além — das atividades meramente sindicais, dedicaram-se à aquisição de armas e fabrico de bombas, em ações basicamente clandestinas. Assistia-se, dessa forma, a atividades em que predominava uma concepção insurrecional de resistência política.[58] Na ausência da classe, e na necessidade de resistência, buscavam-se outros métodos, alheios aos da tradição estritamente sindical. Desde novembro de 1933, quando os diversos sindicatos portugueses começaram a fazer assembléias a fim de se definirem pela aceitação ou rejeição do Estado corporativo, as chances de êxito da "greve insurrecional" demonstravam ser bastante reduzidas. Se por um lado boa parte dos sindicatos não aceitavam decididamente a corporativização, o ânimo para a greve, porém, não era o mesmo. Além disso, algumas lideranças importantes na preparação da greve haviam sido presas durante o mês de dezembro, fator que efetivamente fragilizava a capacidade de condução do movimento.[59]

Na memória do sindicalismo português, a data de "18 de janeiro" apresenta-se como último suspiro de sindicalismo autônomo na conjuntura de implementação do Estado Novo. Mais importante que a data em si, é o que ela legou para a "eterna" disputa da memória entre comunistas e anarquistas. A data inicial para a eclosão do movimento era 8 de janeiro. No dia anterior, porém, foram descobertas bombas e novas prisões foram efetuadas ao longo desse mês. Entretanto, insistia-se em deflagrar a greve, que foi remarcada para o dia 18 de janeiro. E, de fato, o movimento eclodiu nessa data. A idéia das lideranças era de que as ações de sabotagem e atentados a bomba deveriam ser seguidas pela paralisação, por parte dos trabalhadores, de seu trabalho. Lamentavelmente para os organizadores do levante, o mesmo só ocorreu entre os corticeiros de Silves e do Barreiro e os trabalhadores do conselho da Almada. A greve não conseguiu estender-se por todo o território nacional, e tampouco atingiu os principais centros urbano-industriais, a começar por Lisboa. Reconhecido pelos anarquistas, mas não pelos comunistas, que decantaram vitória, o movimento fracassou. A partir do dia 19 de janeiro, ao que se assistiu foram fortes sanções por parte do governo e ao desencadear de uma forte onda repressiva.[60]

Mas o espaço principal da memória da greve foram, sem dúvida, os acontecimentos na Marinha Grande, entre os trabalhadores da indústria de vidros. Este foi, conforme será visto adiante, o lugar-símbolo da tentativa inssurrecional. Foi também, segundo alguns autores, uma verdadeira experiência de soviete. Para isso, em primeiro lugar, é necessária uma compreensão das disputas acerca da memória daquele importante episódio. Os comunistas, conforme dissemos, vangloriaram-se do "feito", conduzindo-o a uma das mais importantes páginas de sua história, ao mesmo tempo que se consolidavam como a única referência política de oposição ao regime no meio operário-sindical. Os anarquistas, ao aceitar a derrota, acabaram por assistir a seu definhamento enquanto organização capaz de intervir no meio operário. Este confronto ocupou espaço, também, nos principais centros acadêmicos, tendo a memória militante influenciado significativamente a "memória científica".

Nesse quadro, insere-se o trabalho de Maria Filomena Mónica.[61] Embora seu estudo não chegue a reproduzir, *in totum*, as interpretações da vanguarda operária, chegando a reconhecer, ao contrário dos comunistas, que, para o "pacífico cidadão, o 18 de janeiro, (...) pouco representou". Mesmo assim, sua análise dos acontecimentos na Marinha Grande contribui para o fortalecimento de mais uma "memória inventada" em favor de interesses políticos específicos. Curiosamente, no caso, interesses que, conforme procuraremos demonstrar, uniam comunistas e o próprio Estado Novo. Para a autora,

> O 18 de janeiro de 1934 é uma data mítica. (...) Derrotados, os sublevados permanecem heróis, aureolados por uma poderosa carga lendária. O soviete da Marinha Grande passou à história como um episódio de afirmação proletária, como uma tentativa de tomada de poder, tanto mais bela e corajosa quanto esmagada.[62]

Esta interpretação busca tornar heróis os sublevados da Marinha Grande. Entretanto, a referida "carga lendária" nada mais é, tanto para seus agentes quanto para aqueles que buscam, hoje, compreender o passado, do que a invenção de uma tradição que visava, acima de tudo, a justificar a ação comunista. Toda a ação privilegiava atos de violência e levante, em vez de ações mobilizatórias. A "vanguarda" agia em favor de seus "representados". Desse modo, não houve nenhuma política no sentido de "gerir" o espaço tomado após o levante. Tanto é assim que, segundo a própria autora, após tomarem posse da Marinha Grande, exaustos, os sublevados foram para casa descansar.[63] É curioso que, não levando em conta os métodos de ação dos operários e a influência comunista e anarquista no processo de sublevação, a autora renega o papel vanguardista do movimento.[64] E é também curioso o fato de que, considerando o acontecimento uma atividade fundamentalmente operária e não de vanguarda, a autora utilize por todo o tempo, conforme foi visto na citação acima, o termo soviete para designar o modelo organizacional da Marinha Grande, procurando aproximar os acontecimentos portugueses daqueles ocorridos na Revolução Soviética de 1917. Esta equiparação é mais um fator a enfatizar a carga lendária do "levante" da Marinha Grande.

Seu trabalho tece também considerações sobre as razões de o movimento sedicioso ter ocorrido exatamente na Marinha Grande, e não em outra região do país e sobre as tensões entre comunistas e anarquistas, que teriam levado à pouca unidade do movimento. Para o primeiro caso, duas explicações são buscadas: em primeiro lugar, o fato de se tratar de um antigo centro industrial dotado de forte tradição de resistência operária; em segundo lugar, a distância e o isolamento do local. Não sabendo do fracasso do movimento no resto do país, acreditavam os revoltosos que a revolução era possível.[65] Para o segundo caso, afirma a autora que as teses legalistas do PCP não se coadunavam com a tática de insurreição dos anarquistas.[66]

É possível que os operários da Marinha Grande tenham tido, ao longo de sua história, uma forte tradição de resistência. Entretanto, o caráter e o papel da resistência operária não devem ser necessariamente confundidos com um compromisso e uma tradição permanentes de assalto ao Estado. O próprio trabalho de Mónica mostra a característica de resistência tipicamente sindicalista dos operários da Marinha Grande.[67] A tese do isolamento parece mais plausível, embora a crença messiânica no papel de vanguarda da classe operária talvez fosse o elemento mais importante a "desinformar" aqueles "assaltantes do céu". Quanto ao "legalismo" dos comunistas e o "revolucionarismo" dos anarquistas, a tese definitivamente não se sustenta. Quando, em janeiro de 1934, antes do dia 18, sucedem-se prisões de líderes operários, foram exatamente os anarquistas, por intermédio da CGT, ao lado da FAO socialista, que propuseram a discussão de uma nova data. Os comunistas, ao contrário, acusaram os proponentes do adiamento de "traidores", fato que os constrangeu e os fez ceder, aceitando assim, em definitivo, o 18 de janeiro.[68]

Dialogando de forma crítica com as correntes historiográficas e políticas acerca da memória do "18 de janeiro", em um tom menos triunfalista, o trabalho de Fátima Patriarca apresenta-se original e instigante. Para a autora, questão importante na análise do episódio era a conjuntura do início dos anos 30, quando os anarquistas começavam a perder força no movimento operário, cedendo então a hegemonia aos comunistas.[69] Para a autora, havia, neste caso, uma evidente vitória nas interpretações dadas pelos comunistas ao episódio. E havia também razões que explicavam, além da conquista da hegemonia comunista no movimento operário, a pouca importância dada aos movimentos grevistas da Almada e de Silves e a elevação do levante da Marinha Grande como tendo sido um ato de heroísmo e exemplo para a classe operária. Para tal, em primeiro lugar, a autora buscou fazer um relato dos acontecimentos para, depois, discutir a construção — ou a invenção — da memória do episódio. Este é, a nosso ver, o fato primordial para a compreensão dos desdobramentos do "18 de janeiro". Por um lado, os anarquistas, que sabiam que estavam gradativamente perdendo importância no movimento operário, jogaram tudo no movimento e, ao final, foram obrigados a reconhecer a derrota. Por outro lado, os comunistas reivindicam para si a liderança do acontecimento e o afirmam como tendo sido uma "gloriosa jornada de lutas".[70] Assim:

> Estas duas atitudes — uma triunfante, outra infeliz — vão, por assim dizer, cristalizar-se no tempo e estar na origem do papel que posteriormente vai ser atribuído a comunistas e anarcossindicalistas, à Marinha Grande ou a Almada e Silves. Basta recordar que, muitos anos depois, quando, a

partir do 25 de abril, a batalha em torno da apropriação da memória atinge seu auge, essas duas atitudes se repetem, com os comunistas, vitoriosos, a celebrarem e a exaltarem o seu "18 de Janeiro" e com os anarcossindicalistas de novo, em tom não menos infeliz, a contestarem o abuso das celebrações comunistas e a serem de novo incapazes de produzirem uma narrativa e valorizarem os trunfos que possuíam.[71]

O mais importante no resgate da memória dos comunistas, porém, é que ela se dava com o beneplácito do governo corporativo que buscavam combater. Curiosamente, não havia por parte do Estado Novo, após o levante, nenhuma atitude no sentido de reprimir ou censurar o que a imprensa publicava. Havia, com esta atitude, o interesse de que fossem narrados os fatos ocorridos, bem como, é claro, as atitudes governamentais no sentido da repressão e da recondução do país à ordem e à normalidade. De acordo ainda com Patriarca:

> (...) poderíamos dizer que o "18 de Janeiro" foi, antes de mais, o que o governo e os jornais da época quiseram que ele fosse. E o governo, porque estava seguro de que ia ganhar e queria que se soubesse, permitiu e quis que os jornais o reportassem e comentassem. Pelo número de edições diárias — só no dia 18 o *Diário de Notícias*, por exemplo, faz três edições; pelos títulos e fotografias — o "18 de Janeiro" mantém-se nas primeiras páginas dos dias 18, 19, 20 e 21; pelos editoriais que deixou que lhe fossem dedicados e pelo espaço que, na economia dos jornais, permitiu que lhe fossem atribuído; por tudo isso, é evidente que o governo quis que o movimento se transformasse num acontecimento impressionante.[72]

Neste caso, ainda segundo a autora, três linhas de orientação foram dadas pelo governo. Orientações estas que, posteriormente, os comunistas utilizaram a fim de vangloriar-se do feito. A primeira era no sentido de fazer com que se acreditasse que o movimento havia sido, fundamentalmente, obra dos comunistas. Embora existissem breves referências aos anarcossindicalistas, a grande maioria das alusões feitas pela imprensa foi no sentido de se superestimar a ação comunista.[73] A segunda das orientações procurava dar destaque às ações de violência do movimento. Neste caso, agigantavam-se, entre outras, ações como o descarrilamento na Póvoa de Santa Iria, as bombas em Lisboa e os acontecimentos da Marinha Grande. Ao mesmo tempo, pouco se reproduziu acerca das greves pacíficas como as da Almada e de Silves.[74] Por fim, a terceira orientação seguia no sentido de separar cuidadosamente os trabalhadores, aliados da "ordem", e seus "supostos dirigentes", estes badernesos e parceiros da "desordem".[75] Como diz Patriarca:

> O "18 de Janeiro", assim construído pelo governo e pelos jornais, ou pelos jornais inspirados em instâncias mais altas e zelozamente orientados e ajudados pelos serviços de censura e pelas polícias — de notar que poucas são as notícias dadas pela imprensa relativas a acontecimentos ocorridos a 19 e 20, como se o governo até tivesse querido que tudo se resumisse ao dia 18 —, foi a única grande narrativa sobre os acontecimentos de que os contemporâneos dispuseram.[76]

Neste caso, o paradoxal é que, tendo como fonte da memória o que foi relatado pela imprensa, ou, talvez mais bem dito, o que o governo pretendeu que saísse na imprensa, as ações de Silves e Almada, onde os anarquistas tiveram grande participação, foram esquecidas. Também para eles talvez tivesse sido difícil enaltecer uma ação grevista realizada por meios pacíficos e "reformistas". Os comunistas, ao contrário, tinham material de sobra para enaltecer seus feitos e até mesmo o que não fizeram.[77]

Para o governo, a tática adotada tinha suas razões. A principal era que, escolhendo os comunistas, ao mesmo tempo em que desprezavam e faziam cair no descrédito as outras correntes — entre elas, os anarquistas —, elegiam apenas um inimigo real. Para os comunistas, as vantagens foram também evidentes. A começar pelo fato de que a consolidação da memória acima narrada foi o primeiro passo na definição dos comunistas como corrente hegemônica no meio operário, ao menos em seu segmento organizado.[78]

De fato, é de se estranhar a aparente liberdade com que os grandes jornais da época relataram os acontecimentos do "18 de Janeiro". O jornal *Diário de Notícias*, por exemplo, em sua edição de 19 de janeiro, ocupou suas três primeiras páginas para o relato dos acontecimentos. Nas três páginas, a menção aos acontecimentos com destaques para cada um deles. A começar pela nota do governo para os acontecimentos:

A TENTATIVA DE GREVE REVOLUCIONÁRIA que o sr. ministro do Interior justamente considera um movimento sem finalidade definida e destinado apenas a criar um ambiente terrorista FALHOU POR COMPLETO EM TODO O PAÍS.
(...)
A propósito dos acontecimentos o Governo dirigiu-se ao País, por intermédio da nota oficiosa que ao fim da tarde nos foi fornecida pelo gabinete do sr. ministro do Interior e é redigida nos seguintes termos:

Pelos relatos dos jornais, viu o País os sucessos das últimas vinte e quatro horas. Por eles poderá facilmente supor os que haveria se o Governo, conhecendo bem os preparativos da acção, não tivesse tomado as medidas requeridas pelas circunstâncias. Cessação de trabalho nas fábricas e oficinas, paralisação de serviços de interesse colectivo e vitais para a população, atentados pessoais e manifestações de terror estavam previstas para a projectada revolução social às massas trabalhadoras.

Fingindo desconhecer que a Constituição pôs fora da lei tanto a greve como a suspensão de trabalho pela classe patronal, era intento dos agitadores lançar alguns operários em aventuras criminosas, a pretexto de não poderem continuar a funcionar, dentro da nossa organização corporativa, algumas poucas associações de classe, de caráter revolucionário.

A apreensão de armamento, a oportuna prisão dos principais dirigentes e instigadores, a apertada vigilância exercida por todos os elementos e forças de segurança pública, do Exército e da Armada, a consciência cívica do País e o magnífico espírito de ordem dos trabalhadores em geral fizeram fracassar por toda a parte os planos extremistas, em condições de não ser já possível a sua repetição. Não foi perturbada a tranqüilidade pública nem a vida normal da população. Seguem-se agora naturalmente as sanções.[79]

Interessante também o fato de que acontecimentos posteriores, de gravidade próxima à do "18 de Janeiro", não tiveram a repercussão pública que teve este levante. Como exemplos podemos citar o atentado contra Salazar, ocorrido em 1937, e as greves ocorridas entre os anos de 1942 e 1943. Aquele havia sido o momento escolhido pelo regime para escolher o combate ao comunismo como o elemento unificador das diversas forças que o apoiavam. Tratava-se de uma "missão histórica do Estado Novo, derivada de seu compromisso com a defesa das tradições cristã e ocidental". Segundo Faria:

> (...) O anticomunismo estado-novista elaborará uma noção de harmonia social, definindo os indivíduos que estão socialmente adaptados e resignados com o "espírito" aquiescente da Ordem (...) e aqueles que se situam à margem desse "espírito". Este quadro é profundamente negro, apresentando uma espécie de selectividade entre o que é *socialmente* desejável, definido pelo confronto do que é *socialmente* criminoso, ou anti-social.[80]

Nada mais ocasional, portanto, que um momento de perda de controle da ordem para a escolha do anticomunismo como argumento mobilizador. Mais adiante, Faria procura aprofundar, em seu texto, o papel "histórico", e seu vínculo com a formação ocidental cristã portuguesa, atribuído pelo presidente do Conselho de Ministros para o combate ao comunismo:

> Salazar, sem pretender assumir qualquer atitude clerical, insistiu na sua convicção de defender a "civilização cristã e ocidental", e de criar um Estado bem apetrechado para tal fim. Só assim se evitaria a subversão de uma civilização secular que era "o orgulho da humanidade". Seus discursos evidenciam já essa intenção nos começos da década de 1930, e por diversas vezes apresenta-se como um profeta das tragédias do mundo, que atribuía ao abandono, pelos dirigentes políticos do mundo ocidental, dos autênticos valores da civilização do Ocidente e pela sua rendição às forças do mal. Estas forças resumiram-se, claro está, no comunismo. Deste modo o Estado Novo procurou assumir o papel de uma nova cruzada, face à

falência de um mundo, que à boa maneira spengleriana, tinha como um de seus "cancros" o comunismo e o seu materialismo. (...) Nesta acepção cruzadista havia que libertar o espírito humano do jugo da matéria. Mas esta libertação não será possível enquanto "a humanidade se obstinar em fechar os ouvidos ao apelo supremo da Igreja de Cristo, que pela voz dos seus chefes não cessa em pregar a cruzada contra o comunismo, inimigo declarado da Santa Igreja e do próprio Deus". O Estado Novo tinha, assim, que corporizar, também, um "novo homem" com a "obrigação" de quebrar as correntes que o amarravam a essa "rocha negra das paixões desenfreadas".[81]

Nas páginas dos jornais não era necessária uma afirmação peremptória em prol das tradições cristã e ocidental para que os argumentos fundamentais do Estado se fizessem presentes. Por um lado, a defesa da ordem e, com ela, a justificativa da utilização da força, por outro, a afirmação da dicotomia entre uma parte de agitadores e uma população ordeira e consciente de seu dever cívico. Ao contrário da memória que se construiu após a eclosão do movimento, que enaltecia os "feitos" da Marinha Grande, na edição do jornal de 19 de janeiro, a ênfase maior era dada ao descarrilamento de Santa Iria:

> **O descarrilamento de Santa Iria foi obra de elementos ferroviários ligados aos "comités" de extremistas**
> O mais importante acontecimento da abortada tentativa de greve geral revolucionária foi o descarrilamento dum comboio de mercadorias, entre o apradeiro de Santa Iria e a estação de Póvoa. O atentado provocou grande indignação entre as populações próximas e, como dissemos nas nossas tiragens extraordinárias de ontem, deixou em estado grave um pobre trabalhador que seguia no comboio em missão profissional: o guarda-freio Luís dos Santos Nabais, de 27 anos, rua da Mãe de Água, 38, 2°, que, seguindo a meio de composição do comboio, ficou enlatado nos destroços e sofreu sérias contusões no ventre e nas pernas.
> (...)
> A eclosão da greve fora marcada, ao que parece, para as primeiras horas

da madrugada. À 1:40 passou no local um comboio de passageiros com destino ao norte. O comboio imediato era o que sofreu o desastre e que passava ali entre as 3:25 e 3:35 — o de mercadorias nº 2005. Acresce que esse troço da linha férrea habitualmente vigiado pela G.N.R. estava ontem desguarnecido. E tudo isto convence que só ferroviários, conhecedores dos horários e dos meios de vigilância postos em execução pelas autoridades, podiam ter executado o repugnante acto.[82]

Quanto aos acontecimentos da Marinha Grande, eles foram relatados na segunda página do jornal e, já na edição de 19 de janeiro, dava-se ênfase à atuação dos comunistas:

> **Durante algumas horas a Marinha Grande esteve nas mãos dos díscolos — O posto da G.N.R., Central Eléctrica e estação telegráfica foram tomados a bomba.**
> MARINHA GRANDE. 18 — Ontem, cerca das 23:30, começou correndo na Marinha Grande o boato que estava prestes a eclodir um movimento grevista com carácter comunista.
> O chefe da estação telegrafou desta vila logo que tais boatos chegaram ao seu conhecimento, transmitindo-os cerca de meia-noite, ao chefe do distrito e ao comandante da G.N.R. desta vila, sargento Pio.
> Os comunistas, que eram em número aproximado de 200, começaram por impedir o trânsito de automóveis para esta vila, derrubando, próximo da ponte de Albergaria, numa curva que segue a uma grande ladeira, oito pinheiros que atravessaram na estrada, cortando também as comunicações telefónicas e telegráficas para Leiria.
> (...)
> No hospital civil de Leiria foram tratados o guarda 40 da P.S.P., Manuel de Aguiar, e o soldado Albino da Silva, 197, da G.N.R., feridos na mão esquerda com tiros de espingarda.
> Também foi internado no hospital militar o comunista Manuel Domingos Jubineu, gravemente ferido com uma bala numa perna.
> Em algumas ruas da Marinha Grande vêem-se poças de sangue.
> As fábricas não funcionaram, sendo o trânsito vedado a pessoas que não estejam munidas de salvo-conduto.

No posto da G.N.R. encontram-se 14 bombas, que foram apreendidas. Além das prisões feitas no pinhal, também foram detidos José Pereira Geraldo, Álvaro Jacinto, José da Cunha Vidal Junior, Joaquim de Souza Vidigal, José dos Santos, João Matos e Joaquim Vidigal.
Todos os presos foram transferidos para Leiria.[83]

Portanto, além da ênfase na ação comunista, o jornal procurava destacar os atos de caráter "terrorista", responsáveis principais pela paralisação das fábricas. Os comunistas, assim, consolidavam sua expressão como principais referências de oposição ao salazarismo, a partir de atos mais próximos da natureza anarquista.[84]

Consolidado, pois, o Estado corporativo, à medida que se consolidava a vitória governamental sobre os acontecimentos do "18 de Janeiro", iniciava-se um novo momento na história do regime salazarista. Tanto os setores que apoiavam o modelo quanto seus opositores — à direita e à esquerda, não importa — sabiam que o sistema estava consolidado e teria, como de fato teve, uma longa duração.

1.6. RESPOSTAS POSTERIORES AO DECRETO Nº 23.050

A recepção ao decreto-lei nº 23.050 foi variável, conforme vimos, embora predominando ligeiramente as escolhas em favor da adesão ao novo modelo de organização do trabalho. Vale a pena a observação da vida sindical no período imediatamente posterior a 31 de dezembro de 1933, ou seja, após a data-limite imposta pelo Estado para a adesão das organizações sindicais ao modelo corporativo.

Logo no início de fevereiro de 1934, reuniu-se o Sindicato Nacional dos Operários Empregados na Indústria de Panificação, que desde o ano anterior havia aderido à nova estrutura sindical. Com uma participação de cem indivíduos na Assembléia, o presidente da seção lamentou o número restrito de presentes, em se tratando de "classe tão numerosa".[85] Em seguida, tratou de lamentar a pouca mobilização da categoria, afirmando que muitos só se inscreviam no Sindicato após a conquista de algumas regalias, considerando os que assim agem,

> (...) piores ainda que os próprios industriais, pois estes defendem-se e encontram-se organizados, por intermédio de seu sindicato. Terminou por dizer que o horário de trabalho é constantemente desrespeitado, mas a culpa é só dos empregados, os quais na sua maioria não sabem cumprir com seus deveres.[86]

Esta foi uma constante na vida do sindicalismo português nestes primeiros anos de Estado Novo: a luta em busca do respeito e do cumprimento do horário de trabalho. Nas assembléias, conforme dissemos, era comum a presença de um representante do Estado, seja da PSP (Polícia de Segurança Pública), seja do INTP. Mas a presença de um representante oficial não inibia os trabalhadores de apresentarem de modo explícito suas demandas de caráter corporativo e fazerem denúncias constantes à classe patronal. Ao contrário, a presença oficial dava segurança a esses trabalhadores. O Estado protetor mais uma vez se fazia não só presente como também, e sobretudo, se realizava como vetor das reivindicações dos trabalhadores. Assim, ao final da sessão, explicitava-se a idéia do Estado Novo como uma referência importante de defesa dos trabalhadores contra seus patrões:

> Seguidamente, o presidente da direcção pediu a união da classe, protestando contra os industriais, por estes exigirem 75 quilos de farinha, 106 quilos de pão, pois desta forma obriga-os a roubarem descaradamente o público. Só deixarão de o fazer quando eles se comprometerem a darem as médias necessárias. Terminou por lamentar que os operários não saibam aproveitar a situação do Estado Novo, pois só este é o caminho da verdade aberto por Salazar. (...)[87]

Um dos sindicatos nacionais que se organizaram apenas a partir do ano de 1934 foi o dos Manipuladores de Pão. A assembléia que se decidiu pela criação do sindicato ocorreu no dia 9 de fevereiro, diante da participação de quatrocentos membros. Os novos estatutos, de acordo com o espírito do decreto nº 23.050, foram imediatamente aceitos, aprovados que foram por unanimidade.[88] Entretanto, percebia-se no caso a tensão entre antigos dirigentes, contrários à adesão ao modelo corporativo, e os novos dirigentes. Segundo um dos participantes da assembléia, a antiga direção havia empenhado a mobília do organismo sindical, sendo aprovada uma moção assinada pela comissão organizadora do sindicato exigindo a devolução de seu patrimônio. Caso contrário, seria pedida a intervenção das autoridades competentes.

Já com o título de sindicato nacional, os Manipuladores de Pão voltariam a se reunir em assembléia no mês de março, desta vez sob a presidência de Alfredo da Fonseca, secretário do ministro do Interior.[89] A assembléia contou com a participação de aproximadamente quinhentos indivíduos. Além do otimismo diante da nova organização do trabalho, expressavam-se na assembléia as divergências com relação à antiga diretoria da Associação de Classe dos Manipuladores de Pão:

> (...) Alfredo Dias Pires disse que o novo sindicato traz grandes benefícios para a classe dos manipuladores de pão, acrescentando que o Governo apenas se interessa pelo bem-estar dos trabalhadores. Acusou a antiga direcção da extinta associação de classe de ser a causadora da desmoralização da mesma. Terminou por elogiar Sua Exª. o Senhor Presidente do Ministério, pela boa vontade que sempre tem mostrado em proteger as classes operárias.
> (...)
> Hermínio Alexandre atacou a antiga direcção da extinta associação, pela maneira como sempre arrastou a classe a desviar-se do caminho da ordem, considerando-se agora satisfeito por os manipuladores de pão se terem organizado devidamente.[90]

A representatividade da assembléia demonstrava que, mesmo antes da implementação das políticas de caráter corporativo, já havia, entre os trabalhadores portugueses, segmentos favoráveis a uma organização sindical mais próxima de uma relação harmônica com o Estado. Mesmo considerando que a antiga associação de classe pudesse ter representatividade junto aos trabalhadores manipuladores de pão, não se deve descartar a possibilidade de que a esses trabalhadores pudesse interessar uma organização sindical mais afeita à ordem pública. Daí sua adesão ao modelo corporativo, principalmente em seu primeiro momento, quando as expectativas de mudança nas condições de vida dos trabalhadores eram bastante consideráveis.

No mês seguinte, o Sindicato Nacional dos Manipuladores de Pão voltou a se reunir. A reunião ocorreu no dia 19 de abril e contou com a participação de 150 sócios do sindicato. Além das constantes reclamações contra os empresários, foi apresentada uma proposta pela direção, aprovada por unanimidade, segundo a qual a classe iria agradecer, "numa manifestação ordeira aos poderes constituintes, a forma como tem sido atendida", além de apresentar uma representação contendo todas as suas reclamações.[91] Além disso, foi aprovada a proposta de fazer com que o subsecretário de Estado das Corporações, Teotônio Pereira,[92] se tornasse sócio honorário do sindicato.[93]

Afinal, em maio, ocorreu a reunião na qual foi aprovada a carta dirigida ao subsecretário das Corporações.[94] A carta, embora assinada em nome de Joaquim Dias, foi aprovada na assembléia como sendo dos manipuladores de pão em geral. Logo de início, a correspondência deixava claro o compromisso e o apoio dos trabalhadores ao Estado Novo e à organização corporativa:

> O Estado corporativo é, para nós operários, uma obra-prima de V. Exª; ele consolidará o Estado Novo.
> Pelo Estado corporativo as massas operárias vêem satisfeitas muitas das suas mais legítimas aspirações, que lhe custaram anos de luta, de sofrimentos e de sangue.
> Defender o Estado corporativo é, dalgum modo, defender os interesses das classes operárias; logo, a todo o operário se impõe a defesa daquela.[95]

Assim, se o passado de lutas era reconhecido pelos trabalhadores como um período importante, apesar de marcado por tantos sofrimentos, o Estado Novo e a organização corporativa que lhe dava forma representavam a conquista final de um objetivo. Daí a necessidade e a obrigação que tinha a classe operária de defendê-lo. Entretanto, para que ele, o Estado corporativo, pudesse ser defendido, era necessária uma ação no sentido de se extirparem da categoria aqueles que lhe eram hostis, vinculados ao passado da organização, vinculados às lutas que, naquele momento já não tinham mais sentido:

> Ora, o Estado corporativo está sofrendo por parte de *meneur* da nova espécie um ataque grave; assim, na classe dos manipuladores e distribuidores de pão de Lisboa, sub-repticiamente, gente criminosamente hábil conseguiu estabelecer-se na organização corporativa da classe e, quais fantoches inconsistentes, esperam desempenhar grande papéis ao sabor das cordelinhas da *gente antiga* que tanto mal nos fez.[96]

Da "gente antiga", sublinhada na carta, deduz-se de imediato serem as correntes de esquerda que hegemonizaram a antiga associação de classe no período anterior ao que hora estudamos. Segmentos "antigos" e, portanto, estranhos à "nova ordem". Entretanto, além destes, a carta dirigia-se também a segmentos já vinculados ao Estado corporativo e, que, embotados desta autoridade, exploravam o sindicato. Assim:

> Já fomos próximos de V. Exª lavrar o nosso protesto contra a gente que ali está, porque, ela é pior do que a que estava à frente da classe na organização antiga. É pior e muito pior! A outra gente era perigosa para o Estado Novo mas não repudiou o que fazia, e alguns estão pagando as tendices que julgavam doutrina sã.[97]

Na verdade, a carta tinha o sentido de expressar o descontentamento para com a comissão organizadora do novo sindicato nacional, que, afirmando coadunar-se com os interesses do Estado Novo, não hesitava em se aproveitar das vantagens que lhe eram conferidas. Os membros da antiga associação de classe pecavam em seus projetos ideológicos, mas eram reconhecidos como indivíduos que acreditavam em seus projetos e acreditavam também que estavam atuando em benefício da classe.

> Porém, os de agora são trânsfugas que vêm de fazer falsas confições de fé, logo, duplamente perigosos. Estes, sem capacidade intelectual ou moral para propagar o bem, são férteis em artifícios para fazer o mal.[98]

Mas a demarcação com o passado "subversivo" vinha logo em seguida, ao relatar as intenções reais daqueles que haviam participado da organização no novo sindicato nacional. Segundo a carta, o vínculo com aquilo que de pior vinha do passado era evidente:

> Constituíram-se em comissão organizadora do sindicato nacional, não com a nobilíssima intenção de salvar e resgatar uma classe sofredora e mal julgada; não para dar forma e vida à esplendorosa concepção do Estado corporativo, que apresentou já às massas operárias do País o nome de V. Ex.ª como um reformador e protector, um dos homens raros que de longa em longa surgem na história da humanidade, coligaram-se para libertar um amigo que a polícia tinha a ferros em conseqüência da última greve revolucionária. Tratava-se dum anjo? Não! Era um ex-deportado o pensionário do anterior sindicato![99]

Percebe-se, no documento, certa ambigüidade com relação ao passado, em particular com relação à antiga associação de classe. Por um lado, pagavam no Estado Novo o fato de terem acreditado em doutrinas exógenas ao regime. Por outro, era desabonador o retorno de dirigentes sindicais envolvidos em levantes revolucionários, como se tal fato não fosse também fruto de "tendisses que julgavam doutrina sã". Porém, além da conduta ideologicamente desabonadora, havia também críticas à incapacidade administrativa do grupo que se propunha a organizar o Sindicato Nacional dos Manipuladores de Pão:

Há na direção um tesoureiro? Há, mas simplesmente honorífico, porque, não tendo capacidade senão para idealizar um guarda-livros, que escreva o inventário, o caixa e contas correntes (...) o tesoureiro de facto é um vogal da direcção que desempenhou aquelas funções no sindicato anterior e a classe acusa de se locupletar com importâncias de vulto (...) que tudo faz sem ouvir, sem consultar a direção.[100]

Ainda segundo a correspondência, a comissão organizadora havia descumprido a lei, burlando documentos necessários à nova organização sindical:

> Eles ludibriaram a lei do Estado corporativo quando ao requererem a fundação enviaram os nomes de cem associados, porque alguns desses nomes são pura fantasia; não são sócios nem à classe pertencem!
> Sem respeito pelos estatutos e pela lei, ao vagar a presidência da direção, impôs-se naquele lugar uma criança grande que era secretário da assembléia geral e no seu lugar *proveu* um *estranho* amigo; deste nem nós atrevemos a investigar o seu registo policial, *temos medo*.[101]

A ordem, portanto, era um princípio inviolável e, por isso, as irregularidades ocorrentes no Sindicato Nacional dos Manipuladores de Pão deveriam ser extirpadas. Por este motivo, os objetivos dos signatários da carta e dos acusados eram, segundo os primeiros, diametralmente opostos:

> Que querem eles?
> Fiscalizar os patrões... dos outros; ameaçar a classe com a lei quando esta é de conciliação e de defesa;
> Substituir-se ao departamento policial próprio e entrar no caminho das denúncias infundadas;
> Garantirem com os fundos do sindicato despesas feitas com casos particulares;
> Ouvir e seguir os conselhos da gente que esteve antes, que protegem e com que convivem;

Pagar somas fabulosas por trabalhos ingênuos que as suas cabeças chochas jamais produzirão.
Que queremos nós?
Uma associação organizada internamente à altura de corresponder aos encargos que a lei dá aos sindicatos nacionais;
A máxima economia e a mais estrita honradez na administração dos fundos associativos;
Gente capaz de colher de dentro das leis do Estado corporativo as vantagens que nos são oferecidas;
Manifestar a V. Ex.ª o mais seguro e sentido reconhecimento da classe dos manipuladores e distribuidores do pão de Lisboa.
A BEM DA NAÇÃO
(a) Joaquim Dias.[102]

Os sindicatos, embora vinculados à ordem e à lei, eram vistos também como instrumentos de luta, de garantia e defesa de interesses coletivos e, nesse sentido, entravam permanentemente em conflito com a classe empresarial. Era notória, apesar da ambigüidade com relação aos antigos membros da associação de classe, uma idéia de fidelidade ao Estado corporativo, sem, entretanto, abandonar-se a mobilização contra privilégios particularistas, tanto de patrões como de segmentos da própria classe. Neste momento, pode-se perceber certo distanciamento do projeto expresso por António Ferro, que em larga medida foi um projeto do próprio Estado Novo, que conclamava o povo português a ir para casa, deixando o chefe de Governo, Oliveira Salazar, trabalhar em paz.[103] Assim, apesar da engenharia política construída pelo regime, e em larga medida vitoriosa, não se deve negar o fato de que os trabalhadores sindicalizados se adaptavam ao projeto político de acordo com suas conveniências. Tinham, desta forma, relativa autonomia em seu comportamento.

Os manipuladores de pão continuaram mobilizados durante todo o ano de 1934, defendendo o Estado Novo ao mesmo tempo que reivindicavam seus direitos. Duas questões continuavam na ordem do dia: o problema das multas aplicadas aos manipuladores e a questão do horário de trabalho. Em reunião realizada no mês de agosto, os membros do sindicato aprovaram duas representações a serem entregues ao ministro do Interior e ao subsecretário de Estado das Corporações e Previdência Social. Nas duas, pediam-se mudanças com relação às multas e o cumprimento rigoroso do horário de trabalho.[104] Com relação às multas, o problema se desenhava desde o início do ano. Na reunião de 3 de fevereiro, já havia expressões de descontentamento com relação a multas aplicadas a trabalhadores quando, na verdade, deveriam recair sobre os patrões, pois eram estes que determinavam as medidas para a feitura do pão.[105] Ao que parece, o problema continuava ainda em outubro. Além do mais, como para diversas outras categorias de trabalhadores, o horário de trabalho era um problema crônico, uma vez que de difícil fiscalização por parte do Estado.[106] Segundo a legislação, o horário das padarias passaria a ser diurno, o que era considerado pelos trabalhadores um avanço e uma conquista do Estado corporativo.[107] Restava, porém, uma fiscalização rígida para que o mesmo fosse implementado de fato.

Ainda em agosto, o Sindicato Nacional dos Manipuladores de Pão voltava a se reunir. As tensões vividas pela categoria desde fevereiro continuavam, motivo pelo qual a diretoria do sindicato pediu demissão, sendo escolhidos novos membros para os corpos gerentes. Além da demissão da diretoria, o problema das multas continuava, provocando reações de insubordinação à ordem por parte de alguns membros da categoria:

> José Gonçalves declarou achar exageradas as multas que actualmente estão sendo aplicadas aos manipuladores de pão, e aconselhou os transgressores a não pagarem as multas, pois, no seu entender, só assim poderão ver suas reclamações atendidas.[108]

Em se tratando de uma reunião acompanhada de um representante da PSP e de um inspetor do Subsecretariado das Corporações, é de se destacar a moção de rebeldia apresentada pelo sindicalista. Mais uma vez, este tipo de atitude desqualifica o mito de um Estado monolítico a serviço dos interesses de sua burocracia ou de sua classe dominante.

Na reunião do mês seguinte, setembro, a pauta que se destacava era o problema referente ao horário de trabalho:

> Em primeiro lugar usou a palavra Alfredo Dias Pires, que, depois de ler um artigo sobre o pão, ultimamente publicado no jornal *O Século*, disse que o horário de trabalho está sendo estudado pelas autoridades competentes, apesar da Moagem estar fazendo pressão para que os manipuladores de pão não sejam atendidos. Em seguida, leu um documento referente ao horário de trabalho, no qual foram indicadas várias nações onde se cumpre com as oito horas de trabalho e um dia de descanso por semana. Terminou por dizer que só em Portugal é que os manipuladores de pão têm dificuldade de conseguir as oito horas de trabalho.[109]

A diretoria do sindicato, por seu turno, também foi alvo de críticas por parte da assembléia, em virtude da morosidade com que as questões referentes às demandas dos manipuladores de pão eram atendidas:

> Herminio Alexandre, disse que a direcção do sindicato ainda não deu uma satisfação à classe das *démarches* efectuadas junto das entidades competentes. Atacou os moageiros, por serem eles os causadores de ainda não ter sido resolvida a questão do horário de trabalho.[110]

Assim, tornava-se necessário que novos encaminhamentos fossem dirigidos às autoridades no sentido de fazerem valer os interesses dos manipuladores de pão. Ao mesmo tempo que a busca do Estado significava uma tentativa de garantia de direitos, representava também a defesa ante às permanentes acusações sofridas pelos empresários que viam os manipuladores de pão, assim como toda categoria profissional mobilizada, como atentadora à ordem.[111]

Por fim, a última reunião dos manipuladores de pão de Lisboa, desta vez ocorrida no mês de outubro.[112] Os problemas relativos ao horário de trabalho suscitavam tensões entre os trabalhadores, de tal modo que o presidente da assembléia, na abertura dos trabalhos, recomendou calma aos presentes no momento de se tratar do assunto, passando a presidência da sessão para o representante do INTP, Castro Fernandes.¹¹³ Além da luta em prol das oito horas de trabalho diárias, os manipuladores de pão procuravam também fazer valer o direito de descanso semanal aos domingos. A reivindicação do sindicato de Lisboa coadunava-se com a das demais regiões. Assim:

> Josué Teixeira, delegado dos manipuladores de pão de Setúbal, leu um documento, no qual a classe apoiava o regime das oito horas e do descanso ao domingo, bem como dando toda solidariedade aos camaradas de Lisboa.¹¹⁴

Evidencia-se, neste caso, um comportamento horizontal dos trabalhadores, articulados em torno de objetivos comuns. Claro está que se tratava de trabalhadores do mesmo ramo profissional. Entretanto, a articulação e a solidariedade demonstradas refletiam um comportamento coletivo que, conforme mencionado acima, ia além das expectativas do Estado Novo. Aliás, nos choques que ocorreram ao longo do período estudado entre o Estado e os patrões, é de se notar também que a proximidade entre os trabalhadores e os órgãos oficiais era muitas vezes intensa. Daí as afirmações de Castro Fernandes, representante do INTP:

> O Sr. Castro Fernandes, elogiou as classes trabalhadoras, que com seriedade tratam dos seus assuntos, e afirmou que o Instituto Nacional de Trabalho tem tomado a defesa das mesmas classes.
> Depois de fazer ver a grande vantagem que traz o regime das oito horas de trabalho, disse que em Portugal não há tirania, mas sim vontade de proteger todos aqueles que trabalham e que não se sabem defender.¹¹⁵
> Para a maioria dos trabalhadores, o domingo deveria ser preservado como dia de folga, não se aceitando sequer a folga em outro dia da semana, mesmo com pagamentos em dobro.¹¹⁶

Os trabalhadores manipuladores do pão demonstravam nesses episódios, ocorridos em torno da luta do Estado pela implementação do corporativismo, um comportamento que se manteve constante entre praticamente todas as categorias profissionais estudadas aqui: um posicionamento político favorável ao Estado Novo e uma interpretação da legislação corporativa que vinha ao encontro de seus objetivos. Não se submetiam, portanto, ao que era determinado imediatamente pelo Estado ou ao que este mesmo Estado esperava deles.[117]

1.7. O ESTADO NO ESTADO CORPORATIVO — AÇÕES E APREENSÕES

Após a publicação do decreto-lei n° 23.050, viu-se o Estado, por intermédio de suas diversas agências, na obrigação de organizar a transição das inúmeras associações de classe para sindicatos nacionais. Nestes casos, as associações de classe que tivessem optado por não aderir à nova ordem corporativa ou que não tivessem sequer feito assembléias para deliberação sobre o tema deveriam ter seus bens liquidados. Nesses momentos, o Estado entrava como um organizador da nova ordem, no sentido de, ao eliminar materialmente as antigas associações de classe, garantir a existência dos sindicatos nacionais como representantes exclusivos dos trabalhadores urbanos.

Em torno deste fato, o subsecretário de Estado das Corporações recebeu uma correspondência do diretor dos Serviços de Acção Social (SAS) do INTP, Augusto da Costa, formulando algumas questões e dando parecer sobre a matéria.[118] A primeira questão levantada era acerca da responsabilidade de quem liquidaria os bens das associações de classe, uma vez que se tratava de ponto omisso no decreto n° 23.050. Segundo o diretor do SAS:

> Responde o § do artigo 21° do mesmo decreto que diz: "no caso de o sindicato se dissolver por decisão da assembléia geral sem esta nomear logo os liquidatarios, ou no caso de ser retirada a aprovação dos estatutos, o Instituto Nacional do Trabalho e Previdência nomeará dois liquidatarios".
>
> Acontece que agora, em obediência ao mesmo decreto-lei n° 23.050,

começam a criar-se os sindicatos nacionais, uns por transformação de associações de classe já existentes, outros organizados espontaneamente por alguns elementos das respectivas profissões. E obedecendo a organização corporativa ao princípio da unidade sindical, não sendo por conseqüência permitida a existência de mais de um sindicato por profissão por cada distrito administrativo do país, é evidente que, à medida que se forem criando os novos sindicatos, se devem ir desaparecendo automaticamente as antigas e correspondentes associações de classe.[119]

Assim, para o funcionário do INTP, o problema posto dizia respeito à garantia da existência de um único sindicato por base territorial, que, no caso português, eram os distritos. Queria ele estar seguro de que não haveria hipótese de uma dupla representação, com o sindicato nacional já instituído e a antiga associação de classe continuando a funcionar. Ainda segundo o diretor dos SAS do INTP:

> Duas hipóteses se põem:
> 1ª) Ou o sindicato que se cria provem de uma associação já existente;
> 2ª) Ou o sindicato se cria espontaneamente, quero dizer, independentemente da existência duma associação representativa da mesma profissão.
>
> Na primeira hipótese, à aprovação dos estatutos de um sindicato nacional deve corresponder a supressão da autorização dada às restantes associações de classe que eventualmente, dentro do distrito onde se cria o sindicato nacional, representem a profissão agora representada legalmente por este sindicato.
>
> Na segunda hipótese, deverá ser igualmente recriada a autorização a todas as associações que se encontrem nas condições acima indicadas e, particularmente, aquela que até a data da criação do sindicato nacional tenha representado a respectiva categoria profissional.
>
> Em qualquer hipótese, porém, é sempre conveniente que se proceda desde logo à liquidação das associações que se não tenham dissolvido espontaneamente antes da criação dos respectivos sindicatos nacionais ou se não tenham transformado em conformidade com a lei, para evitar que,

abandonadas a si mesmas, elas possam servir-se dos seus recursos para fins contrários à ordem publica e aos princípios consignados no Estatuto do Trabalho Nacional.[120]

Deste modo, procurava o funcionário do INTP garantir, por um lado, a existência de apenas uma organização sindical por região, desde que aquela reconhecida pelo Estado e, por outro, preservar a chamada "ordem pública". Por este motivo, apresentava o seguinte parecer:

1º) Que seja retirado o alvará de todas as associações de classe para cujas profissões se constituam sindicatos nacionais até 31 de dezembro, e que depois desta data se considerem sem existência legal todas aquelas que não houverem reformado os seus estatutos, com excepção das associações patronais em regime transitório, nos termos do artigo 10º do decreto-lei nº 23.049.
2º) Que nas sedes das associações a que tenha sido retirado o alvará e nas daquelas que espontaneamente se dissolvam se tolerem apenas os actos e reuniões necessários para o efeito da liquidação, nos termos dos respectivos estatutos ou segundo as disposições legais.
3º) Que sejam nomeados pela autoridade, com a urgência conveniente, os liquidatários das associações dissolvidas segundo os §§ 1º e 2º do decreto-lei nº 23.050. E...
4º) Que nos termos do § 2º do artigo 21º do mesmo decreto sejam delegadas nos governos civis as funções de inspecção e vigilância da liquidação das associações dissolvidas nos termos da lei, e bem assim as funções referidas no nº anterior.[121]

O detalhamento feito pelo representante do INTP definia bem uma preocupação que era geral do Estado, a de começar bem o período corporativo, fato este que somente seria possível sem a presença de organizações sindicais paralelas e à margem da lei. Quanto à "exceção", ela dizia respeito, conforme já foi mencionado, ao fato de que as organizações patronais puderam manter, ainda que a título provisório, o modelo constituído desde a legislação de 1891.

A determinação proposta-apresentada a fim de que viesse a caber aos governadores civis a fiscalização do processo de liquidação das antigas associações de classe — que veio a ser aprovada — tinha um duplo significado. Por um lado, parece claro que, na medida em que conferia ao poder local a tarefa de fiscalização sobre o fim das associações de classe, o Estado desejava com isso uma maior eficiência no processo de transição de um modelo de organização sindical para outro. Por outro lado, apesar da inequívoca importância do poder central como dinamizador da política do Estado Novo — importância esta reiterada nos discursos do próprio regime e na propaganda em torno da figura do presidente do conselho —, as instâncias de poder local tinham também um peso a ser considerado e, daí, a atribuição de tarefas aos governadores civis, responsáveis pela reprodução da política do Estado Novo no âmbito das diversas localidades.

1.8. O ESTADO CORPORATIVO — PRIMEIRAS IMPRESSÕES

Vinculados ao INTP, os SAS — Serviços de Acção Social — foram criados no sentido de acompanhar a vida dos sindicatos nacionais. Criados ao abrigo do Estatuto do Trabalho Nacional, de dezembro de 1933, procuravam fazer com que a organização corporativa estivesse em pleno funcionamento o mais rápido possível.

Em julho de 1934, o diretor de Serviços dos SAS escreveu ao subsecretário de Estado das Corporações apresentando um primeiro balanço das atividades do órgão.[122] A partir desses documentos, pode-se apreciar a opinião dos agentes do Estado diante das possibilidades de consolidação do corporativismo em Portugal. Segundo o autor, diversas consultas foram feitas a respeito da organização corporativa e dos procedimentos necessários para sua implantação. Consultas não só sobre os sindicatos nacionais, como também sobre as casas do povo e os grêmios. Mesmo as associações de classe que não se transformaram em sindicatos nacionais apresentaram reclamações e pedidos que, quando considerados justos, foram atendidos. Devido ao não funcionamento dos tribunais de trabalho, os assistentes procederam a várias intervenções conciliatórias, em geral bem-sucedidas. Também os SAS elaboraram o primeiro contrato coletivo de trabalho, efetuado entre a Sociedade Sines Lmd[a] e o Sindicato Nacional dos Carregadores e Descarregadores das Margens do Tejo, estando também para ser preparado o contrato a ser assinado entre o Sindicato Nacional dos Tanoeiros e os Grémios dos Exportadores de Vinho.[123.]

Apesar dos avanços, porém, algumas dificuldades se faziam sentir. Uma delas era com relação à fiscalização do horário de trabalho, que, apesar de executar algumas intervenções, nomeadamente nos Bancos Borges e Irmão e Espírito Santo, era considerada pouco eficiente.[124]

O diretor dos SAS passava então a apontar as dificuldades mais constantes na implementação de seus serviços. A primeira dizia respeito à resistência encontrada em muitos dos próprios departamentos do Estado, o que provocava lentidão e dificuldades na resolução dos mais variados assuntos.

A segunda maior dificuldade incidia sobre a resistência patronal em colaborar com os organismos do Estado corporativo, não só criando empecilhos ao desenvolvimento da nova estrutura sindical, como também perseguindo os dirigentes dos sindicatos nacionais.

Por fim, a terceira dificuldade devia-se ao fato de que os sindicatos ainda não se encontravam imbuídos do novo papel que lhes cabia, sendo que muitos pretendiam continuar a usar os processos de conduta anteriores, "apenas com o sinal contrário".[125] Com relação a este último problema, não havia, por parte do diretor dos SAS, grandes surpresas, e apontava caminhos para a superação dos primeiros impasses vividos pela organização corporativa:

> Esta dificuldade porém, não constituiu uma surpresa para nós, pois não pode haver a pretensão de ter já, para colocar em frente de todos os sindicatos, uma elite preparada, verdadeiros chefes.
>
> Impõe-se por conseguinte uma vigilância contínua sobre os sindicatos e a doutrinação sistemática da sua população associativa. A primeira parte será, na medida do possível, desempenhada por estes Serviços, que co-

meçarão desde já a fazer visitas periódicas de inspecção aos sindicatos nacionais de Lisboa. (...)[126]

Apesar dos esforços e das estratégias tomadas, afirmava ainda o representante dos SAS em Lisboa que pairava um desânimo acentuado entre os trabalhadores em virtude das dificuldades acima apontadas. As dificuldades provocavam, entre os dirigentes sindicais, a queda de um entusiasmo inicial que, naquele momento, não mais se fazia sentir. Também, já naquela altura, alguns sindicatos nacionais começavam a perder associados, fato de inequívoca preocupação para os arquitetos da organização corporativa.[127]

1.9. ESTADO E CRISE NO TRABALHO — EM BUSCA DA PROTEÇÃO

Talvez uma das maiores dificuldades do Estado Novo nos seus primeiros anos de implementação, além do cumprimento do horário de trabalho, tenha sido a questão do desemprego. Embora houvesse uma oposição relativamente organizada, esta, na verdade, circunscrevia-se a pequenos núcleos militantes, em boa medida "mapeados" pelo regime. Ao mesmo tempo, a intensa propaganda anticomunista servia para manter largas parcelas da população afastadas do chamado "perigo vermelho". A oposição ao regime não era, portanto, um perigo real. Entretanto, os discursos em prol do Estado Novo, de seus benefícios para a população, poderiam esbarrar na não realização de fatos concretos, que convencessem a população da justeza de seus propósitos. Diversas foram, por exemplo, as reclamações de sindicatos nacionais com relação ao problema do desemprego. Na maioria das vezes, chamavam a atenção para o regime dos perigos políticos que a crise poderia gerar contra o próprio Estado. Além disso, nessas correspondências, acentuavam-se as concepções de um Estado forte e dotado de capacidade para gerir os diversos problemas enfrentados pelos trabalhadores como um todo e, até mais, os problemas gerais da própria Nação.

Este foi, por exemplo, o caso vivido pelo Sindicato Nacional dos Tipógrafos do Distrito de Lisboa, que, em março de 1935, enviou uma correspondência ao comissário do Desemprego do Ministério do Interior com uma cópia para o próprio ministro.[128] Além de clamarem com relação ao problema do desemprego, apresentavam sugestões no sentido de que fosse sanado a partir da ação do Estado:

> O Sindicato Nacional dos Tipógrafos do Distrito de Lisboa vem por este meio clamar a esclarecida atenção de Vossa Excelência para a aflitiva situação em que se encontram os gráficos e ousa, com a justa vénia, fazer uma série de sugestões para a remediar, esperançado que sejam bem aceites e mereçam o auxílio valioso e imprescindível, neste caso, do Comissariado do Desemprego.
> A arte gráfica, que por todos os motivos se devia manter num nível superior ao actual, vai-se abastardando duma maneira impressionante, não sendo exagero afirmar que em breves anos será impossível a existência, em Portugal, de um único artista completo. E para maior tristeza verifica-se isto numa ocasião em que por todo o mundo este sector é alvo das atenções especiais dos governantes, empenhados em abrir novos horizontes a uma profissão a todos os títulos nobre.[129]

Além da busca ao Estado, vale ressaltar a idéia de que os tipógrafos se viam como realizadores de um "trabalho nobre". Portanto, demarcavam da concepção marcadamente mercadológica característica das sociedades capitalistas e da vitória do liberalismo. Mais que trabalhadores, os tipógrafos consideravam-se "artistas" e, sobretudo por isso, temiam um futuro em que não houvesse sequer "um único artista completo". O trabalho, conseqüentemente, era um valor maior que a simples razão econômica. E, por isso, inseridos em um regime preocupado com o "trabalho nacional", estavam certos de dias melhores:

> Mas seguros estamos que dentro do Estado corporativo se fará a remodelação completa nos quadros de nossa actividade, acabando com erros velhos que falsas ideologias criaram, recompondo o que está em ruínas,

disciplinando onde há confusão. Nesta certeza, confiamos no patriotismo, na inteligência, na boa vontade dos nossos chefes.[130]

Segundo os tipógrafos, os erros eram diversos, a começar pela utilização quase exclusiva da mão-de-obra infantil e de aprendizes, em vez de se utilizar a mão-de-obra masculina adulta e especializada. A razão para esse fato era a existência de "industriais pouco honestos", responsáveis, com sua conduta, pelo definhamento da "arte gráfica".[131] As soluções tomadas até o momento não eram, entretanto, suficientes:

> Com a intenção de atenuar a crise, já foi criada uma tipografia que funciona anexa à Imprensa Nacional, subsidiada pelo Fundo Desemprego. Não é porém o suficiente, pois não conseguiu valer a todos os desempregados, cujo número tem aumentado e aumentará em breve, nem é o bastante para os que lá se encontram colocados, pois os salários são exíguos, pelo diminuto número de dias que trabalham. De 15$00 diários é a média que percebem os artistas de primeira categoria, e isto por fazerem uma hora extraordinária nos dias em que trabalham, porque de contrário seria, como foi durante muito tempo, de 12$00, 10$00 e 8$50. Ora, tais ordenados são baixos, já pela categoria dos operários, já pela crescente carestia de vida.
>
> Assim, temos dois problemas a atender:
> 1º — Colocar mais desempregados.
> 2º — Melhorar as condições de trabalho na dependência da Imprensa Nacional.[132]

A resolução do problema do desemprego passava, então, por necessárias modificações a serem feitas na tipografia subsidada pelo Comissariado do Desemprego, ou seja, a tipografia da Imprensa Nacional. Segundo o sindicato, existiam vagas disponíveis, além de outras mais que poderiam ser oferecidas a partir da reforma de operários sem condições físicas ou com idade avançada, em torno de setenta anos. Referia-se o Sindicato dos Tipógrafos à tipografia situada à Rua da Rosa, no Bairro Alto de Lisboa, afirmando ainda existir trabalho disponível na própria Imprensa Nacional, onde dez operários haviam sido afastados para fins burocráticos. Entretanto, essas medidas tinham, para o sindicato, uma razão meramente paliativa e imediata, uma vez que, para a solução definitiva do problema, outras atitudes deveriam ser tomadas.¹³³ As "atitudes necessárias" diziam respeito a uma série de políticas a serem adotadas em comum acordo entre Estado e sindicato:

> Para a remodelação das artes gráficas, como ao princípio dissemos, necessaria se tornará, a regulamentação da aprendizagem, a criação de escolas profissionais, o regulamento do trabalho nas escolas particulares e o de mulheres etc. etc., trabalhos que requerem em diversas modalidades os cuidados de profissionais competentes, para o que já servira a brigada, assim como para um serviço de estatística que está por fazer.¹³⁴

As atitudes acima mencionadas necessitavam da aprovação ou desaprovação do Estado, fato este que ajudava a consolidar seu papel como gerente na organização do trabalho durante o Estado Novo. Eram medidas com finalidades de longo prazo, visando à remodelação dos padrões de organização da indústria e do trabalho gráficos, de modo a integrá-lo definitivamente à ordem corporativa (modernidade). No entanto, os problemas imediatos também ocupavam as preocupações dos sindicalistas, de modo que, ao final da correspondência, reapresentavam as reivindicações consideradas mais urgentes ao lado daquelas de mais longo prazo:

1º Criação de uma brigada técnica, para informação, fiscalização e controle de desempregados; preparação de estatísticas; estudos preparatórios para a regulamentação da aprendizagem, escolas profissionais etc.
2º Aposentamento provisório dos indivíduos cujas condições físicas não permitem desempenhar o lugar na dependência.
3º Admissão na dependência da Imprensa Nacional de Operários para preencher as vagas já existentes e as que a aplicação do número precedente provocar.
4º Modificação do regime de trabalho na dependência da Imprensa Nacional, estabelecendo turnos diurno e noturno.

5° Reforma das tipografias da Imprensa Nacional com direito a ela.

6° Preenchimento das vagas abertas na Imprensa Nacional pelos elementos que se deslocarem para dirigir a dependência, e pelas que provocar a aplicação da número procedente.[135]

O documento encerrava afirmando a disponibilidade do sindicato para colaborar com as autoridades em qualquer tipo de diligência, trabalho ou consulta.[136] Além de comprometer-se a colaborar com os poderes públicos, o Sindicato dos Tipógrafos via no Estado a referência necessária para a proteção de seus interesses. Por isso, a idéia de regulação, por exemplo, dos trabalhos infantil e de mulheres passava necessariamente pela ação dos agentes do Estado, além das políticas de alocação de desempregados, problema maior enfrentado pelos trabalhadores gráficos àquela altura.

O Estado, entretanto, nem sempre podia atender às reivindicações e pedidos de seus trabalhadores. Ainda em outubro, uma comissão de desempregados gráficos havia enviado um pedido ao subsecretário das Corporações e Previdência Social reclamando de sua situação. Segundo a mesma,

> Sendo a classe gráfica a mais atingida pela crise econômica, motivada em parte pela censura, o que aliás não a detestamos por necessária à situação, criou o Comissariado do Desemprego um anexo à Imprensa Nacional, sito na Rua da Rosa, para colocação dalgumas dezenas de desempregados. Mas, apesar disso, os desempregados aumentam a cada dia, cada vez mais como tem comprovado o nosso sindicato, isto é, o Sindicato Nacional dos Tipógrafos com algumas petições.[137]

Além de reconhecerem como legítimo o direito do Estado de implementar uma política de censura, os trabalhadores gráficos continuavam a ver neste mesmo Estado o único caminho para a resolução de seus problemas. O enfrentamento do problema, mais do que por uma política social justa, passaria sobretudo por uma combinação entre os compromissos com a classe operária e a benevolência pessoal do subsecretário:

Conhecedores de que S. Ex.ª tem desenvolvido uma vasta acção em prol do proletariado e mais ainda sabemos que S. Ex.ª possui nobres e elevados sentimentos humanitários, vimos respeitosamente solicitar de V. Excia. para que nos seja concedido trabalho no anexo da Imprensa Nacional.[138]

Ao mesmo tempo, o discurso de um Estado atuante em favor da harmonia e do equilíbrio social era também utilizado como arma no sentido de fazerem valer seus objetivos:

Ao Estado Novo importa ser generoso.
É um acto que enobrece, tanto mais que beneficia a classe mais atingida, devido à invasão da máquina e à superabundância da aprendizagem.
E que nesta hora em que procura acudir às classes populares, proporcionando-lhes uma vida mais desafogada, o Estado Novo português, pela sua generosidade, permite à classe gráfica, especialmente aos que são mais afectados, uma vida nova. E a arte gráfica saberá ser grata, enfrentando o futuro com confiança.
Lisboa, 10 de outubro de 1935.
A bem da Nação
Uma comissão de desempregados sindicalizados que aguardam deferimento de S. Excia.[139]

Além da necessidade de um Estado que, mais do que afirmar sua generosidade, deve sobretudo expressá-la em atos, há a afirmação de que a atitude do Estado Novo em favor dos trabalhadores viria a beneficiar o próprio regime, consolidando-se a oferta de uma troca: apoio por emprego e vice-versa. Entretanto, apesar da oferta de um apoio em troca da garantia de trabalho, o Estado, na prática, tinha limites difíceis de serem superados. A Imprensa Nacional, que já ocupava uma grande quantidade de trabalhadores desempregados, chegara ao seu limite. É o que se depreende da informação encaminhada pelo diretor geral da Imprensa Nacional, António Gomes Bebiano, ao ministro do Interior:

A Imprensa Nacional, que já dá trabalho a 150 desempregados, divididos em dois turnos, não tem possibilidade de admitir mais pessoal e além disso o Comissariado do Desemprego comunicou-lhe que não provesse as vagas que acaso se dessem porque lhe escasseia a verba para a parte que lhe compete pagar dos respectivos salários.[140]

Assim, o próprio Estado, apesar da afirmação de que lhe compete zelar pelo bem comum, encontrava dificuldades de garantia de pleno emprego aos trabalhadores, principalmente em se tratando de uma reivindicação que exigiria maiores gastos por parte do próprio Estado. A implementação do corporativismo se daria mediada por esta realidade objetiva: as dificuldades no atendimento das demandas básicas de parcela significativa da população. Não significa, entretanto, que a implementação do corporativismo não tivesse se realizado. Ela apenas se deu constrangida por realidades objetivas. Isto não significa a não realização dos objetivos predeterminados pelo Estado ou por elaborações teóricas externas à realidade, não significa que estes mesmos "objetivos", de certa forma, não se tenham feito realizar.

1.10. EMPREGO E PROTEÇÃO DO TRABALHO NACIONAL

O discurso nacionalista do Estado Novo constituía-se em um dos mais importantes meios de mobilização social. A defesa da pátria deveria ser anterior aos direitos privados de cada grupo social. Entretanto, na medida em que afirmava a antecedência dos chamados "interesses nacionais", o Estado criava também um importante canal de mobilização dos trabalhadores no sentido de fazer valer seus interesses. Se o discurso do Estado, portanto, servia como forma de buscar o controle, servia também para a organização dos "interesses privados" de diversas categorias profissionais. Foi o que ocorreu, por exemplo, com o processo de abertura, iniciado em novembro de 1936, para a exploração do Estaleiro Naval da Administração Geral do Porto de Lisboa. No dia 25 de novembro, cinco dias após a abertura da concessão, um grupo de empregados do estaleiro enviou uma correspondência ao Sindicato Nacional dos Empregados de Escritório de Lisboa expondo sua situação funcional e procurando fazer valer seus interesses.[141] Segundo a correspondência,

> (...) Somos por assim dizer uma família que aqui vive e onde os mais velhos encaminham os mais novos e os mais antigos e mais conhecedores do serviço elucidam e prestam auxílio aos mais modernos e portanto ainda necessitados de adquirir a prática tão precisa para que tudo corra normalmente. A atestar a boa harmonia existente entre uns e outros há um facto que bem a caracteriza: não ha idéia de nenhum castigo sofrido por qualquer empregado proposto por um superior.[142]

O discurso da harmonia, tão caro ao Estado Novo, era então utilizado como um cartão de visitas da comissão em sua assertiva ao Sindicato dos Empregados de Escritório. O interesse dos empregados era de que a concorrência viesse a favorecer a empresa onde trabalhavam, principalmente porque na primeira concorrência nenhuma empresa havia se inscrito, enquanto na segunda apenas a Sociedade de Construções e Reparações Navais, Lda. havia concorrido.[143] No entanto, para surpresa dos signatários do documento, a Companhia União Fabril havia, no próprio dia da concorrência, entrado na disputa pela concessão. Perguntavam-se os empregados da Sociedade de Construções e Reparações Navais por que a CUF havia entrado exatamente ao final da concorrência, sem ter demonstrado antes nenhum indício de que estaria disposta a tal empreitada.

Sobre a importância da CUF no processo de industrialização do Estado Novo, devem ser destacados alguns aspectos importantes. De acordo com Machado Pais, o nascimento de um regime de tipo autoritário em Portugal havia sido conseqüência de um processo de modernização aliado à manutenção de estruturas econômicas tradicionais.[144] O elemento de integração modernizante a que se refere o autor são as mudanças estruturais na ordem econômica portuguesa iniciadas a partir da segunda metade do século XIX, fato que provocou uma verdadeira "ruptura do isolamento do mundo rural".¹⁴⁵ E um dos personagens mais importantes deste momento de "modernização portuguesa" havia sido exatamente Alfredo da Silva,¹⁴⁶ proprietário da CUF a partir de 1895 e que, no final da década de 1920, era "o mais importante grupo financeiro industrial do país".¹⁴⁷ Assim, no nascimento do Estado Novo, o grupo econômico mais consolidado, organizado em forma de monopólio, era a CUF.

Sabiam, portanto, os signatários do documento a importância particular daquela empresa na economia do país e seu significativo poder, tornando-se, por suposição, a favorita na concorrência que se realizava. Segundo os reclamantes, várias eram as razões que fizeram com que a CUF entrasse na disputa pela exploração do estaleiro:

> — a renda era também agora menor;
> — a percentagem sobre a receita, que era de 5% e tinha passado para 8%, não a assustava porque com o seu Estaleiro no Barreiro tinha forma de se esquivar ao pagamento dessa percentagem, fazendo ali os trabalhos que a Sociedade de Construções e Reparações, Ldª se vê forçada a fazer no Estaleiro Naval da Administração Geral do Porto de Lisboa, pois não tem nem nunca teve outras oficinas;
> — e assim canalizando todos os trabalhos para as suas oficinas no Barreiro reduziria ao mínimo o pessoal das oficinas do Estaleiro Naval da Administração Geral do Porto de Lisboa e com essa redução diminuiria também as despesas da manutenção do mesmo, podendo enfrentar a possibilidade da exploração das docas com a sua receita privativa, que está isenta da percentagem de 8%.
> — a redução que se fizesse nos salários dos operários, a qual se justificaria com a falta de trabalho, constituiria mais um esforço para fazer face ao pagamento dos encargos que a exploração do estaleiro naval acarreta.
> — e ainda outra economia faria, pois de certeza transferiria para a sua sede na Rua do Comércio todos os serviços de escritório centrais e com a justificação de que ali se asseguravam com o seu pessoal, nos despediria bem como ao pessoal os escritórios e oficinas, também justificando esses despedimentos com a redução do serviço das mesmas, aliás por ela preparada.¹⁴⁸

A suposição dos empregados em escritório da Sociedade Construções Navais era a de que a CUF tinha maiores possibilidades de se tornar vitoriosa na concorrência, em virtude de sua maior estrutura e por ter oferecido "como renda fixa mais 207 contos do que a sociedade para a qual trabalhamos".[149] Após o abatimento em virtude da iminência de perderem seus empregos, procuraram auxílio no sindicato nacional, razão pela qual apresentavam o presente documento:

> Eis a razão por que aqui estamos.
> E ousamos estabelecer uma comparação.
> A casa para que trabalhamos, actual arrendatária do Estaleiro Naval do Porto de Lisboa, concede ao seu pessoal:
> — o auxílio da inabilidade, sem que o pessoal contribua com um centavo sequer quando o pessoal tenha mais de 25 anos de serviço;
> — o auxílio por doença, mesmo prolongada, como presentemente se dá com dois empregados, um doente há mais de um ano e outro há mais de seis meses, quando os empregados têm um determinado número de anos de serviço e nos dois casos relatados um dos empregados tinha quando adoeceu sete anos de serviço. Mas outros casos se têm dado da prestação do mesmo auxílio a empregados com menos anos de serviço;
> — donativos para atender a situações precárias do pessoal resultantes de doenças prolongadas e muitas vezes conseqüentes de acidentes no trabalho, chegando ao ponto de se estabelecer uma pensão e inabilidade embora o beneficiado não tenha 25 anos de serviço;
> — o auxílio-funeral;
> — a assistência médica actualmente só para os empregados, mas que, sabemos, está em projecto tornar-se extensiva aos operários;
> — o auxílio a uma cantina que se tem manifestado em dinheiro e utensilagem e na cedência duma dependência destinada a refeitório com pessoal próprio a expensas da sociedade, além dos refeitórios destinados a operários;
> — e ainda a construção em projecto de um bairro de 100 a 150 ca-

sas económicas conforme a Sociedade de Construções e Reparações Navais, Ld.ª o exprimiu em carta à Administração Geral do Porto de Lisboa em 24 de setembro deste ano, e cujo assunto sabemos estar sendo tratado junto da Repartição dos Edifícios e Monumentos Nacionais, e para as quais alguns de nós estão já inscritos.[150]

O argumento final, acerca das "casas económicas", demonstra uma mudança de comportamento da classe operária em relação ao período final do século XIX, ao menos em se tratando de regimes de caráter corporativo e autoritário. Perrot demonstra que a classe trabalhadora francesa no século XIX preferia morar na periferia, onde, longe do olhar patronal, se considerava com mais liberdade do que junto ao local de trabalho.[151] Ao mesmo tempo, diante do perigo real de perderem seus empregos, seus empregadores, da Sociedade de Construções e Reparações Navais transformaram-se em exemplos de patrões responsáveis diretos pela "harmonia" vivida na empresa. Segundo o documento, a empresa despendia, por ano, mais de 200 mil escudos em "regalias" a seu pessoal.[152] A provável perda da concorrência implicaria, então, a perda de empregos para alguns e a perda das vantagens adquiridas para os que continuassem empregados. E a razão maior desta possibilidade encontrava-se exatamente na figura de Alfredo da Silva, proprietário da CUF:

> Essas são as regalias de que o pessoal da Sociedade de Construções e Reparações Navais, Ld.ª goza, ao passo que tem a certeza de não as conseguir com a passagem do Estaleiro Naval para a Companhia União Fabril, porque quem diz Companhia União Fabril diz Alfredo da Silva.
> Este senhor já foi gerente do Estaleiro Naval quando ele então estava arrendado à Parceria dos Vapores Lisbonenses à qual esta Sociedade sucedeu.
> Durante o tempo da sua, felizmente, reduzida gerência, as dissensões com a Administração Geral do Porto de Lisboa eram contínuas. Isto dizem os velhos empregados aqui e sabem-no bem.[153]

Interessante que, segundo os responsáveis pelo documento, a razão de sua malsucedida gerência no estaleiro deveu-se a problemas de ordem política, decorrentes do levante de 1927.[154] Logo Alfredo da Silva, apoiante de primeira hora o movimento militar de 1926:

> Durante a sua gerência o Estaleiro Naval constituiu um foco de revolucionários e um armazém de material clandestino.
>
> Logo após ter eclodido o movimento revolucionário na cidade do Porto em 3 de fevereiro de 1927, souberam os empregados da sociedade de Construções e Reparações Navais, Limitada, que de noite permaneciam nos escritórios da Sociedade um dos diretores de nome Aulanio Lobo, alguns empregados e outros indivíduos desconhecidos à sociedade que se soube serem revolucionários civis.
>
> No dia 7 de fevereiro de manhã entrou nos escritórios o director Aulanio Lobo, que mandou sair os empregados, dizendo-lhes que acabava de rebentar em Lisboa um movimento revolucionário e que não se sabendo a duração e os resultados que podiam vir a dar-se, resolvia suspender os trabalhos nos escritórios e nas oficinas até o final do movimento.
>
> Depois de terminar o movimento revolucionário pela vitória das forças leais ao governo da ditadura nacional e na ocasião em que voltaram ao serviço os empregados foram informados pelos guardas da noite que as reuniões tinham sempre continuado, permanecendo nos escritórios durante dia e noite os indivíduos já citados e que na madrugada do dia 8 de fevereiro um rebocador do Arsenal de Marinha, transportando praças da Armada com o director Aulanio Lobo, atracou à muralha das docas, desembarcando e dirigindo-se aos armazéns da sociedade, donde retiraram pás e picaretas que levaram para o Arsenal e que depois, segundo o que se disse, serviram para abrir trincheiras nas ruas próximas ao Largo do Rato, onde o major Viriato Lobo, irmão de Aulanio Lobo, comandava os revoltosos.[155]

A prisão de Aulanio Lobo, posterior à tentativa de levante, fez com que a Sociedade de Construções e Reparações Navais impusesse a saída de Alfredo da Silva e de todos os que com ele trabalhavam. Segundo o documento, era evidente o envolvimento da CUF no movimento revolucionário.[156] Assim, a fidelidade ao regime fazia com que a presença da CUF incomodasse os signatários do movimento, para quem não só a responsabilidade de Alfredo da Silva no episódio era evidente, como também causaria insegurança entre aqueles que não seguiram suas orientações no passado.[157] A opinião dos funcionários da Sociedade de Construções e Reparações Navais era a de que os trabalhadores do estaleiro estavam integrados na "obra de ressurgimento da Nação",[158] de modo que a presença de segmentos desinteressados em tal projeto somente iria prejudicar as boas relações estabelecidas no trabalho. A defesa, portanto, dos interesses dos trabalhadores do estaleiro confundia-se com a defesa do próprio Estado:

> Depois do que temos dito, parece-nos que não pode oferecer dúvidas de que ao pessoal deste estaleiro assiste o direito de procurar defender os seus interesses em benefício não só seu como também em benefício do próprio Estado, pois os desempregados de amanhã iriam aumentar o número daqueles, a quem, infelizmente o Fundo do Desemprego não pôde valer.[159]

Ao mesmo tempo, afirmavam que o perigo do desemprego desapareceria em caso de a concorrência ser vencida pela empresa a que pertenciam:

> Ora com a adjudicação do Estaleiro Naval à Sociedade de Construções e Reparações Navais, Ld^a esse perigo não só desaparece, como, a pedido desta comissão, não voltará a ameaçar-nos, porque gostosamente o director da Sociedade de Construções e Reparações Navais, Limitada assinou a declaração que transcrevemos e que nesta data entregamos à Direção do Sindicato Nacional dos Empregados de Escritório do Districto de Lisboa: SOCIEDADE DE CONSTRUÇÕES E REPARAÇÕES NAVAIS, Ld^a — Lisboa, 25 de novembro de 1936 — à Comissão do Pessoal dos Escritórios — Para os devidos efeitos de natureza social, esta sociedade declara que manterá ao serviço todo o pessoal dos escritórios que presentemente aqui trabalha, caso a adjudicação da exploração do Estaleiro Naval da Administração Geral do Porto de Lisboa lhe seja feita. Ficam ressalvados os direitos de

procedimento disciplinar contra os que propositadamente lesarem os interesses da sociedade e contra os que se entregarem a actividades políticas subversivas. — Pela SOCIEDADE DE CONSTRUÇÕES E REPARAÇÕES NAVAIS, Ld^a — O director (ass.) Tabar.

Se puderem, pois, ainda haver dúvidas sobre as regalias de que o pessoal da Sociedade de Construções e Reparações Navais, Ld^a goza, cremos que este acto as desvanecerá.[160]

O interessante na exposição é que, além da defesa dos interesses e da estratégia adotados pela comissão de afirmar a existência de um relacionamento harmônico na Sociedade de Construções, percebe-se que também os patrões adotam a mesma estratégia, pois, em favor de seus interesses — de conquistar a concorrência da administração do porto de Lisboa —, expunham publicamente o compromisso de não despedir nenhum trabalhador.

Em virtude da correspondência da Comissão dos Empregados de Escritório da Sociedade de Construções e Reparações Navais, o Sindicato Nacional dos Empregados de Escritório do Distrito de Lisboa enviou uma correspondência ao ministro das Obras Públicas e Comunicações[161] expondo as demandas apresentadas pela comissão e as conseqüências delas advindas.[162] Na mesma, o sindicato afirmava estarem em jogo questões importantes do interesse do Estado. Também o sindicato registrava a surpresa ao ter sabido, por intermédio dos jornais, que a CUF havia entrado na concorrência e, ao abrirem-se as propostas, apresentava maiores vantagens para a adjudicação do estaleiro naval. A possibilidade de o arrendamento ser dado à CUF assustava os sindicalistas. Por isso, mesmo sabendo que a decisão final cabia ao ministro das Obras Públicas, procurava influenciá-lo no sentido de que a CUF não viesse a se tornar vitoriosa na concorrência:

> Ainda que os jornais, em sua notícia, nada tenham dito quanto ao resultado final do concurso, correm rumores de que àquela companhia será o estaleiro arrendado. É evidente que só a V. Exa. cabe, em tal assunto, di-

zer a última palavra, e como a nós se nos impõe o dever de defender até o fim os interesses dos filiados neste sindicato nacional, julgamos que é ainda tempo de voltarmos a ocupar a atenção de V. Exa. com a explanação de factos que devem influir na decisão final e que porventura são desconhecidos de V. Exa.[163]

Para o sindicato, na disputa em questão, estavam em jogo tanto os interesses do Estado como os de um grande contingente de trabalhadores, de modo que três aspectos — social, político e moral — deveriam ser levados em conta na definição de qual empresa viria a ser vitoriosa. Quanto ao primeiro problema, de ordem social:

> De facto, basta considerar que, segundo o Caderno de Encargos, a entidade adjudicatária se compromete a manter ao seu serviço, *apenas* aqueles empregados e operários que foram admitidos até maio de 1907, para se compreender o risco que se corre. Estamos em presença duma garantia perfeitamente ridícula — simplesmente proforma — pois apenas garante a permanência a 2 (dois) empregados, porquanto todos os restantes foram admitidos em data posterior àquela. Seria necessário que *todos* os empregados tivessem, pelo menos, trinta anos de casa para que aquela cláusula lhes garantisse a sua permanência, mas seria também necessário que todos eles fossem tão avançados em idade que a sua invalidez estaria perto, e, portanto, abrangidos pela disposição do mesmo Caderno de Encargos que diz poder, por tal motivo, ser também dispensados.[164]

O perigo do desemprego era, portanto, evidente e, por se tratar de um Estado preocupado em garantir o equilíbrio e a harmonia social, não se poderia de deixar de levar em conta tal possibilidade. E esta possibilidade, de acordo com o sindicato, existia à medida que se evidenciavam as chances de vitória da CUF na concorrência. Quanto às questões de ordem política, assim argumentava o sindicato:

> Todo o pessoal que se encontra actualmente ao serviço da Sociedade de Construções e Reparações Navais, Limitada é unânime em reconhecer a

atenção e interesse que merecem aos dirigentes da mesma a situação material de todos os seus colaboradores; aqueles dirigentes são publicamente reconhecidos como afectos à situação que felizmente rege os destinos do País; a grande maioria dos seus empregados está filiada neste sindicato nacional, o que demonstra encontrarem-se perfeitamente integrados na orgânica doutrina do Estado Novo;
(...)
Parece-nos perigoso entregá-lo à Empresa concorrente, cujos antecedentes nos habilitam a supor que o desviaria das saudáveis doutrinas do Estado corporativo, não contando que, com os despedidos, se aumentaria a legião dos revoltados.[165]

Além, portanto, da possibilidade do desemprego, abria-se também a chance do fortalecimento de uma empresa em nada confiável aos interesses da Nação e à doutrina do Estado Novo. Se os sindicatos nacionais deviam ser fiéis aos valores do corporativismo português, também esta fidelidade deveria ser estendida às classes patronais. Por fim, havia os problemas de ordem moral, igualmente considerados graves pelo sindicato e, neste caso, os problemas recaíam na figura de Alfredo da Silva:

> É impossível separar a entidade União Fabril da personalidade de Alfredo da Silva. Alfredo da Silva foi sócio da Sociedade de Construções e Reparações Navais, Ld.ª e, pelo seu delegado junto desta empresa e servindo-se dos seus escritórios e material, fomentou, auxiliou e cooperou na revolução de 7 de fevereiro de 1927; por este motivo e por imposição dos actuais dirigentes, foi compelido a desligar-se da referida sociedade; por investigações a que então se procedeu e em que foram inquiridos muitos empregados da Sociedade de Construções e Reparações Navais, Limitada, ficaram estes factos suficientemente comprovados; alguns dos empregados foram então ameaçados com o ajuste de contas em ocasião oportuna; sabe-se que o delegado de Alfredo da Silva, na convicção em que está de que volta em breve a ser o senhor absoluto do Estaleiro Naval da Administração Geral do Porto de Lisboa, anda dizendo, já, que é chegada a hora do ajuste de contas...

Seria simplesmente monstruoso que o Estado galardoasse, com a adjudicação, o procedimento criminoso de quem atentou, por actos revolucionários, contra a sua própria segurança.[166]

Assim, a vitória da CUF no arrendamento seria, para o sindicato, não só um atentado à segurança do Estado, mas também uma premiação a quem deveria ter sido punido. Por estas razões, não valiam os "207 contos" a mais oferecidos pela CUF, principalmente em um momento de crescimento econômico.[167] Assim, considerava o sindicato justa a reivindicação da Comissão de Empregados da Sociedade de Construções e Reparações Navais, pedindo portanto, ao ministro das Obras Públicas e Comunicações, atenção especial quanto ao assunto.[168]

A CUF, entretanto, arrendou o Porto de Lisboa no ano de 1937,[169] passando a incrementar também a produção de navios, o que demonstrava certo grau de compromisso do Estado Novo com o grande capital que se modernizara a partir de finais do século XIX. O que consideramos é que este grau de compromisso não impedia o tensionamento nas relações Estado-classes patronais, em particular nos momentos de discussão em torno de políticas de caráter social, salários e horário de trabalho.

1.11. ESTADO E TRABALHO ENTRE A COERÇÃO E A SEDUÇÃO

A região da Marinha Grande, onde ocorreu o episódio da tentativa de levante revolucionário em janeiro de 1934, foi, permanentemente, alvo das atenções do governo. A crise provocada pela política repressiva adotada desde o acontecimento repercutia ainda no mês seguinte, com incursões do bispo de Leiria no sentido de abrandar a pena dos operários punidos. A numerosa correspondência do bispo e do Estado permitem uma análise do papel ao mesmo tempo coercitivo e sedutor do Estado.

Coercitiva, pois, a adoção da política de penalidades, que demonstrava a existência de um Estado pouco disposto a aceitar atitudes de desobediência. Além do mais, como vimos, a Marinha Grande havia sido escolhida como exemplo paradigmático pelo governo, em sua campanha anticomunista. Assim, as políticas adotadas após o episódio também deveriam ter este mesmo caráter paradigmático. No entanto, mesmo o mais arbitrário dos regimes políticos não se sustenta apenas a partir da coerção, necessitando do apoio de segmentos políticos e sociais. Dessa forma, sofre, destes mesmos segmentos, pressões diversas, que podem se ampliar ou reduzir, de acordo com a capacidade maior ou menor dos regimes de manter um mínimo de equilíbrio entre as diversas forças apoiantes. A Igreja, por certo uma das instituições mais importantes na manutenção do equilíbrio político do Estado Novo, ao mesmo tempo que o apoiava, não podia deixar de atender, ou de buscar atender, as reclamações de seus féis. Foi nesse contexto que uma série de cartas entre o bispo de Leiria e diversas instâncias do Estado discutiram e procuraram resolver os problemas dos presos políticos envolvidos no episódio da Marinha Grande.

No início de fevereiro de 1935, um ano depois do levante da Marinha Grande, o bispo de Leiria enviava uma primeira carta ao presidente da República, rogando no sentido do atendimento aos operários perseguidos em virtude do levante:

> No desempenho de minha missão de paz e caridade, como bispo desta diocese venho apelar para o coração magnânimo de Vossa Excelência, pedindo uma ampla anistia para os exilados da Marinha Grande, vítimas do gorado movimento revolucionário de janeiro de 1934.[170]

As razões do bispo eram basicamente de ordem humanitária, não entrando nos problemas políticos nem nas conseqüências de uma possível anistia para os revoltosos de janeiro de 1934:

> As mais e esposas desses infelizes vieram pedir-me para, em seu nome, expor a Vossa Excelência as circunstâncias angustiosas que atravessam.
> Os seus maridos e filhos eram o sustento das suas pobres casas, onde, se não havia o conforto, tinham, ao menos, um bocado de pão. Com o seu

exílio a miséria entrou nos seus lares, os filhos choram de fome e frio, agravando-se cada vez mais esta situação.[171]

Quanto à ação executada pelos revoltosos, naquele momento exilados, ela se devia à inocência dos mesmos e à facilidade com que haviam sido enganados em sua "boa-fé". A atitude do presidente da República teria, segundo o bispo de Leiria, conseqüências posteriores em favor do próprio presidente:

> Vossa Excelência tem sido, pela bondade que o caracteriza no desempenho do alto cargo em que a Nação o tem investido, o apaziguador das paixões e ódios que fervilham no nosso meio social.
> Ouso, pois, esperar que Vossa Excelência concederá aos exilados da Marinha Grande, cuja relação envio e me foi apresentada, a liberdade de voltarem ao seio de suas famílias, onde o nome de Vossa Excelência será justamente abençoado.

A carta do bispo de Leiria foi enviada, por intermédio da Secretaria da Presidência ao Gabinete do Ministro da Justiça.[172] Ainda nesse mês de fevereiro, o documento era enviado, por meio da PVDE e junto com uma informação de um capitão daquela polícia sobre o episódio.[173] A informação do capitão Maia Mendes versava sobre a petição do bispo de Leiria e da conveniência de atender ao seu pedido. O documento não deixava de expor certa ironia quanto ao pedido de familiares e do bispo em prol dos revoltosos:

> Nada mais humano do que a petição feita pela mulher e pelos filhos.
> Nada mais comovente do que a interferência do Exmº. bispo de Leiria em assunto tão lamentável.
> Praza a Deus que não haja outra revolta na Marinha Grande, por estes tempos mais próximos, o que a Polícia se tem esforçado por garantir, embora tenha ainda sérias apreensões sobre tal assunto.
> Estes males, estes cuidados, estes perigos não os atinge, felizmente o Exmº. bispo, porque a sua altíssima missão e inexcedível bondade tem vastíssimo campo de aplicação, sem lhe abeirar.

Seja-me permitido, ao ambiente de paz, de caridade mesmo, que transpira da mensagem, fazer uma alusão passageira à expressão que refere aqueles que agüentam "com culpas que não tinham". Bem o sabe o Exm°. bispo, como é falível a justiça dos homens, ainda quando, como neste caso, se tenham cumprido todas as formalidades da lei, até e durante o julgamento que os condenou.

Que não conheça limites a bondade, que se não pese a tolerância, que se não negue a tábua salvadora no mar revolto das paixões. Mas...

No campo das realidades, o sentido da oportunidade domina todas as questões; é essa oportunidade que não julgamos chegada ainda.[174]

O documento expressava, de maneira incontestável, a distância entre o Estado, dotado de uma razão objetiva, o "campo das realidades", dominado pelo "sentido da oportunidade", e a Igreja, que "não conhece os limites da bondade". Apesar da relação de proximidade entre Igreja e Estado Novo, esta passagem não deixava dúvidas quanto ao universo próprio da ação de um e de outro. É bom lembrar que, conforme aponta Braga da Cruz, este era o período em que a Igreja mais criticou o regime, à medida que o "espírito corporativo" que inaugurou o Estado Novo começava a se "desviar" de seu "verdadeiro" caminho.[175] Embora assentado no catolicismo, o Estado Novo não deixou de sofrer pressões por parte da Igreja, ao menos até a Concordata de 1940, quando as relações entre Estado e Igreja alcançaram o ponto maior de proximidade.[176]

Apesar da recusa em atender ao pedido do bispo de Leiria, o chefe de gabinete do ministro do Interior, Gaspar d'Oliveira, enviou uma correspondência ao representante da Igreja, sem, entretanto, expressar-lhe uma terminante negativa:

A Sua Eminência Reverendíssima o bispo de Leiria
Em referência às petições endereçadas a Suas Excelências os senhores Presidente da República e ministro da Justiça, encarrega-me o senhor ministro do Interior de informar que o Governo recebeu com a atenção devida a solicitação de V. Ex.ª Reverendíssima, tendo o maior empenho em

que as oportunidades lhe permitam exercer a sua acção de benevolência sem prejuízo da ordem e da paz social.
A bem da Nação
Gabinete do ministro do Interior em Lisboa, 1 de março de 1935.
O CHEFE DO GABINETE
Gaspar Marques d'Oliveira[177]

Apesar de a resposta do ministro do Interior nada garantir no que concerne a atitudes efetivas na recondução dos exilados da Marinha Grande, o bispo de Leiria, em resposta, agradecia o empenho, retomando a necessidade de os operários regressarem, mesmo que sob vigilância especial:

Leiria, 6 de março de 1935.
Exm°. Senhor Ministro do Interior
Agradeço, muito penhorado, o ofício n°. 222 de 1 do corrente com a resposta de Vª. Exª. ao pedido que fiz a sua Excelência o Senhor Presidente da República rogando a libertação dos pobres operários da Marinha Grande presos sob a acusação de terem tomado parte no gorado movimento revolucionário de Janeiro do ano passado.
Vai, Exm°. Sr. ministro, uma grande miséria nas famílias daquela pobre gente que são as principais vítimas.
Creio que, se Vª. Exª. os mandasse regressar à sua terra, embora sob certas condições e até vigilância, tudo aceitariam de bom grado.
Espero do coração magnânimo de Vª. Exª. que lhes fará tudo o que puder.
A bem da Nação
(assinatura ilegível)[178]

A "boa vontade" do Estado, na medida em que suas necessidades objetivas estavam em jogo, ficava apenas na aparência. Mas a política na Marinha Grande continuava a ser uma preocupação constante. Talvez uma das razões que fizeram com que os pedidos do bispo de Leiria não fossem atendidos se devesse ao fato de que o regime buscava a adoção de políticas que garantissem uma aceitação maior do Estado Novo em área tão hostil. O retorno dos sublevados acarretaria, ou poderia vir a acarretar, novos transtornos, uma vez que o regime não considerava que os participantes do movimento tivessem mudado suas idéias.

Mas, ao que tudo indica, o regime mantinha os olhos atentos na Marinha Grande, visando a uma maior receptividade na área. E este era o teor de uma correspondência do administrador do Conselho da Marinha Grande, Francisco José Caldeira de Mendanha, ao governador civil do distrito de Leiria. Apesar da memória da revolução, ela começava a perder terreno graças à ação do governo, particularmente por intermédio do subsecretário das Corporações na região. Ação de tal modo decisiva que havia superado a idéia de que o Governo havia "se esquecido da Marinha Grande".[179] Para que o clima positivo com relação ao governo se consolidasse, pedia o administrador que o ministro do Interior e o subsecretário de Estado das Corporações visitassem o local, "pois estou certo que serão recebidos com entusiasmo".[180] Na ocasião, seriam homenageados alguns industriais, com o grau de comendador da Ordem do Mérito Industrial, e alguns operários com o grau de cavaleiro da mesma Ordem.[181] O administrador concluía afirmando ter cumprido sua tarefa, "conseguindo uma vitória mais para o Estado Novo e conseqüentemente uma satisfação grande, para Sua Excelência o senhor presidente do Conselho".[182]

A ação do administrador, Francisco Mendanha, havia adotado, conforme expresso em sua correspondência, uma política de "inclusão", de modo a fazer com que os diversos segmentos da Marinha Grande se sentissem efetivamente participantes da política do Estado Novo. Suas últimas palavras indicavam um compromisso pessoal de superar o clima de hostilidade ao regime vivido na região desde a tentativa de levante em janeiro de 1934. Assim, o Estado, embora adotasse políticas de coerção, mostrava-se também sensível, desde que "sem prejuízo da ordem e da paz social" e "no campo das realidades" e do "sentido de oportunidade", a adotar medidas tendentes à sedução e ao convencimento. Neste momento, a ação do Estado aproximava-se do projeto preconizado pela Igreja Católica de um "corporativismo harmônico" e dotado de "espírito cristão".

1.12. A VIDA SINDICAL — HISTÓRIAS DE ADESÃO

De forma geral, o processo de aceitação, por parte dos trabalhadores, ao projeto corporativo estatista era majoritário em relação às escolhas de resistências. Ao mesmo tempo, como sabemos, nem sempre — ou quase nunca — os "representados" expressavam a vontade e os anseios dos seus "representantes". Nas correntes de esquerda, notaremos um processo dúbio. Por um lado, predominava um discurso de oposição e combate. Por outro, talvez para não se isolar em demasia daqueles de quem afirmavam ser representantes, terminaram por atuar "por dentro" da estrutura oficial, ainda que em um sentido oposicionista e visando ao seu enfraquecimento.[183] Quanto ao sindicalismo de direita, este, é claro, teve maior facilidade em aceitar a estrutura corporativa criada pelo regime. Não, entretanto, sem tensões importantes com o Estado, haja vista a presença do nacional-sindicalismo e do projeto "totalizante" desta corrente que, em diversos pontos, entrou em conflito com Salazar.[184]

Caso típico de organização sindical que não fez a tempo assembléia para a adesão à organização corporativa foi o Sindicato dos Caixeiros de Lisboa. Como já vimos, a Associação de Classe dos Caixeiros, o organismo sindical anterior ao sindicato nacional, era de hegemonia socialista e tinha interesse em participar da política corporativa do governo. Porém, conforme se vê, o processo foi demorado. Assim, em 30 de maio de 1934, uma comissão organizadora dirigiu uma assembléia para a escolha da nova diretoria. Chama a atenção o número de membros na assembléia: 82 pessoas. Na mesma, Horácio Gonçalves, que foi escolhido para ocupar a presidência do sindicato, fez uma saudação para cada um dos principais dirigentes políticos do Estado Novo: o presidente do Conselho de Ministros, Oliveira Salazar, o presidente da República, general Carmona, e o subsecretário das Corporações e Previdência Social, Teotônio Pereira. Estas aclamações se transformaram em documentos a serem enviados a cada uma das autoridades saudadas.

A assembléia também criticou aqueles membros da categoria considerados desordeiros, que, com insultos, buscavam agredir os membros da comissão interessada na reabertura do sindicato. Já nessa reunião, algumas "vantagens" adquiridas com a sindicalização foram apresentadas aos trabalhadores presentes. Por exemplo, as companhias de navegação passaram a oferecer descontos em viagens à África "aos camaradas sindicalizados". Nota-se, desde já, a ênfase no oferecimento de vantagens de caráter assistencialista que, ao mesmo tempo, auxiliava o Estado no sentido da ampliação de sua base corporativa. Ao fim da reunião, o já eleito presidente por aclamação Horácio Gonçalves pediu a todos os membros da assembléia, a todos os "camaradas" — termo sempre usado —, que fizessem campanha para a obtenção para o sindicato da estrutura da Associação de Classe dos Caixeiros de Lisboa.[185]

Na primeira reunião da diretoria deste sindicato, realizada no dia 3 de julho, uma proposta apresentada pelo presidente Horácio Gonçalves, constituída de dez itens destinados à fidelidade e defesa do Estado corporativo, foi aprovada por unanimidade.[186] É natural que as primeiras direções dos sindicatos nacionais fossem fiéis ao Estado Novo. Não são, portanto, motivo de novidade as atitudes de louvor e aclamação para com os dirigentes do regime. Entretanto, tal comportamento adesista não deve ser visto como representativo de segmentos cooptados, sem afinidade ou reconhecimento perante a categoria. Se assim fosse, a assembléia convocatória para a escolha da diretoria do sindicato não teria o significativo número de caixeiros que teve.

A Comissão de Sócios da extinta Associação de Classe dos Caixeiros do Distrito de Lisboa, vinculada agora ao sindicato nacional, entregou a este todos os seus pertences, sendo aprovado, em reunião de diretoria de 3 de agosto, um voto de reconhecimento à tal comissão.[187] O Sindicato dos Caixeiros contava, segundo sua diretoria, com o número aproximado de oitocentos sócios. Note-se que, até o presente momento, a cotização não era obrigatória, haja vista o interesse do regime em promover uma mobilização dos trabalhadores por meio de um amplo convencimento, para o que a propaganda oficial consistia na mola mestra.[188]

O principal ponto da reunião de agosto foi um parecer enviado ao subsecretário de Estado das Corporações e Previdência Social sobre o projeto de decreto do horário de trabalho. Resolveu-se também reproduzir este documento e distribuí-lo entre os filiados do sindicato. Em "Excursão patriótica", o Sindicato Nacional dos Caixeiros aprovou a visitação à Exposição Colonial do Porto, tendo a mesma sido documentada em dossiê especial. Segunda a diretoria do sindicato nacional, o resultado da visita à exposição foi, além de um aumento no número de sócios — que neste mês de outubro pulou para 1.016 —, um aumento também de seu prestígio junto à Nação e ao Estado.[189] A campanha de filiações do sindicato continuou, ficando decidida uma excursão a Torres Vedras para promover uma propaganda do sindicato naquela localidade. Decidiu-se também que seriam convidados todos os demais sindicatos de Lisboa para acompanhar o Sindicato dos Caixeiros na propaganda. Foi deliberado também que se convocassem todos os sindicatos para que, conjuntamente, se adotassem medidas tanto com relação à excursão como com relação aos festejos patrióticos de dezembro na Praça dos Restauradores.[190] Ao final do ano, no mês de dezembro, o Sindicato dos Caixeiros já contava com o total de 1.133 associados.[191]

No ano seguinte, a primeira reunião do sindicato ocorreu no dia 20 de janeiro, deliberando pela convocação de uma assembléia geral para o mês seguinte.[192] No dia 14 de fevereiro, reuniu-se a assembléia geral, contando com a presença de 106 membros em pleno gozo de seus direitos. A ordem dos trabalhos, aprovada por unanimidade, foi: primeiro, a aprovação das contas da gerência passada e, segundo, a eleição dos cargos gerentes para o ano de 1935.[193] Antes, porém, de se iniciarem os trabalhos previstos, algumas questões de ordem corporativa foram debatidas e resolvidas pela assembléia. A principal polêmica se deu em torno da velha questão do horário de trabalho. Uma proposta apresentada pelo sindicalizado Álvaro Coutinho defendia que os estabelecimentos comerciais deveriam fechar às 21:00, à exceção das barbearias e das mercearias, que poderiam funcionar até 21:30. A maioria das propostas seguintes afirmaram a necessidade de uma hora única para todo o comércio, não devendo haver exceções. Todos deveriam, portanto, trabalhar até as 21:00. Sobre o assunto, o sindicalizado Hermínio Pereira da Costa criticou a fiscalização do horário de trabalho, por considerá-la ineficiente. Ao mesmo tempo, defendeu a sindicalização obrigatória.[194] É de supor que o comércio aos sábados funcionasse até mais tarde, devido à maior possibilidade de locomoção das pessoas. Além disso, grande parte das demais categorias profissionais funcionava aos sábados, de modo que o funcionamento do comércio até mais tarde era compatível com as necessidades gerais. Este fato, evidente, não obscurecia a intensa exploração sofrida pelos trabalhadores, além da ausência de uma maior presença do Estado no controle sobre o horário de trabalho. Quanto à questão da sindicalização obrigatória, como se sabe, o governo ainda não havia se decidido por tal medida. Na assembléia, aprovou-se por unanimidade o relatório da direção anterior. Ao mesmo tempo, o presidente da assembléia, Carlos Ferreira dos Santos, elogiou o trabalho do presidente da direção, Horácio Gonçalves, afirmando que o relatório constituía-se em um exemplo para a categoria e uma "lição palpitante" do que é o Estado corporativo.[195]

As adesões, deste modo, continuavam, embora alguns problemas parecessem crônicos. O primeiro deles continuava a ser o do horário de trabalho e as dificuldades do Estado em implementar um controle maior sobre aqueles que optavam por desobedecer às diretrizes oficiais. Note-se que a não adesão ao horário de trabalho partia fundamentalmente dos patrões, uma vez que para os trabalhadores interessava a adoção de medidas que limitassem suas jornadas. Dessa forma, a oposição, organizada ou não, às diretrizes do Estado Novo, naquilo que dizia respeito à legislação social, não partia dos trabalhadores, mas de seus patrões.

Outro problema ainda era o da mobilização para os sindicatos nacionais. Embora houvesse grande simpatia pelo Estado corporativo, da parte dos trabalhadores em geral, havia também limites impostos por sua própria tradição. Não era comum a busca, como indivíduo, da defesa de interesses. O predomínio de uma tradição de Estado forte implicava a espera deste como agente fundamental para a defesa dos interesses de todos.[196] O regime, portanto, vivia uma contradição na medida em que, construindo um modelo caracteristicamente conservador, pensou ser possível passar por cima de um de seus pilares, a superestimação do Estado e a visão deste como ente protetor e orientador da política em geral. A existência de um Estado forte era a própria causa de um sindicalismo mobilizado aquém das esperanças deste mesmo Estado.

Não era assim para o pensamento social medieval que, ao contrário do pensamento individualista, era dominado pela idéia de "corpo", ou seja, de organização supra-individual, dotada de entidade diferente das partes, prosseguindo fins próprios e auto-organizada ou auto-regida em função desses fins.[197]

Foi, a nosso ver, esta tradição, de base medieval e reconstituída no Portugal do século XVII, que conformou uma cultura, uma memória que, longe da exclusividade do Estado como o agente único a fazer a história, viu nele o condutor fundamental dos interesses públicos.

1.13. PREVENÇÃO E CONTROLE

O Estado Novo, ao mesmo tempo que procurava promover uma relação amistosa entre patrões e empregados, preocupava-se também com a implementação de mecanismos que garantissem apenas aos indivíduos adeptos do Estado Novo a participação em organismos públicos. Os sindicatos, de acordo com a ordem corporativa, eram de domínio público e, por isso, não escaparam a um processo de rígido controle.

A 16 de junho de 1936, o INTP, por intermédio de sua Secção de Trabalho e Corporações, enviou aos Serviços de Acção Social uma comunicação acerca do resultado da eleição para os corpos gerentes do Sindicato Nacional dos Operários da Indústria Têxtil do Distrito de Lisboa.[198] No dia seguinte, o secretário adjunto do INTP enviou uma correspondência ao diretor da PVDE com as mesmas informações recebidas de sua Secção de Trabalho e Corporações.[199] No dia 15 de julho, a PVDE enviou uma correspondência ao secretário adjunto do INTP, informando que, com exceção de Manuel Almeida, que já fora preso por delitos de ordem política, nada constava contra os demais sindicalistas eleitos para a direção do Sindicato Nacional dos Operários da Indústria Têxtil do Distrito de

Lisboa. No dia 22 de julho, o INTP, novamente por intermédio de seu secretário adjunto, Frederico de Macedo Santos, informava à sua Secção de Trabalho e Corporações a notícia recebida pela PVDE.[200] O mesmo procedimento de troca de informações ocorreu durante o mês de setembro, quando da eleição de Manuel Pinto Mesquita para a presidência do referido sindicato.[201]

Deste modo, os sindicatos podiam até, conforme se verá, servir como representantes legítimos das demandas de seus representados. Podiam também tensionar suas relações com os patrões quando estes se recusavam a atender às reivindicações consideradas justas ou quando se recusavam a aderir à organização corporativa do Estado. Mas jamais os trabalhadores podiam ser considerados perigosos aos interesses fundamentais e à segurança do Estado Novo. Do mesmo modo que este, muitas vezes, foi benevolente com os interesses da classe operária, buscando incorporá-la à esfera da participação pública. Esta incorporação deveria ter, sempre, a marca da ordem e da obediência.

CONCLUSÃO

A opção em favor da adesão ao Estado Novo não se deu sem traumas. Exemplo marcante da ruptura apresentada pelo novo regime foi o famoso episódio do "18 de Janeiro". Porém, a negação abrupta ao projeto governamental foi muito mais uma ação das vanguardas políticas, que pensavam ou pretendiam representar as classes trabalhadoras, do que propriamente de seus "representados".

Para estes, ainda que nos primeiros anos do corporativismo os resultados práticos ainda não tivessem se concretizado como realidade, havia, naquele momento, a conquista de um "poder simbólico" importante: a presença de um Estado preocupado e disponível a atender as demandas do mundo do trabalho. A legislação que estava sendo criada, ao mesmo tempo, era apreendida pelos trabalhadores de acordo com seus interesses, seus objetivos. Não era apenas uma adesão imediata, mas sim marcada por interpretações que intervinham em alguns momentos contra os próprios interesses governamentais. Além disso, deve-se dar destaque à presença de um Estado que serviria como anteparo dos trabalhadores em face da arrogância e do individualismo dos patrões. Só isso explica a adesão de extrema representatividade nas Assembléias aqui estudadas. Havia, assim, predominantemente, uma expectativa positiva por parte dos trabalhadores.

Quanto ao Estado, deve-se destacar o esforço e as esperanças de seus agentes no sentido de uma institucionalização corporativa que fosse a mais "orgânica" possível. Esforço, principalmente, quando da tentativa de implementar um controle maior sobre as antigas associações de classe, a fim de que as mesmas fossem imediatamente aniquiladas quando da constituição dos novos sindicatos nacionais. Também neste aspecto deve-se lembrar a percepção do Estado, que conferia aos governos civis a tarefa de organizar o desmonte das antigas entidades de representação do trabalho. Ao mesmo tempo que esta atitude garantia um maior controle sobre o desmonte das associações de classe, também conferia poder e representatividade aos governadores civis, fato demonstrativo da complexidade das estruturas políticas vigentes sob o Estado Novo. Esperanças também no sentido de que a "corporativização" do regime pudesse vir a ocorrer de forma "natural", permitindo que, em larga medida, os próprios trabalhadores se organizassem. Esta atitude desconsiderou que o próprio discurso do Estado em torno de sua eficiência inibia atitudes que, embora não proibidas, demonstrassem maior autonomia por parte dos seus "representados". Este foi, conforme veremos, um problema permanente na organização do trabalho sob o Estado Novo.

Por fim, destaque para a relação do Estado com as organizações civis. Quantos aos patrões, apesar da permanente insatisfação em relação ao comportamento, tinham o direito de permanecer, ainda que por breve período, organizados segundo uma legislação mais conveniente. Parece que nestes primeiros anos de organização corporativa as tensões eram menores que as necessidades de uma relação mais aproximada e de mútuo apoio. Seguramente eram menores que aquelas estabelecidas nos períodos posteriores. Quanto à Igreja, base de sustentação dos valores do regime, o relacionamento ora era tenso, ora de maior proximidade. No período estudado, a maior tensão estabelecida foi diante do pedido de clemência para os exilados da Marinha Grande. Episódio escolhido pelo próprio regime como símbolo da luta do Estado Novo em favor de sua corporativização e contra as tendências comunistas, representantes de um ideário exógeno à cultura portuguesa, o governo procurou agir, diante do pedido do bispo de Leiria, de acordo com os princípios que balizaram sua conduta ao longo do período estudado, adotando ao mesmo tempo a coerção e a sedução. Ao mesmo tempo que protelava o pedido de anistia do bispo, uma vez que sua conduta deveria ser "exemplar" diante de um episódio escolhido para ser "exemplar", o governo procurou adotar políticas de caráter social na região, a fim de que o regime passasse a ter, em área tão hostil, uma aceitação maior. Quanto aos sindicatos, uma política de profundo incentivo e esperança de que os mesmos pudessem servir como "caixa de ressonância" de suas políticas diante dos trabalhadores. Se, por um lado, é certo afirmar que houve uma grande eficiência dos sindicatos e de sua representatividade junto aos trabalhadores urbanos, é certo também que os sindicatos nacionais foram, de fato, além das expectativas do regime. É o que se verá nos capítulos que seguem.

Notas

1. FREIRE, João. *Anarquistas e operários: ideologia, ofícios e práticas sociais: o anarquismo e o operariado em Portugal, 1900-1940*. Lisboa: Afrontamento, 1992, pp. 193-246; PATRIARCA, Fátima. *A questão social no salazarismo*. Lisboa: Imprensa Nacional/Casa da Moeda, 1995, p. 19.
2. PATRIARCA, Fátima. Ibid. p. 21.
3. ROSAS, Fernando. *O Estado Novo nos anos 30*. Lisboa: Estampa. 1986, pp. 94-96.
4. PATRIARCA, Fátima. Ibid., pp. 22-24.
5. Conforme se verá ao longo deste trabalho, esta previsão dos anarquistas acabou não se realizando. Ao contrário, nas negociações tripartite, em geral, os patrões ficavam isolados em face da tendência maior dos representantes do Estado de defender as reivindicações dos sindicatos nacionais.
6. PATRIARCA, Fátima. Ibid., pp. 26-28.
7. Ibid., pp 29-30.
8. Ibid., pp. 34-35.
9. Ibid., p. 36.
10. Ibid., pp. 38-40.
11. Ibid., pp. 69-91.
12. Existiam outras correntes de menor peso organizativo, que, entretanto, também buscavam disputar o controle sobre o movimento operário em Portugal. Os nacional-sindicalistas (fascistas) e os católicos.
13. Decreto n° 23.049, destinado a patrões do comércio, indústria e agricultura; decreto n° 23.050, destinado aos empregados, operários e profissões liberais; e decreto n° 23.051, destinado ao mundo rural.
14. Decreto n° 23.053.
15. PATRIARCA, Fátima. Ibid. p. 227.
16. Ibid., p. 228.
17. Cit. por Ibid., p. 267.

18. Não é tarefa deste trabalho analisar a parcela de trabalhadores desorganizados, tema que mereceria outro estudo. Entretanto, acreditamos que o nível da adesão ao modelo corporativo seria maior se investigássemos também a repercussão, neste segmento, das leis sindicais criadas a partir de 1930.
19. Votaram contra o decreto n° 23.050 as seguintes categorias profissionais: jornalistas, metalúrgicos, ferroviários, caixeiros, caixeiros-viajantes e de praça, profissionais de hotelaria, empregados da Carris, pasteleiros e confeiteiros, motoristas, pessoal dos telefones, pessoal dos tabacos, a AC dos Empregados da Indústria dos Tabacos, o Sindicato dos Arsenalistas da Marinha, o dos Empregados do Estado o do pessoal de Exploração do Porto de Lisboa. Votaram a favor da integração à ordem corporativa: médicos, professores do ensino particular, músicos, toureiros, regentes agrícolas, protéticos dentários, oficiais maquinistas da Marinha Mercante, oficiais da Marinha Mercante, portuários, estivadores, conferentes marítimos, descarregadores do Porto de Lisboa, pessoal de Tráfego, manipuladores do pão, mecânicos de açúcar, empregados dos Fósforos Lisbonenses, manipuladores de tabaco, construtores civis, mestres-de-obras, maquinistas teatrais, empregados mutualistas, empregados de Clubes e Casas de Recreio, além de quarenta dissidentes de empregados da Carris e do Sindicato de Hotelaria. Cf. PATRIARCA, F. Ibid., pp. 258-259. É de notar que, embora a grande maioria dos sindicatos de profissionais liberais (médicos, professores do ensino particular etc.) estivesse entre os que votaram a favor do novo decreto, alguns importantes sindicatos operários também resolveram optar pela nova ordem corporativa (manipuladores de pão, empregados do Porto etc.), o que podia ser demonstrativo da capacidade de sedução da nova lei entre segmentos populares.
20. Cópia do parecer da Direção do Sindicato dos Profissionais da Imprensa de Lisboa acerca do decreto 23.050 para ser apresentado à sua assembléia geral, focando aspectos da reorganização dos sindicatos nacionais. É assinada por Artur Portela, presidente, Belo Redondo, vice-presidente, Julião Quintinha, secretário, Carlos Nunes, secretário-adjunto, Manuel Nunes Júnior, tesoureiro (12 fls.). ANTT — AOS/CO/PC10A.
21. Ibid., p. 1.
22. Ibid., p. 2.
23. Ibid. Também no Brasil a legislação corporativa teve traços bastante nas organizações destinadas aos trabalhadores e nas organizações destinadas aos patrões. Cf. GOMES, Ângela M. C. "Os paradoxos e os mitos: O corporativismo faz sessenta anos". In: *República, trabalho e cidadania*. Rio de Janeiro: FGV/CPDOC, 1991.
24. Ibid., p. 3.
25. Ibid. Adiante se verá que, ao contrário das expectativas "pessimistas" do Sindi-

cato dos Trabalhadores da Imprensa, o novo governo procurou garantir a participação tripartite (Estado, trabalhadores e patrões) nas negociações referentes ao trabalho.
26. Ibid., pp. 3-4.
27. A percepção "restrita" de Estado vem da tradição leninista e nega qualquer hipótese de um Estado mais amplo no sentido do atendimento de interesses de caráter universal. Restringe-se assim aos interesses privados de uma única classe, a burguesia, que dele se apodera como um órgão executivo. Uma concepção mais "ampla" de Estado ganhou contornos mais definidos na tradição marxista a partir de Gramsci, para quem o Estado caracteriza-se por sua capacidade de representação múltipla de interesses, particularmente em condições democráticas. Sobre o debate em torno da teoria marxista de Estado, ver: COUTINHO, Carlos Nelson. *A dualidade de poderes — Introdução à teoria marxista de Estado e revolução*. São Paulo: Brasiliense, 1987.
28. E, embora os dirigentes do Sindicato dos Profissionais de Imprensa apontassem o Estado Novo como um Estado "burguês" e, portanto, defensor de um interesse privado de classe, a verdade é que, ao longo de sua história, o Estado Novo viveu momentos de relações bastante tensionadas com as classes produtoras, principalmente aquelas vinculadas ao setor urbano-industrial.
29. Ibid., pp. 4-5.
30. Ibid., p. 5.
31. Ibid., p. 6.
32. Cópia de uma moção feita por um grupo de ferroviários não satisfeitos com a nova organização corporativa, criada pelo decreto n° 23.050 de 23 de setembro, representando, segundo eles, uma supressão das liberdades associativas e da luta de classe. (2 fls.). ANTT — AOS/CO/PC10A.
33. Ibid.
34. Cópia do parecer da Direção do Sindicato dos Profissionais da Imprensa de Lisboa. Ibid., p. 7.
35. Ibid.
36. Ibid., p. 8.
37. Ibid., pp. 8-9.
38. Ibid., p. 10.
39. Ibid., p. 11.
40. Ibid., pp. 11-12.
41. Cópia de uma moção feita por um grupo de ferroviários. Ibid.
42. Albino Soares Pinto dos Reis Júnior, membro da elite política do Estado Novo desde seu início, foi um dos mais importantes conselheiros de Salazar. Oriundo da direi-

ta republicana, logo se alinha ao regime que se implanta a partir dos anos 30. Foi governador civil de Coimbra (1931-1932) e ministro do Interior (1932-1933), no período em que foi criada a Polícia de Defesa e Política Social. Apesar da proximidade com Salazar, posicionou-se no pós-guerra mais próximo da corrente reformista liderada por Marcelo Caetano. Membro da direção executiva da União Nacional, foi nomeado, em 1933, juiz do Supremo Tribunal Administrativo, chegando três anos depois ao cargo de presidente do Tribunal. Após 1935, exerceu vários cargos na Assembléia Nacional, tendo sido seu presidente entre 1942 e 1961. Presidiu a Comissão Executiva da União Nacional e o seu V Congresso, realizado em fevereiro de 1970, diante do impedimento de Salazar. Foi nomeado, neste mesmo ano, presidente da Comissão Consultiva da Acção Nacional Popular. Cf. REZOLA, Maria Inácia. REIS, Albino Soares Pinto dos (1888-1983). In: ROSAS, F. & BRANDÃO DE BRITO, J. M. *Dicionário de história do Estado Novo*. Vol. II, p. 826.
43. Correspondência do Conselho Fiscal da Associação de Classe dos Empregados de Escritório de Lisboa, de 19 de fevereiro de 1933, enviada ao ministro do Interior. ANTT/MI-GM, maço 458/cx 11.
44. Sobre o sistema policial e repressivo do Estado Novo, ver: RIBEIRO, Maria da Conceição. *A polícia política no Estado Novo: 1926-1945*. Lisboa: Estampa, 1995. Não é nosso interesse a análise da ação policial durante o Estado Novo, mas é interessante notar que ela se caracterizou por uma ação ativa no combate aos adversários do regime, além de manter relações com outros organismos policiais europeus. Em 1939, por exemplo, foi firmado um acordo da PVDE com a polícia italiana para o estabelecimento de ajuda e "recíproca colaboração em tudo aquilo que respeita à luta contra o comunismo ou que representa actividade contrária aos sistemas políticos da Itália e de Portugal." Cf: *Acordo técnico entre a direcção geral da polícia italiana e a polícia portuguesa de vigilância e defesa do Estado*. ANTT/MI-GM, maço 507/cx. 65.
45. "INFORMAÇÃO", de 22 de fevereiro de 1933, do chefe da Secção de Investigação da Polícia de Defesa Política e Social. ANTT/MI-GM, maço 458/cx. 11.
46. Ibid.
47. Ibid.
48. FARIA, Telmo Daniel. "O comunismo: um anátema estado-novista." In. VARGUES, Isabel N. *Do Estado Novo ao 25 de Abril. Revista de História das Idéias* (17). Instituto de História e Teoria das Idéias, Faculdade de Letras da Universidade de Coimbra. Coimbra, 1995, p. 231.
49. Ibid., p. 259.
50. Correspondência enviada ao ministro do Interior, de 3 de abril de 1933, do Con-

selho Fiscal da Associação de Classe dos Empregados de Escritório de Lisboa. ANTT/ MI-GM, maço 458/cx. 11.
51. Ibid, pp. 1-2.
52. Correspondência datada de 11 de maio de 1933, do chefe de gabinete do Ministério do Interior ao presidente do conselho fiscal da Associação de Classe dos Empregados de Escritório de Lisboa. ANTT/MI-GM, maço 458/cx. 11.
53. Correspondência 654-A, de 11 de maio de 1933, do chefe de gabinete do Ministério do Interior, Manuel Ribeiro Ferreira, ao diretor da PDPS, de 11 de maio de 1933.
54. António Raul da Mata Gomes Pereira.
55. Circular Confidencial nº 1645, do chefe de gabinete do Ministério do Interior, de 13 de novembro de 1933. ANTT/MI-GM, maço 462/Cx 15.
56. Ibid.
57. Ibid.
58. PATRIARCA, Fátima. Ibid., p. 276.
59. Ibid., pp. 276-277.
60. Ibid., p. 279.
61. MÓNICA, Maria Filomena. *Artesãos e operários. Indústria, capitalismo e classe operária em Portugal (1870-1834)*. Lisboa: ICS/Universidade de Lisboa, 1986, pp. 99-104.
62. Ibid., p. 99.
63. Ibid., p. 101.
64. Ibid., p. 103.
65. Ibid.
66. Ibid.
67. Ibid., pp. 92-98.
68. PATRIARCA, Fátima. *A questão social...* Ibid. p. 278.
69. PATRIARCA, Fátima. "O '18 de Janeiro': Uma proposta de releitura." In: *Análise Social*. Revista do Instituto de Ciências Sociais da Universidade de Lisboa. Lisboa, vol. XXVIII (123-124), 1993 (4º-5º), p. 1.137.
70. PATRIARCA, Fátima. Ibid. pp. 1.147-1.148.
71. Ibid., ibid. p. 1.149.
72. PATRIARCA, Fátima. Ibid., p. 1.149.
73. Ibid., p. 1.150.
74. Ibid.
75. Ibid., p. 1.151.
76. Ibid.
77. Ibid.

78. Ibid., p. 1.152.
79. *Diário de Notícias*, Lisboa, 19 de janeiro de 1934, p. 1.
80. FARIA, Telmo Daniel. "O comunismo: um anátema estado-novista." In: *Do Estado Novo ao 25 de Abril. Revista de história das idéias* (17). Instituto de História e Teoria das Idéias. Faculdade de Coimbra. Coimbra, 1995, p. 236.
81. Ibid., pp. 243-244. As partes destacadas entre aspas na citação pertencem a Serrano Baptista, um dos ideólogos do Estado Novo e autor de *Nova cruzada (o ataque vermelho)*, s.l., s.e., s.d. , p. 41.
82. *Diário de Notícias*, Ibid., pp. 1-2.
83. Ibid., p. 2.
84. Procuramos, nas Actas Sindicais dos Vidreiros da Marinha Grande, publicadas pelo Instituto de Ciências Sociais da Universidade de Lisboa, a documentação referente ao período produzida pelos trabalhadores. Entretanto, há, naquela documentação, um hiato provocador da ausência de documentos entre os anos de 1931 e 1934.
85. Comando da Polícia de Segurança Pública — Secção de Informações do Comando. ANTT/MI-GM, maço 468/cx. 21.
86. Ibid.
87. Ibid.
88. Ibid.
89. Ibid.
90. Ibid.
91. Ibid.
92. PEREIRA, Pedro Teotônio (1902-1972), militante do integralismo português na juventude, torna-se de imediato um dos mais importantes colaboradores do Estado Novo. Em 1933 ocupou a pasta de subsecretário de Estado das Corporações e Previdência Social e, em 1936, ministro do Comércio e Indústria. No ano seguinte, foi nomeado "agente especial" do governo português junto ao regime franquista durante a Guerra Civil Espanhola. Em 1938, terminada a guerra, foi nomeado embaixador de Portugal na Espanha, tendo sido o articulador da assinatura do Tratado de Amizade e Não-Agressão Luso-Espanhol, que formalizava o reconhecimento das fronteiras entre os dois Estados ibéricos e afirmava a amizade recíproca entre os dois países. De 1945 a 1947, foi embaixador no Brasil. Em 1958, depois de ter passado, como representante do governo português, por Washington e Londres, foi nomeado ministro da Previdência. Cf. OLIVEIRA, César. "Tratado de amizade e não-agressão luso-espanhol" e ROSAS, Fernando. PEREIRA, Pedro Teotônio. In: ROSAS, F. e BRANDÃO de BRITO, J. M. *Dicionário de história do Estado Novo.* Volume I: A-L. Lisboa: Círculo de Leitores, 1996, pp. 997-998 e 718-719, respectivamente.

93. Comando da Polícia de Segurança Pública — Secção de Informações do Comando. Ibid.
94. Carta Aberta dos Manipuladores do Pão ao Ilustríssimo e Excelentíssimo Subsecretário de Estado das Corporações. Ibid.
95. Ibid.
96. Ibid.
97. Ibid.
98. Ibid.
99. Ibid.
100. Ibid.
101. Ibid.
102. Ibid.
103. "E agora que já o ouvimos, vamos cada qual para a nossa vida... Não façamos barulho... Deixemo-lo trabalhar..." In: FERRO, António. *Salazar: o homem e sua obra*. 3ª ed. Portugal, Empresa Nacional de Publicidade, 1935, p. 169.
104. Comando da Polícia de Segurança Pública... Ibid.
105. Ibid.
106. Ibid.
107. Ibid.
108. Ibid.
109. Ibid.
110. Ibid.
111. Ibid.
112. Ibid.
113. FERNANDES, António Júlio de Castro. Militante de extrema direita, iniciou suas atividades políticas na Cruzada Nun'Álvares. Em 1932 ajudou a fundar o nacional-sindicalismo. Em 1934, abandonou os fascistas portugueses, aderindo ao Estado Novo. Foi funcionário do INTP, ajudando na organização do aparelho corporativo. Em 1944, foi subsecretário de Estado das Corporações e, de 1948 a 1950, ministro da Economia. Escreveu livros sobre o corporativismo, dentre os quais se destacam *O Corporativismo fascista* (1937) e *Temas corporativos* (1944). PINTO, António Costa. In: ROSAS, F. & BRANDÃO de BRITO, J. M. *Dicionário de história do Estado Novo*. Volume I: A-L. Lisboa: Círculo de Leitores, 1996, p. 348.
114. Comando da Polícia... Ibid.
115. Ibid.
116. Ibid.
117. Provavelmente esta foi uma conduta dos regimes autoritários em geral. Deste modo, as teses do "totalitarismo" se enfraquecem, na medida em que se exemplificam ações

"por baixo" que impõem transformações ou reformulam políticas e demandas que vêm "de cima". Para o Brasil, e o comportamento dos trabalhadores diante do governo Vargas, em seu Estado Novo, dois trabalhos são determinantes: FERREIRA, Jorge Luís. *Trabalhadores do Brasil. A cultura político-popular no primeiro Governo Vargas (1930-1945)*. Dissertação de Mestrado, UFF/ICHF, Departamento de História, Niterói, 1989, mimeo.; & GOMES, Ângela Maria C. *A invenção do trabalhismo*. São Paulo: Vértice, 1988.

118. Cópia de correspondência, datada de 22 de dezembro de 1933, do diretor dos Serviços de Acção Social do INTP, ao Subsecretário de Estado das Corporações e Previdência Social, Pedro Teotônio Pereira. ANTT/MI-GI, maço 469/cx. 22.
119. Ibid., pp. 1-2.
120. Ibid., pp. 2-3.
121. Ibid, p. 3.
122. "Relatório Confidencial", do diretor de serviços dos SAS (assinatura ilegível), de 10 de julho de 1934. AHMQE.
123. Ibid., pp. 1-2.
124. Ibid., p. 2.
125. Ibid.
126. Ibid., pp. 4-5.
127. Ibid., pp. 4-5.
128. Correspondência datada de 22 de março de 1935, do Sindicato Nacional dos Tipógrafos do Distrito de Lisboa, assinada por seu presidente, Mário Campos Lobo, e dirigida ao ministro do Interior e ao comissário do Desemprego. ANTT/MI-GM, maço 477/cx. 30. O ministro do Interior à época era Henrique Linhares de Lima. "Orgânica governamental". ROSAS & BRANDÃO DE BRITO, J.M. *Dicionário de história do Estado Novo*. Vol. II. , p. 1.027. Tendo seguido a carreira militar, Henrique Linhares de Lima chegou ao posto de tenente-coronel. Em 1929, foi indicado ministro da Agricultura, tendo sido um dos principais responsáveis pela Campanha do Trigo. No mesmo período, foi responsável interinamente pela pasta das colônias. Foi presidente da comissão administrativa da Câmara de Lisboa e ministro do Interior em 1934, período em que se realizaram as primeiras eleições legislativas sob o Estado Novo. Entre 1939 e 1940, foi vice-presidente da Comissão Executiva dos Centenários e, em 1942, presidente da junta de província da Extremadura. Foi ainda deputado por duas legislaturas. Militar conservador, desde cedo apoiou as alternativas autoritárias do regime republicano. Cf. AMARAL, Luciano do. LIMA, Henrique Linhares de (176-1953). In: .ROSAS & BRANDÃO DE BRITO, J.M. *Dicionário de história do Estado Novo*. Vol. I. , pp. 520-521.
129. Ibid., p. 1.

130. Ibid., pp. 1-2.
131. Ibid., p. 2.
132. Ibid., pp. 2-3.
133. Ibid., p. 3-4.
134. Ibid., p. 5.
135. Ibid., pp. 5-6.
136. Ibid., p. 6.
137. Correspondência, datada de 10 de outubro de 1935, de uma comissão de desempregados gráficos ao subsecretário das Corporações e Previdência Social. Pedro Theotónio Pereira. ANTT/MI-GM, maço 477/cx. 30, p. 1.
138. Ibid., pp. 1-2.
139. Ibid., p. 2.
140. "Informação acerca da exposição de uma comissão de operários gráficos, dirigida ao Ex.º subsecretário do Estado das Corporações e Previdência Social e por sua Exª. enviada ao Ex.º ministro do Interior", assinada pelo diretor geral da Imprensa Nacional de Lisboa, António Gomes Bebiano e datada de 23 de outubro de 1935. ANTT/MI-GM, maço 477/cx. 30.
141. Correspondência, datada de 25 de novembro de 1936, da Comissão dos Empregados de Escritório da Sociedade de construções e reparações navais, limitada, ao Sindicato Nacional dos Empregados de Escritório do Districto de Lisboa [12 pp]. ANTT-MI/GM, maço 485/cx. 38.
142. Ibid., p. 1.
143. Ibid., pp. 1-2.
144. MACHADO PAIS, José. "A crise do regime Liberal Republicano: algumas hipóteses explicativas". In: *O Estado Novo: das origens ao fim da autarcia, 1926-1959* (vol. 1). Lisboa: Fragmentos, 1987, p. 137.
145. Ibid., p. 131.
146. SILVA, Alfredo da (1871-1942), herdeiro de grande fortuna baseada em depósitos bancários e títulos de crédito, tornou-se rapidamente o mais importante industrial português na primeira metade do século. Foi presidente do conselho de administração da CUF (Companhia União Fabril), o mais importante grupo econômico português. Inicialmente limitado ao setor de fabrico de sabões e velas, logo ampliou suas atividades para a produção têxtil, de fiação, cordoaria, óleos e azeites e moagem. Foi, durante o consulado de Sidónio Pais, em 1918, senador. Apoiante do movimento político-militar de 28 de maio, foi um dos seus maiores beneficiários: em 1929, na Campanha do Trigo lançada pelo governo, em virtude do monopólio que tinha na produção de adubos e, em 1937, ao arrendar a administração do Porto de Lisboa, incrementando a construção de na-

vios. Cf. BRANDÃO DE BRITO, J.M. "SILVA, Alfredo da." In: ROSAS & BRANDÃO DE BRITO, J.M. *Dicionário de história do Estado Novo*. Ibid., pp. 904-905.
147. MACHADO PAIS. Ibid., pp. 136-141.
148. Correspondência... Ibid., pp. 2-3.
149. Ibid., p. 3.
150. Ibid., pp. 4-5.
151. PERROT, M. "Maneiras de morar." In: PERROT, Michelle (org.). *História da vida privada 4: Da Revolução Francesa à Primeira Guerra*. São Paulo: Companhia das Letras, 1991, pp. 307-323.
152. Correspondência... Ibid., p. 5. Estando o câmbio da libra cotada à época em torno de 110 escudos e o dólar em torno de 22.585 escudos, o montante correspondia a algo em torno de 1.818 libras e 8.855 dólares. Cf. VALÉRIO, Nuno. "Câmbio". In: ROSAS, Fernando & BRITO, J. M. Brandão de. *Dicionário histórico do Estado Novo*. Vol. 1. Lisboa, Círculo de Leitores, 1996, pp. 115-116.
153. Correspondência... Ibid., p. 6.
154. Trata-se de um levante contra o governo da ditadura que havia sido composto de militares do Exército e da Marinha, com o apoio de civis. Tendo se iniciado no Porto e se estendendo posteriormente a Lisboa, durou entre os dias 3 e 9 de fevereiro, tendo sido sufocado pelas forças governamentais. Suas principais lideranças e participantes foram deportados para as ilhas do ultramar e para as colônias. Não encontramos referências sobre a possível participação de Alfredo Silva no episódio. Cf. OLIVEIRA MARQUES, A. H. de. *Portugal da Monarquia para a República*. Vol. XI. Nova História de Portugal (direção de Joel Serrão e A. H. de Oliveira Marques). Lisboa: Presença, 1991, pp. 740-741.
155. Correspondência... Ibid., pp. 6-7.
156. Ibid., pp. 7-8.
157. Ibid., p. 8.
158. Ibid.
159. Ibid., p. 10.
160. Ibid., pp. 10-11.
161. Joaquim José de Andrade e Silva Abranches. CF. "Orgânica Governamental". In: ROSAS, Fernando & BRITO, J. M. Brandão de. *Dicionário histórico do Estado Novo*. Vol. 1. Lisboa: Círculo de Leitores, 1996, p. 1.029.
162. Correspondência, datada de 26 de novembro de 1936, do Sindicato Nacional dos Empregados de Escritório do Distrito de Lisboa, assinada por seu presidente, Leonel Menezes de Aguiar, ao ministro das Obras Públicas e Comunicações. ANTT-MI/GM, maço 485/cx. 38.

163. Ibid., p. 1.
164. Ibid., pp. 2-3.
165. Ibid., pp. 3-4.
166. Ibid., pp. 4-5.
167. Ibid., p. 5.
168. Ibid., p. 6.
169. BRANDÃO DE BRITO, J.M. "SILVA, Alfredo da." In: ROSAS, F. & BRANDÃO DE BRITO, J.M. *Dicionário...* Ibid.
170. Correspondência do bispo de Leiria (assinatura ilegível), à Presidência da República, n° 1.917, recebida em 14 de fevereiro, de 6 de fevereiro de 1935. ANTT/MI-GM, maço 476/cx. 29.
171. Ibid.
172. Correspondência da Secretaria da Presidência da República ao chefe de gabinete do ministro da Justiça. ANTT/MI-GM, maço 476/cx. 29. O ministro da Justiça à época era Manuel Rodrigues Júnior. "Orgânica governamental". In: ROSAS, Fernando e BRITO, J. M. Brandão de. *Dicionário histórico do Estado Novo.* Vol. 1. Op. cit., p. 1.027. Professor universitário na Faculdade de Direito de Coimbra, Manuel Rodrigues Júnior teve sua origem política vinculada a Salazar, tanto como ex-seminarista como por ter participado do chamado "grupo de Coimbra". Foi empossado em 1926 ministro da Justiça e dos Cultos, onde se manteve até 1928, quando, a seu pedido, foi exonerado. Em 1932, a convite de Salazar, retornou ao Ministério da Justiça, onde se manteve até agosto de 1940. Neste período, identificou-se com o grupo republicano-conservador no governo. Em 1938, no jornal *O Século*, publicou um artigo cujo título, "O homem que passou", se referia a Salazar, que considerava já ter cumprido sua missão, devendo retirar-se. Talvez por isso tenha sido destituído do ministério. Fora da política, trabalhou na administração do Porto de Lisboa e no Banco Nacional Ultramarino. Foi também um importante jurista, tendo diversas publicações na área do direito. Cf. COSTA, José Ribeiro. RODRIGUES Júnior, Manuel (1889-1946). In: *Dicionário histórico do Estado Novo.* Vol. II. Op. cit., pp. 853.
173. Ofício n° 1.274/935, da Polícia de Vigilância Pública ao chefe de gabinete do ministro do Interior. ANTT/MI-GM, maço 476/cx. 29.
174. Informação do subdiretor da PVDE, capitão Maia Mendes, ao Ministério do Interior. ANTT/MI-GM, maço 476/cx.29.
175. BRAGA DA CRUZ, Manuel. *O Estado Novo e a Igreja Católica.* Lisboa: Bizâncio, 1998, p. 35.
176. Ibid., p. 49.
177. Correspondência, de 1 de março de 1935, do chefe de gabinete do ministro da Justiça, ao bispo de Leiria. ANTT/MI-GM, maço 476/cx. 29.

178. Correspondência, de 6 de março de 1935, do bispo de Leiria, ao ministro do Interior. ANTT/MI-GM, maço 476/cx.29.
179. Correspondência, do administrador do Conselho da Marinha Grande, Francisco José Caldeira do Mendanha, de 13 de julho de 1936, ao governador civil do distrito de Leiria. ANTT/MI-GM, maço 483/cx.36.
180. Ibid.
181. No total, a proposta era de homenagear cinco industriais e dez operários. Ibid.
182. Ibid.
183. Ver, a respeito: PATRIARCA, Fátima. *A questão social...*, Ibid. pp. 186-190.
184. Sobre o Nacional Sindicalismo, ver: PINTO, António Costa. *Os camisas azuis. Ideologia, elites e movimentos fascistas em Portugal • 1914-1945*. Lisboa, Estampa, 1994. pp. 204-217; p. 118-132.
185. LAAGSNCDL. Ata n° 1.
186. LARDSNCDL. Ata n° 1.
187. Não sabemos o conteúdo da documentação oferecida pela referida comissão. No entanto, no atual Sindicato do Comércio do Distrito de Lisboa, herdeiro do antigo Sindicato dos Caixeiros, nada foi encontrado em termos de documentação anterior ao Estado Novo.
188. Sobre a política de propaganda do Estado Novo, ver PAULO, Eloísa H.
189. LARDSNCDL. Atas n° 4 (setembro) e n° 5 (outubro).
190. Ibid. Atas n° 6 (outubro) e n° 7 (novembro).
191. LARDSNCDL. Acta n° 9 (dezembro).
192. Ibid. Ata n° 10 (janeiro/35).
193. LAAGSNCDL. Acta n° 2.
194. Ibid.
195. Ibid.
196. "Na verdade, desde o século XVIII, o individualismo tem proposto uma imagem da sociedade centrada no indivíduo, na irredutibilidade de sua natureza ontológica e dos seus fins. Toda a teoria social se tem baseado numa análise das características do ser humano individual, como toda a política social se orientou para a satisfação dos interesses e finalidades dos indivíduos, senão de todos, pelo menos do maior número. O colectivo não adquiriu natureza diferente das realidades individuais — e, por isso, não apresentava finalidades próprias; o fim da sociedade não era senão a soma dos fins dos seus membros e a utilidade geral confundia-se com a que resultava da soma das utilidades de cada indivíduo.
197. Cf: HESPANHA, António Manuel. *As vésperas do Leviathan: Instituições e poder político, Portugal — séc. XVII*. Coimbra: Almedina, 1994, pp. 297-298.

198. Correspondência datada de 16 de junho de 1936, do INTP aos Serviços de Acção Social. AHMQE.
199. Correspondência datada de 17 de junho de 1936 do SAS, assinada por seu secretário adjunto, Frederico de Macedo Santos, ao diretor da PVDE.
200. Correspondência datada de 22 de julho de 1936 do SAS, assinada por seu secretário adjunto, Frederico de Macedo Santos, à Secção de Trabalho e Corporações do INTP.
201. Correspondência datada de 1º de setembro da Secção do Trabalho e Corporações do INTP aos SAS do mesmo Instituto; correspondência datada de 2 de setembro de 1936, assinada pelo secretário adjunto do INTP, Frederico Macedo Santos, ao diretor da PVDE; correspondência datada de 14 de setembro da PVDE, assinada pelo tenente José Castela, ao secretário adjunto do INTP; correspondência datada de 16 de setembro de 1936 dos SAS do INTP à Secção de Trabalho e Corporações do mesmo Instituto.

CAPÍTULO II   Revisões a um projeto idealizado — um corporativismo real (1937-1939) capítulo 2. Revisões à lei proferio idealizado — um corporativismo real (1937-1939)

Liberto de todas as perturbações da Europa donde foram surgindo uns após outros os Estados modernos, Portugal viu nascer muitos, juntarem-se ou desmembrarem-se alguns, desaparecerem uns tantos. A todos sobreviveu e não no apagamento do olvido mas a realizar através dos séculos da sua existência uma das obras mais vastas e valiosas para o património colectivo da humanidade de que algum povo se poderá ufanar. Isto é, não durou, porque se ofurtou a viver; durou precisamente porque viveu — a vida intensa do soldado, do trabalhador da terra, do explorador do mar, do descobridor, do missionário, do portador de uma doutrina e de uma civilização.

Oliveira Salazar (1938)

Contra a insensibilidade do capitalismo, a sua absorvente ambição de lucro, as suas especulações estranhas à humanidade e à moral vemos apregoar e de certo modo impor-se uma noção de justiça nas trocas que penetra a formação dos preços, exige a sua estabilidade e a das moedas, procura ajustar em nível conveniente os interesses recíprocos. Isto, que demais é da nossa doutrina, tem de salvar-se para construir a economia futura. E ninguém nos diz que nas reações nacionalistas de hoje não haja um pouco de revolta dos escravos contra impiedosas explorações do feudalismo financeiro, com seu fundo de justiça e naturalmente os seus excessos também.

Oliveira Salazar (1939)

INTRODUÇÃO

No período inicial do corporativismo, era possível perceber a ação de diversos grupos sociais tentando se organizar de acordo com a Constituição do Estado Novo. Temendo o isolamento e a perda de direitos, os mais variados setores profissionais buscaram o reconhecimento oficial, ainda que tardio. As correntes de esquerda também se encontravam divididas. Por parte do PCP, a política adotada foi a do enfrentamento. Mas, além de seus projetos, a realidade é que os sindicatos começaram a funcionar de acordo com a nova legislação. Deste modo, o controle estatal começou a se firmar no cotidiano da vida dos sindicatos e, como conseqüência, na vida de seus representados. Conforme sabemos, para ser eleito dirigente sindical havia a necessidade de ser reconhecido pelos órgãos públicos como um indivíduo "nacionalista" e depositário das concepções ideológicas do Estado Novo. Mas, além da presença de um Estado que, uma vez autoritário, era por natureza cerceador das liberdades individuais, o fato é que este mesmo Estado não conseguia fazer-se presente em sua plenitude na vida dos portugueses. Nem o Estado nem tampouco os organismos por ele delegados para fazerem valer seus projetos de corporativização, em particular os sindicatos nacionais.

Os anos que se seguiram entre 1936 e 1939 foram anos de crise e dificuldades ao mesmo tempo em que foram também anos de busca e aperfeiçoamento do regime corporativo. Buscava-se preservar a ordem, assegurá-la na medida das possibilidades de um Estado que, embora pretendesse ser forte, não conseguia camuflar suas graves dificuldades estruturais. Era portanto, ainda, um Estado frágil, ao menos se levarmos em consideração as pretensões dos expoentes e arquitetos do regime. A sua política de "corporativização", assim, era uma política ainda por ser feita e, durante estes três anos ora em estudo, ela foi uma preocupação permanente do regime.

Neste caso, os sindicatos nacionais, assim como os demais organismos representativos da ordem corporativa — grêmios, casas do povo etc. —, foram de fundamental importância para a arquitetura do projeto corporativo. Ao lado dos organismos de representação, a própria legislação terminou por ser permanentemente repensada no sentido de uma eficácia maior do Estado. Embora tivesse momentaneamente agradado a diversos setores da sociedade portuguesa, inclusive das classes trabalhadoras, interessados em uma política de "ordem" e "paz social", o modelo corporativo português provocou também reações.

Em setores da indústria os trabalhadores optaram por uma política de aceitação ou, pelo menos, de cautela e expectativa em relação à implementação dos sindicatos corporativos. Ao mesmo tempo, o empresariado adotou majoritariamente uma atitude pragmática. Se, por um lado, apoiava a legislação naquilo que ela determinava em favor da ordem, por outro, negava-se a aceitar a totalidade das mudanças naquilo que representavam de melhoria das condições de trabalho de seus empregados. Em outras palavras, aumento dos custos. Mas o mais importante neste período, tanto do ponto de vista dos empresários como dos trabalhadores, foi a disputa no sentido do apoio do Estado, por intermédio do INTP, às suas demandas. Nestes casos, prevaleceu, até o final do período aqui estudado, uma tendência de aproximação, salvo em momentos de conturbação da ordem pública, entre o representante do Estado e os trabalhadores. Houve também ocasiões de acordos tácitos entre patrões e empregados, principalmente em questões referentes a alocação de empregados e obrigatoriedade de cotização sindical nas empresas. Estas atitudes prenunciavam uma mudança na legislação corporativa que seria anunciada com a adoção do decreto-lei nº 29.931, que estipulou a obrigatoriedade de cotização para grêmios e sindicatos nacionais.

2.1. A ORDEM E A LEI COMO PRINCÍPIOS

Uma das funções dos delegados e assistentes do INTP era zelar pela manutenção da ordem e da disciplina no trabalho. Embora muitas vezes, conforme já dissemos, colocando-se ao lado dos trabalhadores em suas reivindicações, essa "aliança" jamais ultrapassou ou sequer se aproximou dos limites da desobediência civil. Aos trabalhadores cabia apenas o direito à reclamação por dentro dos canais competentes de controle do mundo do trabalho. Ou seja, por intermédio do Estado ou de um representante formalmente constituído, o sindicato nacional.

Em agosto de 1937, o subsecretariado de Estado das Corporações e Previdência Social delegou a um assistente a tarefa de relatar uma série de fatos imprevistos na Fábrica de Loiças de Sacavém.[1] Segundo o documento, no dia 8 de julho, um pequeno grupo de operários ("4 ou 5") tinha parado de trabalhar e procurado o mestre geral com a intenção de pedir aumento de salários. Uma vez que os referidos operários haviam saído da oficina onde estavam lotados sem autorização do encarregado, receberam imediatamente a pena de suspensão do trabalho. Segundo o mestre geral, o interesse seria puni-los "apenas durante algumas horas".[2] Entretanto, sabedores da punição a seus companheiros de trabalho, um grupo de aproximadamente cinquenta trabalhadores também abandonou o trabalho, exigindo o retorno dos companheiros punidos. Em virtude disso, o administrador do conselho foi chamado a comparecer à fábrica, a fim de persuadir os grevistas a retornarem ao trabalho. Os argumentos do administrador foram no sentido de que deveriam procurar os organismos competentes que a organização corporativa havia construído em favor dos operários.[3]

Ao que parece, a presença do administrador do conselho inibia os trabalhadores em suas reivindicações. Depois que ele esteve na fábrica, os operários voltaram ao trabalho. Entretanto, após o almoço, voltaram a parar e novamente retornaram ao trabalho quando da volta do administrador do conselho. Mas, além do constrangimento, que provavelmente se deveu a alguma razão de ordem coercitiva, é interessante notar que a defesa da "ordem" trazia consigo um forte argumento que, portanto, não se restringia à coerção: havia um Estado que criou — portanto —, concedeu, canais de representação e defesa dos interesses dos trabalhadores. O que se esperava então, em troca, era a obediência.

Aparentemente, as razões da tensão entre operários e mestres era anterior e ultrapassava a questão salarial. No dia 7 de julho, portanto um dia antes da crise citada, uma bomba havia sido jogada na casa do mestre geral. A PVDE, em suas diligências, prendeu três operários. A partir de então, um grupo de três ou quatro operários, em intervalos de poucos dias, passou a procurar o mestre geral pedindo a soltura dos trabalhadores, afirmando serem inocentes. O conteúdo dessas solicitações, segundo o relatório, transformava-se, com o passar dos dias, em francas ameaças.[4] No dia 9 de agosto, um grupo de aproximadamente cinqüenta operários abandonou o trabalho disposto a conversar com o mestre geral sobre a situação dos presos. Este não só não os recebeu, como determinou imediato policiamento da fábrica. A tensão aumentava e, no dia 10, o administrador do conselho e a brigada da PVDE compareceram à fábrica, impedindo a entrada dos grevistas. Posteriormente, cinco dos mais destacados dentre os cinqüenta citados foram presos junto com outros dezessete manifestantes. A situação, porém, em vez de acalmar, piorou, à medida que se intensificaram os protestos tanto dos operários na fábrica como da população do conselho contra as prisões.[5] Os operários pretendiam impedir que os presos saíssem da fábrica e fossem levados para prisões, de onde seria mais difícil sua soltura. Entretanto, as forças da GNR que já se encontravam dentro da fábrica conseguiram expulsar os operários que se haviam amotinado, em número de aproximadamente 150 pessoas. Após o almoço, boa parte desses trabalhadores voltou ao serviço, com exceção dos cinqüenta primeiros grevistas.[6] Tendo chegado à Fábrica de Louças de Sacavém na tarde do dia 10, o representante do SSECPS optou por percorrer os diversos setores da fábrica a fim de averiguar as razões dos distúrbios. Em seu trajeto, procurou conversar com operários. Ora os mais disciplinados, ora os mais agitados, ora aqueles que considerava "indiferentes".[7] Nessa averiguação, chegou a uma série de conclusões:

1º) A maioria do pessoal não tomou parte na greve, na ocupação da fábrica e nos protestos.

2°) Estes atos foram sim praticados pela minoria, embora de algumas centenas, constituída sobretudo de ajudantes, rapazes e homens entre os 17 e os 21 anos, pois que quase todos os oficiais se mantiveram sossegados e não abandonaram as bancas de trabalho.

3°) A primitiva atitude de cinco ou seis ajudantes a pedir aumento de salário coincidiu (...) com atitude igual numa fábrica de estamparia de pano da Sociedade Têxtil do Sul, e numa de cortiças (...) de Sacavém.

4°) Houve, sem dúvida alguma, duas greves e ocupação da fábrica, na segunda, durante algum tempo com recusa terminante à autoridade por parte dos grevistas de retornarem ao trabalho ou abandonarem o local.

5°) Todos os incidentes foram por certo dirigidos (não digo por elementos da fábrica, mas de fora), pois que o demonstram claramente a coincidência de reclamações idênticas em três fábricas, o rebentamento da bomba, a assiduidade e regularidade da ida de comissões junto do mestre geral da de loiças, o abandono do primeiro motivo de reclamações (salários) e a sua substituição pelo segundo (libertação dos presos), o progresso nos termos e atitudes usadas (primeiro o pedido correcto, depois enérgico, depois intimativo), a deslocação em massa dos tais cinqüenta operários para a vila e desta, inesperadamente, para a fábrica, a sua mudança brusca de atitude, na primeira greve, voltando a cruzar os braços depois de terem ido à vila. O processo espontâneo de ocupação do local de trabalho, a unanimidade das respostas e até as suas frases idênticas.[8]

Por fim, na sua sexta conclusão, o representante do Estado enumerou uma série de fatos que, segundo ele, não justificavam e não explicavam o acontecido:

a)   os aprendizes entram e ganham 3$50.
b)   por volta dos 15 ou 16 anos têm já o salário de 5$00 ou 5$50.
c)   dos 17 aos 20 ganham entre 7$80 a 8$80 (nesta idade são geralmente ajudantes).
d)   logo que vão à inspecção militar, passam a receber uma gratificação de assiduidade (se não faltarem às horas de entrada) que lhes eleva o salário para 10$00 diários.

e) têm o lugar garantido enquanto prestam o serviço militar e, quando regressam deste, começam a entrar no sistema de vagas e promoções; assim, por volta dos 25 aos 30 anos, ou seja, quando estão em idade de constituir família, os operários tiram já férias semanais que vão de 80$00 a 150$00 e mais o que são superiores quanto aos encarregados, mestres e melhores operários, especializados (a maior parte do pessoal trabalha de empreitada).
f) as mulheres ganham na generalidade entre 5$00 e 15$00 por dia.
g) a fábrica está pagando actualmente cerca de 70.000$00 contos de férias por semana e tem uma população de mil operários.
h) a direcção da fábrica, sempre que pode, distribui gratificações eventuais de estímulo aos que melhor trabalham e nas épocas de festa.
i) a obra de assistência é das melhores nesta região e até no País; assim; a fábrica mantém uma boa creche lactário com vacaria provativa, onde as mães casadas deixam os filhos e vão, nas horas de trabalho, dar as mamadas e onde se fornece para essas crianças e para os filhos dos amancebados o leite necessário para todos os dias, incluindo as tardes de sábado (em que não se trabalha) e o domingo; a parturiente é dispensada do trabalho com o salário pago durante vinte dias; na altura do casamento a fábrica oferece as loiças aos noivos; a fábrica possui refeitório e retretes, tudo muito bem montado e higiénico; presta assistência médica ao pessoal com médico privativo e permanente bem como assistência farmacêutica com a venda de remédios pelo preço dos armazéns onde os compra; dá férias pagas ao pessoal para o que, neste ano, as oficinas fecharam durante cinco dias; mantém uma colónia balnear para os filhos dos operários e para estes até aos 17 anos, com permanência de 15 dias; mantém um parque de jogos com um mestre de educação física; manifestou já neste INTP a vontade de passar a fornecer diariamente uma refeição quente e estar a estudar as condições em que poderá realizar este desejo; tem promovido excursões de operários e quer elevar o seu nível moral e intelectual por meio de conferências, cursos, instalação de uma biblioteca etc.
j) tem-se mantido sempre o trabalho de seis dias para o pessoal, mas com dificuldade; para isso o Sr. Guilbert viu-se na necessidade de

ir a Marrocos e procurar aí, o que conseguiu, mercado para os produtos da fábrica, sendo certo que este mercado lho deixa, quando deixa, um pequeníssimo lucro; mantém-no para não despedir operários nem reduzir o número de dias de trabalho.

l) uma grande parte dos operários tem a família colocada na fábrica; é freqüente haver marido, mulher e filhos a ganharem em oficinas diferentes e até na mesma porque nas administrações dá-se sempre preferência aos parentes próximos do pessoal.

m) os próprios operários que ouvi e aos quais falei como atrás refiro, e explicando o processo que o Estado corporativo usa para a elevação do seu nível de vida, concordaram em que a Fábrica de Loiças de Sacavém não pode dar-lhes imediatamente maiores vantagens porque luta com a concorrência de outras fábricas que pagam menos 20 a 30% (especialmente a da Cerâmica Lusitânia, de Coimbra) na mão-de-obra e declararam saber que o sr. Guilbert deseja a constituição do sindicato nacional entre outros motivos por querer que se celebre um contrato coletivo.[9]

No caso acima retratado, não só a ordem deveria ser mantida como exigência fundamental, como também se buscava enaltecer o fato de que o proprietário da fábrica era adepto da política de trabalho implementada pelo Estado Novo. Ponto nodal na defesa do proprietário da fábrica era seu interesse na assinatura imediata de um contrato coletivo. Significava, para o Estado, a implementação prática de seu projeto.

O relatório encerrava com algumas conclusões do representante do Estado. Para o mesmo, as razões da crise na Fábrica de Loiças de Sacavém deviam-se à ação de elementos de fora, interessados em "provocar desordens" em importante região industrial. Não por acaso, encontrava-se a região repleta de propaganda "subversiva", como jornais, panfletos e bandeiras vermelhas nos fios telefônicos.[10] Como já foi dito, a defesa da ordem constituía-se talvez na mais importante viga mestra do regime. Assim, de acordo com o parecerista do Estado, a atitude "benevolente" para com os grevistas teria sido uma das razões que levaram ao aprofundamento da crise. Na opinião do assistente, ao contrário da "benevolência" adotada,

(...) aos grevistas não deveria ter sido permitido, logo da primeira vez e muito menos agora, o regresso à fábrica e antes deveriam ter sido imediatamente despedidos. Isso mesmo aconselhei à direcção que fizesse agora, tomando as necessárias cautelas para não cometer injustiças. A severidade e rigor com que devem ser punidos os grevistas e ocupantes da fábrica, se já é justiça por castigar culpados que foram desordeiros e poderiam ter dado lugar a uma desordem maior ainda, servirá também de prevenção para todos aqueles que se preparam, como consta, para tomarem atitudes idênticas e possivelmente terá a vantagem de as evitar. Os actos praticados são puníveis por virtude do disposto no decreto-lei nº 23.870, de 18 de maio de 1934, que é de aplicar e, permito-me dizê-lo, que entendo dever sê-lo sem hesitação neste caso.[11]

A defesa intransigente da manutenção da ordem refletia, por um lado, sua profunda oposição ao liberalismo. Em particular aquele de caráter radical, jacobino. Como se sabe, a Constituição francesa pós-Revolução entendia como legítimo o direito à rebeldia popular contra regimes tirânicos. Deste modo, a obediência não era entendida como um fim em si. Esta mesma defesa da ordem se encontrava na própria origem do salazarismo. Ao contrário dos regimes fascistas, que nasceram de movimentos organizados por setores excluídos ou em rápido processo de exclusão, o Estado Novo português constituiu-se a partir de cima, hegemonizado por setores das elites, militares e civis, que buscavam controlar e cooptar os diversos setores sociais. Mas a busca da ordem, em um Estado como o que estava sendo construído em Portugal, deveria ser feita não exclusivamente por intermédio do constrangimento. Ao contrário, a atitude policial deveria ser uma conseqüência da negação dos argumentos, e não o contrário.

2.2. A BUSCA DE CONTROLE SOBRE O TRABALHO

O Sindicato Nacional dos Empregados de Escritório do Distrito de Lisboa apresentou um requerimento ao subsecretário de Estado das

Corporações e Previdência Social no sentido de aprovar o regulamento de sua agência de colocações. Esta representava, sem dúvida, uma importante arma dos sindicatos no sentido de se credenciar junto a seus representados. Para o assistente do INTP que elaborou o parecer sobre o assunto eram várias as vantagens da criação da agência de colocações:

> São inegáveis as vantagens que, para os desempregados de certa profissão, resultem da criação de organismos dessa natureza, e embora se possa dizer que a liberdade de trabalho sofre graves limitações, importa não esquecer o outro aspecto do problema que é representado pela segura garantia que se oferece aos profissionais sindicalizados, pela defesa dos seus legítimos interesses. Uma tal defesa, num período tão angustiante como o de desemprego, é de molde a criar um espírito de larga confiança na organização sindical, o que reveste um aspecto político nada para desprezar.[12]

Neste caso, nota-se que as liberdades individuais eram secundárias em relação aos interesses maiores do Estado e às vantagens políticas. Na mediação feita pelo assistente do INTP, prevalecia aquilo que vinha a fortalecer um ideal coletivo de defesa da organização sindical.

Entretanto, apesar das vantagens, as agências de colocações também apresentavam problemas que deveriam ser levados em conta. Não deviam elas apenas se submeter sem critérios aos interesses dos sindicatos. Antes, pelo contrário, para que as mesmas existissem sob o controle de uma organização sindical, segundo o parecerista, era necessário que se definisse com clareza uma diferenciação profissional capaz de apontar as profissões a serem abrangidas na agência.[13] E era exatamente neste ponto que residia, segundo o assistente do INTP, o problema dos empregados de escritório, uma vez que, na referida categoria profissional, as definições de cada aptidão eram vagas e "quase impossível de determinar com segurança".[14]

As dificuldades, portanto, de se definir o que era exatamente a função do empregado de escritório dificultavam a demanda do sindicato nacional no sentido de criar uma agência de colocações de empregos. O assistente chegava a afirmar que eram incluídos no Sindicato dos Empregados de Escritório uma série de profissionais impossibilitados de serem enquadrados em outras categorias. Por este motivo o assistente do INTP entendia ser inadmissível a criação de uma agência de colocações no sindicato pedinte.[15]

Além das dificuldades advindas da difícil classificação do trabalho dos empregados em escritório, o regulamento elaborado era, segundo o representante do Estado, imperfeito do ponto de vista jurídico, uma vez que previa a colocação de profissionais sindicalizados ou não. Esta afirmativa contrariava o artigo 4° do decreto n° 23.712, que determinava a alocação neste tipo de serviço apenas de elementos sindicalizados que exercessem de fato a profissão.[16]

Além do mais, o assistente do INTP criticava o regulamento, que, em seu artigo 8°, facultava à direção o direito às penalidades aos desempregados que falseassem suas informações, "esquecendo que à direcção falta qualquer poder sério de controlo sobre os não-sócios do sindicato".[17]

Assim, o assistente concluía pela inexistência de condições propícias para a criação de uma agência de colocações junto ao Sindicato dos Empregados de Escritório. Estes, por seu turno, perdendo a prerrogativa de controlar o oferecimento de empregados, acabavam inevitavelmente se enfraquecendo. Mas os interesses gerais do Estado, mesmo suas formalidades, eram superiores aos do sindicato.

2.3. SINDICATOS, ESTADO E DESEMPREGO — PROJETOS ESTATISTAS

O ano de 1938 começava com a grave questão do desemprego presente. Em diversos distritos e regiões assistiu-se à tentativa dos agentes do Estado, junto com os sindicatos, de resolução do problema. Assim, a 10 de fevereiro, o delegado de Setúbal do INTP, B. Júdice da Costa, apresentou um relatório ao ministro do Interior sobre uma reunião com os sindicatos nacionais daquele distrito, destinada a discutir a questão.[18] No citado encontro, foi aprovada uma moção transcrita pelo delegado do INTP em seu relatório ao ministro do Interior. Segundo a moção, a crise se agravara na região devido ao fato de, durante os meses de fevereiro, março e abril, as fábricas de conserva paralisarem suas atividades, agravando uma situação que, por si, já era grave. Embora reconhecendo os esforços tanto do governador civil como do delegado do INTP, a crise não se havia atenuado. Sabedores da existência de projetos destinados a obras públicas, os sindicatos de Setúbal apresentavam, por intermédio da moção, uma série de reivindicações:

   a) Início dessas obras dentro do corrente mês de fevereiro;
   b) Recrutamento de pessoal especializado na construção civil, de entre os sócios inscritos no sindicato respectivo, e de todos os outros operários, para serviços não especializados, de entre os restantes sindicatos, em proporção de sua população associativa desempregada;
   c) A fim de que o recrutamento seja o mais rigoroso possível devem os sindicatos promover a inscrição de todos os desempregados, dando-se preferência àqueles que há mais tempo estão sem ocupação e tenham maior número de pessoas de família a seu cargo;
   d) Ponderar a conveniência das entidades oficiais ou particulares, a cargo de quem ficaram as obras referidas, requisitarem unicamente aos sindicatos todos os operários de que tenham necessidade;
   e) Para que seja atenuada a crise dos pescadores, resolvem ainda pedir a criação urgente das Casas dos Pescadores cujos fins de assistência podem atenuar, em grande parte, o *chomage* existente;
   f) Que se dê conhecimento dessa moção a Suas Excelências o presidente do Conselho, ministro do Interior, ministro das Obras Públicas e subsecretário de Estado das Corporações e Previdência Social.

A bem da Nação
Setúbal, 10 de fevereiro de 1938.[19]

A moção apresentada pelos dirigentes sindicais de Setúbal expressava um desejo com relação ao Estado: o de que este fosse um interventor ativo em favor de seus interesses. Ao mesmo tempo que os sindicalistas reconheciam a legitimidade do Estado, reclamavam também o atendimento de suas demandas. Além disso, ao requerer a imposição do emprego aos operários sindicalizados, projetava uma concepção de sindicato mais estatista que a do próprio Estado.

Durante todo o ano de 1938, diversos foram os documentos enviados a instâncias superiores no sentido do enfrentamento do problema do desemprego. Em todos, assistimos a concepções estatistas mais ou menos semelhantes. A unificá-las, a certeza da necessidade de um Estado forte e interventor.

2.4. LIMITES E ALCANCES DA SEDUÇÃO

Ao problema da falta de emprego somava-se outro, de caráter político-ideológico. O fim das esperanças de uma atitude espontânea por parte dos trabalhadores, no sentido de uma adesão coletiva aos sindicatos nacionais, impôs a adoção de novas estratégias para que o mesmo viesse a ocorrer. Neste caso, além da intensificação das políticas de propaganda, que significavam uma permanente busca do convencimento, assistiu-se também a atitudes "sedutoras" que na prática impeliam os trabalhadores a se filiar aos sindicatos nacionais. Não havia uma legislação que os obrigasse a se filiar. Tampouco eles eram "naturalmente" membros dos sindicatos, como no caso da legislação fascista, por exemplo. Entretanto, os agentes do Estado buscavam "induzir" esses mesmos trabalhadores a se filiarem aos sindicatos. As atitudes "indutivas" do Estado, porém, esbarravam em duas ordens de limites. A primeira era o compromisso com as organizações patronais que, em larga medida, davam sustentação ao regime, desde que este não interferisse em seus assuntos internos. A segunda era a busca de sua própria legitimação por intermédio de um corpo jurídico constituído que não deveria ser quebrado.

Por exemplo, em agosto de 1938, o assistente do Instituto Nacional de Trabalho e Previdência (INTP), Francisco Medeiros Galvão, elaborou um parecer como título "Concessão de preferência, nas obras do Estado, aos operários sindicalizados".[20] O documento constava de cinco páginas e começava por referir-se a um sem-número de sindicatos nacionais que se encontram em difícil situação devido ao pequeno número de trabalhadores sindicalizados. A necessidade de medidas que objetivassem a superação de tal realidade era, ainda segundo o documento, reivindicação dos próprios sindicatos. Incapazes de atender minimamente às obrigações que lhes eram determinadas por lei, apelavam ao Estado no sentido da adoção de medidas que fossem capazes de superar a descrença e a desconfiança que continuavam a predominar sobre os sindicatos.[21] Segundo o parecerista, a concessão de preferência nas obras do Estado aos trabalhadores sindicalizados resultaria em "indiscutíveis conveniências de natureza política e de natureza corporativa".[22] De acordo ainda com o documento, um número maior de sindicalizados e uma conseqüente estabilidade financeira permitiriam que os sindicatos cumprissem "os fins que lhes são cometidos por disposições legais e estatutárias".[23] Segundo o parecerista, a única atitude possível neste caso seria a adoção do decreto nº 23.712, de 28 de março de 1934, de formação de agências de colocação, desde que se obrigassem as agências patronais a recrutarem apenas operários das listas elaboradas pelos respectivos sindicatos.[24] A adoção de medidas impositivas, entretanto, que obrigasse o recrutamento apenas de operários filiados aos sindicatos nacionais, não parecia conveniente aos agentes do Estado, uma vez que a mesma se tornaria um empecilho ao "legítimo direito de escolha por parte das entidades patronais". Desse modo, a solução encontrada pelo parecerista era no sentido da criação de algum instrumento legal que desse preferência aos operários sindicalizados.[25]

O subsecretário de Estado das Corporações, Manuel Rabelo de Andrade, publicou parecer sobre o assunto no dia 18 de agosto. Segundo ele, a política de agências de colocação de emprego, iniciada no segundo semestre de 1936, não daria resultado para o caso em questão devido à flutuação de procura de trabalho na construção civil. Considerando justa a reivindicação do operariado, considerava que "a simples recomendação proposta no parecer seria suficiente, além de que a publicação dum decreto abriria um precedente que talvez convenha evitar".[26] A 17 de outubro de 1938, o presidente do Conselho de Ministros, Oliveira Salazar publicou um despacho informando concordar com o parecer do subsecretário de Estado das Corporações e Previdência Social.[27] Ou seja, considerava oportuno o incentivo ao recrutamento de operários sindicalizados, mas não o tornava impositivo.

O que nos parece interessante perceber na política adotada pelo Estado Novo com relação aos sindicatos nacionais era a interessante mediação entre um Estado forte e presente na vida cotidiana de seus cidadãos, por um lado, e a relativa autonomia individual conferida aos mesmos, por outro.

2.5. GOVERNOS LOCAIS E A "QUESTÃO SOCIAL" — EM BUSCA DO ESTADO

Que o Estado Novo incorporava em seu projeto as questões de ordem social, procurando incorporar o mundo do trabalho, isto já tem grande aceitação por parte de inúmeros estudiosos.[28] Entretanto, cabe ainda uma análise de como os diversos governos locais, tanto no âmbito dos governos civis como no das Câmaras Municipais, agiram no sentido de incorporar a política social do regime.

As Câmaras Municipais, instâncias de poder mais próximas da população, muitas vezes buscavam expressar as demandas e necessidades dos trabalhadores que viviam sob sua jurisdição. Ao mesmo tempo, reivindicavam políticas do Estado no sentido de minorar as permanentes crises de trabalho. Foi este o caso, por exemplo, da Câmara Municipal de Alportel, localizada no Algarve e, portanto, vinculada ao governo civil do distrito do Faro.[29] No dia 25 de janeiro de 1938, seu presidente, José Parreira Júnior, enviou uma carta ao ministro do Interior relatando a situação de crise vivida pelo referido município. Segundo a carta, 160 trabalhadores, entre rurais e operários corticeiros, procuraram a Câmara pedindo a abertura de trabalhos. A solução encontrada pelo presidente da Câmara, a rigor, foi a mesma dos citados trabalhadores que pedem emprego. Pedia que o ministro do Interior rogasse ao presidente do Conselho a fim de que fosse liberado o empréstimo solicitado desde março do ano anterior para atenuar a situação.[30] Desse modo, as Câmaras, muitas vezes reconhecendo as dificuldades vividas pelos trabalhadores, em virtude de sua fragilidade, acabavam servindo basicamente como porta-vozes das demandas populares.

Muitas vezes também os governadores civis dos distritos faziam o papel de porta-vozes dos interesses das diversas Câmaras Municipais. Como representantes diretos do Estado Novo nas diversas regiões, os governadores civis, ao mesmo tempo que buscavam interceder no sentido da solução das crises sociais, preocupavam-se com os desgastes que o regime poderia vir a ter com seu aprofundamento. Não raros eram os momentos em que a atenção dos governos civis às Câmaras esbarrava nos interesses dos empresários que, em diversos momentos, se consideravam descomprometidos tanto com as sucessivas crises quanto com a política social do Estado. A 20 de outubro de 1938, o governador civil do distrito do Faro encaminhou uma carta ao ministro do Interior relatando a crise vivida no município de Silves. De acordo com a mesma, foram despedidos cerca de trezentos operários corticeiros que, somando-se seus dependentes, totalizavam aproximadamente novecentas pessoas atingidas pelo desemprego. A Câmara Municipal havia financiado uma "sopa" para atender aos mais necessitados. No entanto, as verbas destinadas à assistência terminariam em breve.[31] Entretanto, uma das tentativas para a solução ou abrandamento da crise não surtiu efeito devido à recusa dos industriais em colaborarem. Segundo a carta:

> Tentou o Sr. Presidente da Câmara o recurso a uma subscrição pública, que apenas rendeu cerca de 1.100$00, subscrição para a qual não concorreram os industriais das fábricas de cortiça, pretextando que descontaram nos seus proventos 1% dos salários dos seus operários para o Fundo de Desemprego![32]

Além da crítica à atitude dos industriais, o governador civil preocupava-se também com a situação política pois, segundo o mesmo: "Silves é um meio absolutamente hostil ao Estado Novo."[33] Por este motivo, o governador evitou fazer propaganda eleitoral em Silves, uma vez que nem sequer a "Revolução Nacional" havia chegado àquela cidade.[34] Prometia o governador civil que, se os subsídios fossem concedidos, aproveitaria para promover o primeiro comício às massas operárias de Silves e "para a primeira lição aos industriais que fingem desconhecer as suas obrigações morais e sociais".[35]

É comum encontrar nos documentos de representantes do regime a idéia de que os trabalhadores viviam desamparados e sua situação de penúria se devia ao fato de que os industriais se comportavam de forma individualista. A defesa do compromisso ao mesmo tempo moral e social era freqüente e servia como mola mestra para a defesa da unidade nacional. Não comprometer-se com os deveres morais e sociais, e ao mesmo tempo opor-se desmesuradamente aos interesses de um grupo ou classe social em favor dos interesses de seu grupo ou classe, representava uma atitude desordeira, individualista, competitiva e, por conseguinte, oposta aos princípios do Estado Novo.

Em 19 de abril de 1938, o governador civil de Beja, José Melitão Poças de Castro e Souza, encaminhou ao ministro do Interior um ofício da Câmara Municipal do Conselho de Moura também versando sobre a crise do desemprego. Segundo a mesma, dia após dia aumentava o número de desempregados rurais e da indústria da construção civil. De tal modo que em apenas um dia cerca de trezentos desempregados se inscreveram na Câmara Municipal. A crise, segundo o presidente da Câmara, atentava contra a própria ordem pública, uma vez que centenas de desempregados ostentavam seu descontentamento provocado pelo desemprego. Desse modo, ainda que em condições econômicas desfavoráveis, a Câmara Municipal iniciou trabalhos que se destinavam a ocupar parcela desses trabalhadores desempregados. Os recursos da Câmara, porém, eram escassos e dificilmente teriam condições de dar continuidade aos trabalhos. Assim, requereu o presidente da Câmara a urgente providência do ministro do Interior no sentido de iniciar trabalhos já há tempos projetados e estudados.[36]

Os dois exemplos acima citados são do sul do país, respectivamente das regiões do Algarve e do Alentejo. Mas também em Braga, na região do Minho, ao norte do país, a crise do desemprego foi motivo de preocupação por parte do governador civil. Em carta datada de 21 de fevereiro e dirigida ao ministro do Interior, ele afirmava que diversos operários procuraram o governo civil, acompanhados de seus respectivos sindicatos, "pedindo trabalho e pão".[37] Segundo a carta:

> É grande a miséria que se constata. Há fome em inúmeros lares e não há trabalhos em curso. As comparticipações para melhoramentos rurais não têm sido concedidas; apenas pelos edifícios nacionais se têm dotado algumas obras. E no entanto, impõe-se o acudir e com urgência, a esta pobre gente, que é de índole humilde e disciplinada e que vem sofrendo resignadamente. Confrange, no entanto, ver estes homens com a miséria estampada nos rostos, pedir trabalho e pão para os filhos.[38]

Como solução para a crise, assim como os demais governadores e presidentes de Câmaras, o governador civil de Braga, Lucínio Prêza, reivindicava o apoio público por intermédio da abertura de trabalhos a ser promovida pelo Ministério das Obras Públicas.[39] Ainda o mesmo governador do distrito de Braga encaminhou nova carta ao ministro do Interior, esta datada de 9 de março. Na mesma, reproduzia um ofício do presidente da comissão administrativa da Câmara Municipal de Braga.[40] Embora a Câmara tivesse tomado a iniciativa de implementar obras de saneamento, visando a suprir, ainda que parcialmente, a crise de desemprego, essa atitude se revelava inoperante, uma vez que não havia como manter as ocupações. Nesse sentido, pedia ao governador civil que tomasse iniciativa junto aos poderes públicos, nomeadamente ao presidente do Conselho e ao ministro das Obras Públicas para que providenciassem obras requeridas pelas diversas juntas de freguesia, onde poderiam ser empregados numerosos trabalhadores.[41]

Além do ministro do Interior, também o subsecretário de Estado das Corporações e Previdência Social foi alvo de demandas e pedidos por parte dos diversos governos civis. No dia 13 de julho, o governador civil de Évora, António Ribeiro Ferreira, encaminhou uma carta ao subsecretário de Estado das Corporações e Previdência Social relatando a crise do trabalho vigente na região. Segundo a carta, nos conselhos de Borba, Reguengos de Monsaraz, Arraiolos, Vila Viçosa e Alandroal, centenas de trabalhadores encontravam-se sem emprego. A solução pedida, como as demais, era no sentido de dar início a obras de infra-estrutura que pudessem solucionar a crise de desemprego então vivida.[42] A 26 de agosto, o governador civil de Évora enviava nova carta ao ministro do Interior relatando a crise de trabalho no município de Reguengos de Monsaraz e também em Portel. E também mais uma vez a ajuda requerida para a solução da crise recaía sobre a ampliação de trabalhos em obras públicas e a concessão de verbas para tal empreendimento.[43]

Na medida em que toda a estrutura administrativa do Estado Novo era verticalizada, aos poderes locais, em casos como estes de crise aguda, era difícil a adoção de medidas capazes de solucionar os problemas vividos. Assim, a recorrência às instâncias superiores — subsecretário das corporações, ministro do Interior e até presidente do Conselho — era uma constante.

2.6. SANÇÃO E CONTROLE — OS SINDICATOS E A PVDE

Para que os sindicatos pudessem tomar posse, era necessária uma sanção da PVDE acerca dos dirigentes eleitos. Entretanto, as relações entre os SAS e a polícia não eram tranqüilas, uma vez que a velocidade com que esta cuidava da averiguação dos novos dirigentes sindicais era demasiado lenta. Em junho de 1938, o assistente do INTP informava ao subsecretário de Estado e Corporações, por intermédio de um parecer, sobre os prejuízos decorrentes desta demora. Segundo o mesmo, só no distrito de Lisboa 44 sindicatos e um grêmio aguardavam a sanção. A demora devia-se à não entrada nos SAS das informações da PVDE.[44] Os prejuízos eram diversos:

> Cumpre-me informar V. Ex.ª de que os SAS vêem prejuízo, quer politicamente, quer sob o aspecto da regularidade da administração e administração dos sindicatos, numa tão grande demora das sanções. É manifesta esta circunstância das declarações dos dirigentes sindicais que aqui freqüentemente instam pelas sanções alegando ora o desinteresse dos corpos gerentes não reeleitos, ora o inconveniente de tomar resoluções importantes quando há novos corpos gerentes eleitos, ora a impossibilidade de esses corpos gerentes tomarem a direcção que lhes foi concedida por confiança das assembléias gerais conhecedoras das suas intenções ou programa de trabalhos.[45]

Para o assistente, a permanência, na espera da sanção, dos não eleitos representava para as categorias profissionais uma imposição à margem da lei dos dirigentes não escolhidos. A solução, já que este trabalho absorvia grandemente a PVDE, seria o destacamento de um ou dois agentes para a tarefa, "pois que o crescente número de organismos corporativos já não permite que tal serviço seja feito cumulativamente com outros".[46] O controle, entretanto, não era executado com perfeição, uma vez que, embora a PVDE informasse sobre a idoneidade política do dirigente sindical, nada informava sobre seu registro criminal. Deste modo, muitas vezes elementos com passagem desabonadora pela polícia tiveram seus nomes aceitos como dirigentes dos sindicatos nacionais. Para a solução desse problema, sugeria o representante do INTP que, além das informações de ordem política, se obtivessem informações também no registro criminal e policial.[47]

2.7. OS MINEIROS DO PORTO — SALÁRIOS E CONDIÇÕES DE VIDA

Em junho de 1938, o assistente do INTP transcreveu uma conversa por telefone com o delegado no Porto acerca dos trabalhadores mineiros daquele distrito. Segundo as informações obtidas, o salário daqueles profissionais era de 11$00, que havia sido fixado depois de uma greve e devido à intervenção do delegado do INTP.[48] As greves, portanto, mesmo que proibidas e reprimidas pelo regime, em diversas ocasiões obtinham resultados, desde que analisadas e julgadas por representante do Estado Novo. Nesses casos, os operários eram os primeiros a afirmar que a greve ocorria não em desafio ao Estado Novo, mas pelas atitudes patronais, estas sim opositoras do Estado corporativo. Entretanto, a ordem permanecia como lema fundamental do regime. Mesmo atendendo a algumas reivindicações de caráter imediato, era comum a preocupação com o comportamento dos operários. O atendimento às reivindicações dos trabalhadores limitava-se às de ordem salarial ou de condições de trabalho. Nada com relação à liberdade. O ganho que os trabalhadores tinham, e deveriam agradecer, era a existência de um Estado protetor, regulador e benevolente.

Segundo o delegado do Porto, as condições dos mineiros era, no fundamental, satisfatória. Na Companhia Exploradora de Minas, adotava-se um sistema de prêmio de um escudo por dia ao trabalhador assíduo, sendo que o mesmo poderia ter faltas justificadas pelo regedor, junta de freguesia, médico ou pároco.[49] Mais uma vez, fortaleciam-se as instâncias de poder local como fonte de referência e autoridade para as pessoas, servindo mesmo para a resolução de alguns problemas referentes ao trabalho. Devido à mediação do delegado do INTP, o trabalho passaria a ser pago, conforme pediam os operários, quinzenalmente. Apenas a companhia, com sede em Londres, precisava se reorganizar, dependendo de autorização da sede.[50]

Uma das questões que mais preocupavam os trabalhadores das minas era com relação ao horário de trabalho, havendo dúvidas se o mesmo deveria ser contado a partir do momento em que o operário entrasse na boca, ou quando chegasse à mina. Esta questão era importante, uma vez que, segundo alguns operários, o tempo de percurso da boca até a mina chegava a meia hora. Para o delegado, o expediente começava quando o operário chegava à boca, enquanto o término se dava ao fim do trabalho, na mina. O tempo gasto na volta à superfície ficava a cargo do mineiro.

Como os operários tinham uma hora de descanso no almoço, e havia um tempo gasto para se chegar à boca da mina, em geral comiam no próprio local de trabalho, ou seja, dentro da mina.[51] Mesmo os mineiros não aceitavam a ampliação do tempo de descanso, "para poder trabalhar nos pequenos bocados de terra que geralmente cultiva junto da habitação".[52]

Quanto ao horário de saída, o delegado informava que desejava o limite de meia-noite, dependendo de autorização do INTP. Não consistia, segundo o mesmo, em verdade a informação de que os mineiros ficavam até 2:00 da manhã dentro das minas, sendo que o horário limite era 1:00.[53]

Os operários, interessados em maior tempo de trabalho em suas roças domésticas, como acima relatado, reivindicavam que o intervalo entre os turnos fosse de uma hora, e não duas, conforme estabelecido. Esta reivindicação não era aceita pelo representante do INTP, uma vez que o tempo necessário para expulsão dos gases era de duas horas após as explosões e essas só ocorriam durante os intervalos.[54]

Por fim, havia o problema do carbureto, para a utilização da luz dentro das minas. Segundo a companhia, a utilização do combustível era por conta do mineiro, que o utilizava moderadamente tanto no trabalho como em casa. Se viesse a ser fornecido pela companhia, temia esta que a quantidade consumida aumentasse. Assim, como gastavam na compra de carbureto 12$00, o delegado propunha como solução o aumento do salário dos mineiros em 12$00 por mês.[55]

Por fim, preocupado com a ordem, o delegado alertava a tradição de renovação permanente das demandas dos mineiros.[56] À medida que eram atendidas, outras surgiam. A mediação, assim, convivia com o controle e a tentativa de manutenção da disciplina.

2.8. OS GRÊMIOS E SUAS DEMANDAS — O CASO DO GRÉMIO DOS IMPORTADORES E ARMAZENISTAS DE BACALHAU E ARROZ (GIABA)

Embora não seja motivo deste estudo a análise dos grêmios, parece-nos importante a percepção da atitude dos mesmos diante dos acordos e assinaturas de contratos coletivos de trabalho. Durante o mês de agosto de 1938, o Grémio dos Importadores e Armazenistas de Bacalhau e Arroz apresentou ao INTP, por intermédio do delegado do governo junto ao grêmio, duas questões relativas a acordos e contratos assinados. O INTP, por intermédio de seu assistente, respondeu de acordo com o espírito do Estado corporativo. Podiam-se perceber, nas demandas do GIABA e nas respostas do representante do Estado, as diferentes concepções acerca da natureza do trabalho.

Na primeira, indagava sobre a interpretação da cláusula 2ª dos Contratos Coletivos de Trabalho assinados com os Sindicatos Nacionais dos Empregados de Escritório dos Distritos de Lisboa e do Porto.[57] A direção do grêmio queria saber se a palavra *dactilógrafas* a que se referia a citada cláusula 2ª do contrato dizia respeito apenas a profissionais do sexo feminino. A resposta do INTP era de que realmente dizia respeito apenas às mulheres. Esta atitude decorria da necessidade, em outras funções, de proteger o trabalho masculino, já que em diversas ocasiões as empresas contratavam mulheres para o exercício de atividades masculinas, pagando-lhes salários menores. Por esta razão, pretendeu-se também definir os trabalhos que deveriam ser realizados exclusivamente por mulheres.[58] Uma vez que os salários atribuídos ao sexo feminino eram menores, a interpretação do INTP favorecia sobremaneira os interesses dos empresários importadores de bacalhau e arroz. Até porque, como dizia o próprio assistente do INTP, o trabalho de datilografia nos escritórios não estava vedado aos homens. Apenas não se podia qualificá-los como datilógrafos, dado o fato de que o espírito dos contratos assinados reservava a função apenas ao sexo feminino.[59]

Dias depois, mais uma vez o delegado do governo junto ao GIABA apresentava uma consulta, desta vez referente aos serventes de armazém em relação ao contrato coletivo assinado com o Sindicato Nacional dos Caixeiros do Distrito de Lisboa.[60] A pergunta era se os serventes de armazém poderiam ser incluídos no referido contrato coletivo. Segundo o agente do Estado, esta pergunta se fundamentava no fato de o contrato ser omisso quanto ao assunto, enquanto o contrato assinado com o Sindicato Nacional dos Empregados do Comércio do Distrito do Porto não o era.[61] O delegado do governo junto ao GIABA manifestava a opinião de que "a não inclusão no referido contrato colectivo não significava exclusão", uma vez que, de acordo com o próprio contrato,

> (...) os indivíduos de ambos os sexos que, embora exercendo funções não compreendidas em qualquer das categorias da cláusula 2ª — enumeração taxativa das categorias profissionais — mas não características de outra profissão pertençam ao quadro econômico do armazém são também abrangidos pelo presente contrato colectivo de trabalho, excepto no que se refere à remuneração.[62]

Assim, de acordo com o assistente, não era intenção das partes contratantes excluir a categoria de servente do abrigo do contrato coletivo e sim "excluí-los da classificação para os efeitos da remuneração do trabalho".[63] Para a mudança de tal quadro, fazia-se necessário um acordo entre as partes contratantes — sindicato e grêmio — e posterior aprovação do subsecretário de Estado das Corporações.[64]

2.9. APOIOS E BARGANHAS — DISPUTAS COM A CUF

Uma das características mais comuns do movimento sindical no período do Estado Novo foi, conforme já vimos, o oferecimento de apoios em troca de vantagens. Era este, por exemplo, o caso dos trabalhadores da construção naval despedidos pela Companhia União Fabril.

Por esta época, a crise do desemprego começava a se fazer sentir, provocando reações por parte do governo. A 9 de junho de 1939, um assistente do subsecretário de Estado, Corporações e Previdência Social emitiu uma informação acerca da demissão de operários da União Fabril, afirmando que o mesmo fato coincidia com outros chegados ao seu conhecimento. Esta informação havia sido dada por uma comissão de operários da União Fabril que foram reclamar por seus empregos.[65] O número total de empregados demitidos, segundo a comissão, era de 1.125. Trabalhavam na construção naval da Administração Geral do Porto de Lisboa, arrendada à Companhia União Fabril. O motivo das demissões foi a falta de trabalho na construção naval. Segundo o assistente do SSECPS, a situação dos demitidos devia-se à crise que a indústria da construção naval atravessava no país. O problema agravava-se à medida que as frotas mercante e de pesca foram sendo construídas em outros países, esvaziando a produção portuguesa. O assistente, que não poupava críticas à política de importação de navios, citava uma série de barcos que, já estavam sendo construídos ou haviam sido encomendados por Portugal, concordando com a queixa da comissão de que, se os mesmos fossem feitos no país, não faltaria emprego no setor.[66] A construção prevista de cinco arrastões para a pesca do bacalhau motivava a comissão a pedir que os mesmos fossem feitos em Portugal. O assistente, representante do governo junto aos trabalhadores, não deixava também de criticar a União Fabril. Citava, por exemplo, o caso do lugre bacalhoeiro *Lusitânia*, construído na Holanda por 2.900 contos, enquanto a União Fabril pedia para o mesmo serviço o montante de 3.900 contos. Sendo a mão-de-obra portuguesa mais barata que a holandesa, duvidava o agente do Estado de que a citada empresa não pudesse construí-lo a preço mais barato e obtendo por isso um lucro bastante compensador.[67] No entanto, tendo o monopólio da construção naval, podia a União Fabril especular em torno dos preços. O assistente chegava a crer que a demissão fosse uma forma de coação por parte da empresa no sentido de forçar o governo a conceder-lhe a construção de alguns dos barcos previstos. O dono da empresa, Alfredo da Silva,[68] era também criticado, suspeitando-se de suas intenções quanto à demissão dos operários. Ao fim do documento, os operários pediam uma política por parte do governo no sentido de estimular a indústria nacional.[69]

Neste caso, o apoio ao Estado Novo, evidente em todo o documento, era ao mesmo tempo contrabalançado por uma crítica à sua política para a construção naval. Em todo o documento, procuram dar uma demonstração de que eram eles, os trabalhadores, que efetivamente apoiavam o

Estado, ao passo que os empresários tinham, com o regime, uma relação de simples troca de interesses. Esta interpretação era corroborada pelo próprio agente do Estado.

2.10. ESTADO, IGREJA E SINDICATOS — CONCILIAÇÃO, VALORES, POSSIBILIDADES E LIMITES

Os debates sobre a participação da Igreja Católica, tanto nas origens do salazarismo como na própria construção e desenvolvimento do regime, são intensos, ocupando um espaço já clássico na historiografia portuguesa.[70] Também alguns poucos estudos iniciaram o debate acerca da importância da Igreja no processo de organização sindical durante o Estado Novo, cuja contribuição maior é o estudo de Clemente.[71] Formalmente, a Constituição do Estado Novo garantia a separação entre Igreja e Estado, garantindo também a liberdade religiosa, embora afirmando manter os princípios cristãos e, "tradicionais no país".[72] Apesar dessa aparente autonomia, a verdade é que, em termos práticos, as relações entre a instituição religiosa e o regime sempre foram muito próximas, em particular devido às dificuldades do movimento católico durante a Primeira República.[73] Essa "intimidade", entretanto, não impediu, desde as origens do novo regime, mesmo antes da implementação formal do Estado Novo, momentos de tensão, provocados, entre outros fatores, pela dissolução, em 1930, do Centro Católico, e a criação, em finais de 1933, da Ação Católica Portuguesa, que, segundo o cardeal Cerejeira,[74] deveria estar "fora e acima de toda a política dos partidos e dos partidos da política".[75] Esvaziava-se, portanto, uma pretensão intervencionista dos católicos na política, prevalecendo certa autonomia do Estado. Mas, ao mesmo tempo, como os católicos, mesmo aqueles oriundos do "centrismo" se mantinham adeptos de diversas concepções políticas presentes no Estado Novo, sua participação e intervenção no regime eram constantes. Seja por meio da própria Igreja, seja por meio da União Nacional, seja por meio dos Sindicatos ou qualquer outro órgão de representação. Na década de 1930, a presença católica na vida pública portuguesa foi uma constante, conseqüência de uma decisão que visava a "cristianizar" o regime por dentro. Como afirma Braga da Cruz:

> Nos anos 30, os católicos sociais haviam acabado por decidir *entrar* nas estruturas corporativas para *cristianizar*, renunciando à hipótese alternativa do desenvolvimento e da criação paralela de sindicatos ou organizações associativas operárias católicas autónomas, aliás vedadas pelo Estatuto do Trabalho Nacional.[76]

Participar das estruturas corporativas significava, por certo, uma intervenção decidida nos sindicatos nacionais. A este processo — lembrando que, originalmente, a Igreja chegou a pensar e mesmo a agir no sentido da organização de organismos sindicais formalmente católicos — Clemente chamou de "assalto à Nova Ordem".[77] Aliás, a recepção à nova ordem corporativa pelos sindicatos católicos havia sido positiva, demonstrando afinidades entre o projeto estatal e o projeto católico. A unidade da Igreja nos sindicatos nacionais seria obtida com a criação de organismos como a LOC, pois,

> A criação e o início de actividade da Liga Operária Católica vem dar novo fôlego a essa estratégia. Isto porque o "assalto" que os católicos sociais decretam relativamente à ordem corporativa é uma acção que deve ser enquadrada e coordenada pelos organismos operários da AC. A ideia que preside a essa "ordem de comando" é a de que "o único caminho que nos conduzirá à vitória é o da organização ordeira e forte". Apesar das balizas que o regime impusera às organizações da Igreja, a LOC reivindica, desde os primeiros tempos, um lugar especial na edificação da "nova ordem". Porque a organização corporativa, defesa para os trabalhadores das expoliações, quer sejam de ordem material ou moral, tem de ter uma alma. Essa quem lha poderá dar? Só uma forte inspiração cristã.[78]

Em virtude, portanto, da opção da Igreja em ocupar a "nova ordem", era natural que se encontrassem, nos organismos sindicais, reflexos desta escolha. No AHMQE, foi encontrada uma série de documentos do Sindicato Nacional dos Empregados Bancários do Distrito de Lisboa (SNEBDL). Dentre os documentos encontrados, chamaram a atenção três boletins, datados respectivamente de maio/junho, julho/agosto e setembro/outubro-novembro/dezembro de 1939, cobrindo, portanto, praticamente todo aquele ano.[79] Em ambos, podem-se ver quais as preocupações mais comuns ao sindicato, e também seu relacionamento com o poder instituído. Chama a atenção também que, nos dois boletins, além das questões de ordem política e sindical, havia também a publicação, na forma de separata, da *Encíclica Rerum Novarum*.[80]

Os dois primeiros boletins, sendo anteriores ao decreto-lei n° 29.931 — que era de setembro —, não refletiam as mudanças operadas pelo Estado Novo no âmbito da política sindical. No primeiro boletim, o tema mais importante do editorial era a questão do contrato coletivo de trabalho, firmado no ano anterior. De acordo com o editorial do boletim, a assinatura do contrato desagradou a maioria dos trabalhadores bancários, embora alguns tenham com ele se beneficiado.[81] O fato, segundo o editorial, de terem sido os bancários os primeiros a ingressarem na ordem corporativa deveria ser levado em conta na assinatura do contrato. Embora afirme que a questão salarial não era a preocupação exclusiva dos trabalhadores bancários, lembrava que "se o mais importante e elevado ramo de actividade comercial não comporta um melhor pagamento de serviços é porque não está funcionando devidamente".[82] Com relação ao contrato, apesar da necessidade de remodelá-lo e aperfeiçoá-lo, era necessário primeiro a garantia do pleno funcionamento das cláusulas do contrato em vigor.[83] O editorial encerrava com a afirmação de confiança quanto à melhora, em um breve espaço de tempo, do contrato coletivo de trabalho.[84]

Além do editorial, o boletim destinou boa parte de seu espaço à definição de normas orgânicas para o funcionamento interno e também para a nomeação de *conselhos técnicos*. Foram três os conselhos criados: do Trabalho, da Assistência e Jurídico. As funções das comissões de delegados membros dos conselhos técnicos eram assim definidas:

(...) distribuição de informações emanadas da direcção e que devam ser transmitidas aos sócios; recolha de informação entre os colegas da localidade, efetuada a pedido da direcção; envio de relatórios apresentando assuntos "locais" de interesse para a classe; informações sobre o modo de aplicação do contrato colectivo de trabalho; cobrança de quotas; propaganda do sindicato; obtenção de gêneros de primeira necessidade para desempregados bancários e para os sócios doentes; apresentação de alvitres úteis.[85]

Parte também substancial, tendo se configurado como a maior matéria, foi destinada a uma reflexão sobre a *Encíclica Rerum Novarum*, que, conforme já dito, foi publicada em forma de separata no boletim. Para os autores do texto, a *Rerum Novarum* representava "o mais forte esteio moral que tem iluminado o caminho dos que trabalham".[86] A decisão de publicá-la deveu-se à necessidade de encontrar um caminho no sentido de maior "harmonização" entre o capital e o trabalho. Entretanto, uma dúvida se impunha:

> Mas e quanto às nossas relações com os patrões? Como conseguir que os anime o mesmo espírito, que compreendam e aceitem as nossas aspirações, como quebrar a tradição de frieza e de desinteligência que até nossos dias tem sido timbre da sua orientação?[87]

Apesar de já se terem passado seis anos desde a decretação da Constituição do Estado Novo, percebia-se que as opiniões sobre a classe patronal não foram alteradas substancialmente. Ao contrário, prevalecia ainda, na visão dos sindicalistas — mesmo dos que apoiavam o Estado Novo — o egoísmo e o desinteresse quanto aos problemas vividos pelos trabalhadores. Para o texto, a *Encíclica* representava a solução do impasse, uma vez que, além das soluções de ordem econômica, ela representa sobretudo um novo valor, moral, que informava tanto a mentalidade dos trabalhadores como a mentalidade patronal.[88] Apesar das dificuldades de sua implementação, o texto considerava que os trabalhadores seriam os responsáveis pela prevalência do espírito da *Rerum Novarum* pois:

(...) somos ainda dos que crêem que essa fraternidade sobrenatural pode e deve ser ainda o laço que harmoniosamente, amistosamente, ligue o trabalho ao capital, una essas duas grandes forças, indispensáveis uma à outra, indispensáveis à vida, à civilização e ao progresso, na sua união.[89]

Desse modo, a "profissão de fé" na unidade entre patrões e empregados implicava, necessariamente, a oposição ao socialismo e ao comunismo, como de resto a todo e qualquer projeto fundamentado na disputa, na concorrência:

> Repudiamos o caminho da violência com toda a violência que em nós cabe.
> Comunistas e socialistas em face da existência enveredaram por ele, e por ele esperam atingir o caos que será o prelúdio da sua vitória, do seu esmagamento da outra barricada, tal a idéia egoísta que os anima. Qualquer das formas não é mais do que o individualismo, do que o egoísmo transplantado para a classe, e daí a luta de classes, e, na impossibilidade de entendimento, a vitória esperada pelo esfacelamento dos de menor número, embora mais poderosos.[90]

A *Encíclica* representava, em outras palavras, o equilíbrio entre o egoísmo sem limites do capital privado e o coletivismo forçado das ideologias socialista e comunista. A harmonia entre os valores individuais e os valores coletivos se realizaria na construção de um novo tipo de consciência. Ou, talvez, a partir da combinação de dois tipos de consciência:

> (...) só a luz da consciência moral, privativa, e, como sua irradiação, da consciência profissional coletiva, e ainda como sua ascensão, da consciência social, pode o problema das relações entre capital e trabalho resolver-se, harmonizar-se, porque é a consciência, que a cada um e a todos impõe o amor pelo direito e pelo dever.[91]

Mesmo não sendo formalmente católico, o regime salazarista construiu um imaginário fecundo acerca da importância da doutrina católica como fomentadora de um espírito coletivista e não individualista. Este espírito revelava-se presente na demarcação constante entre os interesses liberais e os projetos socialistas. Nesse sentido, parece que a doutrina implementada pelo Estado, baseada em pressupostos da Igreja Católica, atendia mais aos interesses dos trabalhadores que dos patrões. "Harmonizar" representava sempre, para os patrões, a concessão de interesses. Para os trabalhadores, significava sempre uma melhora, ainda que restrita, em suas condições de vida.

Entre as funções dos sindicatos corporativos, uma das mais importantes era a destinada à assistência. Não por acaso, um dos conselhos técnicos definidos pelo Sindicato dos Bancários de Lisboa era dirigido exatamente à implementação das tarefas assistenciais. Duas cartas enviadas ao boletim reclamavam a necessidade de uma política de atenção ao interesse de profissionais e familiares de profissionais desempregados ou em situação de dificuldade. Na primeira, a viúva de um bancário sócio do sindicato pedia auxílio financeiro, uma vez que não tinha nenhum tipo de recurso pecuniário. Ao mesmo tempo, reclamava ajuda para contribuir nas despesas de funeral, em virtude da dívida contraída.[92]

A segunda carta tem exatamente o mesmo teor. Uma viúva de bancário, impossibilitada de sustentar sua família, requeria auxílio ao sindicato no sentido da resolução de seu problema.[93] Nos dois casos, o sindicato, embora afirmando não ter montado um serviço de assistência, garantiu que ambas as cartas, ainda que aquém das necessidades demonstradas, fossem atendidas em seus pedidos. "O socorro partiu: menor do que desejávamos, certamente inferior ao que era preciso."[94]

No segundo volume do boletim do SNEBDL, a estrutura manteve-se basicamente a mesma, incluindo uma parte destinada a comentários sobre a *Encíclica Rerum Novarum*. De novidade com relação ao número anterior, destacam-se as contas referentes ao ano de 1939. Para o primeiro semestre, foi apresentado um balancete assinado pelo secretário da entidade, A. Penedos, e também pelo tesoureiro, Mário Corrêa.[95] E, para o segundo semestre, a diretoria apresentou um orçamento.[96] Como nota introdutória às demonstrações financeiras, o boletim do Sindicato dos Bancários informava estar adotando, dentro de seus limites, uma política de finanças que se espelhava naquela adotada para o país:

> Seria injustificável que num sindicato nacional se não seguissem os princípios adoptados pelo governo da Nação no capítulo financeiro, cujos brilhantes resultados não sofrem comentários.
>
> Assim, dentro dos seus modestos recursos, resolveu a direcção adoptar para a administração dos fundos do sindicato os rígidos princípios criados por aquele que é hoje considerado como um dos maiores financeiros do mundo, pelo que temos o maior prazer em submeter à apreciação dos nossos prezados colegas as contas relativas ao primeiro semestre do corrente ano, bem como o orçamento para o semestre seguinte — conforme os mapas que a seguir exaramos.[97]

O edital informava também que a atual diretoria, tendo assumido o posto a 31 de março, empreendeu esforços no sentido de intensificar as relações com a "província". Deste modo, foi convocada uma reunião com os presidentes das comissões de delegados na Covilhã, Évora, Leiria e Vila Real de Santo António.[98] Além das intenções de "interiorizar" o sindicato, o boletim mantinha o forte teor das críticas ao contrato de trabalho vigente. Na crítica às divergências e aos atritos, o apelo à lei no sentido de equilibrar os interesses em nome dos interesses maiores da "Revolução Nacional".[99] Portanto, na afirmação do compromisso em servir bem ao regime, podia-se também perceber o apelo à legislação como caminho para a defesa dos interesses dos trabalhadores bancários.

Mais uma vez, além da separata com a *Encíclica Rerum Novarum*, o boletim apresentava um comentário acerca de seu conteúdo. E, novamente, a centralidade do texto incidia na necessidade de se implementar um "espírito de colaboração" nas relações entre capital e trabalho.[100] Assim:

Trabalhador = Máquina
Patrão = Inimigo

eram duas igualdades que fizeram seu tempo e com as quais é preciso acabar de vez. Mas esse vexatório e desprezível conceito mútuo só pode desaparecer para sempre no dia em que o trabalhador vir no patrão outro trabalhador dirigente, e este vir no empregado, não a simples máquina produtora, mas o homem, com as suas necessidades temporais a reclamarem satisfação. (...)[101]

Para o articulista as tensões entre capital e trabalho eram em parte provocadas pelos próprios trabalhadores, largados em um egoísmo que fazia com que se preocupassem exclusivamente com sua tarefa mecanicamente definida, isolando-se dos demais companheiros de ofício e dos interesses destes. Além disso, era comum ver o trabalhador pensar no patrão como um adversário, não levando em conta suas dificuldades.

> Qual é o trabalhador ou empregado, roda íntima da grande engrenagem comercial ou industrial da vida moderna, que alguma vez curou de saber as dificuldades, os aborrecimentos, os riscos, as perdas, enfim, todos os transes por que bastas vezes passam os dirigentes da própria casa em que trabalham, ou que tenha apreciado no seu justo valor a obra em conjunto, a sua finalidade e o bem que ela pode prestar à causa comum? No geral, cada empregado se refugia no seu isolamento, e no seu egoísmo, só pensa em retribuir em trabalho o ordenado que aufere, sem lhe passar pela cabeça que do seu esforço depende muitas vezes o bom ou mau resultado da casa em que trabalha. E se alguma vez tal pensamento lhe acode — é só por receio de ficar sem trabalho. Pensa em si, nem pensa na obra em comum, nem no esforço de conjunto que dela pode advir! O horizonte do seu trabalho é acanhado, limita-se ao desempenho de suas funções.[102]

Nesse sentido, o trabalho deve implicar um compromisso mais amplo que a necessidade imediata da sobrevivência. Ele, não é, portanto, de acordo com esta concepção, uma mera relação mercadológica, como as estabelecidas nas sociedades de tipo liberal. Mas, se os trabalhadores são vistos como alienados de seu papel, também os patrões expressam aquilo que durante todo o texto é criticado e visto como causa principal das tensões entre trabalho e capital: o egoísmo.

> Por outro lado, quantos são os patrões que, descendo do pedestal da direção dos seus negócios, cura de saber da mentalidade dos seus empregados, das suas necessidades, dos seus desgostos, das suas aspirações, e não olha para eles senão como agentes de trabalho a quem não é permitido espaço mais largo da interferência ou interesse do que o seu limitado trabalho?[103]

Interessante que, neste artigo, a possibilidade de harmonia entre patrões e empregados depende dos últimos. É na ação positiva do trabalhador que se abre a possibilidade de mudança de comportamento dos patrões:

> O trabalhador tem, primeiro, que ter consciência da sua própria dignidade, para que leve os patrões a tê-la também, segundo: não se isolar do acanhado espaço do seu trabalho e deitar vistas mais além, ao trabalho comum, e mais longe ainda, ao bem comum, se pela sua parte quiser criar o espírito de colaboração e levar o patrão ao mesmo desiderato.[104]

O egoísmo, assim, apresenta-se como o "mote" provocador das diferenças entre patrões e empregados. E o que é o egoísmo senão a herança liberal do conflito a partir da defesa dos interesses privados? Desta forma, o imaginário construído pelo Estado Novo no sentido de buscar um entendimento entre setores com interesses diferenciados a partir da oposição à tradição liberal jacobina revela-se com extremada eficiência.

Ao fim, o boletim publicou um artigo originalmente publicado em *Acção Sindical*, órgão do Sindicato Nacional dos Empregados de Escritório do Distrito de Lisboa, atribuído a Portugal Branco.[105] Neste artigo, o autor procura reconhecer a lentidão nos avanços da organização corporativa. Entretanto, busca afirmar que tal lentidão não se deve aos dirigentes sindicais, mas a fatores externos.

A despeito de tanto discurso flamante e tão belos artigos em que se encarece o sindicalismo corporativo, a verdade é que, por um lado, o exército administrativo, a massa burocrática do Estado, não compreendeu ainda a necessidade de identificar a sua ação com a velocidade característica da hora actual. Por outro lado, o patronato, mesmo, em grande parte, o integrado já na organização corporativa — parece esforçar-se por confirmar, pela incompreensão que revela do sentido e fins sociais do corporativismo, a argumentação *vermelha* de que a adesão da burguesia ao Estado corporativo tem por fim, manhosa e arteira, travar, em resistências passivas, a marcha no campo social da Revolução Nacionalista.[106]

A constatação da lentidão e fragilidade dos sindicatos nacionais expressa uma preocupação, por parte do articulista, no sentido do fortalecimento da organização corporativa. É curioso que, ao apontar os responsáveis, o sr. Portugal Branco escusou-se de responsabilizar os próprios trabalhadores, pouco empenhados em se filiar aos SN. Quanto aos patrões, sua resistência a qualquer tipo de ingerência ou regulamentação de suas atividades permaneceu durante todo o período estudado. Coube ao Estado a ação consciente de intervir no problema, reconhecendo uma derrota parcial, mas buscando com ela dar novo impulso à organização corporativa. Por isso, o decreto-lei n° 29.931.

No entanto, pelo menos para o período final do ano de 1939, o referido decreto não apresentou maiores impactos junto aos sindicatos. Isto se tomarmos como referência o boletim do SNEBDL, que no seu número de setembro/outubro-novembro/dezembro não lhe faz qualquer referência. Como se verá adiante, o decreto serviu para que o regime propagandeasse o crescimento da organização corporativa do Estado. O edital versa sobre o sexto aniversário do sindicato, a ser comemorado no dia 18 de novembro.[107] O sexto aniversário da organização sindical — fundada em novembro de 1933 —, portanto, significava o cumprimento dos prazos exigidos pelo regime por intermédio do Estatuto do Trabalho Nacional. Para o editorial do boletim, o ETN representava a "carta magna do trabalhador português".[108] Publicada em setembro, logo três categorias profissionais se apressaram a inaugurar seus respectivos sindicatos nacionais: os empregados de escritório, os empregados de companhias de seguro e a dos empregados bancários.[109] A partir de então, a organização corporativa começou a crescer ininterruptamente, superando os sentimentos oposicionistas que a cercavam.

E depois outros, e muitos, e tantos que a organização estava de pé e podia sorrir, vitoriosa, a todos os ataques imbecis de inimigos ocultos ou declarados e desmentia por si só os vaticínios agoirentos dos que lhe auguravam a morte à nascença.[110]

Para a comemoração do aniversário do sindicato, diversas personalidades públicas foram chamadas, sempre em nome dos interesses nacionalistas e da "Revolução Nacional". A 13 de novembro, uma série de cartas foram enviadas a dirigentes do Estado Novo, convidando-os a participarem do aniversário do sindicato. Dentre as lideranças políticas convidadas, destacavam-se o subsecretário de Estado das Corporações e Previdência Social e o secretário geral do INTP.[111] Mais uma vez, ao lado do enaltecimento da ordem corporativa, o edital exprimia a insatisfação dos trabalhadores bancários com o contrato coletivo de trabalho assinado, demonstrando interesse em seu aperfeiçoamento.[112]

A idéia de harmonização entre o capital e o trabalho continua presente nesta publicação do Sindicato dos Bancários. Além da separata com a *Rerum Novarum*, de que adiante se falará, o boletim publicou também um artigo criticando a atitude de um banco da capital no período natalino. Segundo o artigo, a instituição bancária gratificou alguns chefes e encarregados de serviços, enquanto os demais empregados nada receberam. Embora seja necessário, segundo o artigo, compreender as distâncias entre chefes e subordinados, não se devem, contudo, excluir os últimos e tê-los como meros produtores:

> Sabemos que maiores responsabilidades cabem a chefes do que a subordinados, e por isso mesmo aceitamos, sem repugnância, o princípio justo de

uma distinção; mas sabemos, igualmente, que do esforço comum de dirigentes e dirigidos é que resulta a perfeição do trabalho, que dá origem ao reconhecimento superior de uma retribuição excepcional.[113]

Deste modo, a superioridade hierárquica não deve ser vista como condição para a exclusão daqueles que são subordinados. Ainda segundo o boletim:

> Se os princípios de justiça e eqüidade continuam a ser ministrados por forma tão pouco edificante e exemplar, não nos admira que um espírito de revolta surda se alastre, e domine as vontades dos trabalhadores que lutam para uma sincera aproximação de classes.
> Sejamos claros — não é com processos semelhantes que se pode dar a cooperação leal entre capital e trabalho.[114]

Mais uma vez, a necessidade das mudanças operadas pelo Estado no sentido de uma justiça mais equilibrada sofre a oposição dos "de cima":

> Ou mudamos a mentalidade de justiça, que nos há-de aproximar, ou andamos a cavar, cada vez mais funda, a vala que as iniqüidades que partem de cima teimam em manter escancarada![115]

Mas é nos comentários sobre a *Encíclica* publicada pelo boletim que a defesa de uma unidade entre trabalho e capital se torna mais evidente. Citando o papa Leão XIII, afirma que a solução para os problemas da classe trabalhadora pode ser resolvida "pela razão ou sem ela e não pode ser indiferente às nações que o seja de uma forma ou de outra".[116] Assim, a solução "racional" seria uma aproximação entre o capital e o trabalho, sem "ódios" ou "ressentimentos".

O caminho contrário é aquele preconizado pelos opositores da paz e defensores da subversão da ordem. A não-atenção aos interesses dos trabalhadores pode provocar o caminho de uma nova ordem não fundada na harmonia, mas no ódio. Além do mais, o texto reconhece que os que lutam pelos caminhos da violência o fazem com real espírito de credulidade e intensa paixão em favor de seus objetivos:

> Se de um lado da barricada, com todas as características de violência e de extermínio, a onda cresce e ameaça subverter a ordem social organizada como está, para sobre as suas cinzas erguer um mundo mais caótico e mais raso, do outro lado não tenhamos ilusões, a generosidade dos sacrifícios que nela se queimam não está menos apaixonada nem menos empenhada na realização de "um mundo melhor", no dizer de um dos estadistas que neste momento dirigem os destinos da humanidade.[117]

Assim, a solução se encontra na boa vontade, no espírito de abnegação e reconhecimento dos interesses legítimos dos trabalhadores. Atitudes que devem nortear o comportamento de todos:

> Para a solução de um problema que depende só de um pouco de boa vontade, de um pouco de espírito de abnegação, e de um sincero desejo, sem refúgios nem refolhos, de encontrar uma forma mais eqüitativa de auxílio ao trabalhador, na remuneração ao seu trabalho e no reconhecimento às suas legítimas e razoáveis aspirações, que há tanto tempo pedem satisfação!
> E seria tão fácil a solução se todos quisessem!!!
> Reconhecer a dignidade do trabalho, dar-lhe uma melhor partilha nos benefícios que próprio cria, aproximá-lo mais fraternalmente do capital — nem é um impossível, nem um milagre![118]

No caso português, assim como nos países que buscaram soluções reguladoras por dentro de uma ordem autoritária, percebe-se que a desejada "harmonia entre o capital e o trabalho" só não foi um "milagre" quando significou controle sobre os trabalhadores. Quando representava concessão por parte dos patrões, o "milagre" dependia da ação impositiva do Estado.

2.11. O ESTADO VENDO A FÁBRICA POR DENTRO

O Estado, além das atribuições formais de atuar como mediador dos interesses dos grupos econômicos em conflito, também fazia com que seus agentes verificassem as condições de trabalhos predominantes em cada fábrica ou oficina. Desta forma, as condições de trabalho de cada local seriam mais bem conhecidas, permitindo diagnósticos mais próximos da realidade.

Dentro desse espírito, o INTP enviou representantes seus a duas fábricas de vidros a fim de que fossem verificadas as seguintes questões: duração da jornada de trabalho, trabalho dos menores e salário mínimo. As fábricas escolhidas foram a Gaivotas, Lta e a Empresa Nacional de Aparelhagem Electrica.[119]

Quanto ao horário de trabalho dos manipuladores de vidro, variava entre sete horas e meia e sete horas, sendo que na Marinha Grande a jornada para esse tipo de trabalho era de seis horas e meia. De acordo com o assistente, os SAS proporiam que a jornada de trabalho deste setor acompanhasse a da Marinha Grande, devido às dificuldades e sacrifícios que o mesmo ensejava.[120] No que diz respeito à melhoria dos salários, afirmava que não poderia ocorrer sem o acompanhamento da melhora econômica da indústria vidreira.[121] Entretanto, devido ao fato de que o salário dos aprendizes era bastante desigual em Lisboa e na Marinha Grande, os SAS encaminhavam imediatamente estudo para elaborar uma tabela de salários mínimos. Ao mesmo tempo, procuraram definir a fixação do despacho do limite mínimo de idade para o exercício da função de aprendiz, "assunto que merece especial interesse em razão da violência do trabalho dos aprendizes".[122] As condições de trabalho, terceiro item analisado, refletiam condições desiguais das duas fábricas, fato que talvez fosse a expressão da realidade em todo o país:

> (...) Na fábrica Gaivotas, Lda colhe-se desagradável impressão, especialmente pelo que respeita aos locais em que se faz a *composição* e aqueles em que trabalham os fundidores, os gasistas e os manipuladores.

Verificámos, porém, que as várias gerências têm procurado melhorar na medida do possível as instalações: alteando-se paredes, rasgando janelas, cuidando das condições de ventilação etc. Mas naquele edifício antigo e impróprio pouco mais será possível fazer no sentido de melhor cuidar da higiene física e da segurança dos operários.

Na Empresa Nacional de Aparelhagem Electrica, pelo-se contrário, pode afirmar que são francamente boas as condições de trabalho.

Mesmo no local de fabricação do vidro, apesar da elevada temperatura, um visitante como nós não se sente mal. A ventilação é perfeita, o recinto tem boa luz natural, o ambiente não é pesado.

As salas em que as lâmpadas se fabricam têm todas as condições de salubridade. Há desafogo nas instalações das máquinas, asseio, claridade, muitas e rasgadas janelas sobre o Tejo. É, em resumo, uma fábrica em que *apetece* trabalhar. Consideramo-la um modelo, no seu género.[123]

Após a análise comparada de uma e outra fábrica, o assistente apresentou suas conclusões, que incidiam sobre a tomada de medidas que atendessem às aspirações urgentes dos operários, principalmente no que concerne à hora de trabalho e à melhoria de salários.[124]

2.12. A MORAL DO TRABALHO

No dia 23 de janeiro de 1939, o delegado do INTP na Horta, arquipélago dos Açores, Bento Caldas, escreveu ao diretor das obras públicas daquele distrito. Segundo a carta, o delegado havia sido informado de que as obras iniciadas em algumas freguesias contavam com operários não inscritos no Sindicato Nacional dos Operários da Construção Civil e Ofícios Correlativos. Esta atitude, se verdadeira, contrariava o despacho do presidente do Conselho de Ministros, Oliveira Salazar, de 17 de outubro de 1938, que dava prioridade à contratação de operários sindicalizados nas Obras Públicas. A correspondência pedia providências no sentido do cumprimento do despacho.[125] Em documento de seis páginas, datado de 6 de fevereiro, o diretor de Obras Públicas respondia ao comunicado do delegado do

INTP na Horta. Em sua resposta, informava que desde a publicação do despacho do presidente do Conselho tomara medidas para que o mesmo fosse rigorosamente respeitado.[126] O diretor de Obras informava ainda que as denúncias contra sua gestão partiam de uma direção sindical suspeita, alvo de desconfiança por parte dos próprios operários da construção civil. Esta sim seria a razão das dificuldades de se arregimentar trabalhadores sindicalizados para as Obras Públicas. Preocupado em cumprir o despacho do presidente do Conselho de Ministros, teria imediatamente imposto a sindicalização de todos aqueles contratados para as obras. As afirmações do diretor das Obras Públicas vinham acompanhadas de uma franca hostilidade à cobrança do delegado do INTP que, segundo ainda o diretor, "tinha coisas mais sérias em que se preocupar".[127] Embora convencido da falsidade da informação segundo a qual operários não sindicalizados estariam trabalhando nas Obras Públicas, ordenou o diretor de Obras Públicas, por meio de despacho, que se fizesse uma averiguação para saber de fato quantos trabalhadores não se encontravam ainda inscritos no sindicato. Os poucos que ainda não tinham tomado a providência de se inscrever comprometeram-se a fazê-lo imediatamente.[128] O documento encerra-se com a afirmação veemente de que eram falsas as denúncias contra aquela direção, que, como conseqüência, só faziam com que o delegado do INTP perdesse o tempo "de que tanto necessitamos para nos dedicarmos a cousas bem mais úteis ao progresso do distrito".[129] Este relato pode parecer uma mera disputa entre agências do Estado, não fossem suas conseqüências posteriores. Conseqüências que permitem refletir sobre a concepção moral que norteava a ideologia do Estado corporativo, em particular no que diz respeito ao trabalhador e ao trabalho.

A 7 de julho de 1939, o Sindicato dos Operários da Construção Civil e Ofícios Correlativos do distrito da Horta enviou uma correspondência, assinada por seu presidente, José Silveira Ávila de Melo, ao governador civil do mesmo distrito.[130] Segundo o sindicato, seu trabalho vinha sendo prejudicado pela perseguição sofrida pelo diretor das Obras Públicas, que teria ordenado à Companhia Iluminação Eléctrica o imediato corte no fornecimento de energia. Na carta, o presidente do sindicato lembrava também que o diretor das Obras Públicas desobedecia ao despacho do presidente do Conselho, acima citado, que concedia prioridade aos operários sindicalizados.[131]

As razões da perseguição do diretor de Obras Públicas seriam de ordem pessoal que, entretanto, haviam ganhado domínio público:

> (...) e tudo somente pelo facto de termos sempre tomado a defesa de um nosso camarada a quem o sr. engenheiro das Obras Públicas ultrajou e violentou uma filha, menor de 14 anos, com promessas de casamento e com agravante deste nosso camarada se encontrar paralítico e entrevado numa cama, merecendo a atitude deste funcionário superior do Estado a maior repulsa por parte de todos aqueles que têm respeito pela honra e dignidade alheias.
>
> E porque o sr. engenheiro Angelo Corbal Hernandes, que exerce actualmente as funções de director das Obras Públicas do distrito, maritalmente viveu com a referida filha daquele nosso camarada e ultimamente a abandonou com dois filhos de tenra idade não podia nem devia este sindicato deixar de apreciar tal gesto com a repulsa merecida e daí a animosidade que nos é votada pelo sr. diretor das Obras Públicas e que agora se confirma com a velhacaria e maldade de ter ordenado a Empresa Iluminação Eléctrica para nos privar do fornecimento de energia julgando assim que descansaríamos na luta que sempre temos empreendido no sentido de que repare a sua indignidade moral.[132]

Para o sindicato, pertencer a um cargo público significava ter obrigatoriamente um comportamento moral que não era, definitivamente, o caso do diretor das Obras Públicas:

> Por todo o exposto que só por si justifica o afastamento do sr. engenheiro Angelo Corbal Hernandez do cargo que vem desempenhando neste districto com verdadeiro escândalo público e com o seu cortejo de incapacidade moral entende este sindicato que V. Ex.ª Exm.ª governador civil para já se digne:

1º — que seja respeitado e cumprido o despacho de 17 de ouctubro de 1938 de que sua Ex.ª o sr. presidente do Conselho quanto à admissão de pessoal sindicalizado nas Obras Públicas do districto;

2º — que à sede do nosso sindicato seja ligada a luz electrica, comprometendo-nos dentro do prazo a outra fixado a reparar a sua instalação electrica sem a qual de forma alguma podemos bem cumprir nossa missão.[133]

Posteriormente, a 12 de julho, o sindicato enviou um ofício ao presidente do Conselho de Ministros com uma cópia da correspondência enviada a 7 de julho ao governador civil da Horta. Neste documento, vê-se rascunhada a sugestão de que o problema fosse remetido ao ministro das Obras Públicas.[134]

Como visto anteriormente, do ponto de vista ideológico, os sindicatos corporativos eram, para o Estado Novo, o resgate de um modelo de organização profissional anterior ao das sociedades liberais. Nomeadamente, o modelo organizacional corporativo do Estado moderno absolutista português. Deste modo, mais do que a defesa exclusiva dos direitos trabalhistas, ou além dela, assistia-se também à defesa de uma moral de ofício. Essa moralidade demonstrava um compromisso com o Estado Novo corporativo. Portanto, de acordo com esses valores de resgate de um passado moderno e harmônico, o secretário de Obras Públicas havia, de fato, atentado contra os interesses morais do Estado que se queria reconstituir.

Mas se o sindicato, apesar do repúdio à atitude "imoral" do diretor de Obras Públicas, reivindicou, como era de sua alçada, questões de ordem pública, como o cumprimento do despacho que dá prioridade a trabalhadores sindicalizados nas obras do Estado e a ligação da luz cortada, os problemas privados do operário não deixaram de ter continuidade na esfera pública. A 31 de agosto, o presidente do Conselho, Oliveira Salazar, recebeu uma carta de Manuel Mariano Cordeiro, pai da menina "seduzida" pelo diretor de Obras Públicas. Na carta, ele relata as atitudes do engenheiro que, teria seduzido, em 1934, com promessas de casamento, sua filha, quando esta tinha 13 anos. Tendo sido cobrado de sua atitude pelo pai, o engenheiro lhe teria garantido que, quando a menina completasse 16 anos, se casaria com ela. Não só não o tinha feito até aquela data, mesmo já tendo com a referida moça dois filhos, como também, no último dia 20, a teria agredido.[135] Antes de escrever, tinha o operário procurado já outras autoridades, sem, entretanto, obter êxito, consolidando em seu imaginário que o destino lhe havia sido ingrato:

> Não obstante a dificuldade que tenho em caminhar, apresentei-me também ao sr. dr. Delegado, a quem expus minha triste situação de pai desonrado pelo sr. director das Obras Públicas, na esperança de a justiça me valer. Este, porém, respondeu-me que já era tarde para me queixar do monstro que violentou a minha pobre filha de 13 anos, deflorando-a e desonrando-me. Triste sina a minha: ser pobre, doente e analfabeto![136]

O pedido a Salazar mais uma vez mistura sua figura pública com os valores pessoais atribuídos ao chefe de governo português:

> Por isso eu ouso suplicar, mais que à suprema auctoridade do ilustre presidente do Ministério, ao coração generoso do nobre e justo português que tem alevantado o nosso nome — JUSTIÇA.[137]

Em ofício não datado, o Sindicato dos Operários da Construção Civil informava que, meses após o envio das reclamações contra o engenheiro diretor das Obras Públicas, as perseguições continuavam a ponto de vários operários optarem por abandonar o sindicato, afirmando ser, assim, mais fácil arranjar trabalho nas Obras Públicas. Segundo o documento, a continuidade do engenheiro no cargo levaria fatalmente à desorganização completa do sindicato. Mais uma vez as denúncias contra o comportamento moral do engenheiro foram feitas, repetindo-se a da agressão contra a filha do operário doente, com quem, de modo ilícito, já tinha dois filhos.[138] Assim, a solução caberia ao chefe de governo, responsável pelo processo de moralização de Portugal:

V. Ex.ª, que vem cumprindo fielmente a missão salvadora de nos moralizar e resgatar, não consentirá que neste distrito se continue a chamar publicamente o governo da Nação "governo do diabo", simplesmente porque à frente dum importante departamento do Estado se encontra um homem mau e sem moral, que parece ter um interesse oculto em criar uma má vontade popular contra V. Ex.ª. e a sua política moralizadora.[139]

É interessante que o reconhecimento do governo na Horta dependia, de acordo com o discurso do Sindicato dos Operários da Construção Civil, do afastamento do engenheiro. Um discurso elaborado que buscava eficiência em seus objetivos. É por intermédio dele que se buscava contrapor o presidente do Conselho como guardião da moral e o engenheiro como representante da imoralidade. O Sindicato buscava sensibilizar o governo no sentido de conquistar sua reivindicação primordial: o afastamento do chefe das Obras Públicas da Horta.

Em 19 de setembro, o Gabinete da Presidência do Conselho, por meio de seu chefe, Anthero A. Leal Marques, mandava ao Ministério do Interior a cópia de um despacho assinado por Salazar pedindo averiguações sobre os problemas ocorridos na Horta.[140] No entanto, apesar das tentativas de se cobrar a "conduta moral" do funcionário do Estado, o governo optou por uma cobrança estritamente no âmbito das suas funções administrativas e do cumprimento de seus deveres públicos. Tanto é assim que o teor da resposta às críticas do presidente do Sindicato dos Operários da Construção Civil, enviada ao secretário geral do Ministério das Obras Públicas e Comunicação, não se estendeu à vida privada, limitando-se à conduta profissional.[141]

2.13. OS DISCURSOS DA LEGITIMIDADE E DA RESPONSABILIDADE

Greves e tensões no interior das fábricas, apesar das condições autoritárias do Estado Novo, não deixavam de existir. Na maioria dos casos, elas exprimiam muito mais atitudes de oposição ao comportamento patronal do que propriamente ao regime em vigor. Foi, por exemplo, o que ocorreu com os trabalhadores da indústria têxtil durante o mês de março de 1939. Tendo sido designado para assistir à assembléia geral do Sindicato Nacional dos Operários da Indústria Têxtil do Distrito de Lisboa, na condição de delegado do SAS, o representante do INTP informava que havia recebido uma representação acusando diversas empresas de não cumprirem os princípios legais estabelecidos sobre o horário de trabalho e os salários mínimos. De acordo com o representante do SAS, cumpria à Fiscalização do Trabalho averiguar a veracidade das denúncias feitas pelos sindicalistas da indústria têxtil.[142]

Por essa mesma época, no mês de fevereiro, ocorreram incidentes junto a uma fábrica de fiação no bairro de Benfica, em Lisboa. Os problemas começaram quando um grupo de operários, a 18 de fevereiro, se recusou a trabalhar em virtude da suspensão sofrida por um colega de trabalho. Dada a negativa da empresa em atender às reivindicações dos operários, estes cortaram a energia elétrica e, em represália, a gerência optou por despedir todo o pessoal.[143] O ocorrido provocou a necessidade de se abrir inquérito para a apuração dos fatos. Seguindo orientações do gerente da empresa, dissuadido de despedir os operários responsáveis pelo conflito, seis trabalhadores foram apontados como os principais envolvidos no episódio.[144] Os operários ouvidos informaram que nada de extraordinário havia acontecido no dia 18 de fevereiro, confirmando que haviam se dirigido à gerência para pedir pelo mestre Pedro Cirera, por ser "atencioso para com os funcionários e não querer ceder às instâncias da empresa no sentido de dispensar mais pessoal sem diminuição do rendimento fabril". Quanto ao corte da energia, afirmaram ter sido ele ordenado pelo patrão Guilherme Marques. Retiraram-se da fábrica após o aviso de que estavam todos despedidos.[145] Inquirido o mestre Pedro Cirera, este informara que, de fato, havia pouco mais de um mês, 130 operários haviam sido demitidos sem que a fábrica diminuísse a sua produção, "mercê do esforço grande exigido ao operariado restante". No entanto, apesar dos esforços daqueles que conseguiram se manter no emprego, informava o mestre que desejava a empresa um novo corte, de cerca de vinte operários por cada turno. Tendo sido suspenso por três meses, caberia ao novo mestre a incumbência de tentar manter os níveis de produção da fábrica com um número menor de operários.[146] Inquiridos cerca da oitenta trabalhadores, estes informaram que nada de mais ocorreu a não ser o pedido de reintegração do mestre suspenso e, quanto ao corte de energia, nada sabiam. Nesta questão, o operário António Maria informou que ele próprio havia desligado o interruptor de sua seção, fato que poderia ter causado, como chegou a mencionar com o patrão, a queda geral de luz.[147] Quanto aos gerentes da fábrica, estes informaram que os trabalhadores abandonaram seus locais de trabalho, dirigindo-se ao escritório de forma ameaçadora, indicando seis responsáveis principais, todos já suspensos. O sócio da empresa, João Paiva de Nazareth, indo ao SAS prestar depoimento, informou que os operários citados haviam ameaçado de coação física os demais operários, indicando testemunhas entre os operários que confirmariam a conduta desabonadora e hostil dos indiciados.[148] Os operários citados pelo patrão, porém, deram depoimentos que não se coadunavam com o do chefe. O primeiro, Alexandre Simões, afirmou ter sido convidado a tocar a sirene, sem que o convite tivesse sido acompanhado de ameaças ou agressões. O segundo, Pedro Martins, de quinze anos, afirmou ter sido incitado a desligar a corrente, sem, entretanto tê-lo feito. Ao ver a fábrica parada, perguntou ao patrão Guilherme Marques se podia desligar a corrente. Tendo este dado resposta afirmativa, acabou por desligá-la.[149] Segundo o assistente do INTP, a empresa desejava valer-se do ocorrido para despedir os operários que desejasse. Por este motivo, cometera uma série de arbitrariedades do ponto de vista legal:

> Com efeito: em vez de suspender como prometera os operários mais pretensamente comprometidos, despediu-os ainda antes do inquérito concluído; tendo começado por informar que era de 10 o número de operários desligados do serviço, vem agora dizer que, como era do conhecimento desses SAS, a gerência despedira *apenas* 20; e, por último, atribuindo aos operários despedidos a responsabilidade da falta de energia que, segundo os informes obtidos, foi ordenada pelo patrão Guilherme Marques.[150]

A conclusão do parecerista incidia sobre a ilegitimidade do comportamento da empresa e também sobre a necessidade de se punirem os responsáveis pela desordem. Quanto aos patrões, afirmava ser ilegítimo que a empresa, aproveitando-se da circunstância, reduzisse arbitrariamente seu pessoal. Ao mesmo tempo, considerava ilegítimo também o comportamento dos operários no sentido do retorno imediato do mestre suspenso. Assim, concluía pela necessidade de proibir as demissões e suspender por certo período os responsáveis pelo tumulto. Quanto aos demais, considerava castigo suficiente o número de dias de trabalho já perdidos.[151]

A conduta adotada, embora possa parecer agradar mais aos patrões, acabou revelando o quanto estes resistiam à presença do Estado como agente mediador dos conflitos inerentes ao mundo do trabalho. Tendo sido convocado para comparecer ao INTP a fim de elaborar conjuntamente o relatório sobre os incidentes na Empresa de Fiação e Tecidos de Benfica, o gerente desta fábrica pôs-se a reclamar das atitudes dos SAS, que teriam prometido o retorno ao trabalho dos operários demitidos.[152] Segundo o assistente do INTP, entretanto, a empresa é que tomara uma atitude desrespeitosa, já que não cumpria os compromissos assumidos. Não sem antes recordar que, longe de afirmar aos operários que estes retornariam a seus empregos, disse-lhes apenas que aguardassem o resultado final do inquérito em andamento. Sobre os erros cometidos, recordava que a empresa concordou em suspender os operários indiciados no processo, mas acabou por despedi-los antes de concluído o inquérito. Apesar da informação de que seis trabalhadores haviam sido suspensos, logo se juntaram mais quatro e, afinal, em carta enviada aos SAS, falava da demissão de vinte trabalhadores. Por fim, atribuía aos operários o corte de energia quando na realidade este fora ordenado por um dos patrões.[153]

Sobre a parte final do parecer, acima descrita, o representante da Empresa de Fiação e Tecidos de Benfica informava que não readmitiria nenhum funcionário já demitido e nem sequer lhes entregaria cartas de comportamento. "O Instituto que agisse como entendesse."[154] Segundo o representante do Estado, a empresa agia de má-fé e sua insinuação de que os operários anunciavam imediata readmissão por força do INTP era expressão deste tipo de comportamento.[155]

Como se vê, as reclamações do Sindicato Nacional dos Têxteis do Distrito de Lisboa acima relatadas não eram fato isolado. Ao contrário. Representavam a insatisfação diante de uma classe empresarial que, a tirar pelos proprietários da Empresa de Fiação e Tecidos de Benfica, se recusava terminantemente a participar da organização corporativa e a mediar seus interesses com os de outros segmentos. Aos operários não restava outra opção senão buscar no Estado a referência fundamental para a defesa de seus interesses. Não por acaso, o conflito na fábrica ocorreu devido à suspensão de um mestre que mantinha uma conduta de proximidade e lealdade em relação aos trabalhadores, chegando muitas vezes a discordar das opiniões patronais. Entretanto, pelo fato de ter se colocado ao lado dos trabalhadores, o funcionário foi suspenso, demonstrando o quanto valiam estes para seus patrões. Não restava outro caminho senão o abrigo do Estado. Talvez este pudesse enfrentar e até superar o egoísmo patronal.

2.14. TENTATIVAS DE REGULAÇÃO E ORGANIZAÇÃO

Em março de 1939, os SAS apresentaram ao subsecretário de Estado e Corporações um extenso relatório acerca das condições gerais da indústria tipográfica. O trabalho dividia-se em cinco partes da seguinte maneira: A — Distribuição da indústria tipográfica; B — Situação econômica da indústria tipográfica; C — A produção; D — Os salários; e E — Solução proposta para o problema do salário.[156] No texto, a ênfase era na necessidade de se padronizar a indústria tipográfica em todo o território nacional, além de regulá-la de acordo com parâmetros "modernos", superando a herança do período anterior ao Estado Novo.

Depois de, na primeira parte, fazer um balanço das regiões onde a indústria tipográfica mais se fazia presente, lembrando que Lisboa e Porto eram os centros mais importantes, embora existissem oficinas espalhadas por todo o território, o relatório passava a uma análise econômica sobre a situação da indústria. Neste caso, apesar do grande número de oficinas existentes no país, a situação não era satisfatória. Por dois motivos básicos: a fácil presença do livro brasileiro e a forte influência da cultura francesa em Portugal. Entretanto, os motivos acima arrolados não eram considerados suficientes para que a indústria tipográfica fosse considerada em total estado de abandono, uma vez que existiam indústrias em franco desenvolvimento, com a utilização de aparelhagem moderna e o pagamento de salário aos operários de acordo com sua competência profissional.[157] Mas, em decorrência da crise, havia a necessidade de superação por intermédio da ação do Estado. A primeira questão levantada dizia respeito aos encargos da indústria. Com relação aos impostos pagos pela indústria — a contribuição industrial e, o selo de licença e os impostos camarários —, eles não eram considerados, no fundamental, excessivamente onerosos para a indústria. A exceção era o seguro contra acidentes, obrigatório para as oficinas que tivessem mais de cinco operários. Segundo o parecer dos SAS, o seguro contra acidentes significava um "aumento relativamente apreciável do salário".[158] Porém, apesar do seguro contra acidente, não eram os encargos que tinham as indústrias o fator responsável pela crise enfrentada na indústria tipográfica.

É o que passaria a analisar o parecerista dos SAS. Para este, os problemas mais sentidos recaíam sobre a aquisição de matéria-prima e as despesas necessárias ao trabalho gráfico. Quanto à questão da matéria-prima, os problemas recaíam sobre o elevado preço do papel e, sendo o papel português de baixa qualidade, abria-se um forte mercado para o produto advindo do Brasil.[159] Assim, surgia outro problema para a indústria nacional portuguesa:

> O que, neste aspecto, me parece ainda mais grave para a indústria nacional, tanto papeleira como tipográfica, é a circunstância de o papel brasileiro ser colocado em Portugal já em obra feita, sucedendo até muitas vezes que no livro brasileiro exportado para o nosso país é empregado papel de outras origens, protegido pelas aduaneiras do Brasil. A equiparação que

se nota nos preços do papel nacional e do estrangeiro deve-se exclusivamente às taxas que sobrecarregam a importação do papel estrangeiro, posto nas nossas alfândegas por preços bastante baixos.

O papel utilizado pelas empresas de jornalismo diário é sempre de origem estrangeira e importado em *bobines* de muitas centenas de metros.[160]

Desta forma, além do aumento dos custos, o papel brasileiro, chegando a Portugal "já em obra feita", não somente tornar-se-ia um empecilho ao desenvolvimento da indústria nacional portuguesa, como também uma das razões de sua crise.

Um espaço maior era dedicado à questão dos salários. A primeira constatação era de que a desorganização da indústria tipográfica e a crise do desemprego que assoberbava "há alguns anos classe dos tipográficos" faziam com que os salários não tivessem um perfil, sendo bastante variáveis, "de terra para terra, de oficina para oficina". Embora os problemas dos tipógrafos fossem gerais, era de se notar que se agravavam à medida que se afastavam de Lisboa.[161] Nesta cidade, havia uma padronização inexistente nas demais regiões do país:

> Pode-se afirmar com satisfação que, em Lisboa, grandes e pequenos industriais pagam um salário uniforme, o salário corrente, mais ou menos elevado consoante a categoria e as aptidões do tipógrafo, devendo acrescentar-se que o linotipista ou compositor mecânico aufere quase sempre um salário razoável que já pode considerar-se suficiente.[162]

Entretanto, alguns problemas de organização do trabalho ainda existiam na indústria tipográfica, mesmo em Lisboa. Por exemplo, "o sistema condenável do salário-hora".[163] Enquanto a homogeneização do salário atendia aos objetivos e princípios do Estado corporativo, o mesmo não ocorria com o salário-hora, pois:

> A adopção deste sistema traz como conseqüência a inexequibilidade do preceito legal que estabelece uma remuneração especial pelas horas su-

plementares de trabalho ou ainda a redução da duração do trabalho com vista ao pagamento de salários mais baixos que os concorrentes.

Embora menos imperfeito do que este, deve ser igualmente abolido o sistema da remuneração do trabalho por linha ou empreitada, que ainda é adoptado por cerca de 5% dos industriais.[164]

Desta forma, o Estado buscava um comportamento nivelado para os trabalhadores da mesma categoria profissional, independente da qualidade da indústria a que pertencessem. Nada mais justo: não seriam eles membros do mesmo "corpo"?

Após longas tabelas demonstrativas do desequilíbrio provocado existente na indústria tipográfica, o parecerista do INTP apresentava uma série de propostas no sentido de solucionar a questão dos salários. A primeira proposta evidenciava a busca de uma qualificação mais definida das profissões, pois "o ponto de partida para o estabelecimento do salário mínimo na indústria tipográfica é indiscutivelmente o da classificação do pessoal".[165]

Assim, evidenciava-se a necessidade de controle e definição, por parte do Estado, de todo o universo do trabalho. Embora existisse o mercado, este não era absoluto, ou ao menos não deveria ser. Haveria de ter, acima de suas vontades privadas, o Estado como representante dos interesses nacionais. Neste sentido, o Estado não se colocava ao lado de um ou de outro segmento. Mas definia qual era a "vontade nacional" e o que fazer para efetivamente implementá-la. O primeiro impedimento para a classificação dos trabalhadores da indústria tipográfica eram os empresários:

> Embora esta classificação não deva considerar-se como uma dificuldade séria, divergem bastante as opiniões dos industriais quanto à necessidade ou conveniência de se fazer uma distinção minuciosa das diversas especialidades em que se ocupa o operário dessa indústria.[166]

Para os industriais, no fundamental, era constrangedora e inadmissível a ingerência externa na definição das funções internas às suas fábricas.

O parecer do representante do Estado incidia na necessidade de se simplificarem algumas das funções existentes, para que não mais se ficasse apenas "ao livre-arbítrio do industrial".[167] Após apresentar a classificação vigente àquele momento, o autor apresentava uma nova classificação considerada mais simplificada e justa.

Uma nova definição por certo ajudaria na solução de vários problemas da indústria tipográfica, nomeadamente aqueles de ordem salarial. Entretanto, segundo o autor do relatório, não havia a possibilidade de se estabelecer um salário mínimo uniforme para a categoria. Este era o segundo ponto tratado no item referente à busca de soluções para o salário dos tipógrafos. Embora a definição de um salário fosse o ideal em virtude da precariedade da indústria, isso se tornava impossível de ser efetuado no caso da indústria tipográfica. Neste ponto, ganhavam relevo as diferenças regionais:

> Considerada a indústria por núcleos locais ou regionais, a primeira realidade a contrariar com o salário uniforme seria a diferença nítida e apreciável que existe entre as condições de vida das diferentes localidades, agravada pelos usos e costumes e até pelas exigências do próprio trabalhador. Em segundo logar, e como também já ficou referido, há localidades onde a situação económica da indústria pode comportar um salário suficiente e outras onde dificilmente se poderá pagar um salário mínimo.
> Desta forma não seria justo beneficiar algumas empresas em prejuízo doutras, embora pela parte operária só houvesse a considerar beneficiários. Mesmo assim, se resultasse para as empresas sobrecarregadas a impossibilidade de pagar o salário mínimo estabelecido, o operariado que pretendia se beneficiar com elevação de salários ficaria na situação de desemprego resultante do desaparecimento de algumas oficinas.[168]

Os interesses dos operários deviam, assim, ser combinados com os da indústria. Mais que isso, em muitos casos, os interesses dos industriais na manutenção da fábrica com salários realistas eram os mesmos dos operários que não desejavam o desemprego. A solução encontrada foi no sentido da definição do salário mínimo por zonas.[169]

Eram quatro as zonas estabelecidas: as duas primeiras zonas seriam as chamadas áreas privilegiadas: Lisboa e Porto, onde os salários, comparativamente ao resto do país eram mais elevados. As duas últimas não obedeciam exatamente a critérios geográficos, mas de número de tipografias. Na terceira, incluíam-se as localidades com duas ou mais tipografias:

> (...) Este critério parece defensável pelo facto de se verificar que a indústria destas localidades não se destina a satisfazer necessidades locais, mas principalmente a provocar uma concorrência desregrada aos outros centros, aproveitando-se da atribuição dum preço menos elevado da mão-de-obra.[170]

Estas seriam, por certo, as empresas que, por se beneficiarem mais com a mão-de-obra barata, sofreriam os reveses de uma nova definição para os salários mínimos. Por fim, a quarta zona, que abrangeria as regiões onde existisse apenas uma tipografia, "onde se imprime o pequeno jornal, o cartão de visita e os trabalhos indispensáveis ao exíguo comércio local".[171]

Por fim, as opiniões dos Sindicatos de Lisboa e do Porto também foram levadas em consideração. O Sindicato de Lisboa apresentou uma proposta de tabela de salários para Lisboa, outra para o Porto e ainda outra para o restante do país. Na proposta do Sindicato de Lisboa, evidenciava-se uma divergência, uma vez que diversos segmentos consideravam injustificável que os trabalhadores do Porto, um centro industrial e urbano de grande importância, ganhassem um salário inferior àquele auferido aos operários de Lisboa. Para o parecerista, porém, a indústria do Porto não tinha condições de aplicar uma tabela de salários mínimos como a que vigorava em Lisboa.[172] Para a solução do impasse, os SN dos dois mais importantes distritos do país apresentaram uma tabela comum de salários, previamente analisada pelos SAS.[173]

Ao final, um total de oito propostas foram analisadas no sentido de garantir uma maior uniformidade para a indústria tipográfica. A primeira delas se referia à necessidade da proibição do trabalho por empreitada, embora esta fórmula ainda fosse utilizada por cerca de 95% dos empresários do ramo.[174]

A segunda era sobre a importância de se dar estabilidade aos trabalhadores que tivessem mais de seis meses de casa. Era comum a utilização de trabalhadores por meio expediente. Entretanto, o representante dos SAS considerava que aqueles que se mantiveram por mais de seis meses em um trabalho deveriam ser considerados indispensáveis ao funcionamento da indústria, devendo, portanto, ganhar estabilidade. Em caso de necessidade, poderiam os industriais contratar mais pessoas, por um período não inferior a uma semana. Ao mesmo tempo, sempre que a falta de trabalho não permitisse a permanência integral do quadro de funcionários, a empresa poderia reduzir este quadro, de acordo com as novas necessidades da oficina.[175]

A terceira proposta referia-se à proibição de mulheres na indústria tipográfica. Pelo fato de já existirem mulheres trabalhando em oficinas, propunha-se que estas ficassem sujeitas a uma regulação especial, que proibisse a contratação de novas mulheres. A razão para o impedimento do trabalho de mulheres na indústria tipográfica era o declínio do emprego entre os homens. Assim, os industriais deveriam, no prazo de oito dias, enviar ao INTP uma relação nominal das mulheres que estivessem trabalhando em suas oficinas, bem como as categorias a que pertenciam e os salários que lhes eram pagos.[176]

Para que se evitasse a utilização do trabalho de menores substituindo o de adultos, a quarta proposta defendia a limitação da aprendizagem. Assim, a admissão de aprendizes deveria ser, provisoriamente, vedada. Teriam apenas ingresso os alunos das escolas profissionais e os filhos de operários gráficos, casos previstos em despachos anteriores.

A quinta proposta era sobre a aprendizagem na composição mecânica. Este era um caso excepcional. Os compositores manuais, à medida que seriam substituídos pela composição mecânica, teriam o direito a aprendizagem mais moderna.[177]

A sexta proposta era sobre a necessidade de se estabelecer uma proporcionalidade entre o número de aprendizes e meios oficiais em relação ao número de oficiais. As regras propostas eram as seguintes:

a) As oficinas que apenas tiverem um oficial não poderiam ter aprendizes, excepto se estes forem filhos do industrial.
b) Nenhuma oficina pode ter mais do que 4 aprendizes, qualquer que seja o número de oficiais.
c) As oficinas que tiverem mais de 10 oficiais observarão esta tabela até ao número limite. Para além desse limite, a proporcionalidade será de um meio oficial por cada dois oficiais.
d) Os aprendizes que completarem o 5º ano serão imediatamente promovidos à categoria de meios oficiais, no caso de haver vaga nos quadros oficinais. Sempre que não haja vaga, o aprendiz continuará na mesma categoria até abertura de vaga, mas auferirá o salário de meio oficial, não podendo além disso o patrão preencher a vaga do aprendiz.

Impressão
Cada máquina só poderá ter um aprendiz além do impressor ou impressores.[178]

A sétima proposta referia-se à aplicação do despacho de salários às indústrias de tipografia anexas aos jornais diários, pois

> Não seria lógico excluir da aplicação da tabela de salários mínimos e destas regras as explorações industriais de tipografias que trabalham no mesmo regime das outras casas de obras, pelo facto de pertencerem a empresas de jornalismo diário. Presentemente, estas empresas têm um quadro tipográfico privativo do jornal e as explorações de tipografia que lhes ficam anexas trabalham em regime de concorrência com outras obras.[179]

A oitava e última proposta referia-se à elaboração de folhas de férias. Todas as oficinas deveriam elaborar folhas de férias de que constassem o nome do empregado de acordo com sua especialização e categoria, a discriminação dos dias de trabalho e o salário recebido por cada um.[180]

Apesar dos esforços do Estado no sentido de garantir que a legislação social e corporativa atendesse aos interesses gerais de todos, independente de serem operários ou patrões, percebe-se, pelo corpo de propostas anunciadas, que elas caminhavam mais no sentido de atender às demandas dos primeiros. Talvez até fosse verídica a intenção do Estado. No entanto, toda regulação atentava contra a vontade individual do patrão e, portanto, opunha-se a uma lógica liberal com que os empresários se habituaram a lidar e, mais do que isso, ajudaram a construir.

Entretanto, mais importante que a construção de um corpo de leis favoráveis ao mundo do trabalho era seu caráter ao mesmo tempo moderno e tradicional. Moderno na medida em que regulava as relações de trabalho, em que se buscava atender a reivindicações antigas e direitos consagrados. Como, por exemplo, no caso da proibição do trabalho por empreitada e da definição de folhas salariais para as férias. Era também tradicional e conservador na lógica de sua própria organização interna. Diz a tradição católica que o homem é a figura central da família. Assim, para garantir o trabalho masculino, proibia-se o feminino. Ao mesmo tempo, a figura do aprendiz remetia a formas de trabalho anteriores à Revolução Industrial, a formas de trabalho das antigas corporações de ofício. Não queria, por acaso, o regime do Estado Novo resgatar valores opostos aos da tão abominável revolução jacobina? Pois então o mito do trabalho orgânico das antigas corporações renascia, ou se buscava fazê-lo renascer nas nem tão modernas indústrias portuguesas.[181]

2.15. OS HOMENS "CONTADOS" — ENTRE O FARDO DA CARGA E DA DESCARGA

Apesar de toda a regulação do trabalho construída desde antes de 1933, e aprofundada a partir desta data, com a outorga da Constituição do Estado Novo, as mudanças acabaram ocorrendo em ritmo mais lento do que o previsto. Em dezembro de 1939, o INTP elaborava um documento sobre o problema dos salários dos carregadores e descarregadores do porto de Lisboa. A análise incidia sobre o número de dias de trabalho e o ganho médio diário. Os sindicatos escolhidos para análise foram o SN dos Descarregadores de Mar e Terra do Porto e Distrito de Lisboa e o SN dos Descarregadores do Porto e Distrito de Lisboa.[182]

Devido à falta de trabalho, os trabalhadores associados ao SN dos Descarregadores de Mar e Terra fizeram uma média em novembro de 9,3 dias de trabalho por sócio. Tomando-se a média de 26 dias úteis — incluindo os sábados —, estes trabalhadores estiveram em atividade uma média de apenas 34%.[183] Como os descontos para o sindicato obedeciam a um cálculo percentual do que ganhavam, era possível a averiguação da média de seus salários. Chamava a atenção o fato de que os vencimentos desses trabalhadores havia sofrido um processo de queda contínua de agosto a novembro: em agosto, a média salarial diária era de 18$00, enquanto em novembro decaía para 12$59, uma queda de aproximados 30%.[184] Para o assistente do INTP, a hipótese mais provável para a queda contínua dos salários era a guerra, iniciada naquele ano. Quanto aos descarregadores do Porto, estes trabalharam, no ano de 1938, uma média de 14 dias ao mês. Portanto, um total acumulado — mais uma vez tomando-se em conta 26 dias úteis — de aproximadamente 54%. O ganho médio diário era de 14$46. Entre 1º de janeiro e 30 de novembro de 1939, os resultados eram aproximadamente os mesmos.[185]

Fato curioso na análise do Sindicato dos Descarregadores do Porto era que a grande maioria dos seus membros pertencia à região de Trás-os-Montes, onde passavam parte do ano. O fato de se deslocarem à terra natal facilitava o recrutamento, pois o ganho de cada operário seria menor devido ao aumento de mão-de-obra. Tendo recebido seu alvará em 30 de dezembro de 1933, o sindicato também viu declinar o número de sócios, de 443 para 383.[186] Evidenciava-se, portanto, uma situação de desorganização do sindicato e de crise de sua representatividade, o que era preocupante, uma vez que aquele era um dos primeiros sindicatos a aderirem à organização corporativa do Estado Novo.

A situação dos trabalhadores do porto, porém, não era grave apenas no tocante à questão salarial ou da falta de trabalho. Os SAS promoveram uma investigação acerca das condições em que a Companhia União Fabril

— CUF — e a Sociedade Geral de Comércio, Indústria e Transportes efetuavam as cargas e descargas de seus navios. As duas empresas, de acordo com o documento, eram, sob duas designações, a mesma entidade. Para que a investigação fosse feita, foram entrevistados funcionários das companhias. A investigação, executada pelos agentes dos SAS, foram parcialmente prejudicadas devido ao medo de represálias do patronato. As entrevistas somente foram feitas mediante o compromisso de guarda de absoluto sigilo, de modo que o documento apresentado tinha um caráter confidencial.[187]

O primeiro dos depoentes, Emiliano José Mourato, que trabalhava permanentemente para a CUF, afirmava que mesmo os trabalhadores como ele, chamados de "pessoal de dentro", eram dispensados com bastante freqüência, não ganhando nesses períodos. Tendo cerca de oitenta homens permanentes, embora nas condições assinaladas, a empresa costumava recrutar, sobretudo para cargas e descargas, um grande número dos chamados "trabalhadores flutuantes". Enquanto os permanentes ganhavam por volta de 14$00 por dia e gratificação suplementar de 3$00 ou 4$00 no serviço de carga e descarga, os flutuantes recebiam 13$00 e gratificação de 2$00. O local de recrutamento era o Largo das Fontainhas, junto ao porto de Lisboa, às margens do rio Tejo. Foi lá que o representante do INTP realizou suas entrevistas.[188]

De acordo com André Domingos, caixeiro da taberna nº 4 do Largo das Fontainhas, a CUF não tinha pessoal permanente, recrutando quando necessário e dispensando sem salários quando não tivessem trabalho ou não quisessem este ou aquele trabalhador. Os salários variavam entre 13$00 e 15$00. Era comum trabalhadores juntarem-se nas adegas do largo esperando serem "contados" para o trabalho de carga e descarga.[189]

Francisco Gonçalves, ex-encarregado das descargas da CUF e fazendo naquela altura o serviço de guarda dos navios da CUF quando aportados, afirmava que operários das fábricas desta empresa eram destacados para o serviço da descarga, sendo recrutados trabalhadores avulsos quando seu número era considerado insuficiente. Quanto aos salários, a informação era a mesma dos depoentes anteriores.[190]

Martiniano Nabais da Silva, presidente do SN dos Operários das Indústrias Químicas e Ofícios Correlativos do Distrito de Lisboa, foi um dos que expressaram temer represálias, por ter sofrido ameaças quando organizou o sindicato por ele presidido. Trabalhava havia nove anos como conferente das mercadorias carregadas ou descarregadas dos barcos. Seu depoimento foi um dos mais longos e demonstrava as condições reais de funcionamento da CUF:

> (...)
> Que a Companhia não tem qualquer quadro de pessoal privativo e permanente para as cargas e descargas;
> Que a Companhia não tem, mesmo, nenhum pessoal que se possa considerar permanente e privativo *em qualquer dos seus serviços*;
> Que, com excepção de alguns engenheiros e mestres, nem nas suas fábricas de produtos químicos a Companhia tem pessoal especializado e permanente;
> Que o pessoal é a cada passo deslocado de um serviço para outro completamente diferente, conforme as conveniências do serviço;
> Que, além das conveniências do serviço, a Companhia dá a impressão de pretender impedir que os trabalhadores tenham direitos adquiridos ou possam alegar a antiguidade dos seus serviços na casa, pois dispensa muitas vezes, temporariamente, os trabalhadores antigos, conservando ao serviço outros mais modernos ou, mesmo, admitindo outros novos;
> Que a Companhia afecta aos serviços de cargas e descargas a bordo dos seus navios ou nos cais uns 80 homens, o máximo, escolhidos entre os que são os mais práticos nêsses trabalhos, os quais são retirados de quaisquer outros serviços;
> Que além desses 80 homens, há mais uns 60 que durante as campanhas de venda de adubos e enxofre trabalham na doca de Santo Amaro, nos respectivos serviços de carga e descarga;
> Que todo o restante do pessoal empregado nas cargas e descargas é recrutado eventualmente ao portão da fábrica, no Largo das Fontainhas, e que esse pessoal, em certas ocasiões, é duplo ou triplo do atrás mencionado;

Que os homens com trabalho mais ou menos certo nos serviços de cargas e descargas, e que de facto não fazem mais nada, serão cerca de 50;

Que os trabalhadores empregados pela Companhia nas suas cargas e descargas ganham geralmente 13$20, quer se trate de pessoal destacado de outros serviços, quer de pessoal eventual, recebendo ainda uma gratificação — quando vão para bordo — de 2$00 ou 4$00 conforme se trata de carga diversa ou de carvão;

Que enquanto os conferentes profissionais, sócios do respectivo sindicato, ganham 35$00, o depoente ganha 13$45 e uma gratificação de 3$00 *se estiver a conferir de empreitada*, pois se estiver a conferir quando o serviço se executa de jornal não recebe mais nada, tendo tido já sob as suas ordens homens que ganham mais do que ele;

Que o salário máximo auferido por um trabalhador nos serviços de cargas e descargas da CUF é de 15$40, além da gratificação já referida;

Que a Companhia paga as horas extraordinárias com 50 por cento, mas não dá descanso no fim do segundo período de trabalho (13 às 17 horas) continuando o serviço pela tarde e noite afora, sem qualquer interrupção, até acabar, salvo um quarto de hora de descanso que o encarregado toma a responsabilidade de ordenar;

Que o caso do próprio depoente demonstra tipicamente que não há quadros privativos nos diferentes serviços, pois tendo entrado para a Companhia como operário das fábricas de produtos químicos, exerce actualmente as funções de conferente de cargas e descargas e neste dia em que o interroguei tinha estado a fazer serviço de caixeiro no depósito ou casa de venda que a CUF possui na Rua Carvalho Araújo.[191]

Outra entrevista interessante foi a de Francisco Ferrão, conhecido como "o Maneta", encarregado geral das cargas e descargas marítimas da CUF. Embora temendo represálias, acabou concedendo entrevista a um representante do INTP após duas tentativas frustradas. Boa parte de seu depoimento coaduna-se com o de Martiniano da Silva, acima descrito, principalmente no que dizia respeito ao pequeno número de trabalhadores efetivados na Companhia e à utilização abundante do serviço temporário. Além de um reforço dado à comparação dos que trabalhavam para a CUF e os que, vinculados ao sindicato, trabalhavam para outras empresas, tratou de contar um caso acontecido com ele, ilustrativo da exploração imposta pela Companhia:

> (...)
> Que mesmo as escassas dezenas de homens que têm trabalho permanente estão em condições muito inferiores às dos sócios dos sindicatos que trabalham para outras entidades patronais, não só quanto a salários mas também quanto a horário e outras condições de trabalho;
> Que um exemplo bastará para demonstrar: quando o *"Mirandela"* partiu para a África, esteve a meter carvão de dia e de noite desde 5 a 8 de julho, sendo ele que dirigiu o serviço noturno. Nessas noites trabalhou-se das 19 às 7 da manhã do dia seguinte, não estando previsto qualquer descanso durante esse lapso de tempo de 12 horas de trabalho, nas ordens que recebeu, e foi por sua iniciativa e por sua responsabilidade que nessas noites se descansou das 24 à 1 hora, do que não deu conta à empresa para que esta não descontasse ao pessoal essa hora de descanso.
> Só quem não sabe a violência desses trabalhos é que não achará desumano tamanho esforço.
> Por esse serviço receberam os homens um jornal simples de oito horas e mais quatro horas com 50%, o que dá cerca de 27$20, portanto, menos do que ganham os descarregadores dos sindicatos pelas oito horas de trabalho diurno (31$00); os descarregadores sindicalizados receberiam por esse mesmo serviço 98$50. Ora, não é justo que a União Fabril pague muito menos que as outras entidades patronais.[192]

Das informações obtidas pelo representante do Estado, conclui-se que a capacidade "orgânica" deste em controlar e proteger o mundo do trabalho ainda era frágil. Os trabalhadores sentiam-se acuados no momento em que o Estado procurava defender seus direitos. Deviam, talvez, sentir que, pelo menos naquele momento, ainda eram os patrões mais fortes que a ordem corporativa. Talvez o Estado, ao demorar a implementar a lei de quotização obrigatória, tenha adiado um fortalecimento dos sindicatos que, dadas as tradições estatistas da história portuguesa, somente viriam "por cima".

Mas é interessante perceber aqui, antes de se continuar a falar dos carregadores e descarregadores do porto, que é exatamente a CUF a empresa que se apresenta como burladora da legislação. Logo ela, cantada como uma das expressões do sustentáculo do "regime fascista" em Portugal, expressão da "modernidade" que se aliara aos segmentos tradicionais para derrubar o regime liberal republicano. Quanto à sua força e importância para a economia portuguesa, não resta a menor dúvida. Mas também, a partir dos documentos aqui expostos, não há dúvidas quanto às tensões que esta e outras empresas tiveram com o regime corporativo.[193]

Entretanto, os problemas decorrentes das condições de trabalho dos carregadores continuariam, envolvendo a CUF e sua filial, a Sociedade Geral do Comércio, Indústria e Transportes. Tanto assim que o Sindicato dos Descarregadores do Porto e Distrito de Lisboa encaminhou um ofício reclamando do recrutamento do pessoal para descarga feito pela citada sociedade. O ofício mereceu um longo parecer por parte do INTP, por intermédio de um de seus assistentes.[194]

Segundo a comunicação do SN dos Descarregadores, para o serviço de descarga seriam utilizados trabalhadores das fábricas, sendo o restante recrutado por baixos salários no Largo das Fontainhas. Por este motivo, deixariam de trabalhar os profissionais vinculados ao sindicato, especializados e recebedores de melhor remuneração. O assistente lembrava ainda que o problema das cargas e descargas eram motivo de permanentes reclamações, "as quais, parece, não são destituídas de fundamento".[195] De acordo com despachos de 8 de outubro e 29 de dezembro de 1936, determinou-se que o serviço de carga e descarga deveria ser feito apenas por pessoal sindicalizado, havendo uma tolerância de 10% para pessoal não sindicalizado.[196] De acordo ainda com os despachos, algumas regras deveriam ser obedecidas no tocante ao recrutamento de pessoal. A saber:

1ª As entidades que não possuam pessoal permanente de cargas e descargas ao seu serviço terão de recrutar, pelo menos, 90% de pessoal sindicalizado;

2ª As companhias que, embora tendo algum pessoal permanente, se utilizem também de pessoal eventual ou flutuante, estão abrangidas pelo despacho de 8 de outubro, devendo utilizar, pelo menos, 90% de pessoal sindicalizado;

3ª As companhias de navegação que possuam pessoal permanentemente empregado nas cargas e descargas são dispensadas do cumprimento do despacho de 8 de outubro, mediante despacho de isenção para cada caso.[197]

Segundo a empresa, ela estaria isenta da obrigatoriedade em contratar pessoal sindicalizado, uma vez que estaria abrangida pela terceira regra acima mencionada, qual seja, a de que havia em seu favor um despacho de isenção. Porém, de acordo com o parecer do INTP, o mesmo não sucedia, havendo sim um erro de interpretação por parte da Sociedade Geral do Comércio, Indústria e Transportes Lda.

Segundo o representante do INTP, "nem do texto, nem da forma, nem do espírito (...) se depreende que ele isenta a Companhia Geral de Comércio".[198] Nem do texto, pois haveria a necessidade de se individualizar, citando a empresa e criando uma situação jurídica particular. Nem da forma, pois criar-se-ia um privilégio e uma exceção às regras gerais do despacho, considerados desnecessários e inoportunos. O despacho, por seu turno, não havia criado um direito individual, tendo sido elaborado para ser "um despacho normativo aplicável a uma generalidade de casos e pessoas". E, por fim, nem do espírito, pois o despacho de dezembro apenas esclarece, não alterando o despacho de 8 de outubro. Este não procurava isentar, "restringindo-se a fixar as condições em que é de conceder a isenção".[199]

Para corroborar a afirmação de que a citada empresa não estaria isenta do despacho, citava sua parte final:

(...) devem entender-se abrangidas pelo despacho referido (o despacho de 8 de outubro) as companhias que não obstante terem algum pessoal permanente se utilizem também de pessoal eventual ou flutuante.[200]

Em texto manuscrito no próprio parecer, datado de 29 de dezembro, o diretor do INTP, Manuel Rebelo de Andrade, dava a seguinte interpretação à supracitada parte final do despacho:

(...) as companhias que tenham algum pessoal permanente devem estar abrangidas pela obrigatoriedade de recrutar pessoal dos sindicatos *no trabalho que exceder a utilização daquele pessoal permanente.*[201]

Deste modo, consolidava-se a determinação de se contratar, quando necessário, apenas pessoal sindicalizado, e não da forma avulsa como vinha sendo feito.

Na verdade, a polêmica que se estabeleceu entre a Sociedade Geral do Comércio e o Estado remetia a uma disputa jurídica por dentro da ordem autoritária, conseqüência de um modelo institucional jurisdicista, herdeiro da tradição legalista portuguesa. Tradição esta, conforme vimos, construtora de seu Estado Nacional e vitoriosa no pós-28 de maio.[202]

Além do embate jurídico, ou como parte integrante do mesmo, o INTP não se isentava de afirmar as conseqüências "inconvenientes" que decorriam da atitude adotada pela CUF e pela Sociedade Geral de Comércio. Em primeiro lugar, as classes trabalhadoras vinculadas ao setor portuário eram as que mais sofreriam danos com a forma de recrutamento até então seguida. A crise das classes dos carregadores e descarregadores e dos trabalhadores de mar e terra se agravava à medida que outras empresas passaram também a adotar os métodos da CUF e da sua outra face. A guerra teria agravado ainda mais a situação. O parecerista informava ainda, a título de exemplo, um caso por ele assistido quando foi de madrugada ao cais de Lisboa para averiguar as condições de trabalho naquele lugar:

> Durante bastante tempo permaneci no Cais do Sodré, que é "a praça do conto", isto é, o mercado principal de trabalho onde todos os dias, de madrugada, afluem para cima de 1.200 homens que dos serviços de cargas e descargas tiram o seu sustento.
> Assisti durante uma hora ao "conto" dos homens para diferentes serviços (o "conto" é a operação e recrutamento dos trabalhadores) e constatei a importância da crise que os avassala.
> Assim, quanto aos descarregadores do porto, de um total de cerca de quatrocentos homens, cujo trabalho principal é a carga e a descarga de carvão, apenas 45 homens foram "contados" nesse dia.
> Quanto aos descarregadores de mar e terra, cujo sindicato compreende uma população superior a mil homens, foram "contados" ainda menos de quarenta na praça do Cais do Sodré (este sindicato tem mais duas praças de conto além desta).
> Quero dizer — a grande maioria dos profissionais destas classes ficou sem trabalho. E isto repete-se durante dias seguidos.[203]

Além da crise provocada pelos recrutamentos ilegais, a guerra ajudava a aprofundá-la ainda mais, pois um pavilhão alemão do porto havia desaparecido, além do declínio acentuado dos navios dos países beligerantes. Nesta crise, levava vantagem a Sociedade Geral, que passava a movimentar seus navios em serviços até então efetuados quase exclusivamente por navios estrangeiros.[204] Além de não serem justos os altos lucros provocados pelo crescimento do comércio de carga e descarga de carvão durante o conflito, e do quase monopólio obtido em virtude do refluxo dos navios estrangeiros do porto de Lisboa, não era também moral, dadas as conseqüências negativas que sofreriam os trabalhadores.[205]

Assim, o parecer final do documento incidia diretamente contra os interesses da CUF e da Sociedade Geral, consolidando a idéia, defendida neste trabalho, do constrangimento sofrido pelos operários por parte dos industriais nas duas primeiras décadas de Estado Novo:

> Por todos os motivos expostos parece suficientemente demonstrado que a Sociedade Geral de Comércio, Indústria e Transportes Lda. e a CUF não

estão em condições de se beneficiar do não-cumprimento do despacho de 8 de outubro de 1936, devendo conseqüentemente utilizar 90% pelo menos de pessoal sindicalizado para os seus serviços de cargas e descargas.

E quando assim não se entendesse de uma maneira geral, parece ainda que, pelo menos, nos casos de fretamento dos navios a terceiros, os serviços de carga e descarga devem ser feitos com rigorosa observância do despacho de 8 de outubro.[206]

Ao mesmo tempo, o comportamento da Companhia União Fabril, grupo industrial mais importante de Portugal à época, demonstrava que o comportamento do empresariado em face do Estado Novo restringia-se às questões referentes à manutenção da ordem. No que dizia respeito aos direitos corporativos dos trabalhadores, estes não deveriam existir ou, quando muito, deveriam ser evitados. Assim, embora não seja esta a temática central do presente estudo, concordamos com as afirmações que apontam a resistência ao Estado corporativo e à política social como sendo originária fundamentalmente do patronato.[207]

2.16. A ORGANIZAÇÃO CORPORATIVA ENTRE A VONTADE INDIVIDUAL E A AÇÃO DO ESTADO — UM MOMENTO DE TRANSIÇÃO

Uma das dúvidas mais presentes acerca da organização corporativa implementada a partir de 1933 foi sem dúvida a questão da obrigatoriedade de filiação dos sindicatos das diversas categorias profissionais ou do direito destes mesmos sindicatos de cobrarem a cotização daqueles que não eram seus filiados. Conforme foi mostrado no capítulo anterior, a participação nos sindicatos nacionais não era obrigatória, embora as deliberações adotadas nos acordos das diversas categorias profissionais atingissem a todos, mesmo aqueles não filiados aos respectivos sindicatos. Em setembro de 1939, o decreto nº 29.931 impôs a cotização obrigatória para todos os trabalhadores. Segundo Patriarca,

É comum situar a adopção de mecanismos semiobrigatórios de sindicalização em setembro de 1939, quando o decreto-lei n° 29.931 e posteriores despachos vieram instituir cotização obrigatória e a cobrança na origem. Para os estudiosos, decreto e despachos teriam visado sobretudo a convencer os trabalhadores recalcitrantes; e significavam o reconhecimento por parte do Estado de que a adesão voluntária e livre aos sindicatos corporativos falhara. Em parte assim foi. Mas é preciso acrescentar que o decreto n° 29.931 não aparece na seqüência ou como alternativa à liberdade sindical. Surge, sim, como sucedâneo da sindicalização obrigatória que, desde finais de 1934 e apesar do ETN, se tornara prática freqüente.[208]

De acordo com o citado decreto, os profissionais não inscritos nos sindicatos nacionais poderiam ser obrigados, desde que determinado pelo subsecretário de Estado das Corporações, a pagar as mesmas jóias ou quotas a que se encontravam sujeitos os sócios do mesmo organismo sindical.[209]

Para a autora, portanto, a obrigatoriedade de cobrança, expressa no decreto n° 29.931, representava a continuidade de um processo iniciado desde o primeiro ano de efetiva legislação corporativa, em virtude de uma série de mecanismos que, na prática, conduziam à obrigatoriedade de sindicalização. Por exemplo, alguns despachos governamentais davam o monopólio de colocação aos sem trabalho, transformando os mesmos em verdadeiras agências de emprego, ao passo que, por este motivo, acabavam forçando a prática de sindicalização.[210] Além disso,

> A esses mecanismos juntam-se, a partir de setembro de 1934, uma série de contratos e acordos firmados entre sindicatos e grémios ou entre sindicatos e empresas a título individual, que têm, para além de outras, a característica de impor a sindicalização. Por essas convenções, setenta num total de 82, no período que medeia entre setembro de 1934 e 1 de outubro de 1939 — as entidades patronais obrigam-se, segundo fórmulas que vão variando com o tempo, a manter e admitir ao serviço apenas trabalhadores sindicalizados que estejam no pleno gozo dos seus direitos sindicais; ou a manter e admitir apenas os trabalhadores que sejam sócios e

contribuintes dos sindicatos nacionais, especificando o texto do contrato que aos contribuintes é conferido um único direito, o de poderem trabalhar por conta das entidades que tiverem assinado aquele mesmo contrato; ou ainda, a manter e a admitir os sócios, comprometendo-se, em relação aos restantes trabalhadores, a descontar determinada percentagem de seus ordenados ou salários, a qual se destina ao sindicato em causa. A primeira fórmula domina quase em absoluto nos contratos e acordos firmados entre 1934 e 1937. A segunda, que aparece num único contrato em 1937, torna-se mais freqüente em 1938 para, com a terceira fórmula, dominar em 1938 e 1939.[211]

Embora seja evidente que o decreto n° 29.931 não era exatamente uma ruptura absoluta com o período anterior, inaugurado a partir de 1933 pelo Estado Novo, também não se deve descartar o importante papel simbólico de rompimento com os primeiros anos de regime. Acabaram-se as ilusões "espontaneístas" e, por isso, a necessidade de formalizar a cotização obrigatória. Vale lembrar que, em 1938, o número de sócios vinculados aos sindicatos nacionais era de aproximados 185 mil, com 232 sindicatos legalizados. No ano seguinte, o número de sócios passou para pouco mais de 250 mil. Ou seja, enquanto o número de sindicatos cresceu em menos de 1%, o número de sócios teve um avanço de aproximadamente 30%. Em 1940, o número de sindicalizados quase dobrou, saltando para o montante de 347 mil.[212] Claro está que os dados indicados são relativos, pois o número de sócios contribuintes era variável e, sobre estes, temos dados apenas a partir de 1944. Porém, eles não deixavam de indicar certa mudança de rumo e de concepção nos rumos do corporativismo português.

Esta mudança é percebida em documento encontrado no Arquivo Oliveira Salazar. Trata-se de uma opinião acerca do princípio da não-obrigatoriedade da organização corporativa, em que se pode observar o início de um processo transitório entre o "espontaneísmo" dos primeiros anos e a obrigatoriedade imposta a partir de 1939. Tratava-se de um documento escrito em caráter pessoal, possivelmente de autoria do próprio Salazar ou de algum funcionário de Estado próximo ao presidente do

Conselho.²¹³ Segundo o mesmo, a não-obrigatoriedade da organização corporativa dizia respeito à iniciativa de constituição dos organismos sindicais, não limitando a presença do Estado no tocante à regularização dos sócios interessados. Note-se que o texto se referia apenas aos "interessados", ou seja, àqueles que optaram por participar dos sindicatos nacionais. Havia, assim, uma aparente dicotomia entre uma instituição destinada ao bem público e a atitude individual no momento de sua organização:

> À parte esta disposição e o artigo 22° do decreto n° 23.050, segundo o qual é livre a inscrição nos sindicatos nacionais, não há qualquer outra norma expressa sobre a matéria e apenas o complexo de leis que regem a organização corporativa e os princípios que a dominam confirmam a cada passo o enunciado na declaração do Estatuto do Trabalho nacional. Ora, tanto deste preceito legal como das restantes normas de direito corporativo ou dos conceitos fundamentais da ordem constitucional não pode inferir-se mais do que isto: o Estado confia, em regra, à iniciativa privada a primazia da organização das diversas actividades, mas reserva-se promovê-la directamente em certos casos; declara-se, porém, sempre no dever de reconhecer os organismos corporativos constituídos e de auxiliar e promover a sua formação. A posição não podia ser outra, uma vez que a organização corporativa, embora não seja órgão do Estado, está nele integrada e com ele colabora na realização do interesse nacional.
>
> Há pois, creio eu, dois momentos distintos: o da constituição dos organismos, confiada à iniciativa dos interessados salvos os casos especiais em que o Estado a reserva para si (ordens, grémios obrigatórios etc.); o do reconhecimento dos organismo constituídos como elementos convenientes e necessários aos interesses económicos e sociais da comunidade.²¹⁴

Quais seriam, deste modo, as obrigatoriedades do Estado diante de uma situação em que os sindicatos, embora vistos como membros da organização corporativa, não pertenciam ao Estado? Esta é uma das diferenças fundamentais entre o modelo sindical fascista e o que se realizou em Portugal. Segundo Tannembaum, um dos principais teóricos do Estado corporativo fascista italiano, do ponto de vista de sua elaboração jurídica, foi Alfredo Rocco. Tendo inicialmente constituído uma série de leis sobre o trabalho entre 1926 e 1927, em que determinava a responsabilidade do Estado sobre os sindicatos, procurou caminhar no sentido de organizar corporações capazes de abranger, ao mesmo tempo, os trabalhadores e empresários, sendo que as primeiras 28 corporações, devido à crise mundial, começaram a funcionar apenas a partir de 1934.[215] O que a experiência fascista propunha era o resgate de uma idéia de Estado absoluto e, portanto, as formas de organização do trabalho pertenciam ao Estado em vez de agirem sobre o mesmo. Assim,

> O corporativismo de Rocco era realmente uma espécie de neomercantilismo, uma mescla de Colbert e Saint-Simon. Para Rocco, a expressão "nada fora do Estado" não significava na esfera econômica nem o socialismo de Estado nem o capitalismo de Estado; significava a reorganização das grandes empresas, de forma que poderiam evitar a inútil competição interna com a finalidade de se enfrentar, sob condições de máxima eficiência econômica, as batalhas da competição internacional. Rocco queria eliminar totalmente a autonomia da classe operária, seus privilégios e sua influência nas empresas produtoras, especialmente os benefícios conseguidos entre 1919 e 1920. À diferença de Saint-Simon, Rocco não acreditava na possibilidade de harmonia entre as classes. Em 1925, defendendo o rígido controle do Estado sobre seus transitórios "sindicatos mistos" de patrões e operários em face das críticas de Lanzillo, Rocco afirmou na Câmara dos Deputados: "O Estado, e menos ainda o Estado fascista, não pode permitir a existência de Estados dentro do Estado. A organização dos sindicatos [segundo as leis de 1926] deve ser uma forma de disciplinar os sindicatos, não um meio de criar organismos fortes e descontrolados, capazes de minar o Estado."(...)[216]

Assim, nem sequer o Estado se preocuparia em manter a ordem por meio da mediação entre os interesses do capital e os interesses do trabalho. O Estado constituía-se, segundo a perspectiva fascista, no novo absoluto e, portanto, seus interesses estavam acima dos interesses privados dos grupos econômicos. Estes, a rigor, deveriam ser extirpados, uma vez que eram considerados ilegítimos. Por isso, as reuniões dos organismos corporativos tinham "um caráter teórico e acadêmico, em especial porque a maior parte das questões que tratavam haviam sido decididas por outros organismos".[217]

Voltando então à documentação sobre a organização sindical portuguesa, a natureza do seu papel corporativo e de suas obrigações na condição de Estado corporativo estavam expressas no Estatuto do Trabalho Nacional:

> No Estatuto do Trabalho Nacional declara-se o Estado no dever não só de reconhecer os organismos constituídos como de promover e auxiliar a sua formação. Ora se o Estado se considera no dever de promover e auxiliar a formação dos organismos, será absurdo pensar-se que não tenha, ao menos, o direito de garantir-lhe a estabilidade e a continuidade. Daqui pode mesmo concluir-se que, além de não haver oposição entre a intervenção directa do Estado no sentido exposto e o princípio da não-obrigatoriedade da organização, a inércia ou neutralidade do Govêrno é que contradiz e se opõe ao compromisso do Estado de se interessar pela criação e progresso dos organismos corporativos, não falando em que o reconhecimento da organização não pode ser tomada como simples expectativa; em que o Estado é corporativo e lhe compete promover a formação e desenvolvimento da economia nacional corporativa num espírito de cooperação que permita aos seus elementos realizar os justos objectivos da sociedade e dêles próprios, etc.[218]

Visto desta forma, na medida em que afirmava o "desenvolvimento da economia nacional corporativa num espírito de cooperação", o Estado português, ainda que defendendo sua importância na constituição dos organismos corporativos, reconhecia a presença de objetivos diferenciados, pretendendo apenas um espírito de "cooperação" entre os mesmos, a bem do Estado. Esta visão demarcava-se daquela que via o Estado como um todo absoluto, negando a idéia de cooperação, pois desconhecia a existência de interesses privados. A própria discussão, nas esferas do próprio Estado, acerca da obrigatoriedade ou não da cotização já era demonstrativa de uma concepção de Estado singular em relação a outras alternativas autoritárias das décadas de 1920 e 1930.

O texto não deixava de enfrentar o problema da opção individual em não participar da organização corporativa. É por isso que afirmamos anteriormente o momento transitório pelo qual passava o sindicalismo português no final da década de 1930:

> Desde que o Estado reconhece a organização como necessária ao interesse nacional e aos interesses dos indivíduos, logo se conclui pela justiça do que se propõe, pois nada pode haver de mais injusto do que serem os organismos sustentados por alguns quando, pelo menos em princípio, realizam ou colaboram na realização do interesse de todos. Desta circunstância resulta até a imoralidade de se acharem os cépticos ou inimigos em posição mais favorecida do que os dedicados à organização. Enquanto estes pagam as cotas e trabalham no estudo dos problemas, os outros aguardam comodamente que os benefícios lhes caiam do céu.[219]

Portanto, de uma visão favorável a atitudes "espontaneístas", esperançosas de que a adesão ao sindicalismo corporativo fosse "natural", assiste-se a uma mudança de rota, fazendo com que o Estado assuma a responsabilidade em favor da cotização obrigatória e, como conseqüência, adotando uma política intermediária entre o liberalismo e o fascismo. Por um lado, abolia-se a adesão individual ao sindicato; por outro, entretanto, não se adotava uma política de corporativização natural, submersa aos interesses do Estado.

Segundo ainda o documento, a ausência de uma política mais eficiente por parte do Estado estava, naquele momento, conduzindo a organização corporativa a flutuações causadoras de um instabilidade que não se coadunava com o espírito corporativo. A crise deveria, nas sociedades que buscavam a estabilidade por meio de aparatos coercitivos combinados com outros em que se buscava o convencimento, ser eliminada sempre que anunciada:

> Duma maneira geral pode dizer-se que a estabilidade e a continuidade dos grémios facultativos, sindicatos nacionais e casas do povo dependem exclusivamente destes movediços pontos de apoio: o fugaz entusiasmo dos interessados; a contingente dedicação dos dirigentes; a artificial eficácia de expedientes de ocasião, quase sempre falhos de realidade e por isso a cada passo abandonados ou substituídos por outros igualmente improvisados no momento da crise. A vida destes organismos anda, assim, à mercê das flutuações do ambiente de cada dia; tão depressa baixa como se eleva; não assenta em sistema que se baste a si próprio.[220]

O texto reconhecia, desta forma, a existência de uma crise com a presença de sindicatos fortes ao lado de outros dotados de extrema fragilidade. A opinião expressa era que a força de muitos sindicatos decorria do fato de os contratos coletivos terem firmado a cotização obrigatória:

> Em grande número de contratos coletivos de trabalho tem-se estabelecido já, com óptimo resultado, a cotização obrigatória (cotização e não inscrição) dos interessados nos sindicatos outorgantes. Doutra maneira toda a actividade sindical estaria extinta ou estagnada; mas tenho de reconhecer que não é o contrato colectivo o instrumento próprio para resolver problemas de matéria estatutária ou de interesse do sindicato: os contractos coletivos resolvem os problemas de interesse da profissão ou do grupo — o sindicato é apenas o órgão representativo.
>
> Vem esta observação esclarecer que entre os sindicatos vivem bem os que por efeito de contratos colectivos têm assegurada a cotização do grupo que representam e regularmente os que possuem agências de colocação. Os outros arrastam em geral uma vida de dificuldades e sobressaltos e a cada passo ameaçam desagregar-se. Muitos não se atrevem a constituir-se; alguns vão desaparecendo e não será temeridade prever para a maior parte um triste fim, se não se lhes acudir a tempo. Os expedientes esgotam-se e começam a ser conhecidos; a fuga dos filiados dá sinal de si à primeira contrariedade; o desânimo dos dirigentes está, como é óbvio, na razão directa da descrença dos interessados. Procurou-se durante certo tempo amparar com agências de colocação alguns sindicatos mais mere-

cedores, mas essa política foi abandonada há largo tempo; tem-se pedido aos serviços do Estado e às câmaras municipais a preferência para o pessoal sindicalizado, mas o resultado tem sido nulo porque nem as câmaras nem os serviços do Estado fazem grande caso do que se lhes pede ou até do que se lhes manda.[221]

Faltava, portanto, um Estado coordenador das atividades dos sindicatos, para que os mesmos pudessem servir de referência na construção de um sistema orgânico e corporativo. Quanto aos interesses privados de cada grupo, estes deveriam ser resguardados, desde que não se contrapusessem aos do Estado ou da Nação. Por isso, o documento considerava uma contradição necessária de ser superada a existência de sindicatos em cujos contratos se previa a cotização obrigatória (não a inscrição), o que fortalecia estes mesmos sindicatos financeiramente, enquanto outros se viam em precárias situações, uma vez que não tinham o benefício da obrigatoriedade da contribuição. Para o Estado, segundo o documento em discussão, os contratos coletivos deveriam servir apenas para resolver assuntos inerentes à profissão. Este era o espaço possível para a ação de um grupo dotado de interesse particular. Mas os contratos não deveriam servir para a definição de uma política sindical que fosse homogênea em todo o país.[222] Assim, como se começava a discordar da prática, até então comum, de os Sindicatos decretarem a cotização obrigatória, era então necessária uma mudança de rota, com novas deliberações a respeito:

> Não me parece aconselhável para os sindicatos decretar genericamente e sem restrições a cotização obrigatória. Suponho preferível atribuir-se ao subsecretário de Estado das Corporações a faculdade de o fazer para este ou aquele, conforme as circunstâncias.[223]

As deliberações acerca da cotização, portanto, deveriam passar para as mãos do Estado, numa política que se pretendia coordenadora de toda a atividade sindical. Se esta era uma política consciente por parte dos arquitetos do novo regime, por que então a mesma não foi implementada desde o seu nascedouro? A resposta estava no fato de que, nos primeiros anos de corporativismo, havia a necessidade de "arrumar a casa", de modo a constituir uma infra-estrutura básica inicial a fim de que se pudesse dar início ao processo de corporativização:

> A organização sindical não tem sido feita através dum critério seguro de diferenciação profissional. Nos primeiros anos isso não era fácil nem conveniente; havia necessidade de organizar, de suprimir as associações revolucionárias, de aproveitar depressa o que fôsse aproveitável. Por outro lado faltava a experiência e era desconhecido o rumo que em definitivo a organização tomaria. Pouco a pouco tem-se feito o ajustamento, mas a arrumação não está completa.[224]

Nessas circunstâncias, tornava-se inviável a implementação prática da cotização obrigatória, além, conforme já o dissemos, das esperanças do Estado de uma adesão em massa aos sindicatos corporativos. Ao mesmo tempo, ainda não chegara o momento de uma deliberação acerca da cotização para todos os grupos, devido às dificuldades de fiscalização e aos problemas referentes às profissões de difícil definição. Assim,

> Entendo antes que deve determinar-se a obrigatoriedade de cotização para os grupos profissionais bem diferenciados e identificáveis e conforme os vá diferenciando na medida necessária o ajustamento da organização. De resto, a cotização obrigatória não é em alguns casos facilmente fiscalizável sem a carteira profissional e esta não pode conceder-se — é evidente — às profissões cuja identificação for difícil.[225]

Ao longo deste trabalho, ver-se-á uma preocupação permanente, tanto da parte dos construtores do regime corporativo como dos sindicatos, em relação à definição das profissões, principalmente nos momentos de assinatura dos contratos coletivos de trabalho ou de discussões em torno do mesmo. Tratava-se de uma tentativa de racionalização do trabalho, de modo a buscar definir o papel de cada profissão no processo produtivo, bem como o valor de cada ofício na ordem corporativa. Esta era uma meta para o Estado, que só não definia imediatamente cada profissão, bem como o valor de suas contribuições aos organismos representativos — ou seja, aos sindicatos —, em virtude de uma incapacidade que, se esperava, fosse transitória.

Por fim, como conseqüência de todo este preâmbulo transitório acima discutido, encontramos também nos Arquivos Oliveira Salazar o projeto do decreto-lei que regulava a cotização obrigatória.[226] No mesmo, havia todo um preâmbulo justificativo das novas medidas adotadas.[227] A primeira observação feita era que, desde o início do Estado Novo, se discutia o problema das cotas a empresas e indivíduos não inscritos nos grêmios e nos sindicatos nacionais. De acordo com o documento, este era um princípio sobre o qual, mais cedo ou mais tarde, deveria o Estado legislar:

> (..) Por um lado, o dever que incumbe ao Estado de reconhecer os organismos corporativos e de promover e auxiliar a sua formação implica a iniciativa de medidas que garantam a estabilidade aos organismos constituídos; por outro lado, estando a organização corporativa integrada no Estado, nada pode haver de mais injusto do que serem sustentados somente pelo esforço e dedicação de alguns os organismos reconhecidos como elementos convenientes e necessários aos interesses econômicos e sociais da comunidade e instrumentos representativos e realizadores do interêsse de todo o agregado social a que respeitem. O princípio da cotização para os grémios e sindicatos nacionais se achar apenas a cargo dos filiados conduz até ao absurdo de colocar em posição mais favorecida os indiferentes à organização, ao mesmo tempo que dificulta a fixação de cotas em verbas muito modestas, objectivo que se consegue pela distribuição dos encargos por todos os interessados.[228]

Assim, ficava evidente o critério de que ao Estado cabia o reconhecimento dos organismos corporativos, não sendo eles, portanto, seus membros "naturais". Ao mesmo tempo, as condições, ao início da institucionalização corporativa, não eram consideradas ideais para a implantação da obrigatoriedade das cotas:

> Não obstante o que fica dito, era prematura qualquer providência antes que uma larga obra de educação e o conhecimento efectivo do funcionamento do sistema radicassem na nação as idéias e a rede das instituições corporativas, de modo que a intervenção do governo não tivesse praticamente que fazer-se senão no momento em que fosse chamado a consolidar situações livremente criadas e assentes em realidades duradouras. A verdade é que no decurso desses seis anos que conta a organização corporativa nunca se verificaram soluções de continuidade na aplicação dos princípios ou no ritmo das realizações e, ao contrário, as muitas centenas de grémios facultativos, sindicatos nacionais, casas do povo e dos pescadores, todos nascidos da iniciativa privada e por ela quase exclusivamente mantidos e desenvolvidos, embora amparados sempre pelo decidido apoio moral do Estado, indicam com segurança achar-se feita a identificação da orgânica corporativa com a feição da vida económica nacional. Mais do que isso, a evolução do sistema está em termos de se anunciar para breve a formação das primeiras corporações. É pois o momento oportuno de iniciar-se a consolidação definitiva dos elementos que as hão-de compor, salvaguardando-se em todo o caso o princípio de que a organização é em regra facultativa assim como o da liberdade de sindicalização.[229]

Por um lado, o regime buscava combinar a implementação de atitudes coercitivas, iniciadas desde o movimento político-militar de 1926, com uma política de convencimento que se sabia gradual. Daí a necessidade de se esperar certo tempo para iniciar a consolidação do sistema corporativo. Por outro, é interessante perceber que o Estado, de acordo com a letra da lei, apenas intervinha nos momentos em que era convocado a fazê-lo, ao mesmo tempo que mantinha facultativa a opção de sindicalização. Segundo o decreto, que passaria a vigorar em 1º de setembro de 1939, o subsecretário de Estado das Corporações determinaria quais profissões seriam submetidas ao sistema de cotização obrigatória. A opção por não se impor a todas as profissões a obrigatoriedade da cobrança, ressalte-se mais uma vez, devia-se às dificuldades de fiscalização, sobretudo sobre as profissões mais "pulverizadas". Assim,

> A par dessa faculdade, atribui-se também competência ao subsecretário de Estado das Corporações para conceder a carteira profissional a profissões mais especializadas. Embora a carteira, como título de categoria profissional, não tenha relação imediata com a obrigatoriedade de cotização, a verdade é que sem ela a aplicação do princípio é inexeqüível em mesteres sem dependência estável da mesma entidade patronal e essa é mais uma razão a impedir a generalização imediata a todos os sindicatos nacionais da norma que vai pôr-se em prática.[230]

A criação da carteira de trabalho, também ela representou um passo no sentido de uma presença maior do Estado na vida dos indivíduos, assim como se caracterizava como mais um momento consolidador da modernização portuguesa. Coerente com um espírito de colaboração entre classes, o documento previa que as possíveis dificuldades na imposição da obrigatoriedade da cotização deveriam ser contornadas com o apoio dos grêmios:

> Nem sempre será fácil aos sindicatos efectuar directamente a cobrança das cotas. Quando assim aconteça, não pode evitar-se que ela se confie às entidades patronais, à semelhança do que, sem dificuldade, se vem praticando na execução de muitos contratos coletivos de trabalho, em que os organismos representativos das empresas voluntariamente aceitam para aquelas a cobrança das cotas para os sindicatos a que pertença o pessoal que as serve.[231]

O apoio patronal à cotização muitas vezes vinha acompanhado de uma estratégia. Contribuir com o regime de sindicalização, assim como alocar empregados que tivessem se alistado nas agências dos sindicatos, constituía, para o empresariado, uma segurança. Em muitos casos, esta prática vinha acompanhada de uma troca. Enquanto os patrões se comprometiam com o reconhecimento da legislação social, os sindicatos de trabalhadores se comprometiam com a manutenção da ordem. Era, portanto, uma estratégia que, a rigor, passava ao largo do controle estatal, a quem cabia apenas sancionar esse tipo de acordo.

Mas a implementação do decreto-lei nº 29.931 veio de encontro, fundamentalmente, aos interesses dos sindicatos nacionais. Uma das razões que nos leva a crer no fato de que a nova legislação alterou um processo antes instituído, não se caracterizando apenas por ser uma conseqüência do processo de sindicalização obrigatória implementada a partir de 1933, foi a reação dos sindicatos. Encontramos, por exemplo, uma correspondência, datada de dezembro de 1939, do Sindicato Nacional dos Trabalhadores em Carnes do Distrito de Lisboa. Na mesma, reclamações acerca das precárias condições de administração do sindicato, por problemas financeiros, e o problema da cotização. Como se tratava de uma correspondência datada do mês de dezembro, a nova legislação já se encontrava em vigor. O problema original consistia nas dúvidas acerca do valor a ser cobrado aos sócios sindicalizados:

> Quando da organização deste sindicato nacional, teve a respectiva comissão organizadora, da qual fizeram parte todos o membros da actual comissão administrativa, o cuidado de apreciar em todos os seus detalhes qual a melhor forma de distribuir a respectiva cotização, chegando-se à conclusão de verificarmos que era inteiramente impossível fixar-se cota inferior a cinco escudos, para que o sindicato se pudesse desempenhar cabalmente da missão para que foi constituído.[232]

A razão da cobrança de cinco escudos por sócio estava na necessidade de o sindicato poder implementar aquilo que o Estado esperava da organização corporativa, ou seja, as políticas de caráter assistencial e recreativo. Outro elemento que contribuía para a definição do valor da cota estipulada era o pequeno número de membros da categoria, aproximadamente 2.500 indivíduos.[233]

Assim, a legislação que determinava a cotização obrigatória vinha atender aos interesses do Sindicato dos Trabalhadores em Carnes. Entretanto, como a determinação dos sindicatos que seriam abrangidos pelo novo decreto dependia da vontade do subsecretário de Estado das Corporações, o Sindicato dos Trabalhadores em Carnes tratou logo de requerer a aplicação do novo decreto.[234] Porém, a resposta dada foi não só aquém da esperada, como determinou a redução da cobrança antes imposta aos associados, o que faria com que o sindicato se visse impossibilitado de manter a assistência sindical que até então vinha mantendo, com posto médico, assistência jurídica e apoio a desempregados e inválidos.[235] Segundo ainda a documentação enviada ao secretário do INTP, o total de receitas do sindicato equivalia a 10.150 escudos, enquanto o total de despesas, a 7.755 escudos.[236] A diminuição do valor da cobrança, conforme determinado, levaria inevitavelmente a uma receita inferior às despesas, implicando a necessidade de corte de gastos. Neste sentido, em virtude das dificuldades vividas pelo sindicato, a correspondência rogava no sentido de que o INTP tomasse providência para que o sindicato pudesse continuar a cumprir "as funções conferidas no Estatuto do Trabalho Nacional e no decreto-lei nº 23.050, as quais só prestigiam e engrandecem o Estado Novo corporativo".[237] Ao fortalecimento do sindicato correspondia, concomitantemente, o fortalecimento da própria estrutura corporativa.

CONCLUSÃO

Os anos que se estenderam de 1937 a 1939 caracterizaram-se, para a organização corporativa portuguesa, como de experimentos e revisões, culminando com o decreto-lei nº 29.931, que determinava cotização obrigatória. Esta nova legislação foi, ao mesmo tempo, conseqüência do acúmulo de experimentos por meio dos contratos de trabalho demonstrativos da eficiência da obrigatoriedade da cotização, mesmo para trabalhadores não sindicalizados. Mas foi também uma ruptura com o passado. Um breve passado que considerava possível que os trabalhadores portugueses, ou pelo menos sua maioria, adotassem livremente a opção de se filiar aos sindicatos nacionais. Foi também uma ruptura, na medida em que permitiu aos sindicatos a esperança de uma maior rentabilidade e, conseqüentemente, uma maior capacidade de implementação de suas políticas.

Na medida em que o Estado optou por não intervir no sentido de obrigar os trabalhadores a se sindicalizarem, ou considerá-los sindicalizados "naturalmente", mantinha relativa autonomia para a escolha individual. Optava-se, portanto, por um caminho que, marcado pela coerção, não hesitava em se distinguir claramente das formas organizacionais vigentes sob o fascismo.

A política adotada pelo Estado Novo, e posta em prática de forma mais incisiva após os primeiros anos de "estabilização" das estruturas corporativas, trazia consigo valores ideológicos que pretendiam a adoção de uma moral nova. Esta, baseada nos chamados "valores cristãos", procurava impor uma concepção de trabalho marcada pela obediência e compromisso com o bem-estar coletivo, entendido como a expressão da vontade do Estado, encarnação máxima da autoridade nas questões referentes à ordem pública. A Igreja, assim, adotou uma postura ao mesmo tempo apoiante da política corporativa do Estado, ao mesmo tempo autônoma, procurando "minar" as bases do poder laico, cristianizando-o. Nos sindicatos, a participação cristã foi intensa e permanente, demonstrando seu poder de influência e intervenção junto a seus fiéis. Mas, ao mesmo tempo, é possível que estes mesmos fiéis tenham influenciado a Igreja, impondo à instituição uma presença nos sindicatos corporativos, mais assente com as expectativas do regime do que propriamente com as da Igreja.

Quanto ao comportamento de operários, patrões e Estado, este não se alterou substancialmente durante o período discutido neste capítulo, como de resto não se alterou durante todo o período em estudo. Aos trabalhadores sindicalizados, em sua grande maioria, a legislação corporativa servia, pelo menos, para garantir uma proteção maior em face da arrogância patronal. Se o Estado conseguisse manter um mínimo de estabilidade e garantias sociais, em troca os trabalhadores lhe seriam fiéis. Entretanto, como esta "troca" nem sempre foi possível de ser executada, em virtude das próprias dificuldades enfrentadas pelo regime, momentos houve em que a proximidade Estado-trabalhadores deu sinais de esgarçamento. A própria adoção da cotização obrigatória caminhava no sentido da tentativa estatal de atender aos objetivos dos sindicatos nacionais e, em troca, garantir o apoio e a adesão dos trabalhadores ao regime.

Os patrões, por seu turno, mantiveram uma política pragmática basicamente idêntica durante todos aqueles anos. Por um lado, acataram a organização corporativa, e a adesão aos grêmios, com imensas reservas. Embora tivessem participado dos mesmos, vale lembrar que o decreto n° 29.931 destinava-se também aos organismos patronais, o que demonstra que boa parte do empresariado demorou a atender ao "chamado" corporativo. Por outro lado, vale notar que o empresariado manteve, ao lado dos grêmios, a organização corporativa originária, o que lhe garantia canais de atuação mais amplos que os trabalhadores. Mas era nas relações com os sindicatos e nos debates em torno de suas demandas que o chamado "pragmatismo patronal" mais se fazia evidente. Ao mesmo tempo que apoiavam o regime nas questões referentes à ordem e à manutenção dos trabalhadores sob controle e vigilância, demonstravam também estranhamento quando da implementação de políticas que atendiam aos interesses dos sindicatos e de seus representados. As diversas reclamações feitas pelos sindicatos com relação às dificuldades de implementação de acordos com vistas ao horário de trabalho e aos salários expressavam estas dificuldades. Claro está que houve momentos em que acordos foram firmados. Principalmente aqueles respeitantes à cotização obrigatória. Mas, nestes casos, havia um duplo interesse que permitia a formalização do compromisso. Para os trabalhadores, a cotização obrigatória fortalecia compulsoriamente o sindicato, permitindo que os mesmos buscassem, por meio das medidas de caráter assistencialista, uma maior representatividade junto à categoria. Para os empresários, este tipo de acordo poderia possibilitar um controle maior sobre o pessoal contratado, o que garantiria para si certa "paz" na produção. O Estado, por fim, embora buscando manter-se "neutro", adotando uma postura "racional" diante do conflito entre trabalhadores e empresários, não deixou de tomar posições e fazer escolhas. Em geral estas escolhas recaíam a favor dos sindicatos e dos trabalhadores, devido ao maior interesse destes em cumprir a legislação corporativa. Ao mesmo tempo, as experiências práticas do corporativismo português impuseram ao Estado mudanças significativas, fazendo com que o mesmo agisse de modo a reciclar-se, adotando medidas que se diferenciavam daquelas pretendidas no início da implementação da ordem corporativa. Este fato, que tem na adoção da lei que determinava a cotização obrigatória seu mais importante exemplo, foi também demonstrativo de que a doutrina, embora capaz de definir limites à conduta do Estado, não era monolítica, permitindo reinterpretações e readaptações. Assim, o corporativismo português possibilitou conviver, após o decreto de 1º de setembro de 1939, com uma legislação e prática corporativas mais otimistas. Do otimismo idealizado passava-se a um novo otimismo real, uma vez que sedimentado por uma nova legislação. Ao menos para um Estado havido na busca de um modelo mais próximo do ideal desejado, e para os trabalhadores, adeptos do esforço corporativo estatal, pois viam no mesmo um caminho — ou o *caminho* — para a proteção contra os desmandos patronais.

Notas

1. ANTT — Ministério do Interior/Gabinete do Ministro, maço 493/cx 48.
2. Ibid., p. 2.
3. Ibid., p. 3.
4. Ibid., pp. 4-5.
5. Ibid., pp. 6-7.
6. Ibid., pp. 9-10.
7. Ibid., p. 11.
8. Ibid., pp. 12-13.
9. Ibid., pp. 14-18.
10. Ibid., pp. 18-19.
11. Ibid., pp. 19-20.
12. "Parecer — Pedido de aprovação do 'Regulamento' da Agência de Colocação do Sindicato Nacional dos Empregados de Escritório do Distrito de Lisboa." 5 de agosto de 1937. AHMQE.
13. Ibid.
14. Ibid., pp. 2-3.
15. Ibid., p. 3.
16. Ibid., p. 4.
17. Ibid., p. 5.
18. ANTT — Ministério do Interior/Gabinete do Ministro, maço 494/cx. 49.
19. Ibid.
20. "Parecer: Concessão de preferência, nas obras do Estado, aos operários sindicalizados." ANTT — Ministério do Interior/Gabinete do Ministro, maço 498/cx. 53.
21. Ibid., p. 1.
22. Ibid., p. 2.
23. Ibid., p. 3.
24. Ibid., pp. 2-3.
25. Ibid., p. 5.

26. "Parecer de Sua Excelência o subsecretário de Estado das corporações." ANTT — Ministério do Interior/Gabinete do Ministro, maço 498/cx 53.
27. "Parecer de Sua Excelência o presidente do Conselho." ANTT — Ministério do Interior/Gabinete do Ministro, maço 498/cx 53.
28. Em particular, os trabalhos de PATRIARCA, Fátima: A questão social no salazarismo, 1930-1947 (2 vols.). Lisboa: Imprensa Nacional/Casa da Moeda, 1995; "O triângulo corporativo. Acta e encenação de um despacho salarial (1946-47)." In: *Análise Social*. Revista do Gabinete de Investigações Sociais da Universidade de Lisboa. Vol. XXIII, n° 99, 1987/5°, pp. 905-944; "A institucionalização corporativa — das associações de classe aos sindicatos nacionais (1933)." In: *Análise Social*. Revista do Gabinete de Investigações Sociais da Universidade de Lisboa. Vol. XXVI, n° 110, 1991/1°, pp. 23-58; "O '18 de Janeiro': uma proposta de releitura." In: *Análise Social*. Revista do Gabinete de Investigações Sociais da Universidade de Lisboa. Vol. XXVIII, n° 123-124, 1993/4°-5°, pp. 1.137-1.152.
29. O problema da crise social na região se estendia havia pelo menos dois anos. Em 20 de abril de 1936, o governador civil do Faro enviara ao ministro do Interior o seguinte telegrama: "Excelentíssimo ministro Interior. Angustiosa situação classes trabalhadoras Algarve por motivos temporais e falta trabalho tem sido objecto melhor atenção V. Excia. merecendo todo nosso reconhecimento e gratidão. V. Excia. solicito que na nova distribuição socorros necessitados continue ser dispensado este distrito toda uma província mesmo carinho e proteção cumprimento respeitosamente V. Excia. — governador civil Rogerio Ferreira." ANTT/ Ministério do Interior-Gabinete do Ministro, maço 478/cx. 31.
30. Carta da Câmara Municipal de Alportel ao ministro do Interior. ANTT — Ministério do Interior/Gabinete do Ministro, maço 494/cx 49.
31. Carta do governador civil do distrito do Faro ao ministro do Interior. Ibid.
32. Ibid. Em finais dos anos 30, uma libra valia o montante de cem escudos, enquanto em dólar valia 25 escudos. Assim, a referida subscrição pública teria rendido apenas o montante de dez libras ou 44 dólares. Cf. VALÉRIO, Nuno. "Câmbio." In: ROSAS, Fernando e BRITO, J. M. Brandão de. *Dicionário histórico do Estado Novo*. Vol. 1. Lisboa, Círculo de Leitores, 1996, pp. 115-116.
33. Ibid.
34. Ibid.
35. Ibid.
36. Carta do presidente da Câmara Municipal do Conselho de Moura ao ministro do Interior. Ibid.
37. Carta do governador civil do distrito de Braga ao ministro do Interior. Ibid.
38. Ibid.

39. Ibid.
40. Carta do governador civil do distrito de Braga ao ministro do Interior. Ibid.
41. Ibid.
42. Carta do governador Civil do Distrito de Évora ao subsecretário de Estado das Corporações e Previdência Social. Ibid.
43. Carta do governador civil do distrito de Évora ao Ministro do Interior. Ibid.
44. "Informação e parecer", do assistente do INTP (assinatura ilegível), de 7 de junho de 1936. AHMQE.
45. Ibid., pp. 1-2.
46. Ibid., p. 2.
47. Ibid., pp. 3-4.
48. "Iinformação", do assistente do INTP (assinatura ilegível), de 29 de junho de 1938. AHMQE.
49. Ibid., p. 1.
50. Ibid., p. 2.
51. Ibid., pp. 2-3.
52. Ibid., p. 3.
53. Ibid.
54. Ibid., pp. 3-4.
55. Ibid., p. 4.
56. Ibid.
57. "Parecer — Interpretação da cláusula 2ª. dos contratos coletivos de trabalho, celebrados entre o GIABA e os Sindicatos Nacionais dos Empregados de Escritório dos Distritos de Lisboa e do Porto", do assistente do INTP (assinatura ilegível), de 25 de agosto de 1938. AHMQE.
58. Ibid., p. 2.
59. Ibid., pp. 2-3.
60. "PARECER — Dos serventes de armazém no contrato coletivo de trabalho celebrado entre o GIABA e o Sindicato Nacional do Caixeiros do Distrito de Lisboa", do assistente do INTP (assinatura ilegível), de 29 de agosto de 1938. AHMQE.
61. Ibid., p. 1.
62. Ibid., p. 2.
63. Ibid.
64. Ibid., pp. 3-4.
65. "Informação sobre os despedimentos de pessoal operário verificados na Companhia União Fabril." 9 de junho de 1939, p. 1. AHMQE/cx. 241.
66. Ibid., p. 3.
67. Ibid., p. 5.

68. Sobre a CUF e a importância de Alfredo da Silva, seu proprietário, na industrialização portuguesa, ver o primeiro capítulo deste livro. Sobre o papel de Alfredo da Silva no desmonte do liberalismo português e a importância industrial da CUF no pré-28 de Maio: PAIS, José Machado. "A crise do regime liberal republicano: algumas hipóteses explicativas." In: VÁRIOS. *O Estado Novo: das origens ao fim da Autarcia*, 1926-1959. Vol. I, Lisboa: Fragmentos, 1987, pp. 129-144.
69. Ibid., p. 6.
70. Manuel Braga da Cruz é, sem dúvida, um dos mais importantes estudiosos do pensamento católico português no século XX, e autor de importantes trabalhos sobre o pensamento católico como base para as origens do salazarismo, dentre os quais, podem ser citados: "As origens da democracia cristã em Portugal e o salazarismo (I)." In: *Análise Social*. Revista do Gabinete de Investigações Sociais da Universidade de Lisboa. Vol. XIV. 1978/2°, pp. 265/278; "As origens da democracia cristã em Portugal e o salazarismo (II)." In: *Análise Social*. Revista do Gabinete de Investigação Social da Universidade de Lisboa. Vol. XIV, n° 55, 1978/3°, pp. 525-607; "Notas para uma caracterização política do salazarismo." In: *Análise Social*. Revista do Instituto de Ciências Sociais da Universidade de Lisboa. Vol. XVIII, n°s 72-73-74/3°-4°-5°, pp. 773-794; "As elites católicas nos primórdios do salazarismo." In: *Análise Social*. Revista do Instituto de Ciências Sociais da Universidade de Lisboa. Vol. XXVII, n°s 116-117, 1992/2°-3°, pp. 547-574.
71. CLEMENTE, Maria Inácia Rezola y Palácios. "Igreja, operários e corporativismo: Problemas em torno da questão social". Dissertação de mestrado apresentada à Faculdade de Ciências Sociais e Humanas da Universidade Nova de Lisboa, 1995, 2 Vols., mimeo.
72. BRAGA DA CRUZ, Manuel. *O Estado Novo e a Igreja Católica*. Lisboa: Bizâncio, 1998, p. 17.
73. Questões estas já discutidas na introdução deste trabalho.
74. CEREJEIRA, Manuel Gonçalves (1888-1977), cardeal-patriarca de Lisboa durante todo o período do salazarismo, foi grande amigo do presidente do Conselho. Organizador e principal entusiasta da Acção Católica Portuguesa, que procurou caracterizar como um movimento eminentemente católico e não político ou social, foi também o condutor das negociações em torno da Concordata e do Acordo Missionário de 1940, consolidando o regime de "separação jurídica e colaboração moral recíproca". Cf. BRAGA DA CRUZ, Manuel. In: ROSAS, F. & BRANDÃO DE BRITO, J.M. *Dicionário de história do Estado Novo*. Vol. I. Ibid, pp. 142-143.
75. BRAGA DA CRUZ, M. Ibid., pp. 19-20.
76. Ibid., p. 95.
77. CLEMENTE, Maria I. R. P. *Igreja, operários e corporativismo...* Ibid., pp. 159-165.

78. Ibid., pp. 161-162. As citações do texto, feitas pela autora, são do jornal *O Trabalhador*, da Liga Operária Católica, de 15 de maio de 1938.
79. Como de praxe, os três boletins foram visados pela Comissão de Censura.
80. Boletim do Sindicato Nacional dos Empregados Bancários do Distrito de Lisboa. Número 1/II série, maio/junho de 1939, p. 1. AHMQE.
81. Ibid., p. 2.
82. Ibid.
83. Ibid.
84. Ibid., p. 3.
85. Ibid., p. 4.
86. Ibid., p. 5.
87. Ibid., p. 6.
88. Ibid., ibid.
89. Ibid., ibid.
90. Ibid., ibid.
91. Ibid., ibid.
92. Carta datada de 25 de abril de 1939 e dirigida ao SNEBDL. Ibid., p. 10.
93. Carta datada de 12 de junho de 1939 e dirigida à direção do Sindicato Nacional dos Empregados Bancários do Distrito de Lisboa. Ibid., ibid.
94. Ibid., ibid.
95. Mapa do movimento geral, posição e resultados. Boletim do Sindicato Nacional dos Empregados Bancários do Distrito de Lisboa. Número 2/II Série, julho/agosto de 1939, pp. 4-5.
96. Orçamento para o segundo semestre de 1939. Ibid., p. 3.
97. Administração. Ibid., p. 2
98. Ibid., p. 1.
99. Ibid., ibid.
100. "A dignidade do trabalhador." Ibid., p. 6.
101. Ibid., ibid.
102. Ibid., ibid.
103. Ibid., ibid.
104. Ibid., ibid.
105. "Os sindicatos e os críticos." Ibid., p. 11.
106. Ibid., ibid.
107. "O VI aniversário do sindicato." Boletim do Sindicato Nacional dos Empregados Bancários do Distrito de Lisboa. Número 3/II série, setembro/outubro-novembro/dezembro de 1939, p. 1. AHMQE.
108. Ibid., ibid.

109. Ibid., ibid.
110. Ibid., ibid.
111. Correspondência do Sindicato Nacional dos Empregados Bancários do Distrito de Lisboa, datada de 13 de novembro de 1939, endereçada ao subsecretário de Estado das Corporações e Previdência Social; correspondência do Sindicato Nacional dos Empregados Bancários do Distrito de Lisboa, datada de 13 de novembro de 1939, endereçada ao secretário geral do Instituto Nacional de Trabalho e Previdência. AHMQE.
112. Ibid., p. 2.
113. "A eqüidade... de alguns!" Boletim do Sindicato Nacional dos Bancários do Distrito de Lisboa. Ibid., p. 7
114. Ibid., ibid.
115. Ibid., ibid.
116. "Com razão ou sem ela!". Ibid., p. 8.
117. Ibid., ibid.
118. Ibid., ibid.
119. Breve relatório de uma visita à fábrica de vidros Gaivotas, Lda e à Empresa Nacional de Aparelhagem Elétrica, de 28 de abril de 1939, do assistente do INTP, José Ferreira. AHMQE.
120. Ibid., p. 3.
121. Ibid., p. 4.
122. Ibid., p. 5.
123. Ibid., pp. 6-7.
124. Ibid., pp. 7-8.
125. Ofício n° 123, do delegado do INTP na Horta, Bento Caldas, datado de 23 de janeiro de 1939, ao diretor de Obras Públicas da Horta. ANTT-Ministério do Interior/Gabinete do Ministro, maço 504/cx. 62.
126. Correspondência do diretor de Obras Públicas da Horta, A. Cordal, datada de 6 de fevereiro de 1939, ao delegado do INTP na Horta. ANTT-Ministério do Interior/Gabinete do Ministro, maço 504/cx. 62.
127. Ibid., pp. 2-3.
128. Ibid., p. 5.
129. Ibid., pp. 5-6.
130. Ofício n° 144, datado de 7 de julho de 1939, do Sindicato dos Operários da Construção Civil e Ofícios Correlativos do distrito da Horta, assinado por seu presidente, José Silveira Avila de Melo, ao governador civil do distrito da Horta. ANTT-Ministério do Interior/Gabinete do Ministro, maço 504/cx. 62.
131. Ibid., p.1.

132. Ibid., ibid.
133. Ibid., p. 2.
134. Ofício n° 145, datado de 12 de julho de 1939, do Sindicato dos Operários da Construção Civil e Ofícios Correlativos do Distrito da Horta, assinado por seu presidente, José Silveira Avila de Melo, ao presidente do Conselho de Ministros. ANTT-Ministério do Interior/Gabinete do Ministro, maço 504/cx. 62.
135. Carta datada de 31 de agosto de 1939, assinada em nome de Manuel Mariano Cordeiro, ao presidente do Conselho. ANTT-Ministério do Interior/Gabinete do Ministro, maço 504/cx. 62.
136. Ibid.
137. Ibid.
138. Ofício n° 148, do Sindicato dos Operários da Construção Civil e Ofícios Correlativos do Distrito da Horta ao presidente do Ministério. O mesmo documento seria enviado ao subsecretário de Estado das Corporações. ANTT-Ministério do Interior/ Gabinete do Ministro, maço 504/cx. 62.
139. Ibid.
140. Ofício n° 1.108, datado de 19 de setembro de 1939, do Gabinete da Presidência do Conselho de Ministros, e assinado por seu chefe, Anthero A. Leal Marques, ao Chefe do Gabinete do Ministro do Interior.
141. Correspondência datada de 6 de setembro de 1939, do diretor de Obras Públicas da Horta, ao Secretário Geral do Ministério das Obras Públicas e Comunicações. ANTT-Ministério do Interior/Gabinete do Ministro, maço 504/cx. 62.
142. "INFORMAÇÃO — Desrespeito dos princípios legais sobre o horário de trabalho e salários mínimos", do assistente do INTP [assinatura ilegível], de 8 de março de 1939. AHMQE.
143. "Relatório — Fatos anormais ocorridos na Empresa de Fiação e Tecidos de Benfica", do assistente do INTP (assinatura ilegível), de 9 de março de 1939. AHMQE.
144. Ibid., p. 2.
145. Ibid., pp. 2-3.
146. Ibid., p. 3.
147. Ibid., p. 4.
148. Ibid., p. 5.
149. Ibid., p. 6.
150. Ibid., p. 7.
151. Ibid., p. 8.
152. "Informação", do assistente do INTP (assinatura ilegível), de 18 de março de 1939.
153. Ibid., pp. 1-2.
154. Ibid., p. 2.

155. Ibid., pp. 2-3.
156. "INFORMAÇÃO — Salário mínimo para os operários tipográficos", dos SAS, de 29 de março de 1939, ao subsecretário de Estado de Corporações e Previdência Social. AHMQE.
157. Ibid., pp. 5-6
158. Ibid., p. 10.
159. Ibid., p. 12.
160. Ibid., pp. 12-13.
161. Ibid., p. 13.
162. Ibid., pp. 14-15
163. Ibid., p. 15.
164. Ibid., pp. 15-16.
165. Ibid., p. 29.
166. Ibid., ibid.
167. Ibid., ibid.
168. Ibid., p. 35.
169. Ibid., ibid.
170. Ibid., p. 36.
171. Ibid., ibid.
172. Ibid., pp. 37-38.
173. Ibid., p. 39.
174. Ibid., p. 41.
175. Ibid., pp. 41-42.
176. Ibid., pp. 42-43.
177. Ibid., pp. 43-44.
178. Ibid., pp. 45-46.
179. Ibid., p. 46.
180. Ibid., pp. 46-47.
181. A idéia de que o trabalho das corporações de ofício anteriores às chamadas revoluções burguesas se dava de modo harmônico não passa de uma mera construção nostálgica da memória. Darton, no seu *O grande massacre de gados*, retrata as condições subumanas dos aprendizes na Paris pré-revolucionária.
182. "Informação — Sobre os salários médios auferidos pelo pessoal de cargas e descargas do porto do distrito de Lisboa", do assistente do INTP (assinatura ilegível), de 5 de dezembro de 1939. AHMQE.
183. Ibid., p.2.
184. Ibid., p. 3.
185. Ibid., pp. 3-4.

186. Ibid., pp. 3-4.
187. "Informação — Sobre os termos e condições em que a CUF e a Sociedade Geral de Comércio, Indústria e Transportes procedem às cargas e descargas das mercadorias transportadas pelos seus navios", do assistente do INTP (assinatura ilegível), de 13 de dezembro de 1939. AHMQE.
188. Ibid., pp. 2-3.
189. Ibid., pp. 3-4.
190. Ibid., pp. 4-5.
191. Ibid., pp. 5-8.
192. Ibid., pp. 10-12.
193. No capítulo I, procuro demarcar das posições que afirmam ter sido o Estado Novo um regime fascista cujas bases de constituição estariam em uma unidade, na crise da república liberal, entre os segmentos tradicionalistas e os modernos da sociedade portuguesa. Se estes setores se aliaram em favor do golpe de 28 de maio de 1926, não foi a favor do "fascismo", que nem sequer se realizou em Portugal. Mas em favor da ordem, contra o liberalismo político e não necessariamente econômico. A intervenção do Estado nas questões de ordem econômica e social foi uma surpresa. Uma surpresa desagradável. Sobre as opiniões defensoras de um fascismo engendrado nos anos 20: PAIS, José Machado. "A crise do regime liberal republicano: Algumas hipóteses explicativas." In: VÁRIOS. *O Estado Novo: das origens ao fim da autarcia.* Vol. I. Lisboa, Fragmentos, 1987, pp. 129-144.
194. "Parecer — Sobre uma reclamação do SN dos Descarregadores do Porto e Distrito de Lisboa quanto ao recrutamento de pessoal para descarga de carvão feito pela Sociedade Geral de Comércio, Indústria e Transportes, Limitada", do assistente do INTP (assinatura ilegível), de 23 de dezembro de 1939. AHMQE.
195. Ibid., pp. 1-2.
196. Ibid., p. 2.
197. Ibid., p. 3.
198. Ibid., p. 4.
199. Ibid., pp. 4-6.
200. Ibid., p. 7.
201. Texto escrito a mão, datado de 29 de dezembro de 1939, e assinado por Manuel Rebelo de Andrade. Ibid., p. 1.
202. Ver capítulo I deste livro.
203. "Parecer..." Cit., pp. 8-9.
204. Ibid., p. 9.
205. Ibid., p. 10.

206. Ibid., p. 11.
207. Patriarca, Fátima. *A questão social...*, ibid., pp. 636-638.
208. Patriarca, Fátima. *A questão social...*, ibid., p. 315.
209. Boletim do INTP, n° 18, 30 de setembro de 1939.
210. Ibid., pp. 315-316.
211. Ibid., p. 316.
212. VALENTE, José Carlos. "Sindicatos nacionais." In: ROSAS, Fernando e BRITO, J. M. Brandão de. *Dicionário histórico do Estado Novo*. Vol. 1. Ibid, pp. 916-923. Ver dados mais pormenorizados no Anexo.
213. Esclarecimento (com assinatura ilegível) sobre o princípio da não-obrigatoriedade da organização corporativa (17 fs.). ANTT/AOS/CO/PC — 10A.
214. Ibid., pp. 1-2.
215. TANNENBAUM, Edward R. *La experiencia fascista: Sociedad y cultura en Italia (1922-1945)*. Madri: Alianza, 1975, p. 121.
216. Ibid., pp. 121-122. Tradução minha — FCPM.
217. Ibid., p. 125.
218. *Esclarecimento...*, ibid., p. 3.
219. Ibid., p. 6.
220. Ibid., pp. 6-7.
221. Ibid., pp. 7-8.
222. Não constitui tarefa deste estudo uma análise dos grêmios e das casas do povo. Mas o documento citado não deixava de citá-los, afirmando que o problema que se discutia para os sindicatos deveria servir também para os organismos patronais e aos representativos dos lavradores e pescadores.
223. Ibid., p. 10.
224. Ibid.
225. Ibid., pp. 10-11.
226. "Projecto de decreto-lei que regula a cotização obrigatória para os grémios facultativos e sindicatos nacionais." (6 fs.). ANTT-AOS/CO/PC-10A.
227. Este preâmbulo também pode ser encontrado no Boletim do Instituto Nacional de Trabalho e Previdência, ano VI, n° 18, 30/09/1939, p. 431. Também no mesmo Boletim se encontra publicado do decreto-lei n° 29.931, p. 453.
228. Ibid., pp. 1-2.
229. Ibid., p. 2.
230. Ibid., p. 3.
231. Ibid., pp. 3-4.

232. Correspondência do Sindicato Nacional dos Trabalhadores em Carnes do Distrito de Lisboa, assinada por seu presidente, José Henriques de Almeida, e datada de dezembro de 1939, ao secretário geral do INTP.
233. Ibid., p. 2.
234. Ibid., pp. 4-5.
235. Ibid.
236. Ibid., pp. 6-7.
237. Ibid., p. 8.

CAPÍTULO III   Despachos, negociações e conflito
— o corporativismo em movimento
(1940-1943)

Para isto nos serviu a liberdade; de nós se não pode afirmar que não soubemos que fazer da nossa independência; trabalhando e recebendo em nossa carne duros golpes, descobrimos, civilizámos, colonizámos. Através de séculos e gerações mantivemos sempre vivo o mesmo espírito e, coexistindo com a identidade territorial e a unidade nacional mais perfeita da Europa, uma das maiores vocações do universalismo cristão.

Oliveira Salazar (1941)

Esta organização vale pelo que representa como súmula ideológica na transformação mental e material do País mas vale sobretudo praticamente pelos resultados imediatos em relação à economia e às classes trabalhadoras; impõe-se pelo seu valor político no Estado e pelo seu valor coordenador na economia e no trabalho nacional.
(...)
(...)
Impôs novo conceito de trabalho e do seu dever social; efectivou a solidariedade, teoricamente e vamente proclamada antes entre o capital e o trabalho; elevou este pela sua representação nos mais altos órgãos do Estado; chamou as forças econômicas a participar da responsabilidade na direcção económica nacional, e prestigiou de tal modo os seus princípios que, antecipando-se-lhe ou seguindo-a, muitas empresas privadas concorrem por suas forças nas mais benéficas realizações.

Oliveira Salazar (1942)

INTRODUÇÃO

O desencadeamento do conflito mundial despertou, nas hostes governistas de Portugal, fortes apreensões. Para adeptos e oposicionistas do regime, uma preocupação era básica: qual posição seria adotada pela ditadura salazarista? A pergunta não é destituída de razão. Portugal, conforme sabemos, era um regime de tipo corporativo e antiliberal. Estas características o aproximavam mais, conforme é evidente, das forças do Eixo. Por outro lado, havia a já antiga aliança com a Inglaterra e a "estrutural" dependência para com este país. É válido lembrar que, com a ocupação da França em 1940, Portugal se tornou o único porto pacífico de saída e entrada da Europa, característica que lhe dava uma posição estratégica e de importância excepcional. Por conta disso, conforme nos aponta Fernando Rosas, Salazar soube, com habilidade, barganhar um posicionamento favorável à continuidade do regime. Em troca da estabilidade e continuidade da ditadura, manter-se-ia o Estado Novo em uma postura chamada de "neutralidade colaborante".[1]

A guerra, entretanto, havia provocado, entre os gestores do regime, uma preocupação constante. Considerava-se que as conseqüências econômicas do conflito atingiriam a sociedade portuguesa, de modo que havia a necessidade de o Estado se preparar para a eventualidade de tensões sociais. Se possível, antecipando-se a elas.

Nesses anos que se estenderam de 1940 a 1943, o sistema corporativo português procurou realizar-se de forma plena, equilibrando os interesses de patrões e trabalhadores, servindo como um permanente intermediário nas disputas e conflitos. A não realização plena desses objetivos deveu-se, por um lado, à recusa patronal em atender às determinações do Estado e da legislação corporativa em contraste com a vontade majoritária dos trabalhadores em colaborarem com o regime e o modelo sindical. Por seu turno, o próprio regime não tinha maiores condições de controle e presença sobre o todo das relações de trabalho em Portugal. O desejo dos arquitetos do regime de implementar um Estado presente a todo instante da vida portuguesa não passou de um mito.

Nestes anos, as tentativas de presença plena do Estado se ampliaram. Assim como em 1939 o governo havia decretado a cotização obrigatória e a cobrança na origem, para fortalecer financeiramente os sindicatos e ter, sobre eles, um controle maior, em 1941, também os grêmios seriam obrigados a conviver com uma maior presença do Estado. De acordo com a portaria nº 9.828, de 1.º de julho, todas as fábricas deveriam, obrigatoriamente, inscrever-se nos seus respectivos grêmios. O otimismo do Estado com relação às possibilidades reais de implementar um modelo corporativo e autoritário levava-o a se impor também por sobre os interesses do patronato, nem sempre disposto a colaborar, principalmente quando sua autonomia e seus interesses econômicos eram postos em questão.

Acontecimento também importante para o período foi o processo de reorganização do PCP e sua deliberação em participar dos sindicatos nacionais. As tentativas frustradas dos comunistas e demais opositores de organizarem sindicatos paralelos conduziu-os à nova orientação política. Ao mesmo tempo, a crescente representatividade dos sindicatos nacionais fez com que o PCP optasse pela "oposição por dentro do sistema".[2] A capacidade de reorganização dos comunistas deveu-se em parte à anistia de 1940, comemorativa do quarto centenário da reconstituição portuguesa.

Esta característica da ação estatal, contra os interesses particularistas dos patrões, apresenta-nos uma aparente contradição. Por um lado, temos sindicatos tutelados pelo Estado, ceifados em suas liberdade e autonomia. Por outro, um patronato que, conseguindo maior margem de atuação, se recusava, na maioria das vezes, a atender aos interesses mínimos de seus empregados. Assim, diante de uma situação de maior força e poder interventor de um lado que de outro, o Estado se via na obrigação de, mediando os conflitos, buscar atender privilegiadamente aos interesses dos trabalhadores.[3] A contradição, entretanto, conforme dissemos, era apenas aparente. Para o regime, o Estado não atendia ou representava os interesses de uma classe, conforme é natural nos regimes liberais. Ao contrário, o Estado se opõe, de forma decisiva, à tradição liberal. Era ela, a Nação, o agente transformador, que superava gradualmente os particularismos divisionistas e desagregadores de anos anteriores. O que distancia o modelo fascista de corporativismo e dos demais modelos autoritários é que o primeiro, por princípio, não reconhece como legítima a existência de interesses diferenciados de grupos os classes sociais, ao passo que regimes como o salazarismo não só reconhecem esta legitimidade como procuram regular o conflito em prol do "bem geral".[4]

3.1. PROCURANDO O ESTADO — REPERCUSSÕES À LEI DAS COTIZAÇÕES OBRIGATÓRIAS

A aprovação do decreto-lei 29.931 de setembro de 1939, que criava a cotização obrigatória, ocasionou uma recepção positiva por parte dos sindicatos, que viam no referido decreto a solução para a fragilidade econômica em que viviam. Quando o espírito do decreto era aplicado aos despachos salariais, algumas dúvidas surgiam quanto à sua aplicabilidade. Em fevereiro de 1940, o INTP elaborou um parecer a respeito de dúvidas do Sindicato Nacional dos Empregados de Escritório de Lisboa e do Conselho Técnico Corporativo do Comércio e Indústria.[5] O sindicato perguntava sobre a extensão do despacho de 13 de outubro de 1939 que obrigava a cotização. O Conselho Técnico perguntava se o despacho abarcava os empregados nos organismos de coordenação econômica e nos organismos corporativos patronais.[6] Para o representante do Estado, as dúvidas levantadas tinham um caráter mais amplo que os limites em que se inscreviam, devendo, portanto, serem respondidas de acordo com a abrangência necessária. Assim, mais que responder às questões no universo do distrito, procuraria dar um parecer "para a área abrangida pela organização nacional".[7]

O Sindicato dos Empregados de Escritório constituiu-se em 1933, tendo sido um dos primeiros a se incorporar à legislação corporativa, mas não definiu em seus estatutos, de forma objetiva, quais eram as especificidades de sua profissão. Por este motivo, abrangia segmentos os mais diferenciados possíveis.⁸ Este fato, entretanto, era um problema para um Estado disposto a ter um controle pleno sobre as diversas profissões e que, portanto, deveriam estar bem delineadas. Assim,

> É complexa e sempre difícil a limitação em palavras (definição) de uma atividade, ou melhor, de uma "profissão". São estas geralmente especificadas por elementos de natureza real, ou positiva, do que por diferenciação de caráter técnico. Na enunciação ou estudo de uma profissão o que fundamentalmente interessa conhecer é a sua "realidade", quer dizer, é a análise positiva do seu conjunto — do que é, o que faz, do meio em que vive e se desenvolve, dos elementos que a compõem, da acção que realiza, das necessidades que lhe são próprias. Por isso, julgamos, nem os requerentes dos sindicatos, nem os serviços do INTP juntaram, em 1933, e posteriormente, qualquer qualificativo ou definição às palavras "profissão dos empregados de escritório". Sabia-se já então (como se tem sabido depois) o que esta era, o que queria dizer, onde principiava. Não se conheciam talvez ainda os seus limites próprios, inconfundíveis. Aceitou-se a "profissão" como *realidade* e deixou-se ao estudo, principalmente à experiência, o encargo de vir, mais tarde, delimitá-la, circunscrevê-la.⁹

Portanto, a definição profissional não poderia ser feita de modo espontâneo. Ao contrário, deveria ser vista como um processo construído de modo racional, devidamente circunscrito a um universo de atividades previamente definido. Apesar disso, a definição genérica era perfeitamente aceita do ponto de vista da legalidade, não podendo ser, sob este ponto de vista, questionada.¹⁰

Procurava, então, o funcionário do Estado definir quais atividades abarcariam a profissão de empregado de escritório em Portugal. Estas definições dividiriam-se em três partes: habilitações, atos de escritório e instalação. No primeiro quesito, das habilidades, considerava que estas eram cada vez mais complexas:

> (...) Onde um empregado de escritório, há trinta anos, precisaria apenas saber ler e escrever "caligraficamente", tornou-se agora *"indispensável"*

não só saber bem dactilografia, línguas, estenografia, cálculo, escrituração comercial, química, direito, etc. etc. (...), mas também fornecer a prova de tais conhecimentos, com a exibição prévia dos respectivos diplomas.

(...) Vivemos uma época de transição. Nesta, entre a simplicidade antiga e a complexidade moderna, torna-se imperioso — *porque esta é a realidade* — admitir uma grande diferenciação em matéria de habilitações. Quanto aos "novos" há que tomar em conta os diplomas que exibem; quanto aos "velhos" merecem consideração e respeito as "experiências feitas" e as situações adquiridas.[11]

Assim, não só o Estado buscava uma definição precisa e racional das profissões como, sobretudo, tinha, nesta busca, a necessidade de implementação de um projeto de modernidade. A década de 1940, de fato, marca um período de mudança nas formas de organização do trabalho, período que a percepção do representante do Estado Novo chamou de transição. Nesta, o trabalho especializado ganhava espaço, e daí a necessidade de se desenhar com nitidez os diversos quadros profissionais. Mas, em se tratando de uma sociedade em processo de modernização, inscrita sob a tutela de um Estado corporativo, os "velhos" não seriam excluídos, fazendo da "transição" um processo vagaroso, seguro, mas harmônico.

O segundo quesito das definições, os chamados "actos de escritório", eram aqueles que melhor definiam a profissão. Seriam, para os signatários do documento, trabalhos em que deveria prevalecer o esforço intelectual sobre o físico, sendo necessários inteligência e conhecimentos. Apesar de as formas de organizações de escritório variarem de empresa para empresa, os atos fundamentais, de registro, e controle, e contabilidade ou escrituração, seriam basicamente os mesmos.[12]

Por fim o quesito "Instalação", considerado o de menor importância. Este definia o lugar de trabalho do empregado de escritório, em geral salas com os requisitos básicos para o trabalho a ser executado: "secretárias, máquinas de escrever, de calcular e de copiar, livros impressos ou em branco, arquivos registos, etc. etc. (...).[13]

Dadas as definições básicas do que seria necessário para se delimitar quem são e o que fazem os empregados de escritório, o assistente do INTP informava que o Conselho Técnico Corporativo considerava que não deveriam ser representados pelos sindicatos nacionais os empregados dos organismos de coordenação econômica e dos organismos corporativos patronais de caráter econômico.[14] Os argumentos contrários à incorporação dos funcionários destes setores baseavam-se, entre outras legislações, no artigo 39º do Estatuto do Trabalho Nacional.[15] A análise do representante do INTP, entretanto, diferia daquela apresentada pelo Conselho Técnico Corporativo. Para tanto, reproduzia o artigo referido e contra-argumentava:

> Com efeito, analisados separadamente, conclui-se:
> a) *art. 39º do Estatuto do Trabalho Nacional:* Diz: "Aos funcionários do Estado, dos corpos e corporações administrativas, bem como aos operários dos respectivos quadros permanentes é vedado constituírem-se em sindicatos privativos ou fazer parte de quaisquer organismos corporativos."
> A disposição citada refere-se, *claramente*, aos empregados do Estado e dos corpos e corporações administrativas, *e só a estes*. Não são:
> 1º — funcionários do Estado, ou dos corpos e corporações administrativas, os empregados nos organismos corporativos referidos;
> 2º — também o não são os funcionários dos organismos de coordenação económica.[16]

Não sendo, portanto, funcionários do Estado, no qual inexistiria a lógica do conflito, uma vez que o Estado devia atender aos interesses gerais e não particulares, os empregados de escritório dos organismos de coordenação econômica e entidades patronais deveriam também ser abrangidos pelo sindicato nacional.

Além das dúvidas, entretanto, prevalecia, conforme já foi dito, uma postura de apoio ao decreto-lei nº 29.931. Muitas vezes os sindicatos rogavam no sentido de que se aprovasse a cotização para a categoria que representavam, e, invariavelmente, seus pedidos eram acatados pelos delegados regionais do INTP. Estes, por seu turno, encaminhavam o pedido à direção central do instituto, que indicava um assistente para constituir um parecer. Foi, por exemplo, o que ocorreu com o Sindicato Nacional dos Metalúrgicos do Distrito de Castelo Branco. Após o pedido do Delegado, foi elaborado pelo assistente do INTP um parecer que seria apreciado pelo subsecretário de Estado das Corporações e Previdência Social. Segundo o assistente do INTP, os argumentos favoráveis do delegado do INTP na Covilhã baseavam-se no seguinte:

a) a situação periclitante que aquele sindicato nacional atravessa devido ao desinteresse e abandono da massa sindical, não chegando a 100, entre 500 trabalhadores, os que para ele contribuem;
b) a grande conveniência que existe em manter o referido sindicato nacional dada a relativa importância da indústria metalúrgica no distrito e a necessidade de ter organizados os respectivos profissionais que só por meio da organização poderia fazer uma defesa eficaz e obter uma melhoria dos seus interesses, missão de que o Sindicato se tem desempenhado com vantagem, como, por exemplo, no concurso que tem prestado à fiscalização do trabalho.[17]

O parecer do representante do Estado indicava algumas questões instigantes. Em primeiro lugar, o reconhecimento da ação do Estado para a mobilização e o fortalecimento dos sindicatos. Reconhecia-se a falta de vontade dos trabalhadores em aderir espontaneamente à organização sindical corporativa. Em segundo lugar, o argumento de que era necessária uma "defesa eficaz" dos interesses dos metalúrgicos indicava o reconhecimento do conflito como parte integrante das relações sindicais, distanciando mais uma vez a modernidade do salazarismo daquela organizada nos regimes de tipo fascista.

3.2. O ESTADO, A GUERRA E A ORDEM PÚBLICA

Um dos assuntos mais recorrentes na correspondência entre os governadores civis dos diversos distritos e o Ministério do Interior era o problema da ordem pública. De forma geral, evidencia-se nas cartas uma permanente preocupação no sentido de se manter a paz e evitar atividades "subversivas". Estas preocupações, em virtude da crise econômica que se avizinhava, aumentaram com o início do conflito mundial. Deste modo, os distritos buscavam apoio do poder central no sentido de auxiliá-los no combate aos problemas sociais, provocadores da crise.

Em correspondência datada de julho de 1940, assim argumentava o governador civil do distrito do Faro:

> A evolução do conflito europeu acentua dia a dia os seus reflexos na vida desta província, no âmbito das coisas políticas, económicas e sociais.
> (...)
> Antes de mais nada devo dizer a V.Exª. que são grandes as minhas preocupações, apesar de não ser pessoa dada a pessimismos: *prevejo um inverno em que se fará mister enfrentar uma das mais graves crises por que tem passado o Algarve.*[18]

Além de aspectos de ordem política, como o crescimento das atividades propagandísticas de oposição, nomeadamente comunista, o governador do Faro demonstrava também preocupações com relação às conseqüências econômicas e sociais decorrentes da guerra. Com respeito à economia, as perspectivas não pareciam animadoras:

> a) Foi escassíssima a colheita de cereais, que em muitos casos não são panificáveis, dada a sua má qualidade. Os lavradores algarvios só terão pão para três meses e rações para os seus gados para igual período de tempo.
> É de notar que o ano de 1939, na província, já tinha sido mau sob o ponto de vista da produção cerealífera.
> b) As próximas colheitas de amêndoa e de alfarroba não atingirão a quarta parte da produção normal.
> c) Previa-se uma compensadora recolha de azeitonas e figos mas o primeiro destes frutos tem caído quase todo e o segundo está "pecando" por tal forma que o pouco que escapar não dará boa seca.

d) A colheita da uva, que constitui o melhor rendimento de algumas regiões — (...) — é quase nula e não compensa de modo algum as despesas feitas com o tratamento das vinhas. (...)
e) A produção de batata é francamente boa mas não pode compensar os prejuízos dos outros productos.[19]

Desta forma, as conseqüências da crise eram de fácil previsão:

1ª O esgotamento financeiro da maioria dos lavradores que se vêem uns em grandes apuros e outros absolutamente impossibilitados de satisfazer os seus encargos, entre os quais destaco o pagamento da contribuição predial.
2ª A venda de propriedades que esgotaram as suas economias e possibilidades de crédito, venda forçada e, conseqüentemente, por preços inferiores aos seus valores reais.
3ª A fome para a numerosíssima classe dos trabalhadores rurais, visto que a maioria dos proprietários não lhes pode garantir trabalho.
4ª Fraca produção agrícola no futuro ano, caso não sejam facilitados recursos aos lavradores para as próximas sementeiras e trabalhos de lavoura.[20]

De acordo ainda com o governador do Faro, a crise, que também atingia o comércio, era, para o setor industrial, prejudicial em outros segmentos:

Quanto à indústria, focarei apenas as de pesca, conservas de peixe e cortiças, por serem as que interessam à região.
A pesca, em todo o Algarve, tem sido compensadora: não tem faltado peixe, cuja cotação de venda tem sido remuneradora.
Insere-se do facto que a indústria de conservas de peixe está em plena laboração.
A indústria corticeira, no entanto, vive horas amargas por falta de mercados para a colocação dos seus productos. A maioria das fábricas estão fechadas e poucas são as que garantem três dias de trabalho aos seus operários.

> Afigura-se-me que o caso da indústria corticeira merece especial atenção pelas conseqüências sociais da crise periódica, que afecta anualmente este ramo de actividade.
> (...).
> Uma outra classe onde o número de desempregados é elevado é a dos operários da construção civil, por isso que nos últimos meses as estatísticas não acusam licenças camarárias para edificações.
> Salvo pequenas obras de conservação, ninguém se abalança a construir.[21]

Os problemas decorrentes da crise corticeira iam, segundo o governador do Faro, além das de ordem econômica e social, pois tendiam a atentar contra a estabilidade política:

> Tratando-se de operários onde as idéias marxistas fizeram muito dano, pode V. Ex.ª avaliar os inconvenientes derivados da crise que no ano corrente é mais profunda e extensa.[22]

Assim, a ordem tornava-se um princípio sobre o qual deveriam circular as diretrizes fundamentais do Estado. Daí, mais uma vez, a necessidade da presença do poder público central, a fim de atenuar a crise ou, na melhor das hipóteses, de dirimi-la:

> Há que valer às classes que lutam com a miséria numa crise apavorante e impossível de resolver com os recursos dos corpos administrativos e dos particulares: *causas graves e extraordinárias impõem medidas enérgicas e também extraordinárias por parte do Estado.*
> Torna-se urgente abrir trabalhos públicos para acudir aos trabalhadores rurais, operários de construção civil, e é forçoso estudar a forma de valer aos operários corticeiros que dificilmente se podem adaptar a outro modo de vida diferente daquele que consumiram largos anos de aprendizagem.
> (...)
> Com os meus melhores cumprimentos.
> A bem da Nação
> Faro, 19 de julho de 1940.[23]

As observações finais do governador do Faro são importantes pois permitem compreender as idéias acerca do Estado que permeavam entre os dirigentes políticos do Estado Novo. As "medidas enérgicas e... extraordinárias", grifados na fonte da página anterior pelo próprio governador, demonstravam uma concepção segundo a qual a capacidade de determinação da ação dependia do poder central, não tendo condições os governadores de agir autonomamente no sentido da implementação das demandas locais. Aos governos locais, portanto, cabia apenas lutar no sentido de fazer com que seu distrito fosse considerado área de prioridade pelo Estado. Esta prioridade se impunha em parte pela capacidade de deliberação política de cada governador, mas, sobretudo pelas perspectivas do poder central e pela importância maior ou menor constituída em âmbito local.

3.3. GREVES — CONSEQÜÊNCIAS DA GUERRA

Durante o ano de 1941, ao lado das permanentes tentativas do Estado no sentido de implementar a assinatura de diversos contratos coletivos, a insatisfação generalizada, em virtude da crise econômica, provocou movimentos grevistas de diversas categorias profissionais. Das greves ocorridas neste ano, a mais importante foi a da indústria de lanifícios da Covilhã nos meses de novembro e dezembro. Mas, além desta, podemos citar, entre outros, os movimentos grevistas dos mineiros da Panasqueira, em maio, também na Covilhã, e dos salineiros de Alhos Velhos em julho deste mesmo ano.[24] A reivindicação, em todas as greves, era o aumento salarial que, diga-se, os patrões se dispunham a pagar. O governo, entretanto, temendo uma quebra em sua política de congelamento salarial, ordenou ao INTP e aos grêmios que proibissem os aumentos. Em dezembro, após o final da segunda greve, 14 grevistas foram acusados e condenados pelo tribunal militar especial por "crime de sublevação".[25]

O início das greves havia chamado a atenção tanto do regime como daqueles que, no interior dos sindicatos nacionais, o apoiavam. É neste sentido que, em abril de 1942, alguns dirigentes sindicais, liderados por Pereira Forjaz, presidente do Sindicato dos Bancários, enviaram uma mensagem ao presidente do Conselho, Oliveira Salazar.[26] No conteúdo da mensagem, a demonstração de inquietude com relação à deterioração do nível de vida e o estado de espírito das classes trabalhadoras diante da crise. Segundo Rosas,

> A "Mensagem" é um repositório exemplar das idéias e das críticas da corrente obreirista do sindicalismo corporativo, até pela inusitada virulência com que se atacam as insuficiências do sistema e a atitude do patronato. Apanhados "no meio do fogo cruzado que contra si é feito pelas massas insatisfeitas, pelos inimigos políticos, pelas entidades patronais, pelos grémios", os sindicatos nacionais sentem-se impotentes para cumprir a sua missão e apelam à intervenção pessoal de Salazar, para que seja aplicada, "sem habilidades, sem escamoteações, sem favoritismo", a legislação de proteção ao trabalho, mas também para que se autorizem, por via administrativa ou contratual, aumentos salariais.[27]

A existência de um "sindicalismo corporativo obreirista", portanto originário dos movimentos fascistas, obrigava o regime a uma convivência com uma defesa da ordem corporativa aliada à oposição sistemática à classe patronal. Ao mesmo tempo, nota-se que a defesa do regime vinha acompahada de uma defesa anterior aos interesses da classe. Portanto, defender o regime significava, entre outras medidas, dar garantias dos aumentos salariais pretendidos pelas classes trabalhadoras. A resposta de Salazar, entretanto, era nítida: recusa dos aumentos salariais e reafirmação do papel dirigente do Estado, mesmo contra eventuais acordos entre patrões e operários.[28]

A resposta de Salazar enfraquecia os sindicatos nacionais, de modo que os mesmos praticamente se ausentaram das greves ocorridas no período que se estendeu de 1942 a 1944.[29] E estas começaram a ocorrer em profusão:

Na realidade, o impensável vai-se dar: sem que ninguém a convocasse, sem que alguma força política ou sindical a coordenasse, a 17 de outubro, na Carris, quer nas oficinas, quer no movimento, inicia-se a primeira greve regional e intersectorial deste período. A 2 de novembro a paralisação se alastra à Companhia dos Telefones; no dia seguinte, param os estaleiros de construção naval da CUF e os estivadores do porto de Lisboa; a 4 entram em greve as oficinas da CNN, os estaleiros da Parry & Sons, em Cacilhas, e as fábricas da CUF do Barreiro; a 5 estão em greve a Tabaqueira, a Fábrica de Louça de Sacavém, a Sociedade Nacional de Sabões, a Fábrica Sol (sabões), a Vulcano & Colares, as Lâmpadas do Lumiar e outras empresas. Na Manutenção Militar também se apela, sem êxito, à greve. Segundo o Instituto Nacional de Trabalho e Previdência, no conjunto dos distritos de Lisboa e Setúbal, "fizeram greve, não simultaneamente, cerca de 14 mil trabalhadores. Fora da região só há notícia da paragem nas oficinas do *Diário de Coimbra*.[30]

Ao lado das greves de natureza operária e sindical, verificava-se uma forte tensão popular, principalmente nas regiões próximas às fábricas e oficinas. Em alguns casos, como na Carris e na CUF, verificava-se a participação de mulheres em conflitos com a GNR, forçando o governo a intensificar o aparato repressivo.[31]

Nas primeiras semanas de novembro, as greves haviam terminado. Em geral, apesar de numerosas, foram rápidas, durando entre algumas horas e, no máximo, três dias. A resposta governamental era coerente com seu propósito de desconsiderar os anseios populares. Assim, para o regime, as greves haviam sido provocadas por "agitadores" e "traidores", interessados em "minar a ordem económica e social estabelecida".[32]

Ao lado da propaganda contra o movimento, o governo não titubeou em adotar uma série de medidas de caráter repressivo:

A 19 de outubro, durante a greve da Carris, a PSP intervém nas instalações de Santo Amaro, prendendo cerca de 1.100 "empregados recalcitrantes". Prisões maciças são igualmente efectuadas nos estaleiros da CUF e da Parry & Sons, nas oficinas da CNN e noutras empresas onde se foi ou tentou ir para a greve. O Instituto Nacional de Trabalho e Previdência recolhe listas de grevistas que envia para o Ministério do Interior com a indicação dos "cabecilhas" e activistas, vários dos quais são despedidos e presos. Ainda no decurso das greves, o governo decreta a possibilidade de sujeitar ao foro e à disciplina militares o pessoal das empresas concessionárias de serviços públicos. Mas, mesmo assim, em matéria de repressão antigrevista, estava-se ainda na "infância da arte." (...)[33]

Apesar da repressão e do imediato fim do movimento grevista, é de se notar a apreensão em determinados segmentos do regime. Neste sentido, o secretário do INTP, França Vignon, afirmava, em relatório sobre as greves de 1942, a necessidade de uma mudança nas políticas sociais do governo.[34]

3.4. OS DESPACHOS SALARIAIS DOS TRABALHADORES DA CERÂMICA — MOMENTOS DE (IN)DEFINIÇÃO

A análise do sindicalismo em Portugal durante seu Estado Novo deve ser entendida como integrante de um lento processo de mudanças de caráter jurídico e institucional que começou com a implementação do regime autoritário-corporativo e teve continuidade, em sucessivas mudanças, durante toda a história do salazarismo. Longe da tradição liberal, o sindicalismo corporativo procurava distinguir-se tanto das organizações do sindicalismo livre como daquelas em que se negava o conflito, como era, por exemplo, o caso dos regimes fascistas.[35]

No caso português, reconhecendo-se a legitimidade do conflito, permitindo-o como um momento legal de disputa de interesses, abria-se um problema: quais os limites dessa permissividade? Até que ponto os trabalhadores e os patrões poderiam tensionar no sentido de fazer valer seus interesses? Mais do que isso, como era a recepção de patrões e empregados a esta mesma legislação? Por fim, qual o papel do Estado como agente interventor na política social e mediador do conflito formalmente reconhecido?

Muitas dessas perguntas talvez possam ser respondidas na análise concreta de momentos de conflito. Trabalharemos neste texto analisando as negociações e disputas em torno da assinatura do contrato coletivo de trabalho dos operários da indústria cerâmica de Portugal. Além dos contratos, havia também assinaturas de "despachos salariais", de caráter mais restrito. Enquanto aqueles diziam respeito às profissões como um todo, seu funcionamento e seus limites, os despachos diziam respeito apenas à remuneração. Privilegiaremos, nesse esforço de compreensão da dinâmica sindical durante o salazarismo, a voz dos atores: trabalhadores, empregadores e Estado, uma vez que era sob esta relação tripartite que ocorriam as negociações do mundo do trabalho. Deve ser lembrado também que, junto à discussão de ordem salarial, ocorriam também debates e disputas em torno das formas de organização dos profissionais da cerâmica.

Os momentos de assinatura de acordos coletivos e despachos salariais eram, sem dúvida, aqueles em que as tensões entre representantes patronais e de trabalhadores mais se mostravam evidentes. Um dos acordos mais prolongados e tensos foi o que se estabeleceu entre os sindicatos nacionais dos operários das indústrias de cerâmica e o grêmio nacional dos industriais de cerâmica. As disputas sobre as condições de trabalho começaram em 1940, apenas se encerrando em 1942. Conforme se verá, a implementação da política de caráter corporativo era fundamentalmente de interesse dos sindicatos e seus representados, sendo, sempre que possível, objeto de oposição por parte dos grêmios e da classe patronal. Neste sentido, a análise das disputas em torno da assinatura de um contrato coletivo de trabalho para a indústria cerâmica nos permitirá perceber com clareza os interesses que permeavam um e outro segmento. Também será possível compreender a ação do Estado como agente mediador que, em virtude do maior interesse dos sindicatos na implementação da ordem corporativa, acabou tendendo, na maioria dos conflitos, a posicionar-se ao lado destes.

O grande tema provocador dos embates entre sindicatos e grêmio era o salário a ser pago aos trabalhadores. As estratégias de um e outro segmento variavam de acordo com suas possibilidades de obtenção de ganhos, mesmo que parciais. Para os sindicatos, o caminho "natural" era o apego às agências estatais. Na maioria das vezes, agiam em reação aos argumentos patronais ou como forma de provocar uma opinião ou um posicionamento que, ao grêmio, era mais conveniente calar.

A entidade patronal, por seu turno, agia seguindo três estratégias que, aparentemente autônomas, se combinavam quanto ao objetivo final dos empresários da indústria cerâmica. A primeira buscava garantir o maior número possível de mulheres e crianças nas fábricas. A segunda tentava reduzir o universo de trabalhadores considerados especializados, que eram, portanto, mais bem remunerados. Por fim, a terceira estratégia visava à postergação ao máximo da assinatura do contrato coletivo. As três estratégias, embora provocassem debates distintos, faziam com que, na prática, os salários não fossem alterados.

Conforme dissemos, o Estado era o vetor de atendimento dos interesses dos sindicatos. Não por acaso, o primeiro documento que cronologicamente narrava a disputa em torno do contrato coletivo de trabalho da indústria cerâmica constituía-se em uma correspondência do Sindicato Nacional dos Operários da Indústria de Cerâmica e Ofícios Correlativos do Distrito de Lisboa[36] ao subsecretário de Estado das Corporações e Previdência Social.[37] A carta informava que no dia 28 de maio os quatro sindicatos ceramistas do país[38] haviam enviado uma correspondência pedindo a concessão de um contrato coletivo de trabalho. Segundo o documento, a primeira vantagem para a feitura do contrato seria a organização de uma caixa de previdência que poderia amparar o trabalhador, principalmente em uma categoria profissional em que o índice de insalubridade era, ainda segundo o Sindicato dos Ceramistas de Lisboa, alta.[39] O despacho de salários mínimos,[40] assinado a 11 de setembro de 1939, embora trouxesse algumas vantagens para os operários ceramistas, também os pusera em situação paradoxal, em virtude da resistência do patronato em aceitá-lo:

> O despacho dos salários mínimos veio, sem dúvida nenhuma, trazer um enorme benefício à nossa classe, mas como foi feito sem se atender às garantias a dar a todo o operário que se queixasse, vivemos hoje na situa-

ção paradoxal de, ou o operário ter que sofrer todas as injustiças e faltas ao mesmo despacho cometidas pelo patrão, ou queixar-se a quem de direito e por tal razão perder o seu lugar ou ser perseguido por qualquer outra forma.[41]

Ao mesmo tempo, citava uma série de irregularidades cometidas por diversas fábricas, desde o não-cumprimento dos salários estabelecidos, até a ameaça de despedimento no caso de os operários se associarem ao sindicato.

Durante todo o ano de 1941, as discussões, disputas e reuniões em torno da assinatura do contrato coletivo de trabalho arrastaram-se. Já em janeiro, o assistente do INTP informava que por vários meses ocorreram permanentes negociações no sentido da assinatura do contrato coletivo de trabalho. E lamentava que, após meses de estudo, o grêmio surgira com alterações tão profundas ao projeto dos sindicatos e aos salários que se tornava inaceitável por parte dos organismos sindicais. Para o assistente, os SAS deveriam elaborar um texto a ser entregue às partes interessadas, o grêmio dos industriais de cerâmica e os sindicatos de Lisboa e Porto. As três entidades teriam a incumbência de, no prazo máximo de 15 dias, apreciar o texto.[42] Em fevereiro, os quatro sindicatos de operários ceramistas enviaram uma correspondência ao assistente do INTP, Brás Medeiros. O texto começava afirmando que de nada valeram os esforços no sentido do fortalecimento da organização corporativa pois, até aquele presente momento, o interesse maior dos operários cerâmicos, que era a assinatura do contrato coletivo de trabalho, não havia ainda sido posto em prática. Assim,

> Tem-se procurado dignificar o operário, torná-lo consciente, senhor de si próprio, fazê-lo amar a organização corporativa e o Estado Novo, e não se lhe deram até agora as garantias de vida a que tem jus.
>
> Não é justo que, após tantos martírios passados, as gerências dos sindicatos se vejam invectivas e, em muitos casos, injuriadas, pela massa operária, que diz ter andado enganada até hoje, à espera de melhores dias, que nunca chegam.[43]

Afirmava ainda o documento que, enquanto os produtos da indústria cerâmica aumentavam em torno de 15 a 20%, os salários mantinham-se em baixa até mesmo do estabelecido no despacho. Dentro deste quadro, apresentavam os sindicatos uma série de reivindicações. As reivindicações visavam, segundo os assinantes, a esclarecer e aperfeiçoar determinados pontos considerados pouco claros no despacho assinado. As questões mais importantes eram: a necessidade do estabelecimento do número de mulheres e menores nas fábricas, a classificação profissional dos operários e uma revisão da tabela de salários.[44]

Ainda em fevereiro, o Sindicato dos Ceramistas do Porto enviava ao secretário do INTP um projeto de contrato coletivo.[45] O mesmo deveria ser apreciado pelas partes interessadas, ou seja, os sindicatos e o grêmio, para, posteriormente, ser assinado em comum acordo.

Em correspondência dirigida ao secretário do INTP, Macedo dos Santos, e datada de 20 de março, o Sindicato dos Operários da Indústria de Cerâmica de Lisboa informava que o Grêmio Nacional dos Industriais ainda não havia recebido o projeto, e fazia um apelo para que o mesmo fosse imediatamente entregue à entidade patronal.[46] O grêmio, por seu turno, respondendo a ofício do INTP, informava ter tirado cópias do contrato coletivo de trabalho para apreciação por parte do conselho geral da entidade e, assim que tivessem um parecer, enviariam ao INTP.[47] O processo de negociação, uma vez que necessitava passar pelo crivo do Estado, por meio do INTP, tornava-se relativamente demorado. Com esta morosidade contava o grêmio para postergar ao máximo a assinatura do contrato. Porém, apesar da relativa morosidade, a presença do Estado acabava servindo como importante ponto de referência para os sindicatos.

Em julho, o Sindicato dos Operários da Indústria de Cerâmica do Porto formulou uma série de perguntas à Comissão Arbitral da Indústria de Cerâmica. Nestas perguntas, pode-se ver a busca de ampliação, por parte do sindicato, das categorias profissionais beneficiadas com melhores salários.[48] Por isso, buscava alargar ao máximo o número de trabalhadores considerados "especializados". Os trabalhadores não especializados eram chamados simplesmente de "trabalhadores". As respostas obtidas, na maioria das vezes, atendiam aos interesses dos sindicatos. Apenas a título de exemplo, selecionamos as três primeiras perguntas formuladas pelos ceramistas do Porto e as respostas obtidas:

> *1ª pergunta:* — Pintores — Embora alguns serviços e pintura sejam de certa simplicidade, outros serviços há, dentro da pintura, que são de grande responsabilidade — quais os serviços que devem ser considerados como pintura?
> *2ª pergunta:* — Pintoras-enchedoras — Este serviço, embora de mais simplicidade do que o de pintura, tem alguns trabalhos de difícil execução. — Devem estas operárias ser consideradas pintoras?
> *3ª pergunta:* — Sendo o serviço de raspadora um trabalho de acabamento do fabrico de pintura a pistola, deverão as operárias ser consideradas raspadoras?
> Para essa especialidade é ou não preciso algum tempo de aprendizagem?
> *Respostas:*
> a) São considerados pintores os operários que targem e pintem figuras a mão e outros serviços de decoração.
> b) São consideradas pintoras as operárias que pintem qualquer decoração e filetem.
> c) São consideradas especializadas, dentro da rubrica "outras categorias" do despacho dos salários mínimos, as operárias enchedoras, cromadoras, estampadoras e raspadoras.
> d) As enchedoras e raspadoras devem ter três categorias de salário, a saber:
> Até 3 meses de prática... 6$00, nos 3 meses seguintes de prática... 7$00, mais de 6 meses de prática... 8$00.[49]

Em setembro, o parecer do grêmio sobre os contratos coletivos, pedido desde março, ainda não havia sido entregue ao INTP. O Grémio dos Ceramistas, tentando postergar ao máximo a decisão sobre o assunto, enviou ao INTP um ofício informando sobre os procedimentos tomados desde que recebera correspondência em 21 de março.⁵⁰ Tendo enviado cópias para os membros da entidade patronal, esperava que os mesmos se pronunciassem sobre o documento. À medida que as respostas eram dadas, algumas dúvidas surgiam junto ao empresariado. Assim, em outubro o grêmio enviava outro ofício ao INTP pedindo esclarecimentos sobre a redação do contrato coletivo a respeito da porcentagem limite de mulheres e menores contratados. Perguntava se o cálculo de 10 a 20% deveria ser feito a partir exclusivamente da população de homens adultos ou sobre o total de trabalhadores existentes na fábrica. E também questionava sobre permissão de contratar mulheres acima da percentagem indicada.⁵¹ Em resposta datada de 14 de novembro, o INTP informava ao grêmio que suas dúvidas procediam, ou seja, que a porcentagem de mulheres e crianças deveria ser calculada a partir do número total de trabalhadores e não apenas do número de homens adultos. Para a segunda dúvida, informava que as vagas de mulheres não poderiam ser preenchidas por outras mulheres até que se ajustassem à porcentagem definida.⁵² Atendia-se assim, parcialmente, às demandas do grêmio, proibindo-se apenas a contratação de mulheres. Respaldado pela interpretação do INTP, o grêmio enviava nova correspondência ao delegado do instituto no Porto afirmando que, apesar da interpretação favorável ao grêmio, dada dias antes, ainda havia posicionamentos conflitantes, sobretudo por parte dos sindicatos, que defendiam o cálculo de porcentagem de crianças e mulheres a partir do número de homens adultos.⁵³

Para os sindicatos, as emendas e dúvidas apresentadas pelo grêmio tinham a intenção de postergar a assinatura do contrato coletivo. Foi este, no fundamental, o teor de um ofício encaminhado pelo Sindicato dos Ceramistas do Porto, datado de 18 de novembro, ao subsecretário de Estado das Corporações e Previdência Social:

> Sabendo este sindicato que o Grémio dos Industriais de Cerâmica vai apresentar a V. Excelência bastantes emendas ao projecto de contrato coletivo de trabalho que lhe foi apresentado, e de a hipótese de que as emendas que o grémio vai apresentar tenha o interesse de fazer protelar a solução

tão urgente como necessária do assunto, pedimos licença a V. Excelência para sugerir a conveniência de serem convocados o referido grémio e os sindicatos cerâmicos a reunirem conjuntamente com o Excelentíssimo senhor assistente do INTP que tem em mãos nossos assuntos, o mais urgentemente possível, logo que sejam conhecidas as opiniões do mesmo grémio, a fim de se procurar entendimento entre as duas partes interessadas, e, no caso de em alguns casos não se chegar a acordo, procurar-se a arbitragem.[54]

Para os ceramistas do Porto, estavam em questão os destinos da própria organização corporativa. De acordo com o sindicato, enquanto os trabalhadores, embora rudes, comprometiam-se com a constituição do Estado corporativo, os industriais demonstravam desinteresse. Jogando o empresariado contra o Estado, os sindicatos consideravam ser possível obter maiores vantagens em suas reivindicações, ganhando como aliado quem, de fato, deveria estar acima dos interesses dos grupos privados:

O Grémio dos Industriais de Cerâmica — afoitamo-nos em afirmá-lo — carece de espírito corporativo e desinteressado.
    Somos na verdade rudes e carecemos talvez de preparação. Mas isso confundir-se-á com nosso desinteresse, com a nossa honestidade, com a nossa dedicação e até com o nosso entusiasmo pela organização corporativa e pelo ideal que ela informa?
    Por isso ficamos crentes que a nossa sugestão será aceite, por V. Excelência, pelo que sumamente lhe ficaremos reconhecidos.[55]

Finalmente, a 20 de novembro, o Grémio Nacional dos Industriais de Cerâmica enviou ao secretário do INTP as emendas referentes ao projeto de contrato coletivo de trabalho.[56] Segundo o documento, as respostas unânimes dos industriais foram no sentido da impossibilidade de se fazerem contratos coletivos em época de tão acentuada crise, pois, apesar da grande procura dos produtos da indústria de cerâmica, o preço determinado pelo governo impossibilitava o auferimento de lucros. Ao que parece, os industriais de cerâmica já vinham tendo relações tensionadas com o regime desde o ano anterior, agravadas com as expectativas de construção de casas populares que, afinal, não se realizaram:

> E os industriais de cerâmica, que por intermédio deste grémio vinham, em vão, desde junho de 1940, pedindo ao governo autorização para aumentar as suas tabelas, a fim de fazerem face ao agravamento de preços de combustíveis, mão-de-obra, transportes etc.; esses mesmos industriais que, contando com um emprego em grande escala de produtos cerâmicos nas construções de casas económicas, viram aumentar os seus *stoks* por afinal não se efetivar o programa de construções que se previa, não podiam, como se deve compreender, receber de bom grado a idéia de um contrato coletivo de trabalho que, aumentando-lhes os encargos e compromissos, não lhes dava meios de os solver.[57]

Assim, esperou-se de março a novembro para dizer que os industriais de cerâmica não tinham condições de assinar um contrato coletivo. Esta atitude reforçava a desconfiança expressa pelo Sindicato dos Ceramistas do Porto quanto à intenção patronal de postergar ao máximo, para o futuro, a assinatura do contrato. A reunião do conselho geral acabou só ocorrendo após autorização do governo, dada a 17 de julho, de aumentar os preços de seus produtos. Mesmo assim, a reunião, antes prevista para outubro, apenas se realizou em princípios de novembro. Segundo o grêmio, o debate entre os associados provocou a demora no envio de seu parecer, e não o interesse em protelar uma resolução sobre o contrato coletivo. Após as explicações preliminares, os industriais, por intermédio do grêmio, passaram à apreciação das cláusulas do contrato. Logo na cláusula 1ª, o grêmio apresentou ponderações. Sendo o contrato previsto para abranger todo o país, considerava o grêmio que se deveriam levar em conta as pequenas fábricas, impossibilitadas de pagar os salários previstos no contrato. A não-resolução deste problema poderia levar ao fechamento de fábricas e, como conseqüência, ao aumento de trabalhadores desempregados.[58]

As comissões arbitrais e as comissões corporativas distritais eram motivo de preocupação por parte do grêmio. Até aquele momento, segundo o documento, sua ação estava sendo prejudicial aos interesses dos industriais, em particular no que diz respeito aos salários. Deste modo, defendia a criação de uma comissão corporativa central, embora não especificando de que forma seria constituída:

> *Capítulo XIII* — O conselho geral reputa indispensável a criação da comissão corporativa central como único meio de coordenar a acção das comissões corporativas distritais e para evitar a repetição dos casos que se têm dado com o funcionamento das actuais comissões arbitrais emergentes do despacho que fixou os salários mínimos para a indústria cerâmica.[59]

Mais uma vez, a questão das especialidades entrava em pauta. Desta vez, ao contrário do que norteava as preocupações dos ceramistas do Porto, o grêmio defendia que fossem definidas "habilidades mínimas" para a classificação.[60] Este era um caminho eficiente para a redução dos salários, na medida em que apenas os considerados habilidosos recebiam salários mais elevados. Por fim, procurava-se confirmar o entendimento de que a obrigação de descontar 3% para fins de contribuição das entidades patronais e de empregados à caixa de previdência desobrigava ambas as entidades ao pagamento do fundo de desemprego. Interessante que esta reivindicação partia exclusivamente da entidade patronal, embora dissesse respeito também aos sindicatos nacionais. Ao contrário, na proposta destes apresentada ao grêmio e ao INTP, o assunto do fim da contribuição ao fundo de desemprego não era tocado.

Os sindicatos, em diversas oportunidades, buscavam barganhar mediando os interesses da classe patronal. É o que se depreende, por exemplo, do documento enviado pelo Sindicato dos Operários Ceramistas de Lisboa, de 28 de novembro, ao subsecretário de Estado das Corporações e Previdência Social. Informando sobre os baixos salários que recebiam os ceramistas, rogavam no sentido de que, se necessário para a obtenção dos aumentos, que se concedessem também aumentos aos produtos da indústria da cerâmica:

(...) Fomos hoje procurados por uma comissão de consórcios nossos que nos expôs justamente a triste situação que a classe atravessa, situação que nós bem sabemos ser assim, e nos pediram para que intercedessemos junto de V. Ex ª. para que dado o facto de não se poder celebrar imediatamente a assinatura do contrato colectivo de trabalho fosse pelo menos à tabela de salários na sua maioria os máximos auferidos pela classe, feito um aumento de 25 ou 30%.

Por considerarmos absolutamente justa esta pretensão, tomamos a liberdade de a apresentar a V. Ex ª., reforçando-a com nosso pedido da vossa já reconhecida boa vontade em prol dos trabalhadores de Portugal.

Não sabemos se a situação económica da indústria permite um aumento como o que pedimos e que é o mínimo que a classe necessita, pelo que pedimos licença a V. Ex ª. para alvitrar que, no caso de as tabelas de venda dos produtos não comportarem margem para esse aumento, V. Ex ª. permitisse aos industriais um aumento nas suas tabelas de venda a exemplo do que foi feito no que se refere ao custo mais elevado de determinadas matérias primas.[61]

Quanto à questão do número de mulheres e crianças nas fábricas, os sindicatos defendiam que os cálculos não só deveriam incidir sobre número de homens adultos como se deveria separar para fins de cálculo, especializados e trabalhadores. A 2 de dezembro, o delegado do INTP no Porto enviou uma correspondência informando que o Sindicato dos Operários da Indústria Cerâmica daquele distrito havia enviado ao subsecretário de Estado das Corporações um ofício com uma relação especificada das categorias profissionais da indústria cerâmica.[62] No dia seguinte, o delegado do INTP no Porto escrevia para o secretário do INTP em Lisboa informando sua opinião sobre a porcentagem de mulheres e menores na indústria cerâmica. A interpretação do delegado entrava em choque com a fornecida pelo INTP:

> Diz o grémio que a percentagem na citada base estabelecida quanto à admissão de mulheres e menores, respectivamente, 15% e 20%, se deve calcular sobre o número total de assalariados, sem distinção, com o que V. Ex ª. concordou. (...)

> Diz o sindicato que o cálculo da percentagem deve fazer-se, não sobre o número total de assalariados, mas sobre o número de operários maiores, especializados e trabalhadores.
> Esta a interpretação que tem sido seguida neste distrito. Com efeito, parece-me que o disposto na referida base V não pode sofrer outra interpretação.[63]

A seguir, o delegado do INTP no Porto procurava argumentar no sentido de convencer o secretário de que sua opinião sobre o despacho, assim como a do sindicato, era a que de fato atendia ao espírito do despacho assinado em 1939:

> Diz a já citada base V:
> "A partir da data de publicação deste despacho não será permitido nas fábricas de cerâmica a admissão de mulheres ou de menores em percentagem que exceda, respectivamente, 15 a 20% do pessoal nelas existente."
> É evidente que a expressão "nelas existente" empregada numa disposição legal para servir de base de cálculo das percentagens de mulheres e menores só pode compreender-se como excluindo o pessoal cuja admissão se pretende limitar.[64]

Para o delegado no Porto, a interpretação do grêmio traria, como conseqüência, o aprofundamento de uma crise de desemprego já grave. Por isso, pedia que o secretário do INTP se pronunciasse formalmente sobre o assunto à delegacia no Porto:

> De resto, outra interpretação que não seja esta traz como conseqüência fatal o desemprego de muitos chefes de família, o que é tanto mais grave quanto é certo existirem já muitos desempregados. Posta, assim a questão, rogo a V. Exª. que o INTP sobre ela se pronuncie, porquanto não reconheço o Grémio Nacional dos Industriais da Cerâmica como entidade indicada e competente para me transmitir o superiormente resolvido por V. Exª.[65]

Buscando fazer valer seus interesses, ainda em dezembro, o grêmio enviou uma correspondência ao secretário do INTP pedindo que o mesmo informasse a seus delegados no Porto, Coimbra e Aveiro qual a interpretação oficial acerca da porcentagem de mulheres e crianças nas fábricas, de acordo com o despacho de 11 de setembro de 1939.[66]

O contraprojeto do Grémio Nacional dos Industriais Ceramistas, por seu turno, foi merecedor de atenção por parte do Estado. O subsecretário de Estado das Corporações e Previdência Social convocou uma reunião com todos os Sindicatos Nacionais de Ceramistas, a se realizar no dia 11 de dezembro, a fim de apreciar o contraprojeto elaborado pelo grêmio.[67] Neste dia, os dirigentes sindicais receberam o contraprojeto de contrato coletivo e, no dia seguinte, entregaram a nota de alterações propostas ao mesmo.[68] A 18 de dezembro, o Sindicato dos Ceramistas de Lisboa enviou um ofício ao Assistente do INTP na mesma cidade informando que, em relação ao projeto apresentado pelo grêmio, deveriam ser feitas alterações na tabela de salários, levando-se em conta o crescente aumento do custo de vida.[69]

Apesar das sucessivas reuniões e debates, e da tendência dos órgãos locais do Estado de se definir predominantemente em favor dos sindicatos nacionais, o contrato coletivo de trabalho a ser assinado entre o Grémio das Indústrias de Cerâmica e os respectivos sindicatos nacionais não chegou a termo naquele ano de 1941. Mais um longo período de conflitos e disputas seria necessário para que pudesse ser efetivado.

No dia 24 de janeiro, o assistente do INTP/Secção do Trabalho, publicava um parecer sobre a tabela de salários mínimos de acordo com a base V do despacho de 11 de setembro de 1939 que fixou os salários mínimos da indústria da cerâmica. O parecer versava sobre as interpretações diferenciadas, e por nós já vistas, que tinha o delegado do INTP no Porto, para quem as porcentagens de mulheres e menores deveriam levar em conta apenas homens adultos, e do grêmio, que defendia o cálculo a partir de "todo o pessoal empregado na fábrica".[70] Para o assistente, os resultados de um e de outro cálculo eram bastante diferenciados e era essa questão que deveria ser levada em conta:

É que, bem ou mal, é a orientação contrária que tem vindo a ser defendida por várias delegações (talvez, mesmo as dos distritos em que a indústria se apresenta com maior desenvolvimento) e o ingressar-se agora naquela que defendemos poderia motivar o despedimento de centenas de chefes de família e a sua substituição por mulheres ou menores.

Com efeito, os resultados da aplicação das taxas fixadas na base V ao pessoal duma ou doutra forma computado, é muito diferente.

(1) Pelo cálculo algébrico feito, verifica-se que o resultado da aplicação das taxas de 15% a 20% no 1º critério é superior em 5,25% e 7%, respectivamente, ao que se obtém no segundo.[71]

Os argumentos do assistentes levavam em consideração a possibilidade de aumento do número de desempregados no caso da utilização do modelo de cálculo defendido pelo grêmio. Entretanto, também buscava levar em conta a possibilidade de algum centro industrial já ter utilizado como critério o cálculo defendido pelo grêmio. Assim, embora sendo a interpretação mais correta aquela defendida pelo grêmio, não sendo a mais justa socialmente, considerava o assistente a necessidade de uma nova redação, consagrando a interpretação do delegado do Porto. Antes, as comissões arbitrais dos distritos deveriam ser ouvidas e, até a resolução do problema, deveria seguir-se, "em cada distrito, a doutrina que, até a data, tenha vindo a ser a adoptada".[72]

O parecer do assistente contrariava as esperanças do grêmio de ver a instância representativa do poder central atender a seus interesses. Até porque, conforme já foi visto, na maioria dos distritos adotava-se a interpretação dos sindicatos nacionais. Em fevereiro, os delegados do INTP nos diversos distritos começaram a receber correspondências pedindo informação sobre a interpretação adotada em relação à base V do despacho de setembro de 1939. Foram encontradas, no AHMQE, duas respostas às cartas enviadas aos distritos. O delegado do INTP no Porto, em ofício datado de 4 de fevereiro, informava que o cálculo sobre a porcentagem de mulheres e crianças se dava a partir do número de homens adultos especializados e trabalhadores, contrariando, assim, a interpretação oficial do INTP que atendia aos interesses do grêmio.⁷³ Já o delegado do INTP em Coimbra afirmava, em sua correspondência, que o cálculo para a porcentagem de menores e mulheres se dava em relação a todo o pessoal da fábrica, menores e mulheres inclusive, interpretação esta que se coadunava com a do secretário do INTP e também com a do grêmio.⁷⁴

Ainda em fevereiro, o Grémio Nacional dos Industriais de Cerâmica enviava ao Secretário do INTP um ofício com um parecer sobre o contrato coletivo de trabalho e as alterações que considerou necessárias.⁷⁵ Segundo o grêmio, as dificuldades pelas quais passava a indústria, dadas as incertezas quanto ao futuro, não aconselhavam a assinatura, naquele momento, de um contrato coletivo. O grêmio procurava adiantar-se em afirmar que sua atitude relutante não era provocada pelo desejo de criar dificuldades, mas sim em virtude "dum futuro tão incerto para todos".⁷⁶ Dentre as cláusulas comentadas pelo grêmio, destaca-se a que insistia na porcentagem de 35% para a admissão de menores e mulheres.⁷⁷

No dia 18, o Sindicato Nacional dos Operários Ceramistas de Lisboa enviou um ofício ao assistente do INTP, Brás Medeiros, em seu nome e também no dos sindicatos de Aveiro, Porto e Coimbra, comentando os pontos do projeto de contrato coletivo que deveriam ser mais mudados. Dentre as reivindicações assinadas em comum acordo, destacavam-se aquelas que reduziam o número de menores e aprendizes em serventes. Para o primeiro caso, considerava, na cláusula 2ª do projeto de contrato, só se poderiam admitir como aprendizes ou serventes indivíduos maiores de 12 anos. Para o segundo caso, considerava que o número de aprendizes e serventes não deveria ser superior a 20% em relação ao de profissionais especializados.⁷⁸

Em março, o presidente do Grémio Nacional dos Industriais de Cerâmica recebeu uma correspondência do INTP convocando-o para comparecer àquele instituto no dia 5 para ultimação do contrato coletivo junto com as entidades representativas dos operários.⁷⁹ Esta correspondência demonstrava o interesse da agência estatal, a despeito da vontade dos industriais, em resolver a questão do contrato coletivo de trabalho na indústria de cerâmica. O grêmio, por seu turno, buscava resguardar seus interesses, em particular nos momentos em que o Estado e os sindicatos adotavam postura de proximidade. Assim, em 12 de março, a organização patronal enviava uma correspondência ao secretário do INTP rogando no sentido de, enquanto o estudo acerca da porcentagem de mulheres e crianças não estivesse concluído, que não fosse posta em prática a interpretação dos delegados do INTP no Porto e em Aveiro, que contrariava a interpretação dada tanto pelo grêmio como pelo próprio instituto.[80] Neste mesmo dia, outra correspondência era enviada também pelo grêmio ao subsecretário de Estado das Corporações e Previdência Social, tendo como demonstrativo a folha semanal da Fábrica de Louça de Sacavém, no intuito de demonstrar os prejuízos que poderia ter caso as interpretações dos delegados do Porto e Aveiro fossem consideradas as mais corretas. Esta fábrica tinha, de acordo com o relatório de janeiro de 1942, um total de 998 funcionários. Destes, 96 eram menores, sendo que 91 destes menores pertenciam ao sexo masculino.[81] Portanto, o número de menores em relação ao número total de operários era de aproximadamente 9,6%. Se tomarmos apenas a população masculina adulta, de 652 homens, e o total de menores do sexo masculino, a porcentagem salta para aproximados 14%. Já o número de mulheres excedia o exigido em lei. Havia, na fábrica, um total de 297 mulheres, ou seja, aproximadamente 29%. Caso o número de mulheres obedecesse a 15% sobre o número total de homens adultos, deveria ser reduzido para aproximadamente 72 operárias.

No dia 10 deste mesmo mês de março, o INTP enviava a seus delegados nos distritos uma correspondência pedindo informação sobre acórdão da comissão corporativa da indústria de cerâmica.[82] Este acórdão não foi encontrado no AHMQE. Entretanto, seu teor pode ser conhecido a partir da longa resposta dada pelo delegado do INTP em Aveiro, em correspondência datada de 30 de março.[83] Uma das questões cruciais nos acordos salariais da indústria de cerâmica continuava a ser a definição das profissões e habilidades. Claro está que definir habilidades implicava também maiores ou menores salários. Assim, por exemplo, uma primeira polêmica surgia na definição do serviço de pintura, segundo o delegado do INTP em Aveiro, um dos que mais "questões têm levantado na aplicação do despacho de salário mínimo". Para o delegado, a fim de valorizarem-se as habilidades, era necessário que somente deveriam ser considerados de pintura os serviços executados a mão, "sem qualquer apoio ou auxílio". É interessante notar que a posição assumida pelo delegado de Aveiro se coadunava com uma ética do trabalho que de certa forma se distanciava daquela produzida pela Revolução Industrial e pelo liberalismo. Não era o conhecimento técnico, gerador de maior capacidade produtiva, aquele que deveria ser valorizado, mas a habilidade artesanal daquele que exerce sua função "sem apoio ou auxílio".[84]

Passara março e, em abril, o contrato ainda não havia sido assinado. Segundo documento do Sindicato dos Ceramistas do Porto, tendo o grêmio se comprometido desde março a emitir opinião a respeito do contrato e até aquela data não tendo expressado publicamente sua opinião, o desânimo e a perda de esperança em que o mesmo fosse de imediato assinado eram grandes.[85] Para o sindicato, ao mesmo tempo que se fazia evidente a má vontade do grêmio, era necessário que o contrato coletivo de trabalho fosse logo assinado para que os organismos corporativos do Estado não caíssem em descrédito. Segundo suas próprias palavras,

> Devemos confessar que achamos razão à classe cerâmica em não acreditar já na boa-fé do grémio, pois os actos dos dirigentes destes desmentem sobremaneira as suas palavras.
>
> Hoje vimos mais uma vez apelar para o esclarecido espírito de justiça de V. Excelência, no sentido de serem tomadas providências para que à classe que representamos seja feita o mais urgente possível justiça, para que o desânimo não extermine para sempre a confiança que os trabalhadores cerâmicos depositaram nos seus organismos corporativos e no ideal que é toda sua razão ser destes.[86]

O Sindicato dos Ceramistas de Coimbra, por seu turno, lembrava que a não assinatura do contrato coletivo, provocada pelas constantes protelações do grêmio, poderiam levar não só a críticas contra os dirigentes sindicais, como também ao Estado Novo, e estas de modo perigoso e subversivo:

> Por mais explicações que queiramos dar, não conseguimos calar os boatos, críticas e murmurações que se levantam contra nós e contra o Estado Novo.
> Este estado de coisas, além de manter por mais tempo num estado de necessidade que por vezes se avizinha da fome os nossos camaradas, é clima propício ao desenvolvimento do vírus revolucionário que retarda a arrancada enérgica para a verdadeira revolução de que somos modestos, mas entusiásticos obreiros.[87]

Para o Sindicato Nacional dos Ceramistas de Aveiro, a responsabilidade pela não efetivação do contrato até aquele momento caía também sobre o patronato, "que, rico e farto, não quer saber das misérias alheias, mas só unicamente dos seus vis interesses".[88] Por conta desta atitude, tomam os industriais um posicionamento provocativo com sua riqueza contrastante com a situação de penúria dos operários.

> Esquecem que o operário é a alavanca potente que eleva com sacrifícios, lágrimas e muita fome o edifício da sua riqueza, que eles gozam regaladamente, e até, em muitos casos, com manifesta provocação, quando a esbanjam em luxos supérfluos e escusados.
> Só do pobre operário não querem saber, nem dos seus filhos que chegam a homens, se lá chegarem, a maior parte deles fisicamente depauperados, pela falta de alimentação suficiente e pela vida anti-higiénica que levam.[89]

Pelas razões expostas, rogavam ao assistente do INTP no sentido da assinatura imediata do contrato coletivo, que facilitaria a constituição de uma caixa sindical de providência.

> Nestas circunstâncias apelamos para Vossa Excelência, que tanto interesse e carinho tem demonstrado pelos operários cerâmicos, de modo a re-

moverem as dificuldades, impondo-se até, e com justa razão, o contrato coletivo de trabalho.

Não há razões aceitáveis que o estorvem de fazer justiça às modestas aspirações dos operários cerâmicos.

Não pedem estes muito. Apenas desejam o contrato coletivo de trabalho, pois só dele pode nascer a caixa sindical de providência, o sonho dourado de há muitos anos.[90]

Em julho, o Sindicato dos Ceramistas de Coimbra apelou para o subsecretário de Estado das Corporações.[91] No ofício, considerava que o apelo ao subsecretário era a última atitude de esperança, uma vez que, até aquela data, ainda não tinha sido assinado o contrato coletivo. Para o Sindicato dos Ceramistas de Coimbra, três meses após reunião com o grêmio e nenhuma resposta deste, as palavras deixavam de valer e as esperanças quanto à resolução do contrato já deixavam de existir mesmo entre os dirigentes sindicais. Neste sentido, a solução passava, necessariamente, pelo Estado, e mais particularmente ainda pelo próprio subsecretário das Corporações.[92]

Ainda em julho, o delegado do INTP em Coimbra enviou um ofício ao secretário do INTP com a exposição em anexo do Sindicato dos Ceramistas em Coimbra enviada ao subsecretário de Estado das Corporações e Previdência Social solicitando intervenção para imediata assinatura do contrato coletivo de trabalho. O assistente, Vasco Homem de Melo, afirmava ser urgente a celebração do referido contrato, dadas as dificuldades pelas quais passavam os operários ceramistas.[93]

No dia 15, em pleno processo de luta pela assinatura do contrato coletivo, o Sindicato dos Ceramistas de Lisboa reuniu sua assembléia geral a fim de eleger a direção dos corpos gerentes para o ano de 1942 e apreciar o relatório de contas do ano anterior.[94] Chama a atenção o fato de que a Assembléia contava com um total de 116 sócios, todos em condições de voto. O presidente da Assembléia, António Ferreira, declarou, na abertura dos trabalhos, que, segundo instruções do INTP, nas assembléias gerais só poderiam ser debatidos assuntos referidos na ordem dos trabalhos.

Entretanto, conforme se verá, as assembléias tinham uma vida mais ampla do que aquela determinada pelas agências estatais. Logo no início dos trabalhos, o sócio de nº 102, Humberto Dias, pediu para enviar à mesa uma proposta declarando a mesma estar fora da ordem dos trabalhos. Depois de consultar a assembléia, o sócio pôde ler a proposta por ele elaborada. Segundo sua carta, não havia nada estabelecido no sentido do recebimento de pensão ou auxílio quando um trabalhador se incapacita para o trabalho, seja por motivo de doença ou saúde. Também em caso de doença não havia dinheiro para se pagarem remédios, dado o pouco que recebiam. Assim, propunha que os patrões contribuíssem com alguma importância para aquele fim, haja vista "que para eles trabalhamos e são eles que com o nosso suor obtêm todos os ganhos".[95] Em resposta, o presidente da mesa afirmou que a reivindicação do sócio estava praticamente realizada no contrato coletivo de trabalho, já elaborado. As questões dos subsídios para doentes, idosos e inválidos, dos salários e da definição das profissões tomaram conta da assembléia, chegando a haver críticas à gerência do Estado e à presença do assistente do INTP, Brás de Medeiros, na administração da entidade sindical, o que demonstrava um clima de insatisfação por parte da categoria:

> O consócio António Lopes de Castro pediu a palavra para dizer que, de tudo o que tem visto e a que tem assistido, tira a conclusão de que o dr. Brás de Medeiros é quem no sindicato faz e desfaz a seu belo modo, do que resulta o sindicato não servir senão para que os sócios paguem as cotas. Ele próprio, narra, tratando no Instituto Nacional do Trabalho um assunto pendente com a entidade patronal, o dr. Brás de Medeiros por fim mandou-lhe um recado que não voltasse lá e finalmente depois ao advogado, que ele consócio nomeou, aconselhou a ir para o tribunal pois tinha razão e poderia ganhar a questão.[96]

Mesmo a questão da liberdade de expressão, em crítica à imposição das discussões se restringirem, por imposição do INTP, à ordem dos trabalhos, foi levantada:

O consócio Manuel Vieira pediu a palavra para preguntar se dentro do sindicato os sócios poderiam falar como estando em sua casa, ou se tinham de falar como se estivessem dentro duma casa do Estado.
O senhor presidente da Mesa esclareceu que estávamos numa casa que é nossa mas que as leis têm de ser respeitadas.[97]

A inexistência do contrato coletivo de trabalho, para a categoria cerâmica, emperrava a adoção de medidas que pudessem atenuar as condições de vida dos trabalhadores, ao mesmo tempo que desestabilizavam a representatividade dos próprios sindicatos. Era, por exemplo, o caso dos subsídios. Estes haviam deixado de ser pagos por recomendação do assistente do INTP, uma vez que deveriam fazer parte, e já estavam previstos, no contrato. No entanto, enquanto não tinham o contrato assinado, os operários da indústria cerâmica acabavam sem o desejado subsídio, mesmo que precário ou provisório. Por esta razão o sócio Humberto Dias, o mesmo que no início da assembléia tomou a iniciativa de levantar a questão, propôs que, enquanto não fosse assinado o contrato coletivo de trabalho, se pedisse ao assistente do INTP a continuidade dos subsídios, proposta que foi acolhida pelo presidente da mesa diretora da assembléia.

Ainda com relação ao problema dos subsídios, ou da falta deles, o sindicato foi também alvo de críticas por parte de seus membros.

> O consócio José Pedro da Silva lastima que se tivesse acabado com os subsídios, pois era a única rosa entre todos os espinhos do sindicato. Está convencido que o presidente da comissão administrativa não cumpriu o seu dever, pois se ele tivesse falado no Instituto Nacional do Trabalho com o coração nas mãos e feito sentir a precária situação dos operários, jamais teriam teimado em tirar tal concessão.[98]

Para a questão salarial, o problema se repetia. Embora existisse um despacho de salários mínimos, a tabela salarial era menor que a elaborada pelo sindicato. Apesar da publicação de um despacho de salários mínimos, ao que parece, havia muita desinformarão entre os operários da indústria de cerâmica a respeito do mesmo:

> O consócio Manuel Vieira pergunta, em virtude de não haver contrato colectivo de trabalho, como é possível haver uma tabela de salários mínimos, ao que o senhor presidente da mesa respondeu que a tabela de salários mínimos foi fixada por um despacho de Sua Ex.ª o subsecretário de Estado das Corporações e Previdência Social.
> Antonio Francisco completa esta informação dizendo que o despacho foi publicado anteriormente à nomeação da actual comissão administrativa, e que a que então dirigia o sindicato tinha elaborado uma tabela diferente, que depois no Instituto Nacional do Trabalho e Previdência foi reduzida.[99]

Antes de se entrar na ordem dos trabalhos, a assembléia discutiu ainda a questão das categorias profissionais. É que, segundo os operários, a não definição exata das profissões em acórdãos, contratos ou despachos permitia que os patrões contratassem operários por serviços pouco remunerados, os finais, na verdade, exerciam tarefas de maior especialidade e, conseqüentemente, de maior remuneração. Além do mais, certas categorias nem sequer tinham atribuição, novamente gerando problemas no momento em que o operário era contratado.

> O consócio Antonio Mendes Alves pediu a palavra declarando ir abordar o assunto das categorias profissionais pois está convencido de que muitas não estão bem atribuídas. Declara que em tempos foi ao sindicato reclamar sobre esse assunto e o empregado Lemos lhe disse que não valia a pena reclamar.
> O consócio Eduardo Joaquim da Silva declara que somente queria que lhe dissessem que categoria deveria ter um operário que trabalha com uma máquina de vidrar azulejos. Ele nunca foi servente de pedreiro e no entanto deram-lhe a categoria de servente.
> Antonio Francisco explica que as categorias são atribuídas pelas entidades patronais e quando o operário não se conforma com a que lhe foi

atribuída reclama para o sindicato, o qual resolverá o assunto, podendo até em casos omissos, como o daquele consócio, levar o assunto à comissão arbitral, que o resolverá segundo as leis e a seu critério.[100]

O grande problema para a definição das categorias profissionais era que dependiam da especificação por parte da entidade patronal. Como para as fábricas interessava mais a não-especificação, pois permitia a inclusão dos operários em categorias profissionais inferiores, a despeito do trabalho que desempenhavam, era comum que as fábricas não se pronunciassem. As categorias eram assinaladas nos bilhetes de identidade dos operários apenas após a definição por parte dos patrões. Se na especificação o real trabalho do operário não estivesse corretamente assinalado, ele poderia ter dificuldades em procurar outros trabalhos.

Por fim, após as discussões de ordem política, como as que acabamos de analisar, passou-se à aprovação das contas e à eleição dos corpos gerentes. Do pleito, participaram 115 votantes. Os votos não eram feitos em chapas, mas em listas, ficando na condição de presidente, fosse da assembléia geral ou da direção, o candidato com maior número de votos. Para a assembléia geral, o segundo e terceiro mais votados ficariam, respectivamente, com os cargos de primeiro e segundo secretários. Na direção, depois do presidente, obedecendo ao número de votos, foram eleitos mais quatro membros.[101] Após a Assembléia, o sindicato enviou um ofício ao subsecretário de Estado das Corporações informando da eleição dos corpos gerentes e pedindo sua sanção.[102] Dois outros ofícios, também contendo o nome dos operários eleitos para a assembléia geral e para a direção do sindicato, foram enviados ao secretário do INTP em Lisboa e ao assistente do INTP, Brás de Medeiros.[103] Além da formalidade expressa na correspondência às autoridades do Estado, chama a atenção o fato de que o processo eleitoral não se dava por chapas concorrentes, mas por listas nominais. Assim, negava-se o conflito de projetos, sendo a eleição em torno de um projeto já previamente definido. Ao menos em termos formais. O Estado, deste modo, buscava inibir a concorrência, afirmando que os propósitos do sindicalismo corporativo já estavam definidos antes mesmo dos processos eleitorais que, a rigor, deveriam ter um papel meramente administrativo.

A organização corporativa exigia das fábricas relatórios permanentes informando acerca de demissões e admissões de operários, com seus respectivos salários. As fábricas enviavam memorandos aos delegados do INTP nos distritos e estes os enviavam ao secretário do INTP/Seção do Trabalho em Lisboa.[104] Não resta dúvida de que esta obrigatoriedade visava à regulamentação, por parte do Estado, do trabalho. Em setembro, o subsecretário de Estado das Corporações e Previdência Social recebia uma correspondência do Sindicato dos Operários da Cerâmica de Lisboa.[105] Na mesma, informava-se que havia sido entregue ao sindicato uma cópia do projeto de tabela de salários da indústria de cerâmica, em que algumas categorias profissionais passariam a receber menos do que recebiam com o fixado no despacho de salários vigente até aquele momento. Assim, os "encaixadores em vidrado de 2ª.", que recebiam 15$00, passariam a receber 14$50, os "auxiliares de enfornadores", que recebiam 14$00, tinham seu salário indicado para 13$00. Também a questão das profissões foi abordada. Para o órgão representante dos trabalhadores ceramistas, havia a necessidade de se criar a categoria de "entalhador de artes decorativas" e de "preparadores de pasta".[106]

Também em setembro, o Sindicato dos Ceramistas do Porto escrevia para o assistente do INTP, Brás Medeiros. A pressão continuava. Segundo o documento, o sindicato havia recebido do sindicato de Lisboa a relação das categorias e salários a constarem no contrato coletivo de trabalho. Previa-se que a classificação profissional seria feita pelas entidades patronais, o que incorreria em grande risco para os ceramistas, uma vez que nem sequer se previa a possibilidade de recurso à comissão arbitral.[107] Segundo o sindicato,

> A ser assim, teremos como certo que apenas existirão terceiras e segundas categorias e poucos operários se beneficiarão de uma justa classificação, o que equivale a uma tremenda injustiça.

Afigura-se-nos que a primeira das modalidades acima citadas seria mais racional, deixando-se simplesmente para a comissão arbitral a solução dos casos de caráter especial e de demonstrada má qualificação; a fim de se poupar tempo e evitar grandes despesas aos sindicatos com perdas de tempo e deslocações.[108]

Ao lado da classificação profissional, o sindicato apresentava também algumas reivindicações de ordem salarial que se aproximavam daquelas apresentadas pelo sindicato de Lisboa.

No anexo B, os desenfornadores têm apenas o aumento de cinqüenta centavos e no mesmo anexo os guardas têm salário inferior ao do anexo A.

No primeiro destes dois casos, o trabalho de desenfornador é de facto de menor responsabilidade que o de enfornador, mas é muito mais violento porque o trabalhador está sujeito a uma alta temperatura a que o enfornador de forma alguma não está.

No segundo caso, o trabalho de guardas do anexo B é absolutamente igual ao do anexo A, razão por que não se compreende a diferença.[109]

Por fim, o sindicato pedia uma reunião com o assistente a se realizar no dia 21,[110] portanto, um dia antes da data prevista para a assinatura do contrato coletivo de trabalho.

As comissões corporativas eram realizadas com a participação de um representante do Estado e representantes dos patrões e trabalhadores, a fim de discutir problemas referentes às diversas profissões. Como se avizinhava a feitura do contrato coletivo, uma nova comissão corporativa seria nomeada. Foi dentro deste contexto que assistimos a uma polêmica entre os Sindicatos dos Ceramistas de Lisboa e do Porto.[111] Na correspondência, o sindicato do Porto discordava do sindicato de Lisboa por este entender que os representantes nas comissões corporativas deveriam ter caráter permanente. Para o Sindicato dos Ceramistas do Porto, os representantes sindicais deveriam ser escolhidos de acordo com o assunto a ser tratado.

> A variedade de especificidades e de trabalhos que existem na nossa indústria exigem conhecimentos directos de quem tem que os discutir.
> Assim, se nomearmos, por exemplo, um oleiro para a comissão arbitral, como poderá ele discutir questões que digam respeito à pintura ou vice-versa, com completo conhecimento de causa?
> O que convinha era que os representantes sindicais na comissão corporativa fossem escolhidos conforme o assunto ou assuntos a tratar.[112]

Prevalecia, neste caso, o apego ao ofício. Os "problemas a tratar" não pertenciam aos trabalhadores em geral, ou aos ceramistas, mas à categoria específica dentro da profissão específica. Além disso, o sindicato do Porto considerava que, por uma questão de "isenção", o representante não poderia discutir problemas inerentes à fábrica onde trabalhava.

> Além disso, sucede muitas vezes que se tem que tratar casos que dizem respeito à fábrica onde o representante sindical trabalha. Ora, neste caso, como poderá o representante do sindicato tratar livremente e com isenção o assunto ou assuntos do seu próprio patrão?
> Ainda neste caso convinha nomear um representante do sindicato estranho à fábrica a que diga respeito o assunto ou assuntos a tratar.[113]

Se prevalecia a interpretação de tipo corporativa, das organizações de ofício do Antigo Regime, então a incapacidade de julgamento racional do operário se dava por sua postura paternal diante do patrão, do "pai".[114] Se, ao contrário, prevalecia a lógica do conflito, lógica esta também presente na edificação do Estado Novo, então o operário não se portaria de modo isento por atentar sempre, inevitavelmente, contra o patrão. Ainda segundo os sindicalistas do Porto, a delegação do INTP naquele distrito usava sempre o critério de nomeação de acordo com o tema a ser tratado. *Grosso modo*, o sindicato do Porto entendia que o conhecimento específico deveria ser entendido como mais eficiente do que o conhecimento geral, interpretação que fortalecia uma idéia de ofício verticalizada ao extremo. As categorias no seu todo funcionariam bem, como um organismo, se cada parte fizesse o que lhe era destinado. Também o Sindicato dos Ceramistas de Coimbra concordava com o do Porto. Para este

> (...) Parece que há maior conveniência em não considerar fixos os nossos representantes à comissão corporativa central. Isto no que diz respeito à discussão de casos particulares. Nos casos gerais não se dá o caso, mas a solução dos nossos colegas do Porto também se aplica a esses sem desvantagens.[115]

Entretanto, apesar das diferenças de interpretação entre os ceramistas do Porto e de Coimbra e os ceramistas de Lisboa, deve ser ressaltada a importância das comissões arbitrais para os trabalhadores. Uma vez que a representação estatal se colocava majoritariamente ao lado dos empregados, as comissões eram caracterizadas como um espaço de defesa dos interesses dos trabalhadores contra os patrões.

Em momentos de crise, apesar dos esforços do Estado no sentido de controle, este tende a se perder. Para um modelo como o organizado em Portugal a partir do Estado Novo, havia um compromisso estabelecido de troca. Por um lado, o Estado garantia, ou buscava garantir, estabilidade, segurança e investimentos na área social. Por outro, e em troca, os trabalhadores garantiam-lhe apoio e compromisso na adesão ao sistema corporativo. Entretanto, para que o compromisso se estabelecesse de forma definitiva, era necessário que as duas partes cumprissem o "contrato" previamente estabelecido. Em momentos em que um ou outro não conseguisse, por qualquer razão que fosse, o cumprimento do que fora estabelecido, o "contrato" se quebraria. No caso da organização corporativa, uma das grandes dificuldades encontradas pelo Estado era que sua feitura dependia não apenas dele, Estado, ou dos trabalhadores, mas também de outro agente: os empresários. Para estes, o apoio ao Estado corporativo dependeu sempre de cálculos mais pragmáticos. Talvez para os trabalhadores estes cálculos também existissem. No entanto, para eles, as vantagens de um Estado corporativo e autoritário eram, naqueles anos, evidentes. Como se pode ver, o Estado comportava-se como um protetor dos interesses do trabalho. Para os patrões, as cobranças feitas pelos organismos estatais, quando não se chocavam frontalmente com seus interesses, no mínimo os incomodavam.

3.5. HISTÓRIAS DE REBELIÕES — O EQUILÍBRIO EM QUESTÃO

Como já foi dito, o Estado autoritário mantém-se em geral a partir de vantagens materiais que garante, ou procura garantir, para seus membros. No que concerne aos regimes autoritários da década de 1930, o equilíbrio construía-se a partir de políticas de emprego e caráter social reguladas a partir de cima. Os trabalhadores, por seu turno, embora obrigados formalmente a se tutelarem diante de uma organização sindical que impunha limites à sua conduta, recebiam também evidentes vantagens. Nos momentos em que as políticas de caráter social tinham maiores dificuldades de implementação, o equilíbrio político tinha maiores dificuldades de se manter. Nos primeiros anos da década de 1940, as dificuldades enfrentadas pelo regime resultaram em permanentes tensões e conflitos, principalmente sob a forma de greves.

Em maio de 1941, o comando geral da PSP enviou um comunicado ao ministro do Interior reproduzindo um ofício do comandante da PSP da Covilhã, que informava a iminência de greve nas Minas da Panasqueira, freguesia de Cebola. Alguns suspeitos já haviam sido presos e a PSP já se dirigia à região das minas a fim de abortar a pretendida greve.[116] No dia seguinte, em nova correspondência dirigida ao ministro do Interior, o comando da PSP reproduzia a correspondência recebida da PSP da Covilhã, informando que, devido à rápida intervenção policial e à prisão dos suspeitos, a greve havia fracassado, tendo os trabalhadores entrado normalmente no trabalho à hora de costume.[117] Também o governador civil de Castelo Branco preocupou-se em informar ao ministro do Interior os problemas ocorridos nas Minas da Panasqueira:

> Julgo do meu dever levar ao conhecimento de V. Ex.ª que, por informações particulares depois pessoalmente confirmadas pelo Exm°. Director

das Minas da Panasqueira, tive conhecimento que ali se preparava para ontem um movimento grevista.

Imediatamente tomei as minhas precauções mandando para ali seguir uma força da GNR e dando ordem ao comandante da PSP da Covilhã — tenente Amaro —, de para ali seguir, pois é conhecedor do meio e goza ali de grande autoridade e prestígio.

Sem perda de tempo começou as suas investigações e horas depois conseguira deitar a mão a seis dos mais influentes, que, além de fazer despedir imediatamente do serviço da Companhia, seguirão sob prisão para a Covilhã.

A rapidez com que se procedeu, a energia, decisão e desembaraço do tenente Amaro e a presença da GNR fez com que na segunda-feira de manhã se retomasse o trabalho como de costume, apenas umas ligeiras hesitações fossem notadas a que o comandante da PSP da Covilhã rapidamente pôs termo.

Julgo pois poder dar como terminada essa tentativa de desordem que carecia em absoluto de razão, visto haver lugar de aumento de salários e ter feito descer nos armazéns de víveres da Companhia o preço dos géneros de primeira necessidade para os que vigoravam em abril de 1940, pelo que não é de algar a carestia de vida.[118]

Apesar da aparente calma do governador civil, era evidente a existência de um clima de descontentamento na região. Clima este que nem sequer se abrandou com a diminuição dos preços dos gêneros alimentícios. Outras cartas acerca do clima de animosidade na região se seguiram, como por exemplo a do comandante da PSP de Lisboa ao ministro do Interior informando o recebimento de ofício da PSP de Castelo Branco, no qual se relatava a prisão de seis suspeitos e a existência de uma carta assinada por setenta operários requerendo o aumento de salários. O número representativo de trabalhadores que se expunham mostra a gravidade da situação e as dificuldades enfrentadas pelo regime no sentido da manutenção da "paz social". Mas, apesar das esperanças de solução da crise e da instabilidade vividas, os problemas de tensão social na Covilhã continuavam. Ainda em maio, o comandante da PSP da Covilhã enviou um ofício ao comandante geral da PSP de Lisboa informando os conflitos ocorrentes na freguesia do Barco, com trabalhadores da exploração de minério. No conflito com a polícia, quatro indivíduos haviam se ferido, embora "sem gravidade".[119]

Os problemas sociais e econômicos da região continuaram ao longo do ano. Em novembro de 1941, também na Covilhã, ocorreram manifestações entre os operários da indústria têxtil que provocaram grande incômodo junto às hostes governistas. As primeiras observações do movimento foram feitas pelo capitão Eduardo Alberto de Abreu Braziel, da Guarda Nacional Republicana, ao comando geral em Lisboa. O movimento teria começado no dia 5 de novembro, quando alguns operários da indústria têxtil invadiram a fábrica Alçada, incitando os funcionários a abandonarem o trabalho.[120] Após a prisão de alguns operários, procurou o referido capitão, segundo seu próprio relato, restabelecer a calma na fábrica, que havia parado seus serviços, detectando na ocasião, as razões da greve:

> Ao chegar àquela fábrica e por ter verificado que a situação estava normalizada, regressei ao quartel, dando em seguida ordem de prevenção ao pessoal, por ter constatado que a classe operária reclamava aumento de salário, acusando a direcção do grémio de não dar providências às suas reclamações, e exigir que fossem postos em liberdade os operários que haviam sido presos.[121]

Ao mesmo tempo que a questão salarial se apresentava como um problema grave, a paralisação era, segundo os operários, conseqüência da atitude dos patrões, por intermédio do grêmio, que se recusava a atender às demandas dos trabalhadores. Para a polícia, mais que os problemas de grupos econômicos conflitantes, cabia manter a ordem, e providências foram tomadas neste sentido:

> Conforme combinado com o comando da polícia, foram destacadas patrulhas às 7:00 horas, do dia 6, para as imediações das diferentes fábricas que deviam abrir às 8:00 horas, para garantir a liberdade do trabalho,

manter a ordem e evitar tumultos na entrada dos operários que desejavam trabalhar.[122]

Entretanto, apesar da atitude constrangedora da polícia, o comportamento popular extrapolava suas expectativas, de modo que a condução da "ordem e da harmonia" seria feita com mais dificuldades que as esperadas:

> Encontrando-se no Largo do Pelourinho, ponto mais central desta cidade, das 8:30 às 9:00 horas do dia 6, onde está instalado o comando e esquadra da polícia, vi que uma grande multidão de operários, de ambos os sexos, vinha pela Rua Direita, que liga o jardim público àquele largo em grande algazarra e em atitude hostil, pelo que me dirigi imediatamente ao quartel que fica próximo do local em que me encontrava, e daqui saí logo com os três únicos soldados que se encontravam disponíveis para manter a ordem pública. Quando cheguei ao Largo, vi que o mesmo já se encontrava invadido por 4 ou 5 mil amotinados, que pretendiam assaltar a esquadra de polícia e dar fuga aos operários que lá estavam presos.[123]

A quebra da harmonia, portanto, já estava formada. Mais que a simples questão salarial, o que provavelmente mobilizava a população, desta vez, era a solidariedade aos operários presos. Neste momento, para usar a contribuição de Thompson, formava-se uma consciência que se determinava por razões historicamente dadas.[124] Diante, portanto, de uma forte coesão por parte dos amotinados, a polícia acabou conseguindo apenas que a população parasse de avançar em direção à cadeia, não impedindo que a mesma permanecesse em praça pública, não se dispersando. Um momento de maior tensão ocorreu quando um operário mais exaltado tentou desarmar um guarda. Sendo detido e levado à esquadra da polícia, a multidão voltou a se exaltar:

> A multidão, ao ver conduzir para a esquadra o preso, redobrou de vozearia e atirou com imensas pedras contra a força pública, atingindo com elas o chefe da polícia, que ficou confuso, e alguns guardas, sendo nessa altura

também feridos a tiro de pistola, disparados pelos amotinados, um guarda de Polícia junto do olho direito e o soldado desta companhia nº 120/5199, no lábio superior. Por não ter outro recurso para manter em respeito a multidão, ordenei que se fizesse fogo e, só depois de alguns tiros disparados, se conseguiu que a multidão recuasse, abandonando o Largo, mas conservando-se nas embocaduras que lhe dão acesso.[125]

A busca de reforços fez com que a multidão se dispersasse, tendo a PSP e a GNR procurado manter a calma, sob vigilância, no local. Quanto aos principais operários envolvidos no conflito, 15 deles foram presos e levados para Castelo Branco e, posteriormente, para Lisboa.[126] A situação, entretanto, mantinha-se no distrito de Castelo Branco, em particular na Covilhã, a ponto de seu governador civil ter encaminhado, no dia 8 de dezembro, um comunicado à população daquela vila exigindo normalidade e lembrando, em tom ameaçador, a proibição do direito de greve:

COMUNICADO
A greve entende-se à face da lei como um facto perturbador da ordem, da tranquilidade pública e da vida económica, e como tal é reprimida.
Cumpre-me, pois, como autoridade suprema deste distrito, comunicar aos trabalhadores da Covilhã que, amanhã, à hora do início do trabalho, todos têm de estar presentes nas suas ocupações normais.
Se porventura alguns, muitos ou poucos, não cumprirem o que lhes determino, faço-os conhecedores de que serei inexorável na aplicação da lei. Para tanto usarei da violência conveniente, entregando os possíveis criminosos — e estes são os grevitas —, ao Governo, a fim de que lhes seja aplicada a pena do § único do artº. 3º do decreto-lei nº 23.870 de 18 de Maio de 1934, que é o seguinte:
"A pena será de desterro de quatro a dez anos, com prisão no lugar do desterro de dois a quatro."
O GOVERNADOR CIVIL.[127]

Foi, portanto, neste clima de forte tensão que o INTP enviou dois de seus agentes a fim de elaborarem um relatório sobre os problemas vividos na Covilhã. O relatório procurava fazer, com minúcias, um balanço dos acontecimentos deste sua origem:

> Em julho do corrente ano, começou a movimentar-se a classe operária da indústria de lanifícios, sendo nesta data que apareceram os primeiros pedidos por parte destes, de aumento de salário, baseados no custo de vida que naquela cidade subiu extraordinariamente.[128]

Reconheciam os funcionários do Estado, portanto, que o aumento do custo de vida havia subido excessivamente, provocando o declínio das condições de vida dos moradores da Covilhã. O Estado e os sindicatos procuraram resolver os problemas, iniciando negociações no sentido da resolução do problema:

> As entidades competentes, tanto por parte dos operários, como do governo, conhecedoras em absoluto do meio, iniciaram imediatamente as suas *déemarches*, até que em agosto foram mandadas para aquela cidade, por parte do Instituto Nacional de Trabalho, umas fichas que deviam ser preenchidas pelos operários e onde deveria constar as condições de vida de cada um deles, o número de filhos etc. Isto deveria servir para aqueles que mais sobrecarregados de encargos e ganhando pouco (sendo impossível proceder ao aumento de qualquer salário sem que seja estudado convenientemente o assunto), receberiam um subsídio que, embora não fosse ainda tudo quanto eles pretendiam, já era no entanto alguma coisa, demonstrando ainda que o caso estava interessando a quem de direito.[129]

Entretanto, segundo os agentes, não houve, por parte dos operários, a resposta que se esperava, prevalecendo o desinteresse em face da preocupação demonstrada pelo governo:

> Foram inúteis todos os avisos, comunicados e pedidos de comparência no sindicato, onde nem um operário compareceu para preencher as fichas, arrastando-se este estado de coisas até outubro, data em que os mesmos apresentaram uma exposição onde pediam interesse do Estado para suas reivindicações.

Nesta altura foi-lhes observada a atitude tomada anteriormente, quando do preenchimento das fichas, sendo-lhes salientado que assuntos desta natureza não poderiam ser resolvidos apressadamente e foi-lhes garantido, mais uma vez, a atenção do governo para suas reclamações.[130]

A atitude do Estado de elaborar um questionário talvez tenha soado como a busca de um controle ainda mais rigoroso do que o já existente. Pelo menos em outras ocasiões, quando a conjuntura social era ainda mais favorável ao governo, a elaboração de questionários entregues a sindicatos nacionais não foi bem recebida. Em 1935, o Ministério do Interior encaminhou ao Sindicato Nacional dos Operários Tanoeiros do Distrito do Porto um questionário que procurava verificar o funcionamento da organização corporativa. Considerando o questionário excessivamente minucioso, o sindicato devolveu o mesmo ao governador civil, indagando sobre os motivos que levaram à sua elaboração.[131] A desconfiança diante de um perigo de controle maior talvez tenha mais uma vez assustado os trabalhadores, que por isso talvez tenham preferido ignorar o questionário. Dadas as atitudes de preocupação com os problemas enfrentados na Covilhã, um movimento grevista foi considerado surpresa para o regime:

> Ficaram as autoridades surpreendidas quando, passados dias (princípios de novembro), os operários da Fábrica de Penteação e Fiação da Covilhã, Lda., ao receberem seus salários, e verificando que não lhes foi concedido qualquer aumento, preveniram os patrões de que não voltariam a trabalhar enquanto não vissem satisfeitos os seus desejos.
>
> Supomos que foi nesta fábrica que se iniciou a greve, pois os operários da mesma seguiram para a Fábrica Alçada & Filhos, onde entraram violentamente, inutilizaram uma das máquinas e obrigaram os seus camaradas a abandonar o trabalho.

Em seguida os relatores do INTP fizeram menção aos incidentes já citados acima acerca do conflito com a PSP e a GNR, bem como seus desdobramentos. Primeiramente, uma reunião no teatro local, onde os operários foram incitados à greve e, depois, um grupo de trabalhadores que, convocados pelo governo, clamavam pelo retorno à normalidade:

> Após estes incidentes, os operários efectuaram uma reunião no Teatro Covilhanense, tendo-se salientado, pela maneira como se expressava, incitando os trabalhadores à greve, um operário de nome ALBERTO BORGES, da Fábrica Alçada e Filhos, terminando essa reunião devido à intervenção da PSP, que fez evacuar a sala.
> Vários esforços se fizeram para terminar tais desmandos, até que as autoridades mandaram chamar um grupo de operários, dos mais preponderantes, que resolveram dirigir um manifesto aos trabalhadores da fábrica, cujo teor é o seguinte:
> TRABALHADORES!
> "Um grupo de operários da indústria de lanifícios, chamados à presença das autoridades competentes e ponderadas as razões apresentadas por S. Exª., resolveu retomar o trabalho, assim como aconselhar todos os trabalhadores a seguir-lhe o exemplo, pois o seu intuito é prestar-lhe a sua espontânea colaboração.
> Foi também confiados na certeza absoluta de que as autoridades competentes nos ajudarão na melhor boa vontade, prestando toda a atenção e carinho às reclamações que já vêm sido tratadas pelo sindicato e estudadas pelos organismos do Estado a quem estes assuntos são confiados.
> Um gesto esperamos:
> Que todos retomem o trabalho amanhã, às 8 horas, demonstrando assim vontade em ajudar e solucionar uma situação que todos deploram.
> COVILHÃ, 7 de novembro de 1941.[132]

Embora a situação continuasse tensionada, com incitações à greve e atitudes repressivas do governo, é interessante notar a ação deste no sentido de persuadir os trabalhadores "por dentro", ou seja, utilizando-se de um grupo de trabalhadores contrários à greve e cooptados para clamar pelo retorno ao trabalho. Além da convocação à volta ao trabalho feita por um grupo de operários, os próprios representantes do Estado fizeram uma reunião no mesmo teatro a fim de pedir o retorno ao trabalho. No dia seguinte, alguns operários já voltaram a trabalhar, sendo os proprietários das fábricas intimados a entregar à polícia uma lista dos indivíduos que compareceram ao trabalho e outra com o nome daqueles que haviam faltado. Segundo ainda os relatores, a greve havia começado entre os trabalhadores dos setores de fiação e cardação, em número aproximado de 1.200 indivíduos, boa parte com três, quatro a cinco filhos e salários entre 7,8 e 8$00 diários.[133] Para os relatores, a razão da greve e do descontentamento popular estava diretamente ligada ao aumento do custo de vida, em particular dos gêneros de primeira necessidade, além do fato de que boa parte dos gêneros chegava à cidade em pouca quantidade. Em seguida, após a informação das necessidades e carências da região, os relatores apontaram o nome dos indivíduos considerados mais perigosos, não deixando, portanto, de cumprir seu papel de coerção e controle.[134] A conclusão destes ia no sentido de que o caminho a ser adotado, principalmente devido à tradição de greves e conflitos da região, era a combinação do recrudescimento do sistema repressivo com medidas no sentido de sanar a grave crise vivida pela população:

> Para finalizar, salientamos que os indivíduos que maior interferência tiveram em todos os incidentes foram os residentes em Aldeia de Carvalho, povoação que, apesar de bastante próxima da cidade (quatro quilômetros), não tem qualquer espécie de policiamento, embora ali habitem cerca de oitocentos operários da indústria de lanifícios, sendo bem conhecidos, na sua maioria, pelas suas idéias avançadas; não sendo raro aparecerem pintados pelas paredes distintivos comunistas, tendo já estado alguns dos habitantes presos nesta polícia implicados em manejos desta natureza.
>
> Pelo relatado, parece-nos dar uma idéia de tudo o que se passou, ficando-nos a impressão de que a cidade da Covilhã é um meio, talvez devido a influências do passado, que os operários "Querem conquistar" e não que lhes "ofereçam", parecendo-nos que só com uma repressão enérgica, como a que se está fazendo, mas contínua, será possível normalizar a situação naquela cidade, embora convencidos que parte dos operários têm

direito a que se olhe pela sua situação devido às circunstâncias atrás expostas.[135]

Mais uma vez o Estado fazia menção às "idéias avançadas" como algo pernicioso a seus interesses. A sua vocação estava, mais uma vez, no retorno e não no futuro. A evocação do passado, entretanto, mostrava-se ineficiente nos momentos em que a capacidade do Estado de mediar problemas sociais deixava de existir. Nestes momentos, prevalecia o descompromisso e o conflito, o desejo de solucionar os problemas de cada grupo privado em vez do todo. A Nação comprometida com o "corpo" perdia-se. E revelava-se apenas seu lado mais óbvio. Aquele que é comum a todas as ditaduras. O lado da coerção, do controle, da violência institucionalizada.

3.6. O ESTADO EM DEFESA DO SINDICATO

Em novembro de 1941, o INTP apresentou um parecer sobre a negativa da Companhia dos Telefones em atender ao aumento conferido por despacho salarial aos empregados de escritório. Segundo a empresa, a não concessão dos aumentos se devia a duas razões fundamentais: não podia e não devia conceder o aumento.[136] Segundo o assistente do INTP, entretanto:

> I — Da improcedência da primeira atesta, e de modo inquestionável, a simples circunstância de, no ano findo e apesar dos reflexos do ciclone e outras coisas sombrias — largamente exploradas — os acionistas da Companhia terem recebido o invejável dividendo de 8!... E parece não ter a Companhia legitimamente o direito de dizer que não pode e de cerrar os ouvidos aos justíssimos clamores dos seus empregados — principais artífices desse resultado financeiro — enquanto não fizer o sacrifício (?) de reduzir um pouco tão próspero dividendo para atenuar os *reais* e imensos sacrifícios que presentemente atingem, não apenas o supérfluo, mas o *essencial* à vida do empregado e família.

II — Que, além do mais, não deve nem está, por qualquer forma, obrigada a proceder a semelhante aumento é outra das razões insistentemente alegadas pela Companhia, particularmente junto das esferas oficiais. É certo existir no contrato de concessão uma cláusula expressa que manda ajustar os ordenados em função do custo de vida.

É igualmente certo que este se alterou para mais, em percentagem nunca inferior a 25%.[137]

Deste modo, não haveria dúvidas quanto à obrigatoriedade de a Companhia pagar os aumentos devidos a seus funcionários. No entanto, seu contra-argumento visava a um período maior, em que os ganhos haviam sido maiores que as perdas. Não por acaso, o período escolhido pela Companhia para basear seus argumentos coincidia com a ida de Salazar para o Ministério das Finanças. Um divisor de águas no país:

Mas isto que é transparente e de clareza, parece não impressionar grandemente a Companhia, que se refugia neste argumento que julga decisivo:

O custo de vida desceu, sensivelmente, nos anos que se seguiram a 1928-1929; esta circunstância, porém, não levou a Companhia a baixar os ordenados ao pessoal que, ao contrário, beneficiou-se de sucessivos aumentos de então para cá — 1939; deve assim, pela *lei das compensações*, considerar-se a Companhia desobrigada de proceder a aumentos que há muito estão largamente compensados.[138]

Para o representante do Estado, entretanto, o argumento da Companhia servia "a contrário", pois os aumentos concedidos no pós-1928, mesmo com a queda do custo de vida, apenas serviam para mostrar o nível de insuficiência salarial. E maior insuficiência vivia-se naquele momento (1941), com o indiscutível aumento do custo de vida.[139] Além do mais, para o assistente,

Em qualquer caso, é incompreensível e de forma alguma perdoável que a Companhia tenha, em atenção ao custo de vida, concedido aumentos que vão de 100$00 a 500$00 mensais a 19 de seus empregados mais bem pagos (com ordenados desde 2.750$00 a 9.170$ mensais), não falando no administrador geral, que teve um aumento de 1.880$ mensais, e não proceda de igual modo quanto aos restantes empregados, a começar pelos mais modestos e necessitados, como se impunha dentro do mais elementar critério de justiça e humanidade.

Esta *justiça* (?) não a entende nem pode aprová-la o Estado corporativo, particularmente o Instituto Nacional do Trabalho.[140]

A atitude da empresa seria de tal forma considerada condenável, que um dos seus diretores, discordando da política salarial adotada, "num imperativo de consciência a que não pôde fugir", demitiu-se do cargo que ocupava.[141] O problema, portanto, não estava na negação da importância do capital, mas na forma como se devia lidar com ele.

3.7. O SINDICATO EMPREGADOR

No capítulo anterior foi visto que os funcionários dos sindicatos ou dos grêmios deviam ser tratados de acordo com a mesma legislação social dos demais trabalhadores. Assim, cabe indagar acerca da relação que os sindicatos exerciam, como empregadores, com seus funcionários. Uma pequena amostra pode ser percebida em uma reclamação de um ex-funcionário do Sindicato Nacional dos Empregados Bancários do Distrito de Lisboa. Tendo o referido ex-funcionário enviado uma correspondência aos SAS em meados de 1941, em janeiro do ano seguinte obtinha um parecer do INTP.[142] De acordo com o documento,

> Com efeito, compete aos Serviços de Acção Social acompanhar e vigiar os sindicatos nacionais, pelo que no exercício destas funções me parece que eles devem passar a conhecer sempre das questões entre os sindicatos e os respectivos empregados.[143]

Portanto, cabia aos SAS, pertencentes por sua vez ao INTP, o controle sobre as atitudes dos sindicatos, ou seja, de outra agência deste mesmo Estado. Claro está que formalmente os sindicatos eram considerados organismos privados. Entretanto, a forma como eram organizados e os dispositivos legais para seu funcionamento faziam com que na prática se tornassem agências do Estado corporativo. Poder-se-ia argumentar que tal afirmação negaria a idéia de conflito, defendida aqui. Entretanto, não há incoerência na afirmação de que duas instâncias do mesmo Estado entrem em conflito, ocasional ou permanentemente. Afirmar o contrário seria corroborar a idéia do Estado como um ente monolítico e sem contradições internas.

Segundo o INTP, as tensões entre um sindicato e seus funcionários deveriam ser participadas aos SAS, uma vez que, de outra forma, a queixa iria para o Tribunal do Trabalho, provocando fortes constrangimentos, de modo que o enfrentamento do problema merecia atenção particular:

> Uma violação do direito do trabalho, quando praticado pela direcção de um organismo corporativo, designadamente de um organismo operário, reveste gravidade especial: em meu entender, deve gerar responsabilidade disciplinar quanto aos seus autores, pois não se concebe que este Instituto permita que sejam por mais tempo dirigentes sindicais indivíduos que não cumpriram as obrigações impostas pelas leis de proteção ao trabalho alheio.
>
> Ora, se as queixas forem apresentadas *directamente* ao Tribunal, pode suceder que os SAS não tenham por vezes conhecimento delas. Parece-me portanto que as reclamações dos empregados dos sindicatos nacionais devem ser apresentadas nestes Serviços, para que se proceda à conveniente investigação, pela inquirição de testemunhas, inspecção aos livros do sindicato e mais actos que de preferência devem ser feitos pelos SAS.[144]

Além dos argumentos de caráter jurídico, quanto às implicações de uma tensão dentro dos organismos corporativos, o parecer buscava definir o papel do dirigente sindical como de responsabilidade pública. Além do mais, como empregadores dotados da particularidade de não pertencerem a qualquer ramo econômico enquanto empregadores, mas representantes de um setor público, a instituição destinada à organização corporativa, o INTP, por intermédio dos SAS, é que deveria tomar conta do assunto. Buscava-se criar, assim, uma exceção no corpo de leis destinadas à regulação do trabalho.

3.8. GREVES E CRISE NOS SINDICATOS NACIONAIS

Após a morte de Bento Gonçalves,[145] antigo dirigente comunista no campo de concentração do Tarrafal, em setembro de 1942, Álvaro Cunhal[146] destacou-se como a figura mais importante no processo reorganizativo comunista.[147] Além dos comunistas, que procuram influenciar as ações operárias e camponesas de forma mais direta, assistimos também, na década de 1940, a um processo lento de reorganização de uma oposição não comunista ao salazarismo.[148]

Os primeiros movimentos grevistas, ocorridos em 1941, serviram com um alerta ao governo diante da insatisfação popular que começava a crescer. São, aliás, os dirigentes dos próprios sindicatos nacionais que fazem um primeiro alerta a Salazar quanto à deterioração do nível de vida dos trabalhadores. Em abril de 1942, uma "mensagem dos sindicatos ao presidente do Conselho" é entregue a Salazar por uma delegação dos mais importantes sindicatos nacionais, que apelam por sua intervenção pessoal em favor da aplicação da legislação de proteção ao trabalho, além do aumento salarial. A resposta do presidente do Conselho de Ministros é, entretanto, frustrante: recusa dos aumentos fora de circunstâncias estritas e reafirmação do papel dirigente do Estado na questão do trabalho, podendo mesmo contrariar acordos entre patrões e empregados. As conseqüências da negativa do Estado se verão logo a partir de 1942. Um profundo descrédito dos sindicatos nacionais, que, por isso, ficaram de fora das greves que, iniciadas no verão de 1942, estenderam-se, conforme veremos, até maio de 1944.[149]

Assim, a partir do mês de outubro, uma forte onda grevista se estende pelos principais pontos do país, alcançando, nos distritos de Lisboa e Setúbal, segundo os dados do INTP, cerca de 14 mil paralisações não simultâneas. De acordo com Rosas,

> (...), a 17 de outubro, na Carris, quer nas oficinas, quer no movimento, inicia-se a primeira greve regional e intersectorial do período. A 2 de novembro a paralisação se alastra à Companhia dos Telefones; no dia seguinte, param os estaleiros de construção naval da CUF e os estivadores do porto de Lisboa; a 4 entram em greve a Tabaqueira, a Fábrica de Loiça da Sacavém, a Sociedade Nacional de Sabões, a Fábrica Sol, a Vulcano & Colares, as Lâmpadas do Lumiar e outras empresas. Na Manutenção Militar também se apela, sem êxito, à greve.[150]

A maioria das greves, ou melhor, sua totalidade, durou pouco. Entre algumas poucas horas a, no máximo, três dias, como foi o caso dos trabalhadores da Carris. Em geral, também tomaram a forma de movimentos de paralisação dentro dos locais de trabalho. Em algumas localidades, notam-se conflitos entre grevistas, populares e elementos da GNR. A resposta governamental ao movimento é imediata e se dá em dois níveis. Primeiro, por intermédio de nota oficiosa divulgada pela imprensa, caracterizando o movimento como obra de agitadores profissionais que tencionam desestabilizar o regime. Ao lado disso, por meio de intensa propaganda, busca-se angariar apoio popular com cartas e telegramas de solidariedade. Em segundo lugar, durante o processo grevista, assiste-se ao desencadeamento de uma forte repressão através da PSP. Citamos como exemplo a greve da Carris, em outubro, onde a PSP intervém nas instalações da fábrica, prendendo cerca de 1.100 grevistas. Por sua vez, o INTP recolhe a lista dos grevistas e as envia ao Ministério do Interior, que ordena, por seu turno, a demissão de vários deles. E o governo, também como resposta à onda grevista, decreta a possibilidade de sujeitar ao foro e à disciplina militares os trabalhadores de empresas concessionárias de serviços públicos.[151]

O PCP, por seu turno, faz autocrítica de sua política de organização de sindicatos clandestinos, argumentando que os mesmos eram isolados da grande massa dos trabalhadores. Estes, por várias razões, atuavam nos sindicatos nacionais, de modo que deveriam os comunistas entrar nos sindicatos legais, aproveitando as brechas deixadas pelo regime, e fazer oposição "por dentro" do sistema. Segundo o documento, assinado por Duarte (codinome de Álvaro Cunhal), esta nova orientação já vinha sendo defendida por Bento Gonçalves, o antigo secretário geral do Partido.[152] Entretanto, a adoção imediata da "nova linha" foi prejudicada pela prisão de Gonçalves.[153]

Ao mesmo tempo que as condições de vida se agravam no ano de 1943, com o aumento dos preços e o conseqüente declínio do nível de vida, o governo se prepara para não mais ser pego de surpresa diante de movimentos grevistas ou de "agitação". Assim, uma maior atenção e vigilância da PVDE às atividades do recém-organizado PCP e a legislação "militarizante" aprovada já em fevereiro permitem ao governo antecipar-se a futuras "perturbações da ordem".[154] Conclui-se, portanto, que possíveis choques, mais violentos que os anteriores, estariam por vir.

A deterioração do nível de vida, com constantes filas e racionamento, demonstrou, já no primeiro semestre de 1943, uma insatisfação latente junto aos segmentos operários. Além destes, assistimos a uma constante inquietação nos setores de assalariados agrícolas, devido a despachos salariais que, implementados a 14 de maio deste ano, provocaram uma redução no valor nominal do trabalho. A 26 de julho, no conselho da Almada, ocorreu a primeira greve desse ano.[155] Há duas novidades nos movimentos grevistas que ora discutimos. Primeiro, conforme já foi dito, a ausência quase completa dos sindicatos nacionais no processo. Segundo, fruto de sua reorganização, assistimos a uma participação efetiva do PCP na organização das greves.[156] No dia seguinte novas paralisações e adesões ao movimento. Ao todo, mais uma vez, estariam parados cerca de 14 mil trabalhadores dos mais diversos ramos da indústria: têxteis, metalúrgicos, estaleiros, cortiça etc. As regiões principais do movimento grevista nesse momento foram a Almada e Lisboa. Mas, apesar do desencadeamento de forte repressão e do embate contra a GNR, o movimento continuou. Em algumas regiões, notadamente em Lisboa, temendo maiores conflitos, o patronato antecipou-se às reivindicações operárias e forneceu gêneros alimentares e aumento de salários. Mas tal atitude, localizada e restrita, não impediu a continuidade da greve. No dia 28, quarta-feira, as regiões atingidas pelo movimento se alastraram. Além de Lisboa e da Almada, tínhamos agora Barreiro, Seixal e Amora, abarcando também novos setores industriais, como os químicos, trabalhadores da construção naval, cerâmica e outros. Nesse momento, a greve atingiu seu ponto máximo, com cerca de 50 mil trabalhadores paralisados. Mas esse é também o momento em que os conflitos entre as forças governistas e os trabalhadores em greve atingiram seu ponto máximo de radicalização. Tomando como base a legislação de fevereiro, citada anteriormente, o governo colocou as indústrias sob a jurisdição do Ministério da Guerra, que adotou, de imediato as seguintes medidas:

— Todas as greves, em quaisquer fábricas, devem ser direta e imediatamente comunicadas pelos patrões à repartição do gabinete do Ministério da Guerra. (...);

— As fábricas em greve são imediatamente evacuadas e é despedido todo o pessoal que faltou ao serviço. É expressamente proibido aos patrões reabrirem as fábricas sem autorização do Ministério da Guerra, bem como pagarem os salários correspondentes às horas de paralisação;

— Nas fábricas onde houve greve, os patrões podem fornecer ao Ministério da Guerra a lista nominal do pessoal que abandonou o trabalho;

— Nos casos em que haja autorização para retomar a actividade, as entidades patronais devem abrir novas inscrições para a admissão de pessoal em substituição dos trabalhadores despedidos, devendo a lista das novas admissões ser igualmente remetida ao ministério. Os serviços de Mobilização Industrial devem autorizar o recomeço da laboração, mas só "depois de haverem revisto as listas do pessoal que solicitou a admissão ao trabalho e de terem eliminado aquele considerado indesejável ou superior às respectivas necessidades de laboração". (...);

— O pessoal grevista que, tendo sido preso, não fosse readmitido ao trabalho — (...) — "será imediatamente incorporado num batalhão de trabalhadores, subordinado à mais severa disciplina militar" e "utilizado exclusivamente em serviços pesados de interesse público". A sede deste batalhão é estabelecida em Cabo Verde, onde já funcionava o campo de concentração do Tarrafal;

— O delegado do ministério deveria ordenar o fornecimento da "mão-de-obra militar e da Legião Portuguesa às fábricas cuja laboração não convenha ser interrompida". (...)[157]

Apesar do forte aparato repressivo destinado a "controlar a ordem pública", assistimos a uma continuidade, ainda que breve, do movimento grevista. Entretanto, a partir de inícios de agosto, houve um gradual retorno ao trabalho. O próprio PCP recomendou aos trabalhadores um recuo ao mesmo tempo que indicou a luta pela readmissão dos demitidos.[158]

O otimismo divulgado nos principais instrumentos de divulgação e propaganda dos comunistas contrastou, no pós-greve, com uma inequívoca situação de recuo, ainda que momentânea. O I Congresso ilegal do PCP, por exemplo, que abriu um debate sobre a questão, afirmou a vitória do movimento. Mas o fato é que, dada a incapacidade de maiores reivindicações econômicas, em virtude da virulência governamental e da quase total ausência de conquistas materiais na última jornada grevista, a capacidade de organização e reivindicação do operariado entrou em declínio.

Talvez a única medida concreta do governo diante da enormidade do movimento grevista tenha sido a criação da Intendência Geral de Abastecimentos, visando à solução do problema dos preços.[159] Mas, a despeito de qualquer medida do governo, ela não encobriu o fato de que boa parte das lideranças operárias foi jogada ao desemprego, além da deportação de muitas delas para o temido campo de concentração do Tarrafal.[160]

3.9. AS CONCESSÕES DO ESTADO

Apesar dos momentos de crise e indefinições, não resta dúvida de que o Estado mantinha uma postura ativa com relação aos sindicatos. Em alguns momentos, buscava seduzi-los tomando a iniciativa de conceder-lhes vantagens não previstas na legislação. Assim, em março, o chefe da Seção da Organização Corporativa do INTP enviou uma correspondência ao presidente do Sindicato Nacional dos Empregados Bancários do Distrito de Lisboa informando que, embora fosse de competência do subsecretário de Estado das Corporações a escolha do presidente da Federação Nacional dos Empregados Bancários, havia o mesmo decidido que ouviria sugestões dos sindicatos, pedindo a indicação de até três sócios considerados competentes para a função.[161] Em resposta, o Sindicato dos Empregados Bancários de Lisboa informava que, apesar de sensibilizado com a decisão do subsecretário de Estado das Corporações no sentido de ouvir os sindicatos, declinava da sugestão:

> (...) por lha ser extremamente agradável que S. Ex.ª fizesse nomeação segundo seu alto critério e independentemente de qualquer sugestão, manifestando assim toda a sua confiança no elevado espírito de justiça de S. Ex.ª e o maior acatamento por todas as suas determinações.[162]

Embora a resposta do sindicato tenha sido negativa, o fato em si expressava o interesse do Estado no sentido de uma relação amistosa com as organizações sindicais, ao menos com aquelas que se portavam de acordo com as diretrizes do Estado Novo. Mas também não se deve negar que a resposta do sindicato significava uma demonstração de irrestrito apoio ao regime na condução de suas políticas de caráter social. O Estado buscava seduzir os sindicatos, e estes, recíprocos, buscavam seduzir o Estado.

3.10. FISCALIZANDO AS FÁBRICAS — AGÊNCIAS DO ESTADO EM POSIÇÕES OPOSTAS

A legislação social do Estado Novo, conforme é sabido, determinava não apenas questões referentes a salários, mas também outras que diziam respeito às condições de trabalho. Tratava-se, na verdade, de uma preocupação constante de impor restrições aos tradicionais abusos das classes empresariais. Entretanto, a despeito das políticas de fiscalização, alguns abusos não deixavam de ser cometidos, provocando reação das agências do Estado. Ao mesmo tempo, nem sempre as agências estatais coadunavam-se, podendo ocorrer tensões entre as mesmas.

Devido à denúncia do Sindicato Nacional dos Tipógrafos — "disposto, como sempre, a concorrer para tão elementar observância da lei" —, descobriu-se que a tipografia Silvas Lda. havia trabalhado clandestinamente no domingo. Dada a denúncia, a tipografia foi visitada por um fiscal, que confirmou que o pessoal se encontrava de serviço no domingo. Por esta razão, e também devido aos "termos desabridos com que o chefe da casa recebeu o fiscal", a mesma acabou sendo autuada. Novo auto foi levantado no domingo seguinte, uma vez que todo o pessoal da tipografia estava de novo trabalhando.[163] Em resposta, o chefe afirmou que a casa sempre trabalhou aos domingos e haveria de continuar a fazê-lo. Retornando no domingo seguinte, em sua terceira visita, constatou o fiscal que a mesma encontrava-se em serviço. Para surpresa sua, entretanto, a casa exibiu uma autorização do INTP para que a tipografia trabalhasse também aos domingos. A partir dessa constatação, o assistente relatava os inconvenientes que decorriam da autorização efetuada pelo Estado:

a) A crise de desemprego;
b) As constantes substituições de pessoal que contrariam uma das bases do despacho de salários mínimos;
c) A deficiência da fiscalização e a consequente concorrência à custa da baixa de salários;
d) O desprestígio do sindicato, por ter dado parecer desfavorável à concessão de trabalho extraordinário ao domingo à firma Silvas, Lda.[164]

Pelas razões expostas, o assistente do INTP considerava necessária a retirada da concessão dada à tipografia para que a mesma funcionasse aos domingos.[165]

3.11. A ORDEM REGULADORA E A MORAL EXEMPLAR — O CONTROLE ESTATAL SOBRE OS SINDICATOS

Em documento datado de 30 de novembro de 1942, o assistente do INTP informava que no dia 15 do mês anterior havia recebido pessoalmente um documento do presidente do Sindicato Nacional do Pessoal dos Carros Eléctricos, João Pereira dos Reis. Na mesma, comunicavam-se irregularidades cometidas pelo secretário do sindicato, Aníbal de Almeida Santos.[166] A demora na deliberação sobre os acontecimentos devia-se à necessidade de maiores investigações sobre a denúncia. Segundo ainda o assistente, investigações feitas pelo próprio, além da participação que o secretário do sindicato fez ao INTP e enviada ao assistente pela SOC — Secretaria de Organização Corporativa —, consolidaram a convicção de que "alguma coisa cheira a podre". De acordo com o documento da SOC, acusações graves foram feitas contra o presidente da assembléia geral e um dos vogais da direção.[167] As acusações gravitavam em torno do comportamento que estes adotaram quando de distúrbios em Santos e Alcântara, ocasião em que "eléctricos" foram apedrejados. Segundo o assistente:

> Soubemos ainda, por declaração do presidente do sindicato, que o presidente da assembléia geral se tinha mancomunado com os protestantes que, por altura dos distúrbios de Santos e Alcântara, apedrejaram os eléctricos.
> Finalmente veio ao meu conhecimento, por participação do Sindicato Nacional. Clemente dos Anjos, ex-presidente daquele organismo corporativo, que o vogal da direcção José Alves Piçarra fora preso pela PVDE, em virtude de ter sido surpreendido a comunicar a alguns colegas que já não havia revisão de salários e que a comissão deste trabalho encarregada tinha sido dissolvida. O presidente do sindicato confirmou isto que acabamos de referir e precisou que o Piçarra, embora se encontre já em liberdade, continua na dependência da PVDE [...] vai prestar declarações.[168]

Em virtude do comportamento pouco afeito aos interesses do Estado, negativo com relação à ordem, o assistente propunha as seguintes resoluções:

> Por tudo isto, parece-nos que deve ser retirada imediatamente a sanção dos corpos gerentes do Sindicato do Pessoal dos Carros Eléctricos;
> que deve ser mandado aí um subinspector que averigue a veracidade das acusações arrostadas à direcção;
> que seja nomeada uma comissão administrativa, regime a que deve ser posto este sindicato.
> Afigura-se-nos que seja conveniente que seja ouvido o assistente social do sindicato.[169]

A ordem, portanto, como princípio norteador das instituições públicas, novamente se estabelecia na relação Estado-sindicato. Se a ordem era um princípio norteador das ações do Estado, o mesmo se deve dizer com relação à necessidade de uma conduta moral que se coadunasse com os princípios do Estado Novo. O dirigente sindical, assim como todo aquele que estivesse envolvido diretamente na constituição do regime, deveria se comportar como o "homem exemplar", personificado na figura do chefe de governo. Por isso, embora muitas vezes o INTP, por intermédio de seus assistentes se portasse ao lado dos sindicatos contra o "egoísmo" patronal, não hesitava em colocar-se contra os dirigentes dos mesmos se estes ferissem uma conduta que deveria sempre servir de referência e jamais ser desabonadora. O INTP, imbuído do espírito preconizado pelo Estado, procurava controlar as atividades dos dirigentes no sentido de que estes se comportassem de modo "moralmente correto". Por isso, em março de 1943, foi elaborado um documento em caráter de relatório acerca de um inquérito sobre determinadas atitudes da direção do Sindicato Nacional do Pessoal dos Carros Eléctricos de Lisboa. O documento dividia-se em quatro partes, que buscavam abarcar toda uma série de irregularidades cometidas pelos dirigentes do referido sindicato: abusos econômicos, funcionalismo, má administração e desmandos morais.[170]

Quanto ao primeiro item, dos abusos econômicos, informava o assistente que o sindicato havia despendido, com oito de seus dirigentes, a quantia de 3.325$00 (três mil, trezentos e vinte e cinco escudos). Destes, um total de 1.036$35 (mil e trinta e seis escudos e trinta e cinco centavos), ou seja, aproximados 31%, foram pagos indevidamente, uma vez que referentes a dias em que estavam a serviço da companhia e por ela remunerados, ou a período de folga e férias pagas.[171] O sindicato, portanto, não poderia servir como instrumento para que o representante da categoria viesse a gozar de dupla remuneração. A dedicação à classe era um dever voluntário e não um prêmio. Além disso, ao lado do pagamento indevido a dirigentes, foram constatados vales num total de 2.430$00 (dois mil, quatrocentos e trinta escudos). Deve ser destacado que alguns destes vales foram entregues a dirigentes favorecidos com os citados pagamentos indevidos.[172] Dentre outras irregularidades no âmbito dos abusos econômicos, destacavam-se volumosas quantias pagas para tratamento dentário a dirigentes sindicais, no total de 3.556$40 (três mil, quinhentos e cinqüenta e seis escudos e quarenta centavos).[173]

Uma série de outras irregularidades foram praticadas pela diretoria, das quais as acima citadas são apenas um mostruário. De acordo com o assistente, o sindicato havia despendido a soma de 10.608$15 (dez mil, seiscentos e oito escudos e quinze centavos), dos quais 7.500$00 (sete mil e quinhentos escudos) não se justificavam[174].

No segundo tema das irregularidades do funcionalismo, afirmava o dirigente que a diretoria havia permitido a prática de abusos que deveriam ter sido reprimidos, "não só em nome da legalidade, como também em nome da moral". Dentre os abusos, afirmava que o desconto para o fundo de desemprego relativo ao ordenado do assistente social saía do cofre do sindicato, e não de seus vencimentos, conforme previa a legislação. Quanto aos salários recebidos, o assistente não passava recibos referentes aos mesmos.[175] Desta forma, alimentava-se uma relação de clientelismo entre o sindicato e um representante do Estado, no caso o assistente social. Esta relação era evidente em outras atitudes. Por exemplo, eram comuns as faltas do assistente, sendo que, quando este regressou de férias, o sindicato dispensou-lhe uma festa, cuja despesa saiu, mais uma vez, dos cofres do sindicato. Tendo começado a exercer suas atividades no mês de agosto, retirou-se no mês seguinte para as férias, que foram ilegalmente pagas pelo sindicato.[176] Abusos também foram cometidos na concessão de licenças aos funcionários. Assim, os dois médicos da clínica geral do sindicato haviam gozado de férias ao mesmo tempo. Por este motivo, foi o sindicato obrigado a arcar com o prejuízo de 800$00 (oitocentos escudos), quantia destinada ao pagamento do médico substituto. Também no atendimento dentário eram cometidos abusos, aumentando o valor das cobranças em benefício de particulares.[177] Neste segundo tema, do funcionalismo, os prejuízos chegavam ao montante de 2.100$00 (dois mil e cem escudos).[178]

No terceiro tema, da administração, afirmava o representante do INTP que, do que se havia dito até aquele momento, "a administração não pode ser classificada de zelosa". Para este, 62% da cotização sindical se perdiam em pagamentos que, se reduzidos, poderiam se destinar a um "fundo de assistência", inexistente no sindicato. A excessiva porcentagem paga ao funcionalismo devia-se ao fato de "que alguns dos empregados são sumptuários ou generosamente pagos". Desse modo, havia a necessidade de uma maior racionalização das despesas que, atendendo às demandas dos trabalhadores e aos objetivos expressos pelo subsecretariado de Estado das Corporações, reduziria os custos do sindicato.[179] Lembrava ainda o representante do Estado de outras irregularidades administrativas, tais como os fatos de serem concedidos *passes* em abundância e sem critérios, e os materiais para o posto dentário eram comprados por uma contínua, "a quem nunca foram pedidas responsabilidades pelos descaminhos praticados por um filho".[180]

No quarto tema, dos "desmandos morais", afirmava o parecer que foram verificados desentendimentos tanto entre os membros da direção como entre estes e os empregados do sindicato, "o que denuncia falta de idoneidade moral para mandar".[181] Neste ponto, algumas críticas foram novamente feitas em caráter nominal. Destacavam-se não só os nomes das pessoas envolvidas, mas também suas atitudes consideradas inconvenientes do ponto de vista moral. Atitudes que não se coadunavam com as de um dirigente sindical do Estado Novo:

> (...)
> 2. José Pereira dos Reis acusa Aníbal de Almeida Santos de incorrecto para com a dentista, de pouco respeitador da integridade económica do sindicato e de ser "visto com desprezo pelos colegas, pois na sua vida existem actos menos dignos"...; a dentista abunda deste mesmo ponto de vista.
> 3. O Almeida Santos acusa a dentista de abusos pecuniários, o vogal Gouveia de acção de arruaceiro, o João Pereira dos Reis de relações sexuais escandalosas com a filha da contínua.
> Esta última parte já era do conhecimento do signatário, pois diversas pessoas lhe tinham falado do assunto.[182]

Dentre as conclusões, afirmava o parecer que os abusos cometidos pela diretoria, particularmente no que dizia respeito aos de caráter financeiro, deveriam ser repostos por aqueles que os praticaram. Em virtude da conduta de dirigentes e funcionários, o sindicato havia sofrido um profundo desgaste do ponto de vista moral, provocando o "descrédito do organismo e dos princípios corporativos que tinham por dever prestigiar".[183] Por essas razões, considerava a necessidade de se tomarem medidas importantes no sentido de sanar a crise provocada por dirigentes e funcionários:

> a) em relação ao uso dos proventos do sindicato e ao comportamento dos empregados, os SAS podem (e já o têm feito) moralizar a administração sindical, pela honestidade a que coíbam a gerência e pela orientação do destino do dinheiro;
> b) em relação às quantias que foram desviadas, determinar a reposição;
> c) em relação ao apuramento de responsabilidades, dado que parecem implicados nelas funcionários que facilmente sugestionavam os directores, promover uma sindicância, (...) em que sejam ouvidas as necessárias testemunhas e exibidos os documentos que existirem.[184]

Deste modo, buscava o Estado garantir não apenas um comportamento padrão para os dirigentes sindicais, mas também evitar o particularismo na conduta dos trabalhadores, que era tão comum no comportamento patronal. Em nome, portanto, do interesse coletivo, a conduta individual devia ser também regulada pelo Estado.

3.12. SINDICATOS EM BUSCA DO ESTADO — A QUESTÃO DO HORÁRIO DE TRABALHO

Os problemas referentes ao cumprimento do horário de trabalho, principalmente no que concerne à resistência patronal em aceitar a legislação vigente, era uma das mais graves dificuldades enfrentadas pelo regime. As queixas e reclamações dos sindicatos eram correntes, demonstrando uma incapacidade do governo em controlar a atividade industrial do país. Em março de 1943, foi a vez do Sindicato Nacional dos Operários Pedreiros do Porto apresentar reclamações sobre o tema:

> Tendo a direcção deste sindicato nacional sido deslocada diversas vezes em serviço de fiscalização ao horário de trabalho, ao conselho de Felgueiras, visto as constantes reclamações daqueles humildes trabalhadores da construção civil dizerem que lhes pagam uns magros salários e ainda os fazem trabalhar de sol a sol. E sendo assim esta direcção se deslocou, dia 2 do corrente mês, para aquele conselho e verificamos mais uma vez que os srs. empreiteiros da construção civil não têm em respeito pelas leis, porque ainda que pague a multa, depressa se desforram desse prejuízo, fazendo continuar os seus operários a trabalharem de sol a sol e esta direcção, embaraçada por falta de transporte e também pela despesa que faz, resolveu naquele conselho entregar um ofício ao sr. comandante daquele posto, para que os guardas que patrulham as freguesias interviessem no horário de trabalho, o sr. comandante do Posto, depois de ler nosso ofício, disse que aquele serviço não era estranho e que de boa vontade nos prestava todo o auxílio, mas que era preciso que as ordens fossem dadas do comando do porto, motivo por que esta direcção

resolveu solicitar a V. Exª. se digne ordenar se puder ser, o que acima pedimos.

Desejamos a V. Exª. Saúde e Felicidade para o Bem da Nação Porto, 6 de março de 1943.

Pelo presidente (a) Joaquim Caetano Ferreira, chefe dos serviços administrativos.[185]

Mais uma vez, a busca do Estado era uma prática dos sindicatos contra os grêmios. E também, como em outras reclamações já citadas, a carta do Sindicato dos Pedreiros do Porto embasava-se na lei, acusando os patrões de a descumprirem. O texto demonstrava ainda a fragilidade material de alguns sindicatos, e, conseqüentemente, as dificuldades destes em responder aos interesses de toda a categoria profissional representada. O problema havia ultrapassado as fronteiras do distrito do Porto, chegando ao comando geral da guarda Nacional Republicana de Lisboa. Apesar das demandas dos operários, o comando geral da guarda considerava inadequada a prática de vigilância do horário de trabalho por parte da corporação.[186] Ao que parece, muitas vezes a capacidade de representação dos trabalhadores junto ao Estado dependia da força e representação do sindicato que apresentava as demandas. O Sindicato dos Pedreiros era frágil e desestruturado, não possuindo, portanto, maiores condições de barganhar em prol de seus interesses. O problema, entretanto, chegaria também ao subsecretariado de Estado das Corporações, por meio de correspondência do chefe de gabinete do Ministério do Interior ao subsecretariado.[187] Em resposta ao Ministério do Interior, o subsecretário das Corporações fez chegar a seguinte correspondência:

> A fiscalização do horário de trabalho e descanso semanal compete especialmente à Inspecção do Trabalho, nos termos do art. 90º do Regulamento do Instituto Nacional do Trabalho e Previdência, aprovado pelo decreto-lei nº 32.593.
> E embora as autoridades administrativas e policiais devam prestar aos serviços da referida inspecção o concurso de que necessitar (cit. reg. art.

115°), não me parece de aconselhar a intervenção da Guarda Nacional Republicana, visto que, como informa o seu Exm°. comandante, trata-se de um serviço que não lhe está a carácter e que só poderia ser desempenhado com prejuízo de outros a seu cargo.

De resto, nem sempre é fácil distinguir quando o trabalho do pedreiro é rural e, como tal, não está sujeito ao horário de trabalho, ou de construção civil, em que o período de trabalho é de oito horas, e, assim, há conveniência em que a fiscalização fique a cargo de um serviço especializado.[188]

Mais uma vez, a idéia segundo a qual cada ofício tem sua própria obrigação e, portanto, uma área definida de atuação, balizava o comportamento e as concepções dos dirigentes do Estado Novo português. Para o regime, os princípios jurídicos eram imutáveis, não havendo hipótese de reinterpretações.

3.13. EM DEFESA DA DOUTRINA

Para os trabalhadores em geral, os problemas enfrentados a partir da decretação do Estado Novo deviam-se ao não cumprimento da doutrina legislativa nele contida. Para eles, a legislação, conforme já dissemos, interessava e atendia a seus interesses. Porém, o mesmo não ocorria com os patrões, insatisfeitos com a regulação e a vigilância permanentes que o Estado exercia sobre eles. Esta história mais uma vez se repetia, mudando apenas os personagens reclamante e reclamado. E, é claro, permanecendo o personagem condutor (e mediador) do conflito: o Estado. O Sindicato Nacional dos Carros Eléctricos apresentou ao INTP reclamações sobre o não cumprimento da portaria de 20 de fevereiro de 1943, que determinava aumentos salariais para a categoria. De acordo com o assistente do INTP,

> Desta vez a direcção do sindicato não pede qualquer revisão da portaria que estabelece o reajustamento dos salários e das condições de trabalho

do pessoal da Carris. Pede tão-só "que a doutrina contida na portaria seja fielmente cumprida".[189]

A primeira reclamação do sindicato dizia respeito ao período de descanso de uma a duas horas após um período de jornada consecutiva de quatro ou cinco horas. O sindicato denunciava que este período de descanso se prolongava por seis a sete horas, fazendo com que os trabalhadores ficassem à disposição da companhia por 14 ou mais horas, e não durante oito a dez, conforme determinava a lei.[190] Assim, segundo o assistente,

> (...) O período de trabalho diário deve ser interrompido, pelo menos, por um descanso que não poderá ser inferior a uma hora e nem superior a duas, depois de quatro ou cinco horas de trabalho consecutivo.[191]

A deliberação do assistente, portanto, caminhava no sentido de apoiar as reivindicações do Sindicato Nacional dos Carros Eléctricos e acusava a Carris pelos erros cometidos. De acordo com o próprio assistente,

> 1º o pessoal da Carris não pode trabalhar mais do que o período máximo de trabalho diário;
> 2º este período máximo é de dez horas, conforme os artigos 1º e 10º do decreto e o 27º da portaria, pois podendo ter sido aumentado o tempo de descanso (...) não se utilizou essa faculdade consoante se colige do já citado art. 27º da portaria de 20-II-43, neste ponto reforçado pelo art. 17º.[192]

Dada a irregularidade cometida pela companhia, o assistente propunha que a mesma devesse submeter seus horários a novos exames a serem feitos pelo INTP. Do ponto de vista imediato, dever-se-ia proibir a companhia de prender seu pessoal por mais de dez horas, salvo durante o plantão remunerado.[193]

Os plantões, embora previstos em lei, eram também motivo de preocupação e reclamações por parte do sindicato. Segundo o assistente:

> Se bem entendemos as coisas, deve considerar-se tempo de plantão não só aquele que medeia entre a hora da apresentação e a hora em que se verifica o acto de ser escalado, mas também aquele que intercede entre este último e o momento para que o homem foi escalado.
> A razão é obvia: durante todo este tempo o pessoal, ocasionalmente naquelas condições, está adstrito à companhia. Quem tem de se apresentar ao serviço às seis da manhã, e depois é dispensado por três horas, deve considerar-se em exercício durante todo esse tempo. Só por este motivo se pode ser entendido que o tempo de plantão merece remuneração inferior ao trabalho normal.[194]

O período normal de trabalho, de acordo com a lei, não deveria ultrapassar dez horas, incluindo-se, no máximo, duas horas para descanso. As razões para que o horário de trabalho assim se procedesse tinham não só um caráter racional e técnico como também, de acordo com a assistente, um objetivo humanitário:

> (...) Com isso pretendeu-se evitar que o pessoal estivesse todo o dia restrito às empresas, sem possibilidade de se dedicar à família e de aliviar o espírito e (...) o corpo; ou seja: pretendeu-se humanizar o trabalho.
> Ora bem: se aquelas horas não forem consideradas de plantão, frustra-se o resultado que se pretendeu obter com a legislação sobre o horário de trabalho. Cada classe de obreiros continuará a trabalhar de sol a sol.[195]

Segundo a legislação vigente, o assistente do INTP afirmava que a Carris só poderia adotar duas atitudes. A primeira seria pagar horas extras a todos os funcionários que excedessem as oito horas. A segunda seria classificar como plantão todo o tempo que ultrapassasse as mesmas oito horas. Para o primeiro caso, o plantão deveria ser caracterizado entre o momento de apresentação na empresa e o início do trabalho, não podendo ser interrompido em mais de duas horas e em menos de uma, para fins de descanso. Para o segundo caso, a companhia seria obrigada a comprometer-se em garantir oito horas diárias ao pessoal suplementar ou de reserva, garantindo: 1) que fosse pago por inteiro o tempo de plantão ou descanso superior a duas horas; 2) não permitindo dar o tempo de plantão ou de descanso ao pessoal que não tivesse oito horas de trabalho efetivo. Evitar-se-ia, nos dois casos, que o trabalhador recebesse uma remuneração reduzida, uma vez que o plantão tem um valor menor que o salário efetivo. O assistente buscava explicitar sua opinião:

> Suponha-se que o condutor A se apresentou na Companhia às *seis da manhã*, sendo escalado para as nove; e que às *13 horas* esse mesmo condutor foi mandado descansar até às *19*, hora a que retomou o serviço para abandonar às *23*.
> Este condutor teve *oito horas* de trabalho efectivo; três de plantão; e 6 de descanso. Ora bem: conforme a alínea 1) o tempo de plantão será assim pago — 1.ª hora 20%, 2.ª hora 75%, 3.ª hora por inteiro; e o tempo de descanso: todo por inteiro, deduzido aquele (uma a duas horas) que legalmente for [...] como tal.
> (...)
> Não se compreende que, tendo sido revistas as condições de trabalho e as remunerações do pessoal da Carris para pôr fim a anomalias que legal e socialmente não deviam permanecer, a portaria venha estabelecer uma anomalia bem mais gravosa e lamentável que a anterior!
> Entendemos, por isso, que a reclamação do pessoal deve ser entendida e reputada justa.[196]

Para o assistente, havia uma maior necessidade de fiscalização do Estado. Para ele, era inadmissível que o mesmo não garantisse justiça, função determinante de sua existência. Por esta razão, apresentava, em nome dos SAS, o seguinte parecer:

> 1.º São irregularidades as escalas e horário de trabalho actuais da Companhia Carris, no que toca ao pessoal de movimento;
> 2.º Deve a empresa ser notificada a submeter aquelas escalas e horário a novo estudo do INTP;
> 3.º Deve ser vedada à Carris a imposição ao seu pessoal de descansos superiores a duas horas e inferiores a uma;

4.º Deve ser classificado como tempo de plantão todo o que decorrer desde a apresentação da Companhia até ao começo do trabalho, e de serviço extraordinário o que, descontado este, exceder as oito horas de trabalho efectivo;

5.º Era de toda a conveniência dar instruções especiais à Inspecção do Trabalho no sentido de activar a fiscalização do cumprimento da portaria de 20-II-943.[197]

A rotina do Estado continuava. De um lado, os operários e demais trabalhadores urbanos buscavam fazer seus interesses a partir do apoio do Estado e da legislação por este outorgada; o Estado, por seu turno, buscava consolidar um discurso em favor do "bem geral", mas não conseguia fazer com que as classes patronais aceitassem passivamente a legislação corporativa, fato que os colocava inexoravelmente ao lado dos sindicatos. Os patrões continuavam a apoiar o Estado naquilo que ele tinha de autoritário e afastavam-se quando obrigações, e muitas vezes perdas, eram impostas à sua conduta em nome do chamado "bem geral".

CONCLUSÃO

As relações de trabalho vividas no período pareciam não ter mudado em relação a outros momentos do próprio Estado Novo. A começar pela má vontade do patronato em face da legislação social, principalmente quanto à questão da assinatura de contratos coletivos de trabalho e pela permanente disposição dos sindicatos nacionais em buscar nas agências do Estado o caminho mais adequado para fazer valer seus interesses. A pequena diferença é que, desta feita, o patronato mostrava-se mais organizado, criando mecanismos de adiamento de decisões — como foi o caso dos debates em torno da assinatura de contrato entre os trabalhadores da cerâmica —, como forma de manter relações de trabalho destituídas da mediação do Estado. Além disso, a obrigatoriedade de credenciarem todas as fábricas junto aos grêmios caracterizava-se por uma presença do

Estado no mínimo constrangedora, particularmente para uma classe empresarial acostumada a uma liberdade que, se não era plena, era por certo bem mais ampla que aquela vivenciada pelos trabalhadores urbanos.

Esta foi, sem dúvida, uma das maiores dificuldades do regime ao longo de seus anos. Mas não foi a única e, no período estudado neste capítulo, não foi, por certo, a mais grave. Os problemas mais sérios eram decorrentes da própria rebeldia dos trabalhadores. Não a rebeldia de uma "nova conciência de classe", mas aquela oriunda da quebra de um pacto, de um equilíbrio mínimo firmado entre trabalhadores e Estado. As dificuldades impostas pelo conflito mundial, entretanto, impunham dificuldades também ao regime, que, por sua vez, como num jogo de cadeia, impunha dificuldades aos governadores civis. Não tendo a quem recorrer, os trabalhadores buscavam na greve a única forma de se fazerem ouvir. É provável que o processo de reorganização comunista dentro dos sindicatos nacionais, a partir de 1941, tenha influenciado a nova conduta operária e sindical.

O Estado, apesar da crise, mantinha-se firme no propósito de manter uma ordenação corporativa adequada a seus interesses. Assim, preocupava-se não apenas com as greves e demais formas de protesto, mas também com o funcionamento da instituição sindical. A resolução segundo a qual os trabalhadores deveriam descontar obrigatoriamente em folha, apesar de entendida como uma derrota, caracterizou-se como um momento de fortalecimento da organização corporativa e, como conseqüência, como um momento de fortalecimento do próprio Estado que a geria.

Para os sindicatos, a nova resolução foi vista como um vetor para seu fortalecimento. Embora tendo sido uma legislação criada ainda em 1939, suas conseqüências puderam ser percebidas ao longo do período estudado no capítulo, quando diversas categorias profissionais buscaram junto ao Estado, por intermédio do INTP, o privilégio de serem incluídas entre as profissões abarcadas pela nova legislação.

Apesar da crise, vale dizer que o regime buscou apoiar-se sempre em argumentos jurídicos de modo a institucionalizar o conjunto das relações econômicas e sociais vividas pelos diversos grupos sociais. Não se tratava apenas da utilização da força, mas da demonstração permanente das razões pelas quais mecanismos coercitivos estavam sendo utilizados. Tratava-se, portanto, do reconhecimento do princípio da autoridade do Estado e da determinação da ordem, submetido a argumentos que buscavam dar-lhe ordenação legal e, sempre que possível, legitimidade.

Notas

1. ROSAS, Fernando. "Sob os ventos da guerra: a primeira crise séria do regime (1940-1949)." In: MATTOSO, José. *Direção História de Portugal*. Sétimo Volume: O Estado Novo (1926-1974). Lisboa: Estampa. 1994, pp. 301-303. Sobre as relações externas e a política portuguesa durante o conflito, ver também: ROSAS, Fernando. *Portugal entre a paz e a guerra: 1939-1945*. Lisboa: Estampa, 1990.
2. Cf: "A Frente Única e o trabalho nos sindicatos nacionais", Unidade da Nação Portuguesa na luta pelo Pão, pela Liberdade e pela Independência, Álvaro Cunhal. In: *O PCP e a luta sindical. Documentos para a história do Partido Comunista Português*. Lisboa: Avante!, 1975, pp. 21-26. Neste documento, Álvaro Cunhal chegava a afirmar: "Sem dúvida que as massas operárias viram desde logo nos sindicatos nacionais 'inimigos de classe'. Mas a coacção fascista, dum lado, as promessas demagógicas, do outro, a sindicalização obrigatória, nuns casos, certas vantagens mínimas, noutros, levaram as massas operárias a ingressar nos sindicatos nacionais com maior ou menor gosto, mais ou menos contrafeitas. Isto é, *os sindicatos nacionais tornaram-se de facto amplas organizações de massas.* p. 22. (Grifos meus, FCPM). Para se ter uma idéia da representatividade crescente do sindicalismo português, basta ver sua evolução: em 1933, foram organizados 15 sindicatos nacionais. Em 1940, o número de sindicatos nacionais havia saltado para 276, com um total aproximado de 247.501 sócios. Sobre a evolução do sistema corporativo português no período em estudo, ver Anexo 10.5.
3. PATRIARCA (Cf. "O triângulo corporativo. Acta e encenação...", ibid., p. 942.), ao fazer estas mesmas observações, chega a afirmar que o Estado nega o conflito entre as classes. Parece-nos mais correto afirmar que o Estado nega a desordem e a desobediência diante do interesse público. O tratamento que se estabelece entre empregados, que se organizam nos sindicatos nacionais, e empregadores, organizados nos grêmios, demonstra, por si, a existência de interesses diferenciados. Nos regimes fascistas, ao contrário, não havia a separação entre trabalhadores e patrões, organizados em uma única instituição estatal. Sobre a organização do traba-

lho no fascismo, ver: TANNENBAUM, Edward R. *La experiencia fascista*: ... Ibid, 1975, cap. 4. "Economia y trabajo", pp. 119-158.
4. Mesmo o fascismo, que se originou de movimentos socialistas, em particular da ala à esquerda do socialismo europeu, diluiu gradativamente a idéia de classe em favor da Nação. Cf. STERNHELL, Zeev; SZNAJDER, Mario; & ASHÉRI, Maïa. *Nascimento da ideologia fascista*. Venda Nova, Bertrand, 1995.
5. "Informação — Profissionais legalmente representados pelos Sindicatos Nacionais de Empregados de Escritório", do assistente do INTP (assinatura ilegível), de 14 de fevereiro de 1940. AHMQE.
6. Ibid., pp. 1-2.
7. Ibid., pp. 2-3.
8. Ibid., pp. 3-4.
9. Ibid., p. 4.
10. Ibid., pp. 4-5.
11. Ibid., pp. 6-7.
12. Ibid., p. 7-8.
13. Ibid., pp. 8-9.
14. Ibid., p. 11.
15. Ibid., ibid.
16. Ibid., p. 12.
17. "Parecer sobre o pedido de cotização obrigatória para o Sindicato Nacional dos Metalúrgicos do Distrito de Castelo Branco", do assistente do INTP, de 30 de setembro de 1940.
18. Correspondência do governador civil do Faro, de 19 de julho de 1940, ao ministro do Interior. ANTT/MI-GM, maço 516/cx. 74.
19. Ibid.
20. Ibid.
21. Ibid.
22. Ibid.
23. Ibid.
24. Sobre a crise na Covilhã, voltaremos a falar na parte 3.5 do presente capítulo.
25. ROSAS, ibid. pp. 353-354.
26. Ibid., p. 354.
27. Ibid, ibid.
28. Ibid, ibid.
29. Ibid, ibid.
30. Ibid, ibid.
31. Ibid, p. 355.

32. Ibid, ibid.
33. Ibid, pp. 355-356.
34. Ibid, p. 356.
35. Para uma análise da organização sindical no fascismo, ver: TANNENBAUM, Edward R. *La experiencia fascista:* ... Ibid.
36. Que passaremos a chamar de Sindicato dos Ceramistas de Lisboa.
37. Ofício n° 125, de 31 de agosto de 1940, do Sindicato Nacional dos Operários da Indústria de Cerâmica e Ofícios Correlativos do Distrito de Lisboa, ao subsecretário de Estado das Corporações e Previdência Social. AHMQE.
38. Os Sindicatos Nacionais dos Operários da Indústria de Cerâmica e Ofícios Correlativos dos Distritos de Aveiro, Coimbra, Lisboa e Porto. Embora os sindicatos nacionais obedecessem a critérios regionais, sendo distribuídos pelos distritos, os grêmios tinham apenas uma única representação para todo o país.
39. Ofício n° 125, supracitado, do Sindicato dos Ceramistas de Lisboa ao subsecretário de Estado das Corporações e Previdência Social.
40. O mesmo, conforme se verá adiante, foi motivo de intensas polêmicas entre o grêmio e os sindicatos nacionais dos ceramistas.
41. Ofício n° 125, supracitado.
42. Correspondência n° 3752 — K dos Serviços de Ação Social do INTP, datada de 21 de janeiro de 1941. Assinatura ilegível do Assistente. AHMQE.
43. Correspondência de 10 de fevereiro de 1941, dos Sindicatos Nacionais dos Operários da Indústria Cerâmica e Ofícios Correlativos dos Distritos de Aveiro e Porto; de 14 de fevereiro de 1941, do Sindicato Nacional dos Operários da Indústria Cerâmica e Ofícios Correlativos do Distrito de Coimbra; e de 19 de fevereiro de 1941, do Sindicato Nacional dos Operários da Indústria Cerâmica e Ofícios Correlativos do Distrito de Lisboa, ao assistente do INTP, Brás Medeiros.
44. Ibid.
45. Correspondência datada de 19 de fevereiro de 1941, do Sindicato Nacional dos Operários da Indústria Cerâmica e Ofícios Correlativos do Distrito do Porto, ao secretário do INTP/Seção do Trabalho. AHMQE.
46. Ofício n° 199, de 20 de março de 1941, do Sindicato Nacional dos Operários da Indústria de Cerâmica e Ofícios Correlatos do Distrito de Lisboa ao secretário do Instituto Nacional do Trabalho e Previdência Social. AHMQE.
47. Ofício n° 127/41, de 29 de março de 1941, do Grêmio Nacional dos Industriais de Cerâmica ao secretário do Instituto Nacional do Trabalho e Previdência Social/Seção do Trabalho. AHMQE.
48. "Acórdão da Comissão Arbitral da Indústria de Cerâmica (cópia), julho de 1941." AHMQE.

49. Ibid., p. 1.
50. Ofício nº 358/41, datado de 2 de setembro de 1941, do Grémio Nacional dos Industriais de Cerâmica ao secretário do Instituto Nacional do Trabalho e Previdência/Seção da Organização Corporativa. AHMQE.
51. Ofício nº 473/41, datado de 22 de outubro de 1941, do Grémio Nacional dos Industriais de Cerâmica ao Secretário do Instituto Nacional do Trabalho e Previdência/Seção do Trabalho. AHMQE.
52. Correspondência datada de 14 de novembro de 1941, do INTP, ao presidente do Grêmio Nacional dos Industriais de Cerâmica.
53. Correspondência do Grémio Nacional dos Industriais de Cerâmica, datada de 25 de novembro de 1941, ao delegado do INTP no Porto. AHMQE.
54. Ofício nº 1.204, datado de 18 de novembro de 1941, do Sindicato Nacional dos Operários da Indústria Cerâmica e Ofícios Correlativos do Distrito do Porto ao subsecretário de Estado das Corporações e Previdência Social, p. 1. AHMQE.
55. Ibid., p. 3.
56. Ofício nº 521/41, datado de 20 de novembro de 1941, do Grémio Nacional dos Industriais de Cerâmica ao Secretário do INTP/Seção do Trabalho. AHMQE.
57. Ibid., 2
58. Ibid., p. 3.
59. Ibid., p. 4.
60. Ibid., p. 5.
61. Ofício nº 408, datado de 28 de novembro de 1941, do Sindicato Nacional dos Operários da Indústria de Cerâmica e Ofícios Correlativos do Distrito de Lisboa ao subsecretário de Estado das Corporações e Previdência Social. AHMQE.
62. Ofício nº 13.267, de 2 de dezembro de 1941, do delegado do INTP no Porto ao secretário do INTP em Lisboa.
63. Correspondência do delegado do INTP no Porto, de 3 de dezembro de 1941, ao secretário do INTP, em Lisboa, p. 1. AHMQE.
64. Ibid., p. 2.
65. Ibid., pp. 2-3.
66. Correspondência do Grémio Nacional dos Industriais de Cerâmica, de 8 de dezembro de 1941, ao secretário do INTP/Seção do Trabalho. AHMQE.
67. Cópia de correspondências datadas de 6 de dezembro de 1941, assinadas pelo assistente do subsecretário de Estado das Corporações, aos delegados do INTP e Sindicatos Nacionais dos Operários da Indústria de Cerâmica e Ofícios Correlativos dos diversos distritos. AHMQE.
68. Circular nº 3.727, do INTP/Serviços de Ação Social, datado de 13 de dezembro de 1941. AHMQE.

69. Ofício nº 421, de 18 de dezembro de 1941, do Sindicato Nacional dos Operários da Indústria de Cerâmica e Ofícios Correlativos do Distrito de Lisboa, ao assistente dos Serviços de Ação Social do INTP, Brás Medeiros. AHMQE.
70. Parecer do INTP sobre interpretação da tabela de salários mínimos da cerâmica, de 24 de janeiro de 1942, assinada pelo assistente A. Ribeiro Queirós.
71. Ibid., p. 2.
72. Ibid., p. 2.
73. Ofício nº 1.423, de 4 de fevereiro de 1942, do delegado do INTP no Porto, ao secretário do INTP/Seção do Trabalho.
74. Ofício nº F/491, de 9 de fevereiro de 1942, do delegado do INTP em Coimbra ao secretário do INTP. AHMQE.
75. Ofício nº 130/42, de 12 de fevereiro de 1942, do Grémio Nacional dos Industriais de Cerâmica ao secretário do INTP.
76. Ibid., p. 2.
77. Parecer sobre o projeto do contrato de trabalho do Grémio Nacional dos Industriais de Cerâmica, datado de 12 de fevereiro de 1942 e Anexo ao supracitado ofício nº 130/42, p. 6.
78. Ofício nº 478, de 18 de fevereiro de 1942, do Sindicato Nacional dos Operários da Indústria de Cerâmica e Ofícios Correlativos do Distrito de Lisboa, ao assistente do INTP, Brás Medeiros. AHMQE.
79. Correspondência de 2 de março de 1942, do INTP ao Grémio Nacional dos Industriais de Cerâmica.
80. Ofício nº 216/42 de 12 de março de 1942, do Grémio Nacional dos Industriais de Cerâmica, ao Secretário do INTP. AHMQE.
81. Menores, para o sexo masculino, consideramos aqueles com menos de 21 anos e, para o sexo feminino, com menos de 18. Em geral o limite da maioridade era de 18 anos. Entretanto, conforme pudemos constatar através de correspondência do Grémio dos Industriais de Cerâmica, este limite foi aumentado para 21 a fim de, segundo o grêmio: "1º. Evitar o despedimento dos operários de mais de 18 anos que atingissem essa idade sem o desenvolvimento físico que permitisse distribuir-lhes o trabalho de um homem; 2º. Ampliar o período de aprendizagem para os operários especializados, visto que o despacho que estabeleceu os salários mínimos para a indústria de cerâmica não previu claramente períodos de aprendizagem." Cf. ofício nº 230/42, de 13 de março de 1942, do Grémio Nacional dos Industriais de Cerâmica ao subsecretário de Estado das Corporações e Previdência Social. Conforme pudemos verificar no documento da Fábrica de Louças de Sacavém, os aprendizes de sexo masculino tinham até vinte anos e, por isso, concluímos ter sido este o limite para a maioridade.

82. Correspondências datadas de 10 de março, do secretário do INTP, aos delegados do instituto em Aveiro e Leiria. AHMQE.
83. Ofício, de 30 de março de 1942, do delegado do INTP em Aveiro ao secretário do instituto em Lisboa.
84. Ibid.
85. Ofício nº 1.369, de 15 de abril de 1942, do Sindicato Nacional dos Operários da Indústria de Cerâmica e Ofícios Correlativos do Distrito do Porto ao assistente do INTP, Brás Medeiros. AHMQE.
86. Ibid.
87. Ofício nº 159/52, de 17 de abril de 1942, do Sindicato Nacional dos Operários da Indústria Cerâmica e Ofícios Correlativos do Distrito de Coimbra, ao assistente do INTP, Brás Medeiros.
88. Ofício nº 2.397, de 28 de abril de 1942, do Sindicato Nacional dos Operários da Indústria de Cerâmica e Ofícios Correlativos do Distrito de Aveiro, ao assistente do INTP, Brás Medeiros. AHMQE.
89. Ibid.
90. Ibid.
91. Ofício, de 10 de julho de 1942, do Sindicato Nacional dos Operários da Indústria Cerâmica e Ofícios Correlativos do Distrito de Coimbra ao subsecretário de Estado das Corporações. AHMQE.
92. Ibid.
93. Ofício nº 2.369, de 20 de julho de 1942, do assistente do INTP em Coimbra, Vasco Homem de Melo, ao secretário do INTP.
94. Cópia da Ata nº 1 da assembléia geral do Sindicato Nacional dos Operários da Indústria Cerâmica e Ofícios Correlativos do Distrito de Lisboa, realizada em 15 de julho de 1942. AHMQE.
95. Ibid., pp. 1-2.
96. Ibid., ibid.
97. Ibid., ibid.
98. Ibid., p. 3.
99. Ibid., p. 2.
100. Ibid., ibid.
101. Para presidente da assembléia geral, foi eleito Pedro Augusto da Silva, e para presidente da direção, Joaquim Francisco. Ibid., p. 4.
102. Ofício nº 779, de 18 de julho de 1942, do Sindicato Nacional dos Operários da Indústria de Cerâmica e Ofícios Correlativos do Distrito de Lisboa, ao subsecretário de Estado das Corporações e Previdência Social. AHMQE.
103. Ofício nº 780, de 18 de julho de 1942, do Sindicato Nacional dos Operários da

Indústria de Cerâmica e Ofícios Correlativos do Distrito de Lisboa, ao secretário do INTP; Ofício nº 781, do Sindicato Nacional dos Operários da Indústria de Cerâmica e Ofícios Correlativos do Distrito de Lisboa ao assistente do INTP, Brás de Medeiros. AHMQE.

104. Para o mês de setembro, diversos ofícios do delegado do INTP em Setúbal foram encontrados no AHMQE, informando de memorandos de fábricas sobre contratações e demissões. Também foi encontrada a cópia de um ofício da Companhia das Fábricas de Cerâmica Lusitânia, datada de 7 de novembro de 1942, dirigida ao INTP, comunicando os movimentos de entrada e saída de pessoal durante os meses de setembro e outubro. Segundo o documento, havia entrado na fábrica um total de 22 trabalhadores, todos homens, sendo que dois menores. Nestes mesmos meses, saíram 54 funcionários, também todos homens, não especificando a fábrica quantos destes eram menores de idade.

105. Ofício nº 840, de 17 de setembro de 1942, do Sindicato Nacional dos Operários da Indústria de Cerâmica e Ofícios Correlativos do Distrito de Lisboa, ao subsecretário de Estado das Corporações e Previdência Social.

106. Ibid., pp. 1-2.

107. Ofício nº 17, de 18 de setembro de 1942, do Sindicato Nacional dos Operários da Indústria Cerâmica e Ofícios Correlativos do Distrito do Porto ao assistente do INTP, Brás de Medeiros. AHMQE.

108. Ibid., p. 1.

109. Ibid., p. 2.

110. Ibid., ibid.

111. Cópia de ofício nº 185, de 17 de novembro de 1942, do Sindicato Nacional dos Operários da Indústria Cerâmica e Ofícios Correlativos do Distrito do Porto ao presidente do Sindicato Nacional dos Operários da Indústria Cerâmica e Ofícios Correlativos do Distrito de Lisboa. AHMQE.

112. Ibid., p. 1.

113. Ibid., ibid.

114. Sobre a idéia do "patrão" como um "pai", ver: PERROT, Michelle. *Os excluídos da história*, Brasiliense, 1987, capítulo 3: "O olhar do outro: os patrões franceses vistos pelos operários (1880-1914)", pp. 82-84.

115. Cópia de ofício nº 201, de 19 de novembro de 1942, do Sindicato Nacional dos Operários da Indústria Cerâmica e Ofícios Correlativos do Distrito de Coimbra, ao presidente do Sindicato Nacional de Cerâmica de Lisboa. AHMQE.

116. Correspondência, datada de 19 de maio de 1941, do comandante geral da Polícia de Segurança Pública de Lisboa, coronel José Martins Câmeira, ao chefe de gabinete do ministro do Interior. ANTT/MI-GM, maço 521/cx. 79.

117. Correspondência, datada de 20 de maio de 1941, do comandante geral da Polícia de Segurança Pública de Lisboa, coronel José Martins Cámeira, ao chefe de gabinete do ministro do Interior. ANTT/MI-GM, maço 521/cx. 79.
118. Correspondência, datada de 20 de maio de 1941, do governador civil de Castelo Branco, ao ministro do Interior. ANTT/MI-GM, maço 521/cx. 79.
119. Correspondência do comandante da Seção da PSP da Covilhã, tenente João José Amaro, ao comandante geral da PSP de Lisboa, de 27 de maio de 1941. ANTT/MI-GM, maço 521/cx. 79.
120. Correspondência, datada de 11 de novembro de 1941, do capitão da Guarda Nacional Republicana, Eduardo Alberto de Abreu Braziel, ao comando geral da Guarda em Lisboa. ANTT/MI-GM, maço 521.
121. Ibid., p. 1.
122. Ibid.
123. Ibid.
124. "Por classe entendo um fenômeno histórico, que unifica uma série de acontecimentos díspares e aparentemente desconectados, tanto na matéria-prima da experiência como na consciência. Ressalto que é um fenômeno histórico. Não vejo a classe como uma "estrutura", nem mesmo como uma "categoria", mas como algo que ocorre efetivamente (e cuja ocorrência pode ser demonstrada) nas relações humanas. (...) A classe acontece quando alguns homens, como resultado de experiências comuns (herdadas ou partilhadas), sentem e articulam a identidade de seus interesses entre si, e contra outros homens cujos interesses diferem (e geralmente se opõem) dos seus. A experiência de classe é determinada em grande medida pelas relações de produção em que os homens nasceram — ou entraram involuntariamente. A consciência de classe é a forma como essas experiências são tratadas em termos culturais: encarnadas em tradições, sistemas de valores, idéias e formas institucionais. Se a experiência aparece como determinada, o mesmo não ocorre com a consciência de classe. Podemos ver uma lógica nas relações de grupos profissionais semelhantes que vivem experiências parecidas, mas não podemos predicar nenhuma lei. A consciência de classe surge da mesma forma em tempos e lugares diferentes, mas nunca exatamente da mesma forma." THOMPSON, E. P. *A formação da classe operária inglesa* (vol. 1). São Paulo: Paz e Terra, 1987, pp. 9-10.
125. Ibid.
126. Ibid., p. 2.
127. Comunicado do governador civil de Castelo Branco, de 8 de dezembro de 1941. ANTT/MI-GM, maço 521/cx. 79.
128. Relatório dos agentes do INTP, de 13 de dezembro de 1941. ANTT/MI-GM, maço 521/cx. 79.

129. Ibid.
130. Ibid.
131. ANTT/MI-GM, maço 477/cx. 30. O referido questionário constava das seguintes perguntas: "1°. Exerce esse sindicato a sua actividade nos termos do decreto n° 23.050 a) No caso negativo queira indicar as causas. 2°. Há falta de trabalho? a) Queira mencionar as causas. 3°. Todas as indústrias particulares e oficinas estão em plena laboração? a) Se houver oficinas ou indústrias que estejam em laboração intermitente ou paralisadas, queira designá-las e indicar as causas dessa laboração intermitente ou paralisação. 4°. Os contractos colectivos de trabalho são escrupulosamente observados? a) Em caso negativo, queira mencionar as causas. 5°. Há abundância de trabalho? 6°. Há desempregados? a) Diga o número e percentagem, b) A que causas atribui o desemprego? 7°. Queira dizer qual a média dos salários pagos. 8°. Dum modo geral, queira dizer as condições de vida da família.
132. *Relatório...* Assinaram o manifesto um total de dez operários.
133. Ibid. Os salários variavam entre 9,3 e 9,6 dólares.
134. Ibid.
135. Ibid.
136. "Informação", do assistente do INTP (assinatura ilegível), de 12 de novembro de 1941. AHMQE.
137. Ibid., pp. 2-3.
138. Ibid., p. 3.
139. Ibid., ibid.
140. Ibid., p. 4.
141. Ibid., ibid.
142. "Informação e parecer", do assistente do INTP (assinatura ilegível), de 28 de janeiro de 1942.
143. Ibid., p. 1.
144. Ibid., p. 2.
145. GONÇALVES, Bento (1902-1942), operário do Arsenal de Marinha, vinculou-se ao PCP em 1928, tendo participado de seu processo de reorganização no ano seguinte, sendo eleito secretário geral. Foi o responsável pela publicação do jornal *Avante!*, ainda hoje o órgão oficial do PCP. Preso entre 1930 e 1933, participou do VII Congresso da Internacional Comunista, tendo sido preso logo após seu regresso com outros dirigentes e condenado a seis anos de prisão. Morreu no campo de concentração do Tarrafal quando o tempo de prisão já excedia a pena imposta pelo tribunal militar. FREIRE, João Brito. In: ROSAS, F. E BRANDÃO DE BRITO, J. M. *Dicionário de história do Estado Novo*. Volume I: Ibid, pp. 390-391.

146. CUNHAL, Álvaro de Barreirinhas (n. 1913). Nascido em Coimbra, ingressou em 1931 na Faculdade de Direito de Lisboa e no Partido Comunista Português, militando na Liga dos Amigos da URSS e no Socorro Vermelho Internacional. Destacado dirigente estudantil, teve rápida ascensão no Partido, alcançando rapidamente postos em sua direção. Foi seguidamente preso. Autorizado a prosseguir seus estudos na cadeia, defendeu em 1939 sua tese de licenciatura em direito sobre "A realidade social do aborto". Dentre os membros que faziam parte de sua banca, o futuro presidente do Conselho de Ministros, Marcelo Caetano. Libertado em 1940, Cunhal participou ativamente da reorganização do PCP, transformando-se em um de seus mais destacados militantes. Em 1942, após uma nova vaga de prisões, foi conduzido ao secretariado do Comitê Central. Em 1943, no I Congresso (ilegal) do PCP, destacou-se, sob o pseudônimo de Duarte, como o seu mais importante dirigente, tendo apresentado os relatórios referentes à linha política e à organização. Cf. ANDRINGA, Diana. CUNHAL, Álvaro Barreirinhas. In: ROSAS, F. & BRANDÃO DE BRITO, J. M. *Dicionário de história do Estado Novo*. Volume I: Ibid, pp. 246-248.
147. ROSAS, F., "Sob os ventos..." Ibid., p. 383.
148. Sobre esta questão, que pouco tem a ver com nosso tema, pouco falaremos. Para maior aprofundamento: ROSAS, F. Ibid., p. 383.
149. Ibid., p. 354.
150. Ibid., p. 355.
151. Ibid., pp. 335-336.
152. "A Frente Única e o trabalho nos sindicatos nacionais." In: PCP. "O PCP e a luta sindical". Lisboa: *Avante!*, 1975, pp. 21-23.
153. Bento Gonçalves morreu por doença contraída e falta de assistência médica no campo de concentração do Tarrafal em 1942. Cf. PCP. "60 Anos de luta a serviço do povo e da Pátria" — 1921-1981. Lisboa: *Avante!*, 1981, p. 81.
154. Ibid., p. 356.
155. Não temos dados suficientes para comprovar ou negar a afirmação de Rosas de que a greve ocorreu, não por acaso, no dia seguinte à queda de Mussolini. Segundo o autor, há certo consenso em torno desta questão: "Todos os observadores diplomáticos são unânimes em estabelecer alguma relação entre o enorme efeito do choque causado pela divulgação do acontecimento, a 26 de julho, e o início das greves, neste mesmo dia, no conselho da Almada" (cf. ibid., p. 356.). No entanto, as observações diplomáticas não servem como argumento de autoridade. Parece mais prudente supor que o movimento grevista tenha se dado por questões de ordem interna, em particular devido aos problemas acarretados com o declínio do nível de vida.
156. Ibid., p. 357.

157. Ibid., pp. 358-359.
158. Secretariado do Partido Comunista Português, *Trabalhadores!*, 4 de agosto de 1944.
159. Não possuímos, até o presente, maiores dados sobre a eficácia da criação da referida Intendência. Porém, os fatos ocorrentes no ano seguinte, conforme se verá, não deixam grandes dúvidas quanto a seu restrito efeito prático. Ibid.
160. Não conheço, até o momento, um trabalho específico acerca do Tarrafal. Sobre a repressão política no Estado Novo, ver: RIBEIRO, Maria da Conceição. *A polícia política no Estado Novo: 1926-1945*. Ibid.
161. Ofício n° 990-0, de 5 de março de 1940, da Seção da Organização Corporativa, assinado por seu chefe, Manuel França Vigon, ao presidente da direção do Sindicato Nacional dos Empregados Bancários do Distrito de Lisboa. AHMQE.
162. Cópia de correspondência de 8 de março de 1940, do Sindicato Nacional dos Empregados Bancários do Distrito de Lisboa ao chefe da Seção da Organização Corporativa do INTP, Manuel França Vigon. AHMQE.
163. "Informação", de 28 de fevereiro de 1942, p 1. AHMQE.
164. Ibid., p. 2.
165. Ibid., pp. 2-3.
166. "Informação", de 30 de novembro de 1942. AHMQE.
167. Ibid., p. 1-2.
168. Ibid., p. 2.
169. Ibid., p. 2-3.
170. "Informação", do assistente do INTP (assinatura ilegível), de 29 de março de 1943, ao subsecretário de Estado das Corporações e Previdência Social. AHMQE.
171. Ibid., p. 2.
172. Ibid., pp. 2-3.
173. Ibid., pp. 3-4.
174. Ibid., p. 6.
175. Ibid., ibid.
176. Ibid., pp. 6-7.
177. Ibid., p. 7.
178. Ibid., p. 8.
179. Ibid., ibid.
180. Ibid., p. 9.
181. Ibid., ibid.
182. Ibid., ibid.
183. Ibid., pp. 10-11.
184. Ibid., p. 11.

185. Cópia de correspondência datada de 6 de março de 1943, do Sindicato Nacional dos Operários Pedreiros do Distrito do Porto, ao comandante da Guarda Nacional Republicana no distrito. ANTT/MI-GM, maço 527/cx. 85.
186. Correspondência, datada de 18 de março de 1943, do comando geral da Guarda Nacional Republicana em Lisboa, assinada pelo comandante geral Carlos Maria Ramires, ao chefe de gabinete do ministro do Interior. ANTT/MI-GM, maço 527/cx. 85.
187. Ofício n° 137-DS/PO-3 do chefe de gabinete do Ministério do Interior, Rafael Santos Ribeiro, datado de 22 de março de 1943, ao secretário do Subsecretariado de Estado das Corporações. ANTT/MI-GM, maço 527/cx. 85.
188. Ofício n° 127/43, com cópia de correspondência do Subsecretariado de Estado das Corporações e Previdência Social, assinada por seu subsecretário, Trigo de Negreiros, e datada de 22 de março de 1943. ANTT/MI-GM, maço 527/cx. 85. NEGREIROS, Joaquim Trigo de (1900-1973), licenciado em direito por Coimbra, apoiante do Estado Novo, iniciou sua carreira política como governador civil do Porto (1938-1940). No governo, foi subsecretário de Estado das Corporações e Previdência Social (1940-1944). De 1950 a 1958, foi ministro do Interior. Apoiante de Marcelo Caetano e da corrente reformista por este protagonizada no seio do regime, foi exonerado da função ministerial diante das agitações políticas que marcaram a campanha eleitoral de 1958. VALENTE, José Carlos. in: ROSAS, F. & BRANDÃO DE BRITO, J. M. *Dicionário de história do Estado Novo*. Volume II: Ibid, pp. 659-660.
189. "Informação e parecer", n° 411K, do assistente do INTP (assinatura ilegível), ao subsecretário de Estado das Corporações, de 2 de outubro de 1943. AHMQE.
190. Ibid., p. 2.
191. Ibid., pp 5-6.
192. Ibid., pp. 6-7. As partes sublinhadas são do autor do texto.
193. Ibid., pp. 7-8.
194. Ibid., pp. 8-9.
195. Ibid., p. 10.
196. Ibid., pp. 12-13.
197. Ibid., p. 14.

CAPÍTULO IV   Despachos, negociações e conflito:
o corporativismo em transição
(1944-1947)

A tendência marcada da nossa Constituição é no sentido da democracia orgânica, que a organização corporativa, quando estendida a todas as formas de actividade social, deverá realizar. Continuo convicto de que, à falta de fórmulas mais perfeitas, não descobertas ainda, será essa a mais conveniente ao povo português, senão aos outros, pois dará a projecção exacta da Nação no Estado. Sob o seu regime, com perfeita propriedade se poderá dizer que o Estado é a Nação socialmente organizada.

Oliveira Salazar (1945)

Porque o problema é este. A Europa — e podemos dizer com segurança o mundo — tem diante de si duas grandes tarefas: uma a da reconstrução material e moral, imposta pelas ruínas e desperdícios dos anos de guerra, a qual exigirá ordem, trabalho intenso, direcção económica; outra, a da integração no Estado de Massas a cada momento chegadas à maioridade política ou social, sem prejuízo daqueles valores que dão elevação e sentido à vida da colectividade. Qualquer dessas tarefas — e as duas por acréscimo — exige um Estado forte, suficientemente agressivo da consciência da Nação, independente e sobranceiro aos interesses particulares, de grupo, classe ou seita. É esse o caso e não temos agora mais que perguntar se, em geral, se está apetrechado politicamente para semelhante trabalho.

Oliveira Salazar (1947)

INTRODUÇÃO

Com o decreto-lei nº 36.173, de 6 de março de 1947, uma nova etapa de organização do mundo do trabalho se abria. A partir daí, a negociação salarial voltou a depender exclusivamente das partes interessadas e impunha que os textos dos contratos, a fim de evitarem acordos assinados à revelia da maioria dos patrões, fossem aprovados pela assembléia ou pelo conselho geral dos grêmios. O Estado, por seu turno, deveria intervir o mínimo possível nas questões referentes às condições de trabalho. Despachos de salários deveriam, a partir de então, ter caráter de excepcionalidade. No dizer de Fátima Patriarca: "Quase poderíamos dizer que terminava um corporativismo e outro começava."[1]

Esta mudança na forma como o Estado passava a tratar as questões referentes ao mundo do trabalho foi, na verdade, conseqüência de um processo anterior que teve, na conjuntura do pós-guerra, seu momento de maior gravidade. Conforme vimos ao longo deste trabalho, sempre houve uma dificuldade do regime em fazer com que as classes patronais aceitassem a política social implementada a partir do Estado Novo. Diversos artifícios foram criados no sentido de se burlar a legislação criada. O fim da guerra e as dificuldades do regime naquela conjuntura, decorrentes das necessidades de se buscar o apoio das classes empresariais, obrigaram o governo a outorgar uma nova legislação que, na verdade, mudava o sentido de todo o projeto corporativo pensado desde 1933. Entretanto, além das dificuldades próprias do pós-guerra, veremos, ao longo deste capítulo, que já havia, pouco antes do final da primeira metade da década, um esgarçamento social demonstrativo dos problemas enfrentados pelo regime na consolidação de seu projeto corporativo.

4.1. DEMANDAS PATRONAIS

Como o Estado procurava regular o trabalho, em grande medida obtendo êxito, as organizações patronais buscavam, dentro da regulamentação implementada pelo próprio Estado, defender seus interesses. As disputas entre patrões e empregados davam-se, em boa parte das vezes, em relação das interpretações que uns e outros tinham a respeito da legislação implementada ou dos despachos assinados. Interessante notar que, além das articulações dos grêmios, interessados na defesa dos interesses patronais, também as fábricas, as unidades produtivas, organizavam-se e apresentavam demandas geradoras de conflito.

Assim, em janeiro de 1944, a Companhia das Fábricas Cerâmica Lusitânia enviava uma correspondência ao INTP.[2] Na mesma, argumentando a seu favor com base no despacho de 23 de novembro do ano anterior, apresentava um requerimento visando à obtenção de quatro pedidos evidentemente vantajosos para os seus interesses:

a) Manter no quadro de seu pessoal mais três praticantes além da quantidade correspondente a 50% do número de aspirantes, para evitar que eles sejam dispensados e dado que, para serviços auxiliares de escritório de pequena importância mas abundantes na organização da requerente, tais elementos tornam-se necessários e constituem, normalmente, uma reserva de pessoal em aprendizagem para preencher vagas em serviços propriamente de escritório que requeiram maior preparação;

b) Reduzir de 50% o ordenado mínimo correspondente à categoria de aspirante em que se inclui o empregado Izidro Santana, reformado da direcção geral dos Caminhos de Ferro, que está quase impossibilitado de trabalhar e presta serviço muito moderado, mantendo-se porém sua actual remuneração que é de 530$00;

c) Reduzir de 25% os ordenados mínimos correspondentes às categorias em que foram incluídos os empregados Damião Martins das Neves, que presta serviço no Porto, dada a sua exígua preparação e conseqüente rendimento de trabalho, e Maria Medalha Ferreira, que presta serviço no PABX da sede, que substituiu o PBX para evitar uma telefonista, a

qual não tendo habilitações que justifiquem maior vencimento só assim poderá ser mantida no serviço;
d) Criar classificação de "Praticante de arquivo" com o ordenado que actualmente aufere, para a empregada Maria Victória da Luz, visto as suas habilitações serem muito reduzidas e as suas atribuições se resumirem por isso quase exclusivamente ao registro e arquivo de correspondência.[3]

Portanto, é de se notar que as classificações profissionais, sempre tão presentes nas demandas dos sindicatos, podiam ser utilizadas também como moeda de negociação por parte dos empresários. Também no âmbito das formalizações profissionais, o espaço para disputas entre as partes conflitantes se encontrava em aberto. No que concerne à correspondência acima descrita, ela vinha acompanhada da rubrica "concordo".

Em fevereiro, o empregado de escritório da Fábrica de Loiça de Sacavém, Luís Ricardo de Oliveira Esteves, enviou uma correspondência ao subsecretário de Estado das Corporações reclamando de sua situação na referida empresa.[4] A carta começa com o enaltecimento do Estado corporativo, do nacionalismo e dos objetivos do regime:

> Excelência
> Na minha qualidade de bom nacionalista e honrado trabalhador de escritório, venho junto a V. Excelência, insigne defensor do Estatuto do Trabalho Nacional, solicitar do seu muito elevado critério que ordene as mais breves e justas medidas, no sentido de se fazer respeitar, admirar e compreender os sagrados princípios do nosso governo, que são a meu ver e, no de qualquer bom português, gloriosos e intangíveis.[5]

Por conta dos interesses supremos do Estado, medidas de caráter social foram tomadas, de acordo com o funcionário de escritório Luís Ricardo de Oliveira Esteves, sempre sob a orientação do presidente do Conselho.

Foi orientado por esta razão que o nosso muito querido e respeitável chefe — o senhor presidente do Conselho — tomou as medidas necessárias, justas e urgentes, de defender o trabalhador nacional.

Assim foram ordenados oportunamente os aumentos para os funcionários públicos e corporativos, as assinaturas de enúmeros contractos colectivos de trabalho e, finalmente, o despacho dos salários mínimos dos empregados de escritório — dado com a profunda gratidão de muitos milhares de trabalhadores portugueses.[6]

Para o funcionário reclamante, apesar da felicidade obtida com as medidas de proteção ao trabalho impetradas pelo governo, estas esbarravam na má interpretação por parte da fábrica onde trabalhava.

Sou empregado da "COMPANHIA DAS FÁBRICAS CERÂMICA LUSITÂNIA" há dois anos e cinco meses, sem que até hoje, com (22) vinte e dois anos de idade, tenha podido encarar o futuro com aquela confiança, de todo homem que trabalhando com gosto e ardor, mercê da recompensa, pode construir a vida.

Ao ler o despacho senti felicidade, mas porém, ao ver sua má interpretação na referida firma, onde fiquei com a modesta e injusta classificação de praticante de 2º período, essa felicidade se transformou no ardente desejo de vencer, com a própria lei que favorecia, o iníquo ultraje. (...) Isto quer dizer que tenho presentemente de ordenado 370$00 (trezentos e setenta escudos).[7]

Afirmava ainda o funcionário Luís Ricardo de Oliveira Esteves que, na companhia onde trabalhava, os chefes de seção haviam perdido seus cargos e cinco escriturários e seis aspirantes deram lugar a sete praticantes, "que aliás, em abono da verdade, têm serviços de competência e responsabilidade".[8] Por fim, estimando ver resolvidas as suas demandas, requeria que os interesses da "Revolução Nacional" fossem efetivamente implementados.

Digne-se V. Excelência ordenar a bem do Estatuto do Trabalho Nacional, que às comissões arbitrais seja dado o papel preponderante na cruzada de restauração, para que sejam defendidos com religioso orgulho, a bem de Deus e de nossa querida Pátria, os princípios que moveram e orientaram a sagrada REVOLUÇÃO NACIONAL.[9]

A mitificação do papel do Estado Novo vinha acompanhada da crítica à fábrica onde trabalhava e também da reivindicação por melhoria salarial. Assim, a adesão ao Estado era a forma de cobrança do trabalhador, no sentido de que ele, Estado, cumprisse um papel que era mais do que político ou econômico, uma vez que significava uma "cruzada de restauração".

Mas, para as empresas, este papel "sagrado" da obra do Estado corporativo não se fazia sentir. Assim, também em virtude dos critério de qualificação profissional, a Fábrica de Loiça de Sacavém procurou, amparada na cláusula 52ª do contrato coletivo de trabalho, reduzir o salário de um total de 15 de seus operários, considerados por ela recebedores de um salário superior ao valor do trabalho por eles executado.[10]

Como o Estado buscava definir com precisão, por intermédio dos contratos coletivos, as profissões, habilidades e respectivos salários, além dos prazos para que o trabalhador deixasse de ser considerado "praticante", problemas de difícil definição invariavelmente surgiam. Era o caso, por exemplo, da Sociedade de Porcelanas, que tendo um empregado, Raul de Oliveira Assunção, há mais de quatro anos a seus serviços, que, de acordo com a empresa, não tinha aptidões necessárias para o desempenho da função de "aspirante", pedia autorização para que o mesmo recebesse o ordenado mensal de 650$00, considerado "generoso" para as reais aptidões do referido funcionário.[11] Segundo anotação na própria correspondência e carimbada pela 2ª Seção do INTP, a demanda da empresa recebeu um parecer favorável.[12]

A Empresa Electro Cerâmica considerava, por meio de correspondência enviada em setembro, que embora um empregado seu, tendo chegado aos 21 anos e, portanto, de acordo com o contrato coletivo, devesse ser classificado como aspirante, suas habilidades não correspondiam a tal função. A redução de seu salário era emperrada não só em virtude de sua idade, mas também pelo fato de que o referido contrato estabelecia um limite máximo de 10% de empregados recebendo abaixo do estabelecido na tabela publicada. Entretanto, como não podia demitir o funcionário, pedia a autorização para que o mesmo sofresse uma redução de seu salário da ordem de 25%.[13] Também a Fábrica de Loiça de Sacavém, já antes referida, encaminhou, em setembro, ofício ao diretor geral do INTP requerendo a atribuição, a alguns de seus funcionários, de salários menores do que o que eles efetivamente recebiam. O argumento para tal era a "falta de aptidão e necessária preparação para o desempenho dos serviços inerentes à classificação e respectivos vencimentos (...)".[14] A carta encerrava afirmando ser "muito agradável, num futuro próximo, encontrar motivo para alterar a situação dos seus dois referidos empregados".[15] O INTP, por seu turno, enviou ao presidente da Comissão Corporativa para os Empregados de Escritório da Indústria de Cerâmica o requerimento da fábrica a fim de que se desse parecer.[16]

As demandas patronais não se restringiam ao espaço existente na alocação de empregados a partir de sua qualificação. A mesma Companhia das Fábricas Cerâmica Lusitânia buscaria usar, nesse ano de 1944, outros argumentos no sentido de fazer valer seus interesses. Em correspondência datada de outubro, pedia para que o funcionário José Luís Bento, apontador, mudasse seu horário de trabalho, obedecendo à jornada da fábrica. O fato é que, antes da assinatura do contrato coletivo, não havia a categoria "apontador". Assim, o mesmo recebia como "aspirante".[17] Interessante neste caso é que até a assinatura do contrato coletivo de trabalho, o referido funcionário estava enquadrado em uma das categorias menos prestigiadas, de mero "aspirante", fato que garantia à fábrica o pagamento de um salário abaixo daquele recebido pelas categorias especializadas. A reclamação só se fez presente quando foi definida a função de "apontador".

A cláusula 56ª do contrato coletivo de trabalho acabou servindo como moeda de negociação por parte das agências patronais, que constantemente apontavam operários considerados desqualificados e requeria a redução de seu ordenado. Foi assim, mais uma vez, com a Fábrica Cerâmica do

Carvalhinho, que requereu a redução do ordenado de um funcionário de 700$00 para 550$00 devido à "falta de aptidão e necessária preparação para o desempenho dos serviços inerentes à classificação do respectivo aspirante (...)".[18] O requerimento da referida fábrica teria continuidade no ano seguinte. Em maio, a fábrica buscava justificar junto à Comissão Corporativa Central da Indústria de Cerâmica a redução em 25% no ordenado de um de seus funcionários, por se tratar de um profissional de "modestas possibilidades (...) com competência, rendimento e capacidade de trabalho sem dúvida inferiores às demonstradas por colegas seus classificados naquela categoria".[19] Assim como as demais empresas, justificava seus argumentos tomando como referência o § 1º da cláusula 56ª do contrato coletivo de trabalho.

Nos contratos coletivos, além das definições de profissão e salários, buscava-se também regular, de modo a impor limites, os trabalhos de mulheres e crianças. Para o caso do trabalho infantil, uma das definições mais importantes era o limite de idade permitido para se empregar uma pessoa. No caso do contrato coletivo estabelecido entre o Grémio dos Industriais da Cerâmica e o Sindicato Nacional dos Empregados de Escritório, firmava-se que a idade mínima permitida para a contratação de um menor era de 14 anos. Entretanto, inadvertidamente, a Fábrica Jerónimo Pereira Campos, Filhos havia — conforme exposição ao presidente da Comissão Corporativa dos Empregados de Escritório da Indústria de Cerâmica — contratado um menor com a idade de 12 anos. Na carta, afirmava que a solução seria o seu despedimento, fato que não era nem de seu interesse, nem do menor contratado. Assim, pedia autorização para que o mesmo continuasse a trabalhar na fábrica, garantindo dar-lhe o vencimento de um empregado regulamentar e de acordo com a tabela do contrato coletivo de trabalho.[20] A correspondência mostrava, por seu turno, uma certa falta de mobilização empresarial junto às organizações corporativas do Estado. Tanto assim que a Fábrica Jerónimo Pereira Campos, Filhos desconhecia o teor do contrato estabelecido entre o grêmio que a representava e o Sindicato dos Empregados de Escritório. Por outro, reforçava a presença do Estado como elemento mediador não só de conflitos, mas também de interesses gerais. Deste modo, o presidente da Comissão Corporativa, em correspondência à fábrica, afirmava que o menor de 12 anos, Armando Ferreira Fernandes, poderia continuar, "nos termos do requerimento apresentado", a trabalhar no escritório da fábrica.[21]

Em setembro, ao lado das constantes tentativas de reduzir salários em virtude da qualificação ou desqualificação, persistia o problema de se definirem as especificidades da produção e seu respectivo salário em cada profissão. Por isso, o delegado do INTP em Coimbra enviou um parecer ao presidente da Comissão Corporativa Central emergente do contrato coletivo de trabalho para os empregados de escritório da indústria cerâmica e ofícios correlativos, expondo um requerimento de 25 de abril do SN dos caixeiros do distrito de Coimbra. Na mesma, o sindicato fazia uma solicitação no sentido de que fosse alargado o âmbito do contrato coletivo dos empregados de escritório aos empregados de armazém e viajantes.[22] Mais uma vez, a resolução do representante do Estado se dava no sentido de atender às demandas dos representantes e de protegê-los ao abrigo da lei. Desse modo, aconselhava a adoção dos seguintes procedimentos:

1º. Definir as funções bem como fixar a remuneração do "fiel de armazém e seus auxiliares";
2º. Alargar o âmbito do contracto colectivo de trabalho aos viajantes, fixando-se-lhes a remuneração e ajuda de custo, quando em viagem; e
3º. Fixar-se-lhes um mínimo, anual, de viagens, se a parte principal da remuneração é constituída por percentagens.[23]

O alargamento do contrato coletivo a outras categorias de profissionais e a outras especialidades significava uma vitória dos trabalhadores que se sentiam protegidos pela legislação. Assim, quanto mais ampla fosse a legislação, mais ela era vista como próxima dos interesses dos trabalhadores. Tal visão era compartilhada por empresários, sempre relutantes em apoiar a legislação elaborada pelo Estado, trabalhadores, que constantemente a procuravam, e Estado. Este, sempre que pôde, procurou ampliá-la para segmentos anteriormente não atingidos pela lei.

4.2. GREVES, MOBILIZAÇÕES, CRISE

Em mês de maio de 1944, assistiu-se à derradeira onda grevista de Portugal durante o período de guerra. O fator que contribuiu para o desencadeamento das greves foi a escassez de gêneros e o racionamento de pão, anunciado a 22 de abril. Deste modo, pela primeira vez a luta por aumentos salariais acabou ficando secundarizada pela luta em favor de gêneros alimentares.[24] No entanto, a despeito de maiores expectativas por parte das vanguardas, o fato é que na região de Lisboa — tradicional reduto de mobilização operária — a greve resultou, apesar de algumas prisões, em profundo fracasso. De acordo com o PCP, desta feita a paralisação envolveu por volta de 20 mil trabalhadores, enquanto em Lisboa assistimos à adesão de apenas 5.000 operários. Porém, independentemente da fraqueza do movimento, a resposta do governo não deixou de ser severa:

> Não só todos os grevistas deviam ser despedidos (sendo proibida a sua readmissão sem ordem expressa dos Serviços de Mobilização) como, salvo licença do Ministério da Guerra, não poderiam ser aceites até o final de 1944 em nenhuma fábrica dos distritos de Lisboa e Setúbal. Na realidade, essa medida foi aplicada (...), a "mais de 50% de grevistas", sendo que aos "dirigentes" e aos "chefes de indústria" considerados responsáveis por "negligência" couberam penas mais graves.[25]

Talvez a mais importante novidade para esse último período de guerra tenha sido a decisão do PCP em participar dos sindicatos nacionais. O declínio das greves e mobilizações independentes e o aperfeiçoamento do aparato repressivo do Estado Novo conduziram os comunistas a uma opção de opor-se ao regime "de dentro", visando a miná-lo.[26]

Desse modo, o pós-guerra caracterizou-se por ser um período em que ainda estava muito presente a memória da luta social. Percebe-se, então, certa virada nas atitudes do regime. Esta mudança gradual do regime foi provocada pela combinação entre a constante pressão patronal no sentido da não implementação de políticas de caráter social e a crise do pós-guerra. É neste sentido que se percebe uma nova conjuntura de transição, em que, aos poucos, o Estado abandonou seu perfil de "protetor do mundo do trabalho", rendendo-se às circunstâncias que o obrigavam a políticas mais "duras" no que se refere à organização sindical e aos problemas salariais. Esta nova conjuntura teve seu encerramento no já citado decreto-lei nº 36.173.

Nesse contexto de mudança de posicionamento com relação ao mundo do trabalho em geral e aos SN em particular, o Ministério da Guerra fez publicar, em maio de 1944, uma série de instruções que visavam a um controle maior sobre o processo de greves acima descrito. Privilegiava-se, desta feita, a ação coercitiva sobre a classe trabalhadora. De acordo com o documento, a tarefa do Serviço de Mobilização Industrial era a seguinte:

"I — *MISSÃO*:
1. Averiguar a responsabilidade dos operários das empresas na paralisação do trabalho, procurando dividi-los nos grupos seguintes:
    a) Dirigentes comunistas
    b) Grevistas voluntários
    c) Grevistas compelidos
    d) Pessoal que permaneceu fiel
2. Averiguar a responsabilidade eventual de dirigentes das empresas, quer por acção directa, quer por coação dos grevistas, quer ainda por negligência.
3. Propor ao delegado especial, tanto quanto possível de acordo com as direcções das empresas, as medidas necessárias para o restabelecimento da laboração.
4. Autorizar as mesmas empresas à realização do trabalho de conservação das fábricas e outros considerados indispensáveis para evitar prejuízos ou demoras nas entregas de produtos já prontos para entrar em consumo ou descarga de matérias-primas.[27]

As tarefas dos SMI não se restringiam apenas aos atos de controle, devendo também executar uma série de medidas punitivas contra os praticantes da greve:

    a) Todos os grevistas, seja qual for a sua categoria, não podem ser readmitidos pelas empresas sem ordem expressa e escrita do delegado especial do MG.

    b) Deve promover-se a prisão, por intermédio das forças da GNR ou da PSP que actuem no local, dos grevistas incluídos nas alíneas a) e b) do número I e do pessoal dirigente ou pessoal superior que se averigue ter tido responsabilidades na paralisação do trabalho, ainda que ela tenha sido originada em negligência ou por coação dos grevistas.

    (...)

    d) As empresas ficam autorizadas a abrir inscrição para admissão de novo pessoal destinado a substituir os demitidos. As listas de inscrição, em duplicado, serão submetidas ao delegado especial do MG e não podem incluir pessoal que tenha abandonado o trabalho sem motivo justificado na fábrica considerada ou em qualquer outra do País.

    e) Deve ser considerada circunstância agravante o abandono do trabalho por parte de elementos pertencentes a qualquer organismo do Estado.

    f) Nas regiões onde actuam os oficiais delegados do MG o serviço será dividido de maneira que à GNR e à PSP compita a manutenção da ordem e aos delegados do MG o inquérito nas empresas e as medidas necessárias, atrás indicadas, para regularização do trabalho.[28]

A passagem das responsabilidades dos casos de greve e insubordinação para as mãos do Ministério da Guerra, embora justificada pela presença do conflito mundial, adquiria um sentido mais amplo. Na verdade, expressava este processo de transição por que o sistema corporativo estava passando. Os conflitos anteriores eram resolvidos no âmbito do Subsecretariado de Estado das Corporações, ou, no máximo, no âmbito do Ministério do Interior. Outro elemento que deve ser considerado é o fato de que o recrudescimento das greves coincidia com a opção dos comunistas em participar "a partir de dentro" da estrutura corporativa. Por esse conjunto de razões, o Estado começava a travessia da cooptação em direção à coerção.

Foi diante da necessidade de uma maior regulamentação do sistema repressivo sobre os trabalhadores e seu comportamento que o governo fez publicar o decreto-lei nº 32.670, que autorizava a força militar a intervir na organização de empresas, tanto de caráter público como privado. O poder de execução caberia aos delegados para a mobilização, vinculados ao Ministério da Guerra.[29]

4.3. RECLAMAÇÕES OPERÁRIAS E ARGUMENTOS JURÍDICOS

Apesar das greves, eram constantes as demandas e reivindicações da classe operária portuguesa junto aos órgãos públicos. Este tipo de atitude conferia ao Estado uma legitimidade muitas vezes não compreendida por alguns segmentos apressados em definir a realização do Estado Novo como um fenômeno que se estabelecera a despeito dos trabalhadores e com a oposição sistemática destes. A raiz básica deste tipo de interpretação se encontra nas análises do PCP, que, mesmo tendo optado por participar dos SN, tinha muita dificuldade em perceber que o êxito dos mesmos se devia, em larga medida, a mecanismos de representação elaborados pelo Estado e aceitos pelos trabalhadores. Dentre estes mecanismos, encontravam-se privilegiadamente os sindicatos.[30]

Um exemplo desta atitude de procura do Estado a fim de fazer valer seus interesses corporativos pode ser percebida na troca de correspondências entre o comando geral da PSP e o Ministério do Interior no que se refere às reclamações de um grupo de operários da Covilhã. Os operários da firma Ultimadora Tortozento Limitada haviam ameaçado entrar em greve caso não lhes fosse dada a garantia de seis dias semanais de trabalho. Diante da ameaça, o delegado do INTP na Covilhã designou um inspetor deste instituto para averiguar os problemas existentes na fábrica.[31] A fim de chegar a uma conclusão acerca dos problemas existentes, o inspetor procurou ouvir envolvidos no episódio, a começar por um encarregado:

> Encarregado — Angelo Abrantes Pereira Mourão disse que, ontem pelas 12 horas e 30 minutos, pouco mais ou menos, lhe apareceram todos os operários do sexo masculino, em n° de 16, os quais lhe solicitaram para que este chamasse a gerência, no sentido de esta dar os seis dias de trabalho semanais, caso contrário que seria preferível não lhes dar nenhum, pois que com cinco dias como estavam lhes era impossível poderem manter-se. Disse mais que todos eles se lhe apresentaram ordeiramente.[32]

Interessante perceber, na primeira informação prestada pelo membro do INTP encarregado de estudar o conflito que se mostrava latente, era a ênfase no caráter ordeiro da mobilização operária. Além do encarregado, alguns operários também foram entrevistados:

> Operário Alfredo Mendes dos Santos: disse que se a firma não lhe desse os seis dias, que ele e seus colegas teriam de abandonar o trabalho, pois que com os cinco dias não se governavam.
> Operário Jaime Salinas: disse que tomaria a resolução que fosse adoptada pelos outros seus colegas.
> Operário Francisco Antunes Mariano: disse que todos andavam cheios de fome, e que com cinco dias de trabalho semanais não se governavam. Que, se lhes não fossem dados os seis dias, estavam todos na disposição de pedirem as ressalvas e irem embora. Disse ainda que o patrão lhes houvera dito que, se não estavam satisfeitos, se mudassem.
> Operário José Proença Soares Gil: declarou que, na situação em que se encontravam (a trabalhar cinco dias semanais), não se podiam manter e que, a continuarem assim, seria morrer a fome, e que seguiria também a resolução que os seus colegas tomassem.[33]

Apesar da mobilização na fábrica, nota-se a opção pela ordem e também o fato de que em nenhuma hipótese se falava em greve. Ao mesmo tempo, o relator procurava destacar a atitude hostil do dono da fábrica, desinteressado nos problemas dos seus empregados. Todos os operários sabiam das conseqüências que teriam com a atitude de se demitir. Conseqüências previstas na legislação em vigor e nos limites que tinha a ação por eles tomada em razão do próprio contrato coletivo:

> Apesar de lhes fazer compreender que a firma em referência estava a dar-lhes mais um dia de trabalho semanal, além da garantia dos quatro a que é obrigada pela cláusula 9ª do contrato colectivo de trabalho, e que, portanto, a delegação do INTP não poderia obrigar a mesma firma a satisfazer os desejos deles, operários, e apesar ainda de os ter aconselhado a que conservassem ao trabalho embora só trabalhando os cinco dias, pois de contrário lhes traria funestas conseqüências a sua atitude, estes quatro operários declararam peremptoriamente que estavam na disposição de pedirem as resalvas se o seu pedido não fosse satisfeito. A bem da Nação. Covilhã, 24 de maio de 1944 ano XVIII da RN. O agente do IT (a) António Farinha Júnior.[34]

Este fato ressalta uma das características mais significativas do regime na sua ordenação institucional, que era a procura de um aparato jurídico que pudesse balizar as atitudes a serem tomadas. Assim, o problema apresentado era de difícil solução, porque a legislação impedia que se agisse em favor das demandas dos trabalhadores. A lei, portanto, estava acima dos interesses particulares dos diversos grupos, devido a seu papel de salvaguarda dos interesses nacionais.

4.4. ESTADO E TRABALHO — A MORAL ESGARÇADA

Apesar da disponibilidade do Estado em mover esforços no sentido da concessão de trabalho, ainda que muitas vezes a título provisório, o problema do desemprego era um fator que se agravava a passos largos no período ora estudado. No capítulo anterior, acompanhamos as demandas de um grupo de trabalhadores alocados na Imprensa Nacional para manter, provisoriamente, suas atividades profissionais. Porém, a Imprensa Nacional não tinha maiores possibilidades de mantê-los de modo a ampliar suas horas de trabalho, e o Estado também não percebia como ampliar as possibilidades de trabalho no setor gráfico. Assim, em dezembro de 1944, o Sindicato Nacional dos Tipógrafos de Lisboa enviou um ofício ao ministro do Interior, para dar conhecimento da continuidade dos problemas enfrentados por aqueles trabalhadores:

> Dos operários gráficos trabalhando no Anexo da Imprensa Nacional recebemos, com o pedido de fazer a sua entrega a V. Ex.ª, a cópia duma exposição que foi endereçada ao Exm.º sr. comissário do Desemprego, na qual uma centena de chefes de família, que há doze anos trabalham em regime de três dias por semana, solicitam que seja revista a sua situação.[35]

Tratava-se, portanto, da cópia de uma exposição do pessoal gráfico que trabalhava em regime precário de trabalho na Imprensa Nacional, repassada pelo Sindicato Nacional dos Tipógrafos ao ministro do Interior. Além de repassá-la, o sindicato procurava, ao mesmo tempo, endossar as reclamações dos signatários do documento:

> Trata-se dum pedido justo, como V. Ex.ª verificará.
> Numa época como a presente, em que os salários auferidos só permitem uma vida deficitária àqueles que trabalham seis dias por semana, é fácil de avaliar as dificuldades e miséria em que se debatem os operários que há doze anos auferem a remuneração correspondente a três dias de trabalho.[36]

Tratava-se de um problema enfrentado havia mais de uma década por um conjunto de trabalhadores e, até aquele momento, não resolvido ou, se tanto, resolvido apenas parcialmente. Antes da cópia da correspondência dirigida originariamente ao Comissariado do Desemprego, o grupo de trabalhadores gráficos enviou junto uma pequena correspondência ao ministro do Interior informando o teor da correspondência e rogando em seu favor. Mais uma vez, cabia ao Estado a solução do problema enfrentado por aquele grupo de trabalhadores:

> Dependentes da Imprensa Nacional, sob cuja a direcção trabalhamos, sentimo-nos dependentes do ministério que à data V. Exª. tão superiormente dirige, daí o dirigirmo-nos a V. Exª., enviando-lhe uma cópia da exposição por nós entregue a S. Exª. o comissário do Desemprego.
> Nela se relata o suficiente para que se fique conhecendo a situação de mais de uma centena de operários, situação que dura há doze anos e que é quase inacreditável.
> Para ela chamamos a atenção de V. Exª. e estamos certos de que se se dignar a estudar com algum interesse o nosso caso justiça nos será feita, porque a merecemos. Do momento, rogamos a V. Exª. o grande favor de ler com atenção a nossa exposição, porque se tal suceder contamos antecipadamente com o auxílio de V. Exª. para a solução do nosso caso, porque igualmente confiamos no seu espírito de justiça.[37]

A correspondência ao comissário do Desemprego procurava relatar a situação vivida pelos tipógrafos ao mesmo tempo em que clamava no sentido de uma justiça que se esperava imparcial e acima de interesses particulares:

> Ao sr. comissário do Desemprego
> Excelência
> Para escrever a história com verdade e imparcialidade, que o mesmo é dizer com honestidade, carece o historiador de um ambiente são, onde nem as paixões políticas nem a intriga possam prejudicar esse ambiente, procurando afastar-se, pelo menos em espírito, no tempo e no espaço, para poder encarar com serenidade os acontecimentos e poder julgar com justiça os homens e os factos.
> Para julgar com consciência e de harmonia com a lei carece o magistrado de alhear-se de todas as influências que possam prejudicar seu juízo, levando-o a errar, com manifesto prejuízo de prestígio que deve rodear a justiça.

De igual modo a entidade a quem um relativamente elevado número de operários se dirige para que os escute e os atenda, como é de justiça, deve pôr de parte qualquer idéia de que esse punhado de trabalhadores não são merecedores do que pedem e, abstraindo por momentos tudo quanto até aí pudesse ter pensado, escutá-los, ponderando tudo quanto os mesmos alegam e, confirmadas as suas alegações, proceder como de justiça.[38]

Assim, os trabalhadores gráficos procuravam se prevenir quanto a possíveis interpretações preconcebidas por parte do Estado. Mais uma vez, tratava-se de uma estratégia no sentido de se quebrar uma possível falta de vontade do Estado. Por isso o convite à imparcialidade. O documento expressava a gravidade de uma situação que se estendia por mais de uma década. Talvez por isso, e provavelmente porque outras tentativas de solução dos problemas enfrentados não tivessem logrado o êxito que se esperava, os trabalhadores clamavam pela imparcialidade. Os signatários começavam a exposição relatando o problema desde sua origem:

Foi criado o anexo da Imprensa Nacional, para atenuar a crise das classes gráficas, em 1933, uma das maiores crises de sua história. Aí foram colocados tantos operários quantos permitia a capacidade de sua colocação, entre eles alguns a quem a indústria particular já se recusava a dar trabalho, mas a maioria em condições de poder ser colocada em qualquer oficina, se estas não estivessem cheias de aprendizes, o que agravava as outras causas da crise, como sejam o desenvolvimento da maquinaria, suspensão de alguns jornais, a censura e, de modo geral, a tremenda crise econômica que todo o mundo atravessava. A maioria dos admitidos acabava de passar por uma terrível provação de miséria, pois alguns havia que já estavam sem trabalho há 16 e 18 meses, daí talvez a formidável mortandade verificada nos anos seguintes — cerca de sessenta até hoje — a maioria vitimados pela tuberculose. Depois de haverem estado tanto tempo sem trabalho, passar a trabalhar *três dias por semana* não nos parece que fosse a mais adequada maneira de restabelecer a sua situação física e material, mas a crise continuava a fazer sentir os seus efeitos e o número dos sem trabalho era ainda grande e nós tivemos que nos sacrificar. E assim foram passando os anos. Como um tal regime de trabalho auferíamos salários que regulavam entre 8$50 e 12$00, conforme as especialidades. Que uma tal situação era insustentável reconheceram-no aqueles a quem estávamos subordinados e um pequeno aumento nos foi concedido, mas esse aumento depressa deixou de ter qualquer valor perante o crescente aumento do custo de vida. Entretanto a situação das classes gráficas modificou-se e o número dos sem trabalho foi diminuindo até que deixou de haver nos registros desse Comissariado número de gráficos inscritos que pudesse influir com razão em que se pudesse encarar, com justiça, a modificação do regime de trabalho a que estamos sujeitos *há doze anos — três dias por semana.*[39]

Vale destacar que, por parte dos signatários, não havia dúvidas quanto ao fato de que a censura e o subseqüente fechamento de diversos jornais havia sido um dos causadores da crise vivida pela indústria gráfica. Além do fato de que em diversas oficinas se utilizava em abundância o trabalho de aprendizes, estratégia comum entre os empresários para diminuir os custos com a mão-de-obra. A utilização predominante de aprendizes constituía também um importante fator no aumento considerável de desempregados entre os profissionais gráficos. Apesar da melhoria na oferta de empregos para os trabalhadores gráficos, o fato é que aquele conjunto de profissionais continuava vivendo à custa do Fundo de Desemprego e nas condições precárias acima arroladas. Um dos maiores problemas enfrentados continuava a ser o comportamento patronal, ávido em obter vantagens à custa das dificuldades enfrentadas pelos trabalhadores:

> Se assim é, poderão objetar-nos: Por que não procuraram os que no Anexo trabalhavam colocação na indústria particular?! (...) Em primeiro lugar, e isso sabem-no muito bem aqueles que conhecem o meio, a principiar pelos dirigentes do organismo corporativo, apesar da melhoria observada não era possível a colocação de mais de uma centena de operários no momento em que os aprendizes, que anos antes foram em parte causa da crise pelo seu elevado número em relação com os oficiais, atingiam sua

maioridade profissional. Em segundo lugar a crise havia deixado, tal como a maré ao baixar, certos destroços, um número relativamente grande de operários cuja colocação seria impossível, demais que, surgindo a guerra, muitas actividades foram restringidas e aqueles que, ao serem admitidos no Anexo, já não tinham facilidade de colocar-se pela sua idade viram a sua situação agravada; no entanto, bastantes foram aqueles que, desde que arranjaram uma colocação com estabilidade, deixaram o Anexo, como V. Exª. poderá verificar pelos serviços de estatística desse comissariado, e se mais não forem foi porque, em muitos casos, só se lhe deparou alguma oficina que apenas lhe garantia trabalho por algumas semanas e V. Exª. compreeende perfeitamente que a instabilidade não atrai ninguém, enquanto a estabilidade leva-nos a suportar um mal menor com receio de um mal maior, demais para quem tenha andado, em muitos casos, mais de um ano sem trabalho. Sim, porque não sabemos se V. Exª. conhece o caso de haver certos industriais que só dão trabalho àqueles que sabem estar no Anexo, e apenas por um ou dois dias, na semana de folga, decerto para fugir a compromissos. De resto, nunca esse comissariado ou nosso sindicato profissional requisitou ou indicou a qualquer dos operários que trabalhavam ou trabalham no Anexo da Imprensa Nacional uma colocação com carácter permanente, que os mesmos se recusassem a aceitar.[40]

O problema estava, portanto, no fato de que os trabalhadores do Anexo da Imprensa Nacional jamais foram indicados para empregos permanentes, permanecendo na situação de instabilidade pelo longo período acima descrito. A situação fazia com que muitos dos gráficos lotados no Anexo aceitassem outros serviços precários a fim de poderem se sustentar, embora tal fato fizesse com que muitos perdessem a própria dignidade profissional:

> Dada a nossa situação de inferioridade em relação com os restantes componentes das classes, *durante doze anos*, depois da crise de absoluta falta de trabalho por que passamos, é natural, porque é humano, que alguns, uma minoria apenas, procure angariar alguns recursos, para equilibrar as suas despesas, demais quando têm numerosa família a sustentar, empre-

gando a sua semana de folga em quaisquer serviços. Mas enquanto alguns, muito poucos, conseguem arranjar alguns dias de trabalho naquelas oficinas que os empregam só em casos de absoluta necessidade e urgência, sem garantia alguma e só apenas enquanto dura o aperto de trabalho, outros, para angariar mais um pouco de pão para os filhos, sujeitam-se a serviços absolutamente incompatíveis com a sua dignidade profissional e até mesmo quase humana num momento em que se afirma dever ser dignificado o operário dentro da sua profissão.[41]

Em um sistema corporativo em que o trabalho é um valor determinante na vida dos homens, sobretudo o trabalho identificado com a profissão, vale destacar o argumento dos trabalhadores gráficos no sentido de apontar para a deterioração da qualidade e da dignidade profissional vivida naquele momento por um sem-número de companheiros de ofício. Para reforçar os argumentos, os signatários do documento procuraram citar dois casos, além de darem ênfase ao caráter predatório da situação vivida:

> E nós vamos citar a V. Ex.ª dois casos, entre outros, absolutamente autênticos, que provam não só a miséria da nossa situação como a nossa sinceridade e, se houvesse possibilidade de nos colocarmos pelas nossas profissões, não transformaríamos o Anexo num depósito permanente: Um tipógrafo, com mulher e filhos a sustentar, na semana de folga andava vendendo amendoim para arranjar assim mais uns centavos para matar a fome à mulher e aos filhos que se arrastavam atrás dele naquela via dolorosa de miséria. Morreu há pouco, tuberculoso. Outro, não tendo outros recursos além do que auferia trabalhar no Anexo, ia na semana de folga estender mão à caridade, visto que sua idade não lhe permitia lançar mão de qualquer outro meio. Por tal motivo foi eliminado dos registros desse comissariado, mas, num gesto de justiça, V. Ex.ª anulou essa determinação e ele continua hoje a trabalhar no Anexo. Um tal gesto é para nós uma esperança de que V. Ex.ª vai estudar a nossa situação e, ponderando bem o que aqui apresentamos, debruçando-se com a máxima atenção sobre o nosso caso, observando-o nos seus menores detalhes e estudando com interesse a nossa justa e humana petição, fará justiça.

> *Durante doze anos* a nossa vida tem sido um verdadeiro calvário, não só material, como moral, pois além do prejuízo da insuficiência de meios, temos muitas vezes dado a aparência do que não somos e senão julgue V. Ex.ª se é de conceber que um operário, novo, casado e com filhos, se tivesse possibilidade de angariar trabalho pela sua profissão, se sujeitaria a descer ao ponto de, num verdadeiro quadro de miséria, andar pelas ruas a vender amendoim para dar de comer a seus filhos; ou então o outro caso, um operário de cabelos brancos, que sempre havia vivido do seu trabalho, estender mão à caridade pública. Não, só por maldade se poderia conceber que tais atitudes fossem tomadas voluntariamente.[42]

A ética do trabalho, tão fortemente marcada nos discursos do Estado Novo, diluía-se nas situações-limite enfrentadas por um grande conjunto de trabalhadores, como no caso dos gráficos. Pior que o fato de vender amendoim na rua era estar vendendo amendoim, porque era vedado àquele trabalhador o direito de exercer a sua profissão. E o fato de não poder exercer a sua profissão — elemento fundamental na sua identificação como homem dotado de dignidade na ordem corporativa — fazia com que outro trabalhador se submetesse à mendicância para poder continuar a sobreviver. Era esta a falta de dignidade a que se referiam os trabalhadores gráficos na carta enviada ao comissário do Desemprego. Além de trabalharem precariamente, na medida em que este trabalho só podia se realizar em três dias por semana, as condições materiais daqueles gráficos continuava precária, sendo esta a razão de tanto sofrimento:

> O facto em si de aqueles que trabalham no Anexo da Imprensa Nacional procurarem em que ocupar a sua actividade na semana de folga, e bem poucos o conseguem, e dentre esses raros são os que conseguem fazê-lo na sua profissão, além de atestar a nossa qualidade de trabalhadores a quem a semana de folga não interessa, prova de maneira irrefutável as nossas necessidades devido à exiguidade dos nossos vencimentos. No dia em que nos for dado trabalhar todos os dias, tudo se modificará, porque não há um só entre nós que não prefira um trabalho certo e regular à situação actual. Trabalhar *três dias por semana durante doze anos* é quase inacreditável.[43]

Mais uma vez, a ênfase do discurso do documento recaía sobre o fato de que, além de estarem trabalhando precariamente, nas horas de folga poucos eram os que conseguiam trabalhar na profissão, fato que, em si, se caracterizava como um desvio. Além disso, os discursos oficiais eram utilizados em benefício próprio:

> Depois do exposto, que pretendem os operários gráficos e seus auxiliares que trabalham no Anexo da Imprensa Nacional, subsidiados pelo Fundo do Desemprego, e que há *doze anos trabalham três dias por semana*? Muito pouco ou quase nada em relação às possibilidades do momento, como vamos procurar demonstrar a V. Ex\ª., aproveitando a oportunidade para transcrever aqui as palavras do falecido ministro das Obras Públicas, sr. engenheiro Duarte Pacheco: *"País em que há tanta coisa útil para fazer é quasi ironia que nele haja alguém que não tenha trabalho."*[44]

Além da utilização de argumentos de lideranças políticas do próprio Estado Novo, o documento também se utilizava da própria legislação como forma de fortalecer seus argumentos:

> Sem a pretensão de indicar a V. Ex\ª. o que o próprio decreto que criou o Comissariado do Desemprego permite que se faça em nosso favor, citaremos um dos seus artigos, como um dos motivos por que temos a esperança de ver atendida a nossa petição, visto ela não ir contra o espírito do mesmo decreto, antes pelo contrário, senão vejamos:
> "— Artigo 86. — O comissário poderá, atendendo às receitas do comissariado, à procura de operários e empregados e à evolução da situação económica geral, modificar convenientemente o valor da percentagem do subsídio e o número de dias de trabalho dos subsidiados, para determinadas indústrias ou determinada categoria de indivíduos."
> Isto depois de, no preâmbulo do mesmo decreto, se dizer que:
> "Pela forma como organizou o comissariado quis o governo vincar-lhe a natureza de órgão transitório; e a sua mais delicada missão será ir preparando desde o primeiro dia do seu funcionamento as condições da sua extinção, a transição lenta e insensível para o regime normal. *O au-*

mento do número de dias de trabalho será uma das directrizes dessa orientação."⁴⁵

Além de se utilizarem da própria legislação para ressaltar a condição de precariedade em que viviam, os trabalhadores gráficos do Anexo da Imprensa Nacional procuravam mostrar também a estranha situação em que viviam, uma vez que não podiam ser considerados nem empregados nem tampouco desempregados. Além das conseqüências materiais dessa situação indefinida, havia também conseqüências simbólicas, que punham estes trabalhadores em condição de inferioridade "moral e social" diante dos outros trabalhadores vinculados a empregos fixos:

> Depois disto, e levando em conta ainda, como agravante, para a nossa situação de operários cumpridores, a nossa situação de inferioridade moral e social, em relação com os demais operários, como se verifica pelo art. 20°, do qual se depreende que nem sequer temos direito de assistência no caso de qualquer acidente, pois não sendo absolutamente desempregados, também não nos consideram como empregados, parece-nos justo que a nossa situação seja modificada, de modo a que não tenhamos de futuro de nos envergonhar da nossa posição de quase ex-homens, condenados a uma situação que nada justifica.⁴⁶

Esta situação, para um Estado corporativo, preocupado em definir funções e profissões, era demonstrativo de sua própria fragilidade. O discurso da proteção ao mundo do trabalho esvaziava-se diante das dificuldades em implementá-la efetivamente. O argumento fundamental dos trabalhadores gráficos era de que no próprio Anexo da Imprensa Nacional havia condições de que todos os trabalhadores trabalhassem de fato todos os dias da semana, pois o número de empregados estava aquém de sua capacidade de absorção:

> Depois de tudo quanto dissemos a V. Exª., cremos haver demonstrado suficientemente, tanto sob o ponto de vista moral como material, o quanto tem de viável e justa a nossa aspiração de trabalhar *todos os dias* depois

de, *durante doze anos*, estarmos sujeitos a um regime de trabalho insuficiente, pois que trabalhar *três dias por semana*, como V. Exª. facilmente reconhecerá, não é situação que deva manter-se porque bastante se prolongou já e demais num momento difícil mesmo para aqueles que trabalham todos os dias.

Como se verifica, pois, a nossa aspiração é apenas a de trabalhar *todos os dias*, o que não nos parece pretensão exagerada e porque assim o consideramos ousamos esperar que V. Exª., estudando com a máxima atenção a nossa petição, nos fará justiça atendendo-a.

Assim o esperamos
A bem da Nação
Lisboa, 8 de dezembro de 1944.

O pessoal gráfico e seus auxiliares, trabalhando no Anexo da Imprensa Nacional subsidiados pelo Fundo do Desemprego.[47]

O pedido de justiça coadunava-se com os argumentos de que cabia ao Estado a tarefa de responsabilizar-se pelo trabalho nacional, conforme seu próprio discurso. Assim, havia uma cobrança combinada com os argumentos oficiais, fato que, ao menos subjetivamente, lhes dava maiores condições de reivindicar seus direitos. Mais uma vez, o argumento da necessidade moral do trabalho coadunava-se com a idéia de que a mesma era condição fundamental para a existência da dignidade humana.

Apesar disso, entretanto, a situação de precariedade manteve-se, ao menos até março do ano seguinte, quando o problema chegou às mãos do presidente do Conselho, Oliveira Salazar. Este, por intermédio de seu gabinete, transmitiu a petição dos operários gráficos para o Ministério do Interior.[48] Na correspondência, os problemas enfrentados e relatados ao comissário do Desemprego em parte se reproduziam:

> Entregaram os 110 operários gráficos e seus auxiliares que, na sua maioria, trabalham no Anexo da Imprensa Nacional há cerca de *doze anos*, em regime de semanas alternadas — *três dias por semana* —, uma exposição pedindo que, dada a abundância que existe na Imprensa Nacional, tanto que o seu pessoal trabalha todos os dias horas extraordinárias —, além de

que a Imprensa Nacional fornece à indústria particular bastante trabalho, o que não impede que em algumas repartições públicas se verifique a falta de determinado número de modelos — e considerando que um tal regime de trabalho que por demais se tem prolongado é não só insuficiente como meio de angariar o sustento dos mesmos operários e suas famílias, como é mesmo deprimente sob o ponto de vista moral e profissional, nos seja concedido o trabalhar todos os dias.[49]

Os argumentos, embora semelhantes aos enviados ao Comissariado do Desemprego, trazia como novidade a afirmação da existência da abundância de trabalho na própria Imprensa Nacional. Se, no ano anterior, havia melhoria na oferta de emprego, agora havia trabalho em fartura, o que tornava ainda mais injustificável a situação em que se encontravam. De semelhante com relação à correspondência do ano anterior, a afirmação da necessidade moral de resolução dos problemas enfrentados. Agora, apesar da abundância de trabalho, as dificuldades existiam em virtude de condicionantes impostas pelo administrador da Imprensa Nacional:

> Segundo nos informam, condiciona S. Ex.ª o administrador da Imprensa Nacional qualquer melhoria ao pessoal do Anexo à saída do mesmo de trinta a quarenta operários que no mesmo trabalham, quando a verdade, que nós podemos afirmar, sem receio de desmentido, é que a colocação de tal número de operários na indústria particular é absolutamente impossível, pois apesar de haver, de um modo geral, bastante trabalho, a capacidade de lotação, nas respectivas oficinas, está de há muito atingida. Além disso, há operários desempregados e inscritos no respectivo sindicato.[50]

Para fortalecer a idéia de que a locação definitiva não era estranha ao Comissariado do Desemprego, procuravam citar exemplo de trabalhadores de outras áreas que, originalmente subsidiados, passaram à condição de efetivos:

> Que o caso da arrumação definitiva de vários subsidiados pelo Comissariado do Desemprego não é inédito, provam-nos os casos passados

na Direcção Geral de Saúde (Decreto-lei n° 32.403) e o do Instituto Geodésico, nos quais os subsidiados que ali prestavam serviço, há muito menos tempo do que nós prestamos na Imprensa Nacional, foram contratados ou foram mesmo ocupar vagas existentes nos quadros e outros ficaram assalariados, mas com carácter permanente.[51]

Nem sequer situações paliativas propostas pelo comissário do Desemprego eram consideradas viáveis por aqueles trabalhadores. Principalmente em caso de se manterem condições consideradas vexatórias para eles:

> A informação particular que até nós chegou, de que S. Ex.ª o comissário do Desemprego estaria na disposição de conceder-nos o abono de família, que aos empregados nos serviços centrais daquele organismo já concede, de modo algum pode por nós ser considerada solução razoável para o nosso caso, pois além de ser uma melhoria relativamente pequena, apenas aproveitaria a metade do pessoal, no máximo, e continuaríamos numa situação que reputamos vexatória, ou seja, a de trabalhar três dias por semana, quando outros fazem todos os dias horas extraordinárias.
> Partindo do princípio de que quatrocentos operários fazem cinco horas extraordinárias por semana, teremos assim cerca de 8.800 horas por mês.
> Ainda que por qualquer circunstância esse número não seja atingido, de qualquer modo se verifica que no referido estabelecimento do Estado se trabalha um número elevado de horas extraordinárias.[52]

Dentre as condições consideradas vexatórias, destaque para a existência de um número elevado de trabalhadores fazendo horas extraordinárias, enquanto outros não podiam trabalhar nem sequer nos dias normais, e o fato de que o próprio Estado concedia este privilégio a alguns trabalhadores, prejudicando aqueles que não tinham ao menos acesso a empregos fixos. O argumento, portanto, de que havia condições de trabalharem todos os dias era explicitado racionalmente a partir do elevado número de horas extras:

Se calcularmos em 8.500 esse número de horas que nós computamos, em média, a 6$00, teremos assim cerca de 51.000$00 por mês de horas extraordinárias. Se por outro lado considerarmos, bastaria cerca de metade dessa importância para, reforçando o orçamento actual, nos garantir o trabalho permanente, mais convencidos de que não é difícil atender-nos.

E para que um tal estado de coisas se modifique e nos seja concedido aquilo que todo operário honesto e trabalhador pode desejar — trabalho permanente —, nós ousamos pedir a valiosa intervenção de V. Ex.ª, certos de que da mesma muito haverá de esperar, no sentido de que à nossa tão justa e humana pretensão seja dado o merecido deferimento.[53]

Não encontramos documentos referentes à resolução do caso dos operários gráficos lotados no Anexo da Imprensa Nacional. Entretanto, o fato ocorrido permite uma percepção das dificuldades enfrentadas por um Estado que, disposto a implementar uma política de incorporação do mundo do trabalho a uma ordem corporativa, enfrentava barreiras aparentemente intransponíveis para sua efetivação. Os trabalhadores que, durante doze anos, conforme sempre buscaram frisar, se mantiveram na incômoda situação de estar em um emprego precário agiram obedecendo à própria hierarquia do Estado. Primeiro, corresponderam-se com o Comissariado do Desemprego. Em seguida, com o ministro do Interior e, por fim, com o presidente do Conselho. Respeitavam, assim, a ordem estabelecida pelo Estado, enquanto este não conseguia impor-se sequer em suas próprias agências, como era o caso da Imprensa Nacional.

4.5. SALÁRIOS MÍNIMOS — RECURSOS E PEDIDOS DE ALTERAÇÃO

Em setembro de 1945, o SN dos Operários Marceneiros e Ofícios Correlativos do Distrito do Porto enviou ao subsecretário de Estado das Corporações uma petição no sentido de que se implementasse uma alteração ao despacho de salários mínimos para a indústria de marcenaria.

De acordo com o assistente do INTP, o problema da indústria de marcenaria tinha antecedentes que mereciam análise, uma vez que só assim se compreenderia o quadro vivido no momento da demanda de revisão salarial.[54] Segundo o assistente do INTP, os antecedentes diziam respeito à busca de negociação coletiva, tendo a mesma transcorrido da seguinte forma:

> Em meados do ano de 1943 o assistente sr. dr. Roseiro e Meia, solicitado pelo Sindicato Nacional dos Operários da Indústria de Mobília do Distrito de Lisboa, diligenciou conseguir a celebração de um contrato coletivo de trabalho entre aquele Sindicato e o Grémio Conselhio dos Comerciantes de Móveis e Adornos Domésticos de Lisboa.
> Iniciaram-se as negociações para esse contrato, mas a breve trecho se verificou que das empresas agremiadas poucas exerciam cumulativamente com o comércio a indústria de mobílias.
> Conseqüentemente a realização de tal contrato só muito restritamente aproveitaria aos operários da indústria de mobília do distrito de Lisboa.[55]

A realização de acordos e o fechamento de contratos, conforme se vê, costumavam demorar, sendo resolvidos de acordo com uma burocracia que combinava, ao mesmo tempo, um perfil autoritário e os argumentos jurídicos legitimistas. A solução então seria procurar outras entidades patronais:

> Em face disso tentou junto da Comissão Organizadora dos Grémios dos Industriais de Mobílias negociar também um acordo e, em conjunto com a direcção do Grémio Conselhio dos Comerciantes de Móveis e Adornos Domésticos, a referida Comissão Organizadora do Grémio dos Industriais e a Comissão Administrativa do sindicato efectuaram-se algumas reuniões para tentar realizar convenções colectivas de trabalho por meio das quais se regulassem as condições e remuneração do trabalho dos operários da indústria de mobílias.

> As entidades patronais mostraram disposição de realizar essas convenções, garantindo-se por elas salários que os operários aceitaram com agrado, mas condicionaram a assinatura dessas convenções à elevação dos salários mínimos para os operários da mesma indústria no distrito do Porto, de modo que a diferença entre o montante dos salários nas duas cidades não excedesse o razoável.[56]

Aparentemente, o acordo caminhava em um sentido inédito em relação aos demais já vistos aqui. Tratava-se de uma atitude simpática por parte dos grêmios e de uma boa recepção das propostas patronais por parte dos empregados. Consultado, o delegado do INTP no Porto propôs que se aumentassem três escudos em relação à tabela de salários em vigor, a fim de que os salários ficassem equivalentes aos auferidos em Lisboa. O Sindicato do Porto, segundo o assistente, Pereira Bernardo, reiteradas vezes solicitou aumentos salariais:

> O Sindicato dos Marceneiros do Porto pouco depois solicitou junto da Delegação uma revisão dos salários estabelecidos por serem demasiado baixos para fazer face ao custo da vida. Submetida a pretensão a despacho de novo, foi decidido que aguardasse a constituição da Caixa de Abono de Família que abrangesse os operários marceneiros.
> Em novembro de 1944 o sindicato volta a pedir um aumento de salários de 7$00 numa exposição dirigida a Sua Excelência o subsecretário.[57]

As dificuldades agravavam-se não só devido aos problemas dos trabalhadores do Porto, mas devido às questões postas pelos industriais com relação à proposta de equiparar os salários de Lisboa e do Porto:

> Entretanto, as negociações em curso em Lisboa para o estabelecimento de convenções colectivas tiveram de ser abandonadas porque os industriais se recusaram a assumir compromissos em matéria de salários desde que a diferença entre as duas cidades ultrapassasse 25%. E até agora nada foi alterado aos salários fixados por despacho de 4 de agosto de 1943.[58]

Apesar de um começo promissor, a situação dos trabalhadores marceneiros voltava à situação inicial. Os trabalhadores do Porto reivindicavam aumento; os de Lisboa, pleiteavam um acordo que abrangesse todo o país. De concreto, nada de avanços nos interesses de um ou de outro sindicato. Para o representante do INTP, porém, a reivindicação feita pelo Sindicato de Lisboa no sentido de se elaborar um único acordo nacional era o melhor caminho para a superação de uma série de problemas.

O primeiro problema era que boa parte dos industriais explorava ao mesmo tempo as indústrias de carpintaria mecânica e de serração de madeiras. Como havia um despacho de salários mínimos para a de serração e não para a de carpintaria, os industriais manobravam com brechas criadas por este fato:

> Após a publicação do despacho de salários mínimos para esta indústria, que vigora desde 1 de maio passado, verificou-se que alguns deles, com o número excessivo de aprendizes, se subtraíam ao disposto nas bases III e IV que estabelecem as percentagens de aprendizes e de operários de 1ª enquadrando esse excesso de aprendizes na secção de marcenaria onde não há qualquer limite fixado, quando na realidade eles trabalham na carpintaria.[59]

A solução seria, para o assistente do INTP, a adoção de medidas reguladoras que garantissem equivalência aos dois ramos industriais:

> Como a marcenaria é uma indústria que trabalha em correlação com aquela, donde recebe a madeira preparada para a construção de móveis, conveniente seria regular nela as condições de prestação e remuneração do trabalho, dado que na outra já há condições fixadas.[60]

As negociações para a revisão do contrato coletivo de trabalho assinado pelo Grémio dos Comerciantes de Móveis e Adornos Domésticos e o Sindicato dos Operários da Indústria de Mobílias do Distrito de Lisboa foram encerradas por iniciativa do grêmio. Segundo a entidade patronal, sendo a fiscalização do governo ineficiente, algumas indústrias deliberavam pelo não cumprimento do contrato, ficando desta forma em vantagem com relação às indústrias cumpridoras do acordo que alterava em cerca de 25% os salários dos seus operários. Para o assistente do INTP, a elaboração de um despacho de salários mínimos, na medida em que abrangeria os industriais que não cumpriam o acordo firmado, poria fim ao problema.[61]

Nas últimas greves da categoria, devido à falta de homens para o trabalho de polidores, a Casa Olaio contratou mulheres, gerando reclamações por parte do sindicato. A partir desta experiência, diversas firmas começaram a contratar mulheres, em virtude dos salários mais baixos, pois, enquanto o salário dos homens ficava em torno de 28$00 a 35$00, o das mulheres variava entre 8$00 e 12$00.[62] A alternativa para a solução do problema do trabalho das mulheres também girava em torno do despacho:

> Para eliminar a crise pode estabelecer-se salário mínimo para as mulheres igual ao dos homens e, em regime transitório, permitir que trabalhem as mulheres que estão actualmente inseridas no sindicato, proibindo que de futuro outras entrem para a profissão.[63]

No que diz respeito à organização previdenciária, algumas firmas eram abrangidas pela Caixa de Previdência do Comércio, nomeadamente as dos industriais colchoeiros inscritos no Grémio dos Comerciantes de Móveis e Adornos Domésticos, enquanto outras categorias profissionais, vinculadas a outros ramos da marcenaria, não tinham direito às regalias propiciadas pela Caixa de Previdência. Ao mesmo tempo, alguns industriais eram onerados com as contribuições enquanto outros permaneciam desonerados, levando grandes vantagens sobre os demais. Assim, a melhor medida a ser adotada, dentro do espírito da legislação corporativa, seria a inclusão de todos os industriais de marcenaria na Caixa e estudar a possibilidade de realização de uma Caixa para o setor marceneiro.[64]

Como conclusão, o representante propunha que se fizesse um despacho de salários mínimos, tomando por base os salários pagos naquele momento por serem elevados. Para que se pudesse encaminhar a resolução do problema, por meio de um estudo prévio, propunha que se nomeasse uma comissão técnica.⁶⁵

Os SAS, cumprindo o despacho do subsecretário de Estado das Corporações, determinou que se constituíssem duas subcomissões técnicas para o estudo das condições de prestação de trabalho e sua remuneração na indústria de marcenaria, uma ao norte e outra ao sul. Ao final dos trabalhos, as duas comissões se reuniriam para, em conjunto, tirar conclusões unificadas. Para a subcomissão do sul, o assistente Pereira Bernardo propunha a presença de quatro membros: um representante do INTP, que a presidiria, um representante do Ministério da Economia e os presidentes do Grémio Conselhio dos Comerciantes de Móveis e Adornos Domésticos de Lisboa, representando as classes patronais, e do SN dos Operários da Indústria de Mobílias do Distrito de Lisboa, representando os trabalhadores. Quanto à subcomissão do norte, considerava que deveria ser ouvido o delegado do INTP no Porto.⁶⁶

4.6. A FORMALIDADE DA DISPUTA

As disputas entre trabalhadores e empresários ocorriam, na maior parte das vezes, obedecendo a uma lógica formal, determinada pelos caminhos burocráticos impostos pelo Estado. Assim, a determinação de regras a serem cumpridas possibilitava a abertura de disputas por certo período. O ritual da disputa, definido pelo Estado, garantia que a mesma não extrapolasse as fronteiras da ordem.

No dia 5 de novembro de 1945, o presidente da comissão administrativa do Sindicato Nacional dos Empregados de Escritório do Distrito de Lisboa (SNEEDL) recebeu uma correspondência do presidente da direção do Grémio Nacional dos Industriais de Cerâmica, J. J. Ferreira da Silva. Na mesma, o dirigente da organização patronal informava que o empregado de escritório da Fábrica de Loiça de Sacavém, Lda., Hermínio Luís da Costa, havia recebido uma punição de 15 dias de suspensão sem vencimentos, tomando como base o nº 3 do artigo nº 34 do contrato coletivo de trabalho.[67] Dias depois, a 13 de novembro, o SNEEDL, em ofício assinado por seu secretário, M. C. Serra Alves, enviou uma correspondência ao empregado suspenso pedindo informações sobre os motivos causadores da punição sofrida.[68] No dia 16, o SNEEDL recebeu uma carta da direção da Fábrica de Loiça de Sacavém, em resposta a ofício anteriormente enviado pelo sindicato[69], onde era transcrita uma carta enviada no dia 1º de novembro ao Grémio Nacional dos Industriais de Cerâmica. A carta relativa ao Grémio Nacional dos Industriais de Cerâmica uma série de indisciplinas cometidas pelo referido empregado. Segundo a mesma, o empregado tinha o hábito de sair mais cedo do escritório, sem autorização superior, a fim de assinar o ponto com antecedência. Tendo sido chamado à atenção, respondeu de forma pouco conveniente. Depois, tendo sido chamado para prestar esclarecimentos junto à gerência, faltou ao serviço alegando estar passando mal. A visita do enfermeiro à sua residência, entretanto, constatou que o mesmo não se encontrava enfermo, tendo faltado para evitar as satisfações que devia à gerência da fábrica. Sabedor do previsível castigo, optou por ir à casa do médico para tentar regularizar sua situação. Estas atitudes, de acordo com a direção da fábrica, eram merecedoras de castigo. Desse modo, resolveu a fábrica, de acordo com o contrato coletivo de trabalho dos empregados de escritório, puni-lo com a suspensão sem vencimento de seus serviços por 15 dias.[70] No dia 23, finalmente, o funcionário Hermínio Luís da Costa enviou uma carta explicando as razões que levaram à sua punição. Segundo a carta, não se justificava a punição recebida, uma vez que houve um largo período entre a data de um acidente que sofrera, 4 de outubro, e a inspeção do enfermeiro da fábrica, dia 10. Neste intervalo, ele já havia se tratado, apresentando melhoras.[71] Por fim, o sindicato enviou um ofício, de nº 2.436, não datado, à Comissão Corporativa emergente do contrato coletivo de trabalho do Grémio Nacional dos Industriais de Cerâmica, com cópias de todas as correspondências enviadas sobre o tema a fim de que a mesma se posicionasse a respeito da decisão da Fábrica de Loiça de Sacavém.[72]

4.7. AINDA OS CONTRATOS

Mas, se do ponto de vista das relações externas Portugal mantinha-se estável e minimamente garantido, o mesmo não ocorria internamente. Ao contrário. Foram greves e movimentos de agitações por certo bem mais importantes que o já citado "levante" de janeiro de 1934, consagrado pela memória comunista.

As questões que levantavam dúvidas nos contratos coletivos eram resolvidas e posteriormente a eles incorporadas. Foi o que ocorreu com um empregado demitido "sem justa causa" da Companhia das Fábricas Cerâmica Lusitânia. Segundo o empregado, João Afonso Ferreira Lima, foram as seguintes razões que conduziram à sua demissão:

> 1º a categoria que tinha era de Paquete. Mas como a cláusula 3ª do respectivo contracto diz, na alínea e Paquete — o empregado *menor* de *dezesseis anos* que presta unicamente serviços dos enumerados na alínea anterior, e indo eu fazer 16 anos em 29 de março p.p. consultei a direcção três dias antes prevenindo-a que fazia no dia 29 os 16 anos. Foi-me dito por um dos directores que falasse com ele no sábado seguinte, isto é, no dia 30 de março. Falei com ele no dia combinado, onde me preveniu que só tinha duas soluções a seguir, para continuar ao serviço da Companhia.
> 1º Era eu transitar para os serviços comerciais.
> 2º Era eu aceitar o lugar de auxiliar de apontador, deixando portanto de estar abrangido pelo contracto colectivo. Respondi que qualquer das soluções não podia aceitar sem consultar a família. Ficou então combinado que daria uma resposta na segunda-feira seguinte.
> De facto, no dia 1º. de Abril p.p. pelas 12 horas dirigi-me ao mesmo sr. Director, dizendo-lhe que não podia aceitar a proposta de sair do contracto, porque queria continuar como empregado de escritório. Foi-me dito por aquele sr. que o quadro da Companhia não podia ser alterado no seu número de empregados de escritório, pois que para me pôr a mim, como praticante, teria que alterar todas as outras classificações e então sem mais razões de espécie alguma, disse-me que estava despedido e que

fosse receber um mês de ordenado à caixa. Ora como a cláusula 33ª. se pronuncia sobre as causas de despedimento sem justa causa entendi que não era só um mês, mas sim quatro que devia receber.

 Passados 15 dias fui à Companhia pedir a fineza para me passar uma carta do comportamento e as razões de minha saída. Passaram de facto uma carta, mas alegando que fora eu que me despedira, quando afinal tinha sido despedido. Recusei aceitar semelhante atestado e exigi que no mesmo declarassem que me mandaram embora e quais os motivos mas negaram-se a passar e até hoje continuo à espera do ordenado e do atestado.[73]

Além das atitudes já conhecidas de interpretações privadas de assuntos de domínio público por parte dos empresários, nota-se a referência ao Estado como fator fundamental para nortear a ação do funcionário desempregado. Tanto assim que o mesmo se recusava a ficar fora do contrato coletivo, entendido como garantia de segurança e proteção.

O sindicato, por seu turno, enviou à Comissão Corporativa emergente do contrato coletivo e ao Grémio dos Industriais de Cerâmica uma cópia da carta do reclamante e outra com o parecer do advogado do sindicato.[74] Segundo o advogado do sindicato, a solução proposta de alocar o funcionário em outros serviços não era aceitável, uma vez que, não tendo vaga em outros setores de escritório, o empregado acabaria perdendo as vantagens que tinha ao abrigo do contrato coletivo de trabalho. Assim, a única solução possível era a manutenção do despedimento do funcionário e o pagamento de uma indenização correspondente ao seu tempo de serviço.[75] Ainda em maio, a Companhia das Fábricas Lusitânia recebia uma correspondência do assistente do INTP, Pereira Bernardes, sendo convocada para, no dia 3 de junho, tratar do despedimento do empregado.[76]

Também a Fábrica de Loiças de Sacavém demonstrava divergências diante do Estado na interpretação do contrato coletivo de trabalho assinado entre o Grémio dos Industriais de Cerâmica e os SN dos Empregados de Escritório. As tensões entre fábricas ou empresas e o Estado eram constantes, fazendo com que os empresários muitas vezes considerassem irrelevantes e inúteis sua participação nos contratos coletivos. Em correspondência enviada ao presidente da Comissão Corporativa emergente do contrato coletivo de trabalho, tratava de lembrar que na cláusula n° 42 afirmava-se que "nenhum diferendo resultante da interpretação ou execução deste contrato poderá ser levado ao Tribunal sem prévia intervenção da Comissão Corporativa (...)".[77] A partir daí, tomava a iniciativa de afirmar que em 27 de julho de 1944 enviara ao presidente da Comissão Corporativa um ofício em que manifestava dúvidas acerca da classificação e remuneração a serem atribuídas a diversos funcionários. Lembrava também que, por motivos desconhecidos, nenhuma resposta havia sido dada pela Comissão Corporativa.[78] No ano seguinte, em fevereiro de 1945, um fiscal do INTP compareceu à fábrica e a autuou por considerar que a mesma cometia infração ao contrato coletivo de trabalho.[79] De acordo com a fábrica, a infração, a rigor, havia sido cometida pelo fiscal do INTP, uma vez que não havia a prévia autorização da Comissão Corporativa. Por este motivo, havia a fábrica sido condenada a pagar o montante de 926$00 de multa e despesas judiciárias.[80] Considerando-se injustiçada, afirmava não mais participar das discussões sobre as mudanças a serem introduzidas no contrato coletivo de trabalho.[81]

Os contratos e despachos serviam de instrumento de negociação por parte dos sindicatos na medida em que estes podiam obter os mapas salariais das empresas, verificando, assim, aquelas que descumpriam os acordos assinados. Foi o que ocorreu com a firma Fábricas Jerónimo Pereira Campos, Filhos, denunciada pelo Sindicato Nacional dos Empregados de Escritório de Lisboa à Comissão Corporativa emergente entre o Grémio dos Industriais de Cerâmica e os Sindicatos Nacionais de Empregados de Escritório. Segundo o sindicato, a mesma pagava a um seu funcionário, o terceiro-escriturário Fortunato do Patrocínio, o ordenado de 800$00, quando, de acordo com o sindicato, seu cargo previa o salário de 850$00. O sindicato requeria que se cumprisse o contrato coletivo de trabalho e se indenizasse o empregado pelas perdas anteriores.[82] Também uma das formas de consolidação e conquista de representatividade por parte dos sindicatos era a Agência de Colocações, criada pelos próprios sindicatos e muitas vezes previstas nos contratos coletivos. Assim, o Sindicato dos Empregados de Escritório de Lisboa reclamou junto à Comissão Corporativa que a Companhia das Fábricas Cerâmica Lusitânia havia admitido dois funcionários sem que tivesse, primeiro, procurado a Agência de Colocações do sindicato.[83] Ao transformar-se em agência de emprego, o sindicato não só se legitimava, como se transformava em parte constituinte do próprio Estado.

4.8. A REGULAÇÃO DO TRABALHO

O assistente do INTP, Pereira Bernardo, apresentou um parecer em janeiro de 1946 sobre a regulamentação do trabalho para os operários das indústrias metalúrgica e metalomecânica.[84] De acordo com o mesmo, havia uma dúvida se o despacho que fixava os salários para os operários e técnicos da indústria referida se aplicava a todos os metalúrgicos ou apenas aos que trabalhavam para as entidades patronais que exploravam a indústria metalúrgica. Isto porque, segundo o parecerista, constava que, no *Diário do Governo* de 24 de novembro de 1945, se dizia: "(...) o despacho é aplicável às entidades patronais e aos técnicos e operários das indústrias metalúrgica e metalomecânica."[85] Desta forma, parecia ficar subentendido que o despacho apenas atendia às entidades patronais do setor metalúrgico. No entanto, afirmava o assistente que o parágrafo único do mesmo despacho sugeria outra interpretação, abrangendo todas as entidades patronais que empregassem operários metalúrgicos.[86]

Uma vez que, no referido parágrafo, se excluíam os serviços municipalizados dos corpos administrativos e as empresas concessionárias de serviços públicos, só estas deviam ser consideradas fora do despacho. As demais, portanto, mesmo não sendo dos setores metalúrgico e metalomecânico, estavam incluídas. A fim de reforçar sua opinião, o assistente procurou servir-se do relatório que antecedia o despacho. No mesmo, consta que a comissão técnica que estudou o despacho havia se pronunciado no sentido de abranger todos os operários metalúrgicos e metalomecânicos, independente da empresa para que estivessem trabalhando. Além do mais, a comissão afirmava ser incapaz de estudar o assunto em relação aos serviços municipalizados e às empresas concessionárias.[87] Por isso o parágrafo único acima referido omitia os metalúrgicos que estivessem trabalhando em serviços vinculados àqueles setores.[88] Assim, mais uma vez o Estado Novo se mantinha fiel aos pressupostos "corporativos" que nortearam sua constituição. Mais importante que a atividade fim da fábrica era a natureza do trabalho produzido pelo operário. E este, sendo idêntico ao de determinada coletividade — como no caso a dos metalúrgicos —, deveria a ela pertencer.

4.9. TRABALHO E CONDIÇÕES DE TRABALHO NA CONSTRUÇÃO CIVIL

O setor da construção civil, em um Estado regulador e preocupado com as questões do trabalho, é seguramente um dos mais importantes. As políticas estatais de geração de emprego constantemente incentivaram as obras públicas como forma imediata de se garantir ocupação remunerada. Daí sua importância. Já vimos anteriormente as demandas de sindicatos de construção civil, que pleiteavam, como forma de garantir sua força e representatividade, que nos trabalhos convocados pelo Estado se garantissem apenas operários sindicalizados. Era natural, portanto, que os SN dos operários da construção civil tivessem, não só representatividade, mas um número de sócios correspondente. Entretanto, apesar da aparente "regalia", era comum os sindicatos da construção civil apresentarem demandas com relação à necessidade de se regular uma política de salários mínimos para a categoria. Em documento datado de outubro de 1944, um assistente do INTP lembrava que desde o ano de 1939 alguns SN da construção civil já formulavam pedidos no sentido de que se elaborasse um despacho de salários mínimos.[89] Devido aos vários pedidos de elaboração de um despacho, pensava a Seção do Trabalho elaborar um despacho único para os trabalhadores da construção civil de Portugal continental.[90] Em contraposição à proposta da Seção do Trabalho, citava o assistente um pedido elaborado pelo sindicato de Lisboa para que abandonasse a idéia de se elaborar um despacho único para o país, "por entender preferível fazer-se o estudo de projeto para cada distrito ou quando muito para determinadas regiões".[91] A proposta do SN de Lisboa fora aceita, iniciando-se estudos para a elaboração de um projeto de despacho para o referido distrito. Os estudos iniciais, portanto, não tiveram caráter nacional, limitando-se apenas a Lisboa. Além de convocarem para as conversações representantes dos trabalhadores e dos patrões, "foram feitos inquéritos sobre os salários auferidos pelos operários da construção civil dos vários conselhos do distrito de Lisboa, por intermédio das respectivas câmaras municipais".[92] Iniciava-se, portanto, o longo trabalho de elaboração de um despacho de salários para os trabalhadores da construção civil. Embora limitado originalmente a Lisboa, logo no mês de agosto de 1942 começava a preocupação também em relação aos demais distritos e ilhas adjacentes.[93] Para tal, elaborou-se um parecer que teve conseqüências imediatas:

> Sobre esse parecer recaiu o despacho de 28/IX/942, que ordenou à Secção que elaborasse um projecto de despacho de salários mínimos e o enviasse a todos os delegados do instituto para, dentro do prazo que lhes foi fixado, o devolverem com o seu parecer, a proposta de alterações que entendessem devem ser introduzidas e com a menção expressa das categorias e salários mínimos a fixar.[94]

Enquanto os estudos prosseguiam no sentido da elaboração de um despacho para os operários da construção civil dos outros distritos e ilhas, em fase de análise de um projeto elaborado pela Seção de Trabalho do INTP, em Lisboa, foi aprovado, no início de 1943, um despacho de salários mínimos para a construção civil daquele distrito.[95] Aparentemente, para o representante do INTP, as questões pareciam estar resolvidas, uma vez que o acordo com Lisboa já havia sido assinado e tudo se encaminhava para a elaboração de um despacho para o resto de Portugal continental. Porém, tal não ocorreu como se esperava:

O cumprimento do despacho para o distrito de Lisboa (...) teve logo após a sua publicação a oposição dos empreiteiros da construção civil que tinham a seu cargo a execução de obras do Estado, cujos cadernos de encargos, ao que diziam, previam salários inferiores aos que pelo referido despacho eram fixados.

O cumprimento do despacho acarretar-lhe-ia uma diminuição do seu lucro pela execução daquelas obras e por isso pretendiam eximir-se do seu cumprimento.[96]

Segundo o representante do INTP, as reclamações acerca do despacho publicado limitavam-se aos empreiteiros, uma vez que as demais entidades patronais de Lisboa não as formularam, pois já pagavam salários em grande parte superiores ao fixado no despacho. Porém, um novo despacho, desta vez publicado em 29 de março de 1943, previa a alteração do despacho anterior, ao mesmo tempo que praticamente o anulava por completo. Eis a íntegra do novo despacho:

Salários mínimos para os operários da indústria de construção civil do distrito de Lisboa.

Tendo-se reconhecido a necessidade de rever e alterar o despacho de salários mínimos da indústria da construção civil do distrito de Lisboa, publicado no *Diário do Governo*, 2ª série, de 10 do corrente mês, designadamente quanto à classificação das categorias profissionais, percentagem dos operários de cada uma delas e às localidades que devem constituir cada um dos grupos previstos no mesmo despacho, fica sem efeito o disposto na cláusula IV e bem assim o que se dispõe na cláusula I quanto às localidades que constituem cada um dos grupos, ficando a sua aplicação, em cada localidade e caso, dependente de despacho, que será comunicado aos interessados e à Inspecção do Trabalho.

Subsecretariado de Estado das Corporações e Previdência Social, 29 de março de 1943. — O subsecretário de Estado das Corporações e Previdência Social, Trigo de Negreiros.

D.G. II S., n° 77, de 2-IV-943.[97]

O despacho, como se vê, anula as cláusulas I e IV do despacho anterior. Na cláusula I, constavam as tabelas de salários por categoria e respectivos grupos. Na cláusula IV, constavam as porcentagens de operários em dada categoria da seguinte forma:

> Por cada operário de 1ª categoria pode a empresa ter a seu serviço até dois operários de 2ª.
> Em cada especialidade poderão ser admitidos aprendizes, com ou sem prática, até a proporção de 25 por cento do total de operário de 1ª e 2ª categoria.
> Em qualquer oficina ou obra poderá ser admitido um aprendiz por especialidade, desde que estejam ao serviço operários dessa especialidade, mesmo quando não satisfaçam ao disposto nesta cláusula.
> Nas localidades compreendidas no 3º grupo poderá ser admitido um aprendiz por cada operário de 1ª ou 2ª categoria.
> Na composição do quadro de trabalhadores de pedreiras a percentagem de trabalhadores remunerados com os salários inferiores previstos neste despacho não pode exceder de 25 por cento.[98]

Desta forma, embora tocando em apenas duas cláusulas do primeiro despacho, na prática todo o corpo do referido despacho ficava comprometido. Assim, anulava-se um primeiro despacho devido às pressões de empreiteiros insatisfeitos com sua publicação. Para a revisão do despacho, nomeou-se uma comissão composta por representantes do Ministério das Obras Públicas, do INTP e ainda outro da Câmara Municipal de Lisboa.[99] Entretanto, a mesma nem sequer chegou a se reunir. Por este motivo, a comissão foi considerada extinta, sendo outra nomeada para exercer suas funções. Até o momento em que o documento ora analisado foi escrito, não havia ainda um parecer conclusivo. O que se sabia, entretanto, era da existência de uma situação ao mesmo tempo desoladora e frustrante. Principalmente para um Estado que se pretendia protetor dos interesses dos trabalhadores.

O que se sabe, porém, é que vai percorrido mais de um ano e meio sobre a data da publicação do despacho de salários mínimos para os operários da construção civil do distrito de Lisboa e estes se queixam, e com razão, de que não podem, perante as poucas entidades patronais que não queiram pagar os salários correntes, invocar a vigência daquele despacho e com base nela ter possibilidade de, pelos meios normais, as compelir a pagarem os salários que legalmente estejam fixados como mínimos.[100]

Por este motivo, verificava-se um grande descontentamento entre os operários da construção civil, que, de resto, não se limitavam apenas àqueles do distrito de Lisboa, mas também encobriam os dos demais distritos de Portugal continental:

> Na verdade, estes, quer por intermédio dos delegados do INTP, dos respectivos distritos, quer por exposições enviadas directamente ao Instituto e até através de uma comissão composta por representantes de quase todos os sindicatos da província que a Lisboa veio em junho último, têm mostrado o seu desagrado e revelado a sua impaciência por ainda lhes não ter sido fixado, por despacho, salários mínimos, há tanto tempo solicitados, como foi referido.
> Também os operários da construção civil da província têm razão, pois até hoje não lhes foi concedido um único despacho de salários mínimos.[101]

Até aquele momento, como em Lisboa, o compasso era de espera. Pior ainda para os da província, pois dependiam primeiro do fim dos trabalhos das comissões destinadas a discutirem o problema do despacho em Lisboa. A espera, portanto, seria maior que a do distrito que abrigava a capital. As consequências ante a demora e as atitudes a serem tomadas eram evidentes:

> É, pois, de frisar como a prolongada demora na obtenção das conclusões do estudo a fazer pela comissão nomeada tem contribuído para o descontentamento que lavra entre os operários da indústria da construção civil em todo o país.

Urge, por isso, que se tomem providências necessárias para que a comissão actualmente constituída, ou a constituir, possa, com urgência, fornecer ao instituto os elementos que o habilitem a tomar uma decisão acerca da pendente questão dos salários mínimos para a indústria da construção civil.[102]

As atitudes a serem tomadas no sentido da resolução dos problemas dos operários da construção civil deveriam ser implementadas em caráter de urgência, como forma de reconhecimento dos poucos benefícios que este setor havia recebido até aquele momento da organização corporativa.[103] Além da urgência, era conveniente que também se levassem em conta as diversidades regionais e da própria categoria. O país, portanto, não era uma totalidade una e a organização corporativa deveria levar este fato em consideração:

> Porém, porque é numerosa e se distribui desde os grandes centros populacionais até às mais pequenas aldeias e porque os salários que hoje auferem os respectivos profissionais são diversíssimos em quantitativos, consoante os meios em que o trabalho se exerce, parece-nos conveniente que em vez de um despacho único para todo o país se estudem e fixem salários mínimos quando muito para cada distrito.
> E ainda para esse os salários mínimos do despacho se fixem por grupos e localidades.[104]

Considerando fundamental a elaboração de salários diferenciados, em julho uma comissão composta por representantes dos SN da Construção Civil de quase todo o país havia se reunido para pensar sobre o assunto. Na opinião do assistente, comissões distritais deveriam estudar suas diversas situações e propor os salários. A situação até o momento era considerada, para a província, se comparada à capital, desvantajosa para os operários, pois

> Por essa comissão soubemos que em relação à província ainda há regiões e localidades em que os salários pagos são inferiores ao que é justo, não só

em relação ao agravamento do custo de vida mas até em relação aos salários de outras profissões.

Quanto ao distrito de Lisboa as coisas passam-se um pouco diferentemente. Os salários quer do conselho de Lisboa quer no de Torres Vedras e até no de Sintra e de Cascais são actualmente superiores aos que constam do despacho de 18 de fevereiro de 1943 — o que não é para estranhar, pois já à data da publicação deste despacho os salários correntes, regra geral, eram mais elevados do que os fixados.[105]

O Estado, apesar de seu compromisso com a organização corporativa e com a elaboração de um conjunto de leis de proteção ao trabalho, não cumpria, ou não conseguia cumprir, a legislação por ele próprio elaborada, gerando dificuldades na implementação dos mesmos:

> Pode afirmar-se, com segurança, que salários de quantitativo inferior ou igual ao dos fixados pelo referido despacho são actualmente pagos *apenas* na execução de obras do Estado e das autarquias administrativas.
>
> E, por isso, há grande dificuldade em, nessas obras, conseguir ter ao serviço bons profissionais, como têm referido vários empreiteiros e encarregados desses trabalhos, cujo concurso para adjudicação por vezes têm ficado desertos.[106]

Para os trabalhadores da construção civil de Lisboa, a implementação do despacho de salários mínimos da maneira como estava elaborado não interessava, pois implicaria a possibilidade de redução salarial e de abertura de tensões com os empresários do setor:

> Averiguando junto dos dirigentes sindicais dos organismos corporativos representativos dos operários da construção civil, de Lisboa, se o despacho de salários mínimos, actualmente suspenso como referimos, fosse posto em execução sem alteração nos quantitativos dos salários fixados, agradaria à massa operária deste distrito, obteve-se a resposta negativa, por os salários actualmente correntes serem muito superiores e recear-se que as entidades patronais aproveitassem a oportunidade para os baixarem — o

que nos parece não sucederia imediatamente pois actualmente a mão-de-obra não abunda, sobretudo nas profissões de carpinteiro e pedreiro.[107]

Como se percebe, para os trabalhadores, o princípio jurídico do direito adquirido não era uma garantia para a manutenção dos seus interesses. Desta forma, mesmo recebendo salários superiores antes da publicação de um despacho, caso este auferisse gratificações menores, a classe patronal tiraria proveito da nova legislação. Neste caso, portanto, melhor que não se elaborassem leis. Como conclusão, o assistente clamava para que se formassem comissões distritais com a presença não só dos trabalhadores, mas também das entidades patronais. Lembrava também que em Lisboa uma comissão já havia se constituído a fim de elaborar um parecer sobre os salários mínimos.[108]

Em junho de 1945, o INTP elaborou um relatório sobre o problema dos salários mínimos para os operários da construção civil.[109] De acordo com o documento, a discussão sobre os salários mínimos da construção civil tivera início havia seis anos, sem que se conseguisse uma resolução definitiva:

> Realizaram-se vários estudos tendo destes resultado um despacho de salários mínimos para o distrito de Lisboa, que entrou a vigorar em 15 de março de 1943. Teve, porém, vida efémera, porque logo em 29 de março seguinte, por novo despacho, foi reconhecida a necessidade de rever e alterar o que então vigorava, mandando-se suspender o disposto nalgumas das suas cláusulas, o que equivaleu à suspensão integral. Tal medida foi tomada por intervenção do Ministério das Obras Públicas e Comunicações, dada a oposição dos empreiteiros de obras do Estado, cujos cadernos de encargos previam salários mais baixos do que os do despacho referido.[110]

Deste modo, os salários continuavam a ser um empecilho determinado pelos empreiteiros. Estes, recebendo do Estado, pretendiam pagar menos do que o determinado em despacho. O assistente citava a comissão nomeada para rever os salários, composta, conforme já indicado, por um representante do Ministério das Obras Públicas, outro do INTP e, por último, um representante da Câmara Municipal de Lisboa. Lembrava também que a comissão nunca chegou a se reunir, sendo nomeada outra, cujos resultados ainda não eram conhecidos. Para o resto do continente e das ilhas, buscava-se organizar um despacho segundo um único padrão, excetuando-se Lisboa.[111] Com relação a este segundo despacho,

> Alguns Delegados concordaram inteiramente com o despacho nos termos propostos. Outros, porém, propuseram as alterações que o condicionalismo local impunha, talvez porque o problema nos seus distritos se apresentava com certa acuidade de necessidade imediata, e tiveram ocasião de conhecer mais completamente os dados do problema.
> (...)
> Os delegados de Évora, Guarda, Leiria, Porto, Santarém, Viana do Castelo e Vizeu aceitaram o projecto enviado pela repartição. Os da Covilhã, Faro, Portalegre, Vila Real, Funchal, Ponta Delgada, Angra do Heroísmo e Horta propuseram novos sistemas de despachos que melhor se adaptavam às circunstâncias dos seus distritos, quer suprimindo umas categorias e acrescentando novas, quer propondo novos salários para as categorias consideradas.[112]

Acentuavam-se, portanto, condicionantes regionais que deveriam servir de pilar básico para a organização do trabalho na construção civil. Neste sentido, o assistente relatava as particularidades de cada distrito, bem como suas demandas, quando existiam:

> AVEIRO: — O sindicato deste distrito pedia no princípio do corrente ano a fixação de salários mínimos para a indústria, alegando que os actualmente pagos são insuficientes para o seu sustento e manutenção do lar dos operários.
> O delegado do instituto confirma a necessidade de um despacho, fazendo notar que, embora ainda tenha interesse o projecto estudado pela Delegação, os salários têm aumentado sensivelmente.[113]

Nos distritos de Beja, Braga, Bragança e Coimbra não existiam questões levantadas. Também nos distritos de Santarém e Vizeu houve concordância quanto ao projeto apresentado. Outros distritos, entretanto, aprofundavam questões de caráter profissional e salarial:

COVILHÃ: — O projecto apresentado pela repartição foi considerado muito baixo para este distrito. A delegação propõe salários sensivelmente idênticos aos que vigoraram no distrito de Lisboa.

Entre as várias alterações introduzidas figuram:
— a exclusão da categoria de carpinteiros de moldes, por estes serem afins dos metalúrgicos;
— a inclusão dos marceneiros;
— o estabelecimento de um estágio ou pré-aprendizagem para a adaptação do iniciando ao trabalho;
— o limite mínimo da idade para a aprendizagem aos 12 anos;
— a obrigatoriedade por todas as entidades patronais de remeterem ao instituto as relações do pessoal, qualquer que seja o número de operários ao seu serviço;
— o período diário de trabalho de oito horas, em vez de nove.

ÉVORA: — O delegado considera possível a adoção, para o distrito, do despacho proposto. Entende, porém, que devem acrescentar-se novas categorias para os trabalhadores de pedreiras de mármores, exploradas nos conselhos de Borba e Vila Viçosa. Essas categorias seriam:
— Desbastadores.
— Trabalhadores de desmonte.
— Serradores de fio.

FARO: — O delegado propõe um sistema de categorias e salários diferentes do projeto apresentado.
— uma única tabela para todo o distrito, dada a disseminação dos grandes centros;
— salários mais elevados para certas categorias, designadamente para os pintores, canteiros, polidores, serradores de pedra e trabalhadores de pedreiras, por estarem mais elevados já, em relação às outras categorias, os que actualmente recebem;

— supressão da categoria de ladrilhadores, que não é conhecida no distrito;
— acrescentamento da designação de douradores à de decoradores e de escaioladores à de estucadores;
— períodos de aprendizagem fixados de harmonia com a idade e tempo de prática;
— obrigatoriedade de envio de mapas de classificação do pessoal por parte das entidades patronais, qualquer que seja o número de operários ao seu serviço;
— uniformização do horário de trabalho em oito horas durante todo o ano.[114]

Apesar das diferenças, alguns pontos, como a uniformidade de horário em oito horas e a obrigação do envio de mapas pelas entidades patronais nos distritos da Covilhã e do Faro, demonstravam a existência de interesses comuns. O delegado do distrito da Guarda considerou o projeto plenamente aplicável à sua região. O mesmo não ocorreu com o distrito de Leiria:

> *LEIRIA*: — O delegado concordou com o projecto, mas posteriormente têm sido feitos com insistência pedidos para a publicação de um despacho de salários mínimos para o distrito, como consta dos documentos juntos enviados para a 2ª repartição aos SAS.
> Em fevereiro de 1944 o sindicato fez uma exposição apresentando uma proposta de salários mínimos. Sobre essa exposição foi exarado o despacho de "aguarde" por estar nessa altura pendente do estudo da comissão nomeada a resolução do problema geral. Posteriormente, em dezembro de 1944, o sindicato voltou a solicitar salários mínimos, em telegrama enviado a Sua Excelência o subsecretário de Estado.
> Parece ser este um dos distritos em que o problema se apresenta urgente, convindo estudá-lo desde já.[115]

Quanto ao distrito de Portalegre, o delegado propunha uma tabela única de salários e, como outros distritos, a fixação da jornada de trabalho em oito horas.¹¹⁶ Para que não nos alonguemos, serão analisados os casos de mais outros dois distritos — Porto e Setúbal —, para que se possam analisar de forma geral os problemas dos salários e das condições de trabalho da construção civil:

> *PORTO*: — O delegado considera possível e aconselhável a adopção do projecto, em relação ao distrito. Entende, porém, que não se deve regulamentar a promoção de 2º a 1º oficial por isso se tornar prejudicial aos próprios operários, e ser desnecessária essa regulamentação por estar fixada a percentagem de uns e outros.
>
> Posteriormente, em dezembro de 1944, o Sindicato dos Pedreiros solicitou de Sua Excelência o subsecretário de Estado o despacho que até agora não foi publicado.
>
> *Em fins de janeiro do corrente ano dois pintores da Fábrica de Fiação de Crestuma apresentaram uma exposição em que relatavam a sua situação miserável, ganhando um salário de 9$50 diários sujeito ainda a descontos, e pediam a fixação de salários mínimos porque os patrões se recusam a aumentar os salários baixos, enquanto não forem obrigados.* (Grifo meu — FCPM)
>
> (...)
>
> *SETÚBAL*: — O delegado achou aceitáveis os salários propostos, porém, posteriormente, em 30 de dezembro de 1944, a Delegação informou que os salários correntes no distrito para a actividade eram muito superiores já aos do projecto, estando compreendidos entre os limites seguintes:
>
> Carpinteiros .... 30$00/35$00
> Pedreiros .... 27$00/33$00
> Pintores .... 30$00/34$00
> Serventes .... 17$00/24$00
> Mestres .... 30$00/32$00
>
> Ultimamente, em 30 de Maio, deu entrada nestes Serviços um ofício do delegado do instituto em que se transcrevia um recente pedido de fixação de salários para a indústria, neste distrito, feito pelo Sindicato dos Operários da Construção Civil, que dizia não estarem de harmonia com o

trabalho nem com o encarecimento do custo de vida os salários actualmente pagos.

Parece também urgente para este distrito a resolução do problema.[117]

Mais uma vez, a análise das condições de trabalho no Porto demonstrava o desinteresse patronal em aumentar os salários de seus empregados, só o fazendo por meio de medidas compulsórias. Embora existissem pontos convergentes, em particular no que tangia ao horário de trabalho, o parecerista, Pereira Bernardo, deu ênfase, em suas conclusões, aos pontos de divergência, às discrepâncias das diversas regiões. Em primeiro lugar, considerava a existência de disparidades nas categorias citadas, muitas delas não devendo pertencer à construção civil:

> (...) Incluem-se nos projectos de alguns distritos categorias de serralheiros, funileiros e latoeiros que pertencem à indústria metalúrgica, mas que são considerados nos projectos de despacho para a indústria de construção civil, por constituírem um pequeno número de profissionais cuja actividade, até certo ponto, é afim desta.
>
> Alguns projectos incluem também categorias profissionais da indústria de marcenaria, que em nosso entender devem ser consideradas num despacho próprio, visto tratar-se de uma indústria com características semelhantes à da serração de madeiras e carpintaria mecânica, que há pouco teve um despacho de salários mínimos.[118]

Além das "confusões categoriais", o assistente ressaltava também as disparidades regionais como uma forte característica do setor da construção civil:

> Por outro lado, a indústria da construção civil, como ressalta da análise do problema em todos os distritos, sofre em grande escala a influência dos condicionalismos locais. E assim, distritos há em que os salários actuais são iguais ou superiores aos de Lisboa (Setúbal), e outros que são ainda bastante inferiores.
>
> Há localidades em que os operários estão a receber salários bastante

elevados, que não poderiam ser fixados num despacho para todo o país. E a serem fixados nunca atingiriam o quantitativo dos actuais.[119]

Mesmo entre os operários que ganhavam além do previsto no despacho, a possibilidade de verem seus vencimentos reduzidos era bastante considerável:

> Ora, como se trata de uma actividade em que os operários mudam freqüentemente de patrão, os salários mais elevados, dentro de pouco, seriam baixados ao nível dos mínimos fixados, prejudicando assim os operários. Mas há distritos em que o problema se apresenta urgente porque os salários pagos são baixos. Nesses é aconselhável para já a fixação de salários por despacho, dado não haver grémios dos industriais da construção civil. (...)[120]

Aproximava-se o momento de fixar os salários. Um fator adicionava-se ao da tendência à redução de seus valores, com as constantes mudanças de emprego, o fim da guerra e o crescimento dos fenômenos migratórios:

> Em Lisboa e nos outros distritos o problema não se apresenta como necessitando de imediata solução porque os salários pagos são bastante elevados.
> Avizinha-se, porém, a oportunidade em que se tornará necessário fixá-los, dada a possível baixa que a evolução das condições econômicas acarretará. E mesmo essa baixa ainda pode demorar porque há uma certa tendência nos operários desta especialidade em emigrar para a França, e a reconstrução dos territórios devastados fomentá-la-á, fazendo escassear a mão-de-obra em alguns distritos.[121]

Deste modo, era urgente que o Estado agisse no sentido de dar a maior uniformidade possível aos salários da construção civil, respeitando-se as diferenças regionais. Estas, por seu turno, mostravam um Portugal ainda não unificado do ponto de vista de suas condições econômicas e sociais. Como se viu, as disparidades predominavam sobre as semelhanças. Os pontos de unidade incidiam basicamente sobre as horas de trabalho e a necessidade de se obrigar os patrões a publicarem em mapas o total de seu efetivo de funcionários. Muito pouco para um país que dizia pretender consolidar uma unidade orgânica.

Além das questões de ordem salarial, os trabalhadores da construção civil preocupavam-se também com problemas organizativos. Assim, em outubro de 1945, o INTP elaborou um parecer sobre um pedido de constituição de uma União dos Operários da Construção Civil.[122] Esta seria uma forma de organização horizontal da categoria, como uma espécie de federação dos trabalhadores do ramo. Apesar do parecer favorável, o assistente, dentro da lógica da especificação profissional, afirmava que algumas categorias não podiam ser abrangidas no ramo da construção civil:

> — No Sindicato dos Carpinteiros, os mecânicos, em madeiras, caixoteiros, serradores, carpinteiros de moldes, carpinteiros de carros e carpinteiros de moagem.
> — No Sindicato dos Operários da Indústria de Mármores e Cantarias, os cabouqueiros e os trabalhadores de pedreiras.
> — No Sindicato dos Pintores — os pintores de carruagens e de letras e traços.[123]

Excluídas as categorias profissionais que não se deviam enquadrar no setor da construção civil, fazia-se o enquadramento das profissões arrolando os sindicatos e o número de inscritos, que, no caso citado, era o seguinte: Sindicato Nacional dos Carpinteiros da Construção Civil: 5.316; Sindicato Nacional dos Canteiros e Ofícios Correlativos (abrangendo canteiros, polidores e serradores): 1.888; Sindicato Nacional dos Pedreiros: 14.607; Sindicato Nacional dos Pintores da Construção Civil: 4.944.[124]

À medida que procurava definir as categorias profissionais entendidas como pertencentes ao ramo da construção civil, o assistente definia formas de enquadramento para os setores que, não pertencendo à construção civil, deveriam enquadrar-se de outras formas. As definições eram sempre no sentido de aproximar as profissões semelhantes, independente de estarem próximas geograficamente ou não. Deste modo, os carpinteiros seriam divididos em dois sindicatos. A maior parte deles, os carpinteiros mecânicos ou mecânicos em madeira, caixoteiros e serradores, além dos carpinteiros de carros e os carpinteiros de moldes (onde não houvesse Sindicato dos Metalúrgicos), formariam o Sindicato Nacional dos Mecânicos de Madeiras e Ofícios Correlativos, "contando desde já com 1.200 inscritos". Este era um número estimado inicial, tendendo a aumentar devido ao fato de que muitos profissionais de carpintarias e serrações ainda não estavam sindicalizados.[125] O outro grupo, dos carpinteiros de moagem, deveria ser incluído, dada a sua afinidade com os operários das moagens, no Sindicato dos Manipuladores de Farinhas e Massas.[126] Para os cabouqueiros e trabalhadores de pedreiras, dever-se-ia constituir o Sindicato dos Cabouqueiros e Ofícios Correlativos, com aproximados 1.420 trabalhadores inscritos.[127] Outros setores, como os pintores de carruagem, devido a um tipo de trabalho semelhante do ponto de vista técnico ao dos marceneiros, deveriam ser incluídos no SN de Mecânicos de Madeira e Ofícios Correlativos. Por sua vez, o SN dos Operários da Indústria de Mobília, para incluir os pintores de carruagem, de letras e de traços, deveria passar a se denominar Sindicato Nacional dos Marceneiros e Ofícios Correlativos, "que parece mais em harmonia com as profissões que representa".[128] Desta forma, definindo-se racionalmente as profissões, elas deveriam se integrar ao sindicato correspondente. Esta também era, conforme se vê, uma concepção de ordem.

Embora tivessem se iniciado já em 1939, as discussões sobre salários na construção civil continuavam no ano de 1945. Portanto, seis anos se passaram sem que uma solução definitiva tivesse sido encontrada. No máximo, encontravam-se soluções temporárias, com efeito imediato e, na maioria das vezes, de eficiência duvidosa. Assim, em outubro de 1945, o Sindicato dos Operários da Construção Civil de Évora solicitava ao INTP uma reunião com os dirigentes dos SN da Construção Civil do resto do país.[129] A pauta da reunião seria composta dos seguintes temas: salários, abono de família, previdência, execução dos despachos de cotização obrigatória e horário de trabalho para os profissionais que trabalham em meios rurais.¹³⁰ Temas discutidos desde que se implantara o Estado Novo e de difícil resolução. Interessante que, por exemplo, a cotização obrigatória datava de 1939 e nem por isso fora implantada a tempo, deixando prevalecer uma exclusão liberal que, além de enfraquecer a organização sindical como um todo, enfraquecia o próprio Estado Novo. Entretanto, o representante do INTP considerou melhor que a reunião apenas se realizasse após a constituição da União dos Sindicatos dos Operários da Construção Civil do Distrito de Lisboa.¹³¹

Em março de 1946, o INTP recebeu, mais uma vez por meio de seu assistente Pereira Bernardo, um relatório sobre as condições de vida dos operários da construção civil. Segundo o mesmo, o sentimento dos SN de carpinteiros, pedreiros, pintores e operários das indústrias dos mármores era de profunda descrença por parte de seus representados diante da organização corporativa:¹³²

> É certo que até hoje o operário da construção civil quase nenhuns benefícios sentiu em seu favor em comparação com outras classes congéneres, mas, esquecem-se estes operários que nunca em Portugal houve um governo que mantivesse um ritmo tão intenso de construção de obras públicas como o Estado Novo. E também se esquecem que o Fundo de Desemprego, para o qual descontam trabalhadores de todas as profissões, tem sido até hoje empregado, quase exclusivamente, para subsidiar trabalhos de construção civil.¹³³

Assim, apesar da crise, não se justificava o alheamento em relação ao Estado, tão presente e comprometido com os problemas dos trabalhadores. A atitude dos trabalhadores da construção civil seria, assim, egoísta, posto que só pensava no seu próprio benefício e não no da coletividade. Atitude tão ao gosto das tradições de tipo liberal.

A atitude individualista dos trabalhadores da construção civil evidenciava-se pela recusa em perceber que, com o Fundo de Desemprego, a classe não tinha grandes problemas com que se preocupar, e só apresentava demandas porque "preocupa-se apenas com o que não tem".¹³⁴ Para o relator, a organização corporativa estava em xeque, tanto por conta da presença de antigas lideranças como em virtude de condições específicas do trabalho:

> Não são dos simpatizantes com a organização corporativa, já porque os mais velhos, os que dão o tom e conduzem as massas, foram elementos activos e preponderantes nas lutas da CGT, já porque as condições regulares de prestação de trabalho tornam a classe avessa ao enquadramento em qualquer orgânica regular.[135]

Além dessas características, havia ainda outro elemento a fazer com que a antipatia pelos SN fosse grande: o patrão.

> (...) É este as mais das vezes quem fomenta a antipatia pelo sindicato, por desconhecer que dele podem provir medidas que venham cortar um pouco de sua liberdade. Por outro lado é este, o patrão, que melhor consegue furtar-se a qualquer fiscalização.[136]

Assim, mais uma vez, evidencia-se a resistência patronal em relação aos SN em particular e à organização corporativa como um todo. Enquanto para os trabalhadores o SN podia servir como instrumento de proteção, para os empresários, limitava sua liberdade. Ao que parece, a situação era mais grave junto aos empresários da construção civil, pois, segundo o assistente do INTP, Pereira Bernardo, muitas vezes, nas construções, não se sabia o nome do patrão ou da empresa construtora responsável, fato proibido pela legislação em vigor. Estes, por seu turno, encontravam situações em que era possível "iludir" a lei e a fiscalização:

> Em qualquer obra, mesmo na cidade de Lisboa, apenas nos aparece na tabuleta um técnico responsável pela sua execução; a licença camarária é quase sempre tirada em nome do proprietário e não do empreiteiro, e quando se procura saber quem é o mestre-de-obras, este saberá responder que a obra é feita por administração directa, sendo ele, um mero administrador por conta do proprietário, e de modo algum uma entidade patronal.[137]

A regulação do Estado, portanto, ao menos no que concerne à construção civil, ainda não havia chegado, em pleno ano de 1946. Note-se que o representante do Estado chegava a mencionar "mesmo na cidade de Lisboa", o que permite supor que a situação haveria de ser ainda mais grave no interior do país. A partir dessas preliminares, o assistente passava então a uma análise dos interesses da categoria. Por ordem, a análise do funcionário do INTP versava sobre os seguintes temas: abono de família, previdência, organização corporativa patronal, salários mínimos e cotização sindical, encerrando seu parecer não sem antes apresentar algumas conclusões.

Caminhemos por partes. Na questão do abono de família, o texto informava que os empreiteiros das obras públicas se encontravam isentos do pagamento da cota-parte da contribuição do abono de família devido ao fato de o contrato de empreitada ter sido assinado antes da constituição da Caixa de Abono de Família. Porém, devido às mudanças constantes de patrão e local de trabalho, a fiscalização tornava-se de difícil execução. O fato foi resolvido com a criação das caixas regionais de abono de família, permitindo aos empreiteiros o recebimento do benefício, ainda que não o descontando. Devido à insatisfação dos trabalhadores que, sendo solteiros, contribuíam com o abono de família e, por não terem família, nada recebiam, o governo resolveu, pelo decreto-lei nº 35.410, unificar o abono de família com a previdência, fato que incentivaria os que não possuíam família a contribuírem sem maiores problemas. Dizia ainda o assistente que, apesar dessas oposições isoladas, o abono de família era o benefício mais bem recebido pelos trabalhadores.[138]

Quanto à questão da previdência, o grande problema para os operários da construção civil era que, mudando de patrão com tanta freqüência, em alguns momentos descontavam ora para entidades que tinham Caixa de Previdência, ora para entidades que não tinham tal benefício. Assim, o desconto temporariamente efetuado acabava sendo, na prática, uma mera redução salarial. Para o assistente Pereira Bernardo, este aspecto negativo do desconto podia ser atenuado com a instituição do abono de família, que viria a compensar o desconto efetuado para a previdência.[139]

A terceira questão tratada, conforme dissemos, foi a que se referia à organização patronal dentro dos quadros do corporativismo. Para o representante do Estado, uma das grandes dificuldades para a solução dos problemas dos operários da construção civil residia na pouca organização da classe patronal. Claro está que esta pequena organização era proposital, uma vez que, assim, podia prosseguir seus negócios sem o controle estatal.[140] O próprio assistente afirmava:

> O empreiteiro não possui qualquer organização, o seu estabelecimento pode ser uma mesa de café; não paga contribuições, limita-se a especular nos momentos oportunos com materiais de construção e a contratar os operários necessários à realização da empreitada, figurando oficialmente como mero administrador e não como empreiteiro.[141]

Para a resolução do problema, e para que o abono de família e a previdência pudessem ser organizados, era necessária a organização corporativa patronal, uma vez que, desta forma, poder-se-iam determinar quais eram de fato os patrões e estes teriam possibilidade, por intermédio do grêmio a ser formado, de arcar com os encargos em benefício de seus operários.[142]

Quanto à questão dos salários mínimos, vários eram os problemas que se combinavam. Em primeiro lugar, um despacho de salários mínimos assinado em 15 de março de 1943 havia deixado de vigorar em 29 de março do mesmo ano. Posteriormente, duas comissões haviam sido formadas a fim de rever o problema, sem que nenhum resultado prático fosse obtido. No que concerne ao valor dos salários, estes variavam de acordo com as regiões, com os trabalhadores recebendo elevados ou baixos salários de acordo com o local. Segundo o parecerista, em relatórios anteriores havia a necessidade de regulamentar, por meio de despachos distritais, a remuneração de trabalho da construção civil onde houvesse necessidade.[143]

A última questão tratada referia-se ao problema da cotização sindical. De acordo com o texto, os patrões não cumpriam os despachos de cotização obrigatória, que não lhes permitia manter operários em atraso. Desse modo, quando submetidos à fiscalização, os operários se viam obrigados a pagar as cotas acumuladas. O ideal, segundo o assistente, seria o pagamento da cotização exclusivamente por meio de mapas elaborados pelos patrões, que descontariam o montante no pagamento dos salários. Assim, a fiscalização do Estado concentrar-se-ia exclusivamente nos patrões, visto serem eles os principais burladores da legislação corporativa.[144]

Ao final, à guisa de conclusão, o parecerista reiterava que, para que se regulassem as relações de trabalho na construção civil, era necessário que se criasse o grêmio de construtores civis, curiosamente reivindicado havia muito pelo Sindicato dos Construtores. Para o estudo da questão, defendia a necessidade de se formar uma comissão constituída por representantes do INTP, do Ministério das Obras Públicas, dos empreiteiros e dos trabalhadores.[145]

Mais uma vez, a resistência quanto à organização do trabalho cabia às entidades patronais. Entretanto, este fato não era novidade. É interessante perceber a capacidade apenas relativa do Estado em enfrentar a resistência patronal. Passados já treze anos desde a constituição do Estado Novo, e outros sete, se contarmos o decreto-lei nº 29.931, que determinava a cotização obrigatória e a cobrança na origem, uma categoria profissional importante como a da construção civil continuava a viver sob o signo da desorganização. E logo na construção civil, categoria social tão presente nas obras públicas definidas pelo Estado. Tão simbolicamente cara a um regime condutor de um projeto ao mesmo tempo modernizante e autoritário.

O ano de 1947, período em que se encerra esta pesquisa, ainda assistiu a duas importantes discussões sobre os trabalhadores da construção civil. A primeira dizia respeito à organização dos grêmios e das categorias profissionais a eles pertencentes. A segunda dizia respeito às formas de reorganização sindical dos trabalhadores da construção civil.

Quanto ao primeiro tema, dos grêmios, ressalte-se que os mesmos foram organizados regionalmente, ao contrário de outras entidades patronais que — como por exemplo o Grémio dos Ceramistas — tinham um caráter nacional e unitário, com sede em Lisboa. O problema a ser enfrentado na organização do grêmio dizia respeito ao "enquadramento corporativo dos construtores civis (...)".[146] Neste caso, os argumentos do assistente do INTP buscavam consolidar ao mesmo tempo uma legalidade jurídica combinada com a necessidade de enquadramento profissional:

> Por se tratar de uma actividade que na prática aparece muitas vezes amalgamada com outras, criando situações dúplices a quem a exerce, levantam-se fundadas dúvidas sobre a qualificação jurídico-corporativa dos construtores civis. Na verdade, muitos indivíduos possuidores dos conhecimentos técnicos necessários para a edificação e outros trabalhos de construção civil empregam e administram capitais próprios ou alheios no exercício desta indústria.[147]

Deste modo, uma primeira impressão dá a entender que os construtores civis se encaixavam perfeitamente nos grêmios destinados à organização patronal. Entretanto, o parecer do assistente dava margens a outras interpretações, demonstrando a dubiedade da categoria:

> Há no entanto outros que prestam apenas assistência técnica às empresas, dirigindo as obras mediante uma remuneração. Parece existir, neste caso, uma autêntica relação de trabalho.
> Estamos assim perante o problema de saber se tais indivíduos devem continuar representados, como até aqui, por um sindicato, ou se sua representação deve ser transferida para os grémios de industriais a construir.
> Como os sindicatos agrupam os indivíduos que exercem a mesma profissão, ao passo que os grémios são constituídos pelas entidades patronais que exercem o mesmo ramo de comércio ou indústria, é necessário apurar se a actividade de construtor civil se traduz no exercício de uma profissão ou na exploração de uma indústria.[148]

O construtor civil não poderia, segundo o assistente Pereira Bernardo, ser um pouco o "exercício de uma profissão" e um pouco a "exploração" de uma indústria. Para ele, eram profundamente distintas as características de uma "profissão" das de um "empresário":

> Com a divisão do trabalho, que se acentua de dia para dia por razões de ordem científica e económica, o conceito de profissão foi tomando corpo, até chegar à fase actual.
> Hoje pode definir-se "profissão" como sendo o exercício de uma técnica especializada por determinado indivíduo.
> Entende-se por "empresário" a pessoa a quem compete a direcção das empresas, pessoalmente ou por intermédio de seus representantes. Segundo o art. 15.º do Estatuto do Trabalho Nacional, essa direcção pertence de direito aos donos do capital. A nossa lei resolve, assim, a controvérsia sobre se devemos deixar de considerar o proprietário da empresa como o verdadeiro empresário, reservando esta qualificação para o dirigente responsável, o seu organizador.[149]

Os construtores civis deveriam se situar em um dos dois pólos da organização do trabalho, ou bem como um capitalista, ou bem como um profissional. Para a primeira hipótese, estariam eles agrupados nos grêmios. Para a segunda, estariam eles agrupados nos sindicatos nacionais. Para aqueles que tivessem capitais investidos na indústria, valeria para a sua classificação este fato, devendo, portanto, organizarem-se no grêmio de sua região. Até porque esta classificação valia para qualquer indivíduo que aplicasse capitais na indústria de construção, independente de ser construtor ou não.[150]

O construtor é um técnico que exerce, na sua profissão, responsabilidade sobre a qualidade da obra em execução. As obras, para serem implementadas, necessitavam de aprovação com a prévia assinatura de um profissional responsável e devidamente qualificado. Este profissional poderia ser um engenheiro civil, um arquiteto ou um agente técnico de engenharia e construtores civis habilitados.[151] Eram, portanto, os técnicos que deveriam ser vistos de forma específica. Deviam ser vistos como profissionais especializados que trabalhavam mediante remuneração paga pelo empresário ou empregador.¹⁵² Estes deveriam ser considerados empregados e, portanto, se vinculariam ao sindicato nacional de cada região. Assim,

> Devem os construtores civis, como profissionais, continuar representados pelo respectivo sindicato, competindo ao grémio representar as empresas singulares ou colectivas que organizam os elementos necessários à indústria de construção civil.¹⁵³

Mais uma vez, fazia-se vitoriosa a necessidade de racionalização das profissões, dos ofícios. A distinção necessária entre empresários e empregados mais uma vez consolidava a diferença com relação às formas organizativas do fascismo e demonstrava a preocupação do regime em manter uma permanente argumentação jurídica na defesa de seus interesses.

O segundo tema tratado, conforme vimos, referia-se à reorganização sindical dos operários da construção civil, provocada pelo despacho de 1º de fevereiro do subsecretário de Estado das corporações que havia determinado a constituição da União dos Operários da Construção Civil.¹⁵⁴ A reorganização obrigou que todos os sindicatos elaborassem novos estatutos. Desta forma, os novos estatutos foram apresentados ao subsecretário de Estado das corporações para apreciação. Não só novos estatutos foram apresentados, e também novas organizações sindicais originárias do desmembramento de organizações anteriores. Assim,

> São presentes os estatutos dos seguintes organismos:
> — Sindicato Nacional dos Pedreiros e Ofícios Correlativos do Distrito de Lisboa, correspondente ao Sindicato Nacional dos Pedreiros de Lisboa.
> — Sindicato Nacional dos Canteiros e Ofícios Correlativos do Distrito de Lisboa, que resulta do desdobramento do SN dos Operários da Indústria de Mármores e Cantarias.
> — Sindicato Nacional dos Carpinteiros da Construção Civil do Distrito de Lisboa proveniente do desdobramento do SN dos Carpinteiros do Distrito de Lisboa.

— Sindicato Nacional dos Pintores da Construção Civil do Distrito de Lisboa, correspondente ao SN dos Pintores do Distrito de Lisboa depois de limitado o âmbito àqueles profissionais.
— Sindicato Nacional dos Mecânicos de Madeiras e Ofícios Correlativos do Distrito de Lisboa, criado pelo desdobramento do SN dos Carpinteiros do Distrito de Lisboa.
— Sindicato Nacional dos Trabalhadores de Pedreiras do Distrito de Lisboa, originado pelo desdobramento do SN dos Operários da Indústria de Mármores e Cantarias do Distrito de Lisboa.
— Sindicato Nacional dos Marceneiros e Ofícios Correlativos do Distrito de Lisboa, que resultou da transformação do SN dos Operários da Indústria de Mobílias depois de incluídos no seu âmbito os pintores não considerados de construção civil.[155]

Os quatro primeiros sindicatos citados fariam parte da União dos Operários da Construção Civil, ao passo que os demais surgiram para representar categorias profissionais não consideradas como da construção civil. Os desmembramentos, portanto, obedeciam à lógica da racionalidade orgânica pretendida pelo Estado Novo. Cada segmento profissional apenas deveria relacionar-se com seus pares, definindo como pares aqueles que exerciam da forma mais aproximada possível a mesma especialidade profissional. Do ponto de vista do corporativismo, acentuava-se a natureza vertical da estrutura de trabalho do regime.

Depois de indicar os nomes que comporiam os cargos de direção tanto da união recém-criada como dos próprios sindicatos, o assistente passava a tratar dos serviços pelos quais a união e os sindicatos se responsabilizariam. Segundo o assistente, a constituição da União dos Operários da Construção Civil visava a uma maior simplicidade e eficiência no atendimento dos trabalhadores representados. A primeira providência no sentido de uma melhor organização seria a unificação dos serviços administrativos. As vantagens, de acordo com o assistente, eram evidentes:

> Os primeiros benefícios deste novo regime estão na remodelação dos serviços de assistência médica e farmacêutica que se pretende realizar. Tais

serviços são de primordial importância nesta actividade por ser ela uma das raras que neste momento não têm a previdência organizada.[156]

De acordo ainda com o assistente, o equilíbrio provocado pela centralização administrativa ampliaria as possibilidades de assistência a categorias profissionais de fraca organização ou importância. Haveria, portanto, um nivelamento "por cima", a partir dos critérios estabelecidos em sindicatos com melhor nível de atendimento assistencial.[157]

Por fim, a questão da cotização obrigatória, problema que até então havia causado permanentes conflitos entre patrões e operários, além do fato de que "pela irregularidade da cobrança, torna muito incertas as possibilidades financeiras dos sindicatos".[158] Para o representante do Estado, as cotizações deveriam ser cobradas da entidade patronal, o que facilitaria o processo de cobrança, já que haveria uma centralização. Ao mesmo tempo, seria uma forma de se obter um maior controle do Estado sobre as empresas, obrigadas a apresentarem as listas dos operários vinculados às obras por elas implementadas.[159]

4.10. TENSÕES CONTINUADAS — O COMPROMISSO EM QUESTÃO

A crise econômica e o esgarçamento das condições de vida em Portugal produziram efeitos imediatos no comportamento dos trabalhadores. Efeitos que, a rigor, demonstravam os limites do compromisso imposto pela modernização conservadora e que, por isso, punham em risco a manutenção do modelo corporativo. Se, por um lado, ainda se assistia a manifestações de descontentamento por dentro da ordem, buscando respeitar os limites institucionalmente permitidos, por outro, assistia-se também a atitudes que ultrapassavam esta ordem estabelecida. Esta observação é importante na medida em que permite questionar as teses de um "Estado demiurgo" e totalitário em Portugal, que não abria espaços para alternativas autônomas por parte dos diversos segmentos que compunham sua sociedade civil. Ao contrário, na documentação colhida para o presente trabalho, o que se assiste é exatamente à presença de atitudes que, quando impostas por razões de caráter objetivo, como as condições de vida, ultrapassavam de modo definitivo os limites considerados "toleráveis" pelo Estado Novo.

Assim, em correspondência datada de março de 1946, enviada ao ministro do Interior, o governador civil de Braga, Henrique Cabral de Noronha e Menezes, relatava e opinava acerca de acontecimentos atentatórios à ordem pública ocorridos na Vila do Fafe.[160] O que se reflete na referida correspondência é uma tensão no limite entre legalidade e ilegalidade. Desta forma, para o governador, a atitude provocada na manifestação pública significava uma afronta à ordem estabelecida, não havendo, a rigor, nenhuma razão para tanto:

> Entendo acrescentar-lhe que nenhuns motivos especiais havia para qualquer protesto, ordeiro e legal que fosse, porque nenhumas restrições até àquele momento haviam sido impostas à população sobre fornecimento de pão ou géneros alimentícios sujeitos a racionamento, nenhuma irregularidade se havia verificado nas datas das distribuições respectivas.[161]

Para reforçar sua tese de ilegalidade do movimento, o governador afirmava ser a manifestação produto de indivíduos já conhecidos como agitadores, que, por inoperância da PVDE,[162] continuavam a agir livremente:

> A manifestação era constituída pelo pessoal das duas maiores fábricas do conselho, uma das quais localizada a mais de sete quilômetros da sede e que suspendeu o trabalho excepcionalmente antes da hora, para os efeitos referidos, ninguém numa ou noutra se tendo prontificado a prevenir do que se estava a passar às respectivas autoridades.
> À frente vinham conhecidos agitadores políticos locais, para cujas actividades já se havia pedido por mais de uma vez a atenção da PVDE, pedidos cujos resultados se não chegaram nunca a conhecer.[163]

Apesar da afirmativa peremptória acerca da ilegalidade da manifestação, o governador reconhecia a existência de motivações capazes de fazerem com que os "agitadores" se aproveitassem em benefício de seus objetivos:

> É certo que esses agitadores proclamavam, no meio de considerações sem razão, a de que os proprietários e lavradores, apesar da colheita escassa de milho que foi a anterior, criavam e engordavam lautamente galinhas e porcos, no que valorizavam indirectamente aquele producto ao nível do mercado negro, o que era, de certo modo, uma lamentável verdade.[164]

A responsabilidade sobre os acontecimentos recaía sobre os setores oposicionistas que, no dizer do governador, deveriam ter sidos imediatamente punidos, não o sendo apenas em virtude dos limites impostos pela própria PIDE:

> A convicção pública local é de que os dirigentes proclamados da oposição política têm, embora indirectas, avultadas responsabilidades no que se passou. Nem aquela era precisa, porque é fácil compreender quanto a sua propaganda — e insistente e ordenada como foi em Fafe — conduz fatalmente a conseqüências de tal ordem.
> Por mim, entendo que deviam ser esses os primeiros a suportar as responsabilidades prévias e eu próprio os teria posto nessa iminência se me não tivesse apercebido de que os actos que tivesse de praticar para tanto poderiam ficar desautorizados com as limitações que a PIDE me pôs a tal perspectiva.[165]

Para o governador, os limites impostos à ação enérgica contra os manifestantes, e particularmente contra a oposição, poderiam levar a conseqüências mais graves:

> Doutra maneira tudo pode ficar à mercê de repetições mais graves, que as autoridades locais não poderão reprimir e por virtude das quais não estarão dispostas a manter-se nos lugares que desempenham, mormente se tiverem de sacrificar a sua dignidade, suportando-as pacificamente e sem poderem usar dos meios apropriados.[166]

Junto à correspondência do governador civil, havia também anexa a cópia de um relatório assinado pelo presidente da Câmara Municipal de Fafe e dirigida ao governador do distrito. Segundo o presidente da Câmara, José de Barros e Vasconcelos, um grupo de aproximadamente 2.000 pessoas se aglomerou na Praça Dr. Oliveira Salazar, em frente a seu consultório médico, afirmando terem fome e quererem pão.[167] O presidente, então, convocou três manifestantes para serem ouvidos. Segundo o presidente da Câmara:

> Uma vez ali, declararam que não vinham em greve mas apenas protestar contra a diminuição da ração de farinha e carestia da vida.
>
> Expus-lhe a situação internacional e as dificuldades e depois de várias controvérsias propus que viessem três deles juntamente comigo expor ordeiramente as suas reclamações ao delegado da intendência de Braga, que ponderaria, certamente, com a melhor vontade a justiça das suas razões. Recusaram e frisaram a nota de que os lavradores davam quanto milho queriam aos porcos, galinhas e cavalos, as vendiam por alto preço e ainda que comiam pão sem limites e vendiam ao mercado negro.[168]

O discurso dos manifestantes ainda procurava se ater a certos limites da ordem, frisando não estarem em greve. Este comportamento dos operários aumentava as dificuldades do Estado, incapaz de atenuar uma crise que só fazia aumentar o descontentamento da população. Assim, percebem-se os conflitos entre segmentos diferenciados na economia portuguesa, em particular entre os trabalhadores urbanos e os trabalhadores rurais. Os primeiros dependiam do Estado, de seus fornecimentos e subsídios para a compra de produtos alimentares. E viviam em sua maioria sob o jugo de empresários pouco interessados no cumprimento da legislação corporativa. Os segundos, não só podiam manipular produtos de primeira necessidade, como também desobedeciam à legislação, na medida em que especulavam com o mercado negro. O modelo "corporativo" que se tentou inaugurar a partir da legislação de 1939 dava evidentes sinais de esgotamento.

A incapacidade de o Estado mediar os conflitos tornava-se cada vez mais presente. Por isso, o presidente da Câmara do Fafe não conseguiu impedir a continuidade da manifestação, que se dirigiu contra o presidente do Grémio da Lavoura, uma vez que os lavradores eram considerados, conforme já dissemos, os responsáveis diretos pela crise. Como a manifestação foi considerada desordeira pelo presidente da Câmara, solicitou-se a intervenção militar, tendo sido requisitadas a PSP, a GNR e posteriormente a própria PIDE, que iniciou investigações sobre o caso.

Para o presidente da Câmara, assim como na opinião já exposta do governador civil de Braga, a atitude a ser tomada deveria ser a imediata punição dos responsáveis, uma vez que

1º Não havia razão plausível para a manifestação.
2º A referida manifestação deve ter sido preparada por elementos comunistas locais, com possível entendimento com outras células.
3º Deve ter sido entusiasmada ou mesmo instigada por elementos mais categorizados.
4º Não deve ser estranho ao facto o cumprimento escrupuloso da lei no recenseamento eleitoral.

E para concluir manifesto a V. Ex.ª a convicção de que, se os responsáveis não forem severamente punidos, teremos de contar com a repetição da manifestação, como publicamente se promete.

Achava conveniente que o Posto da Guarda Nacional Republicana de Fafe fosse reforçado com seis guardas a cavalo enquanto subsistirem as possibilidades da alteração da ordem pública.

A bem da Nação. — O presidente da Câmara. (a) José de Barros e Vasconcelos.[169]

O que se percebe nos acontecimentos de Fafe é um fenômeno em duplo sentido. Por um lado, a mediação exercida pelo Estado fragilizava-se, na medida em que não conseguia atender a demandas mínimas da população. Deve-se lembrar que, para boa parte da população urbana, os subsídios e os esforços estatais eram considerados fundamentais para a sobrevivência. Por outro, como o Estado mostrava-se incapaz de resolver os problemas concretos que diziam respeito às condições de vida dos trabalhadores, cresciam movimentos dotados de maior radicalidade e rebeldia. E o Estado, impotente, em vez de acusar os responsáveis pela crise — como fazia nas conjunturas de maior otimismo corporativo —, passava a condenar a desordem e acusar os comunistas, amálgama garantidor da unidade estado-novista, como os provocadores da desordem. O otimismo dos comunistas nesse período era notório, principalmente quanto à participação nos SN e na definição destes como instrumentos de luta dos trabalhadores portugueses:

> Fazer com que as direcções dos sindicatos nacionais vão junto dos grémios e comissões reguladoras etc., exigir que aos sindicatos nacionais sejam fornecidos géneros para que depois os distribuam aos trabalhadores. Mas na sua aquisição e distribuição devem tomar parte delegados dos trabalhadores escolhidos pelas massas, a fim de os controlarem para que não sejam desviados dos fins para que foram obtidos. A fome e a miséria cercam cada vez mais as classes trabalhadoras. Os sindicatos nacionais, por meio da acção das massas, podem e devem desempenhar papel importante na redução dos seus efeitos.[170]

O fortalecimento, portanto, dos sindicatos nacionais na década de 1940 deveu-se, em grande parte, à ativa atuação do Partido Comunista Português, ainda que, a despeito de suas intenções, este fortalecimento pudesse se estender também ao regime.

4.11. MARINHA GRANDE — TENSÕES E TRADIÇÕES CONTINUADAS

Desde a greve de 1934 na Marinha Grande, aquela região ficou caracterizada como área de permanentes protestos e conflitos, em particular entre trabalhadores da indústria vidreira. Por este motivo, também o Estado acompanhou permanentemente, com interesse e preocupação, o comportamento dos operários daquela região industrial. Passada mais de uma década desde o "18 de Janeiro", em março de 1946, o chefe de gabinete do Ministério do Interior enviava ao subsecretariado de Estado das Corporações e Previdência Social uma correspondência acompanhada de documentos sobre a situação dos trabalhadores da indústria vidreira da Marinha Grande.[171]

O primeiro dos documentos era uma carta do governador civil de Leiria, Acácio Sampaio Correia de Paiva, ao ministro do Interior. Segundo ele, havia uma vocação permanente dos operários da Marinha Grande para comportarem-se de modo "irrequieto".[172] Ainda de acordo com o governador,

> Ultimamente tem-no evidenciado apresentando como causa a deficiência de captações, não obstante serem, juntamente com as do Barreiro e S. João da Madeira, as maiores do País.
> No passado dia 7, cerca de quatrocentas mulheres procuraram o presidente da Câmara, reclamando contra o facto dos padeiros fazerem uma irregular distribuição de pão.
> Em virtude da atitude daquela entidade retiraram-se ordeiramente, e com uma maior fiscalização que a polícia está exercendo junto das padarias julgo o assunto, por agora, resolvido.[173]

Entretanto, para o governador civil de Leiria, os problemas ali surgidos demonstravam uma tensão decorrente, entre outros elementos, da negativa patronal em agir em prol dos seus trabalhadores:

> No entanto, devo esclarecer V. Ex.ª que estes motivos que apresentam para manifestar o seu descontentamento são a causa próxima, pois que a verdadeira devemos procurá-la, além das conhecidas e permanentes causas de descontentamento dos operários, numa questão há muito tempo arrastada entre a indústria daquele conselho e a sua congénere de Oliveira de Azemeis e na falta de uma obra social dos industriais que aproveite aos operários.[174]

Procurado o sindicato, o governador de Leiria verificava a incapacidade deste em evitar a eclosão de conflitos mais radicais:

Chamei o sindicato, a quem preguntei das causas do que se passa e a quem ponderei os inconvenientes de qualquer atitude violenta dos operários, pois imediatamente mandaria sufocar, sendo certo o seu inêxito.
(...)
Mais me informaram que tendo sido dado à comissão agora nomeada e referida na exposição junta o prazo de sessenta dias, os quais terminam no fim deste mês, para apresentar o seu relatório, se extinto que seja este prazo sem alguma coisa ter feito, isto é, sem ter satisfeito alguma das pretensões, certamente se verificará uma tentativa de greve ou revolta, sentindo-se o sindicato incapaz de a evitar.[175]

O governador, ao mesmo tempo que se propunha manter fidelidade à legislação, ameaçando reprimir qualquer movimento grevista, reconhecia como justificáveis os sentimentos de revolta dos operários. Quanto ao sindicato, este, formalmente, afirmava aos representantes do Estado sua incapacidade de controlar os ânimos dos operários em momentos de crise aguda. Uma das características marcantes do movimento operário ao longo de sua história sempre foi a relatividade das relações entre representantes e representados. Estas relações marcaram, ao longo da história operária, momentos de proximidade, de conflitos e até mesmo de distanciamento.[176] Neste sentido, era uma atitude consciente do sindicato o reconhecimento de que dificilmente poderia conter uma ação operária caso ela viesse a se revelar dotada de radicalidade. Dadas as dificuldades expostas pelo sindicato, o governador civil procurava mostrar que, apesar do apego à ordem, motivo pelo qual reprimiria qualquer atitude mais radical dos operários, reconhecia como justas as reivindicações dos trabalhadores:

> Estes factos trago-os à presença de V. Ex.ª não porque não esteja convencido que prontamente farei reprimir qualquer tentativa de revolta, mas porque afiguram-se-me justas algumas causas de descontentamento dos operários e de possível satisfação, é meu dever dá-las a conhecer a V. Ex.ª.[177]

Além das preocupações do governador civil, a correspondência enviada ao ministro do Interior trazia também a opinião do comandante da Seção de Leiria da GNR sobre a situação da Marinha Grande. Os problemas relatados remetiam a questões que extrapolavam o universo operário *strictu sensu*, ampliando-se para problemas que diziam respeito às condições de vida em geral naquela região:

> Ontem, pelas 19 horas, pouco mais ou menos, um grupo de mulheres-operárias — cerca de quinhentas segundo me informa o comandante interino do posto —, ao saírem das fábricas onde trabalham dirigiram-se à Câmara Municipal, onde se avistaram com o Exº. sr. presidente do município, pedindo providências no sentido de lhe ser fornecido mais pão, em virtude do que lhe vendem presentemente não lhes chegar para elas e seus maridos poderem trabalhar nas fábricas, onde têm alguns serviços muito violentos. Esta autoridade ficou de apresentar o assunto ao Exº. sr. governador civil do distrito. Não houve qualquer motivo de procedimento de parte do pessoal desta guarda, dada a forma ordeira como fizeram o seu pedido, tendo contudo comparecido na Câmara Municipal nessa ocasião, o comte. interino do posto, 2º cabo nº 32, João Nave Torrado, acompanhado do soldado nº 128, Joaquim das Neves Gomes, os quais auxiliaram o Exº. sr. presidente da Câmara na recepção das mulheres, acompanhando-as depois a irem para suas casas, no que foram obedecidos. Convém frisar que a população desta vila sofreu somente uma diminuição de 10% na farinha de 2ª que anteriormente recebia, o que se não dá em quase todo o País, que sofreu a redução de 20%, e daí ficaram em piores circunstâncias a maioria dos conselhos. Foram dadas instruções no sentido do pessoal do posto cumprir os seus deveres, como é seu timbre, com senso e inteligência, sem excluir a energia precisa para assegurar a ordem e cumprir devotamente a lei e mais determinações superiores.[178]

Os problemas de caráter social da Marinha Grande continuaram durante todo aquele ano de 1946. Por isso, o SN dos Operários Vidreiros do Distrito de Leiria enviou, em setembro, uma correspondência ao governador civil do distrito, a fim de relatar os problemas vividos por sua população:

> Marinha Grande, 3 de Setembro de 1946.
> Exm°. senhor governador civil do distrito de Leiria.
> A direcção do Sindicato Nacional dos Operários Vidreiros e Ofícios Correlativos do Distrito de Leiria, depois de ouvir a Comissão de operários que com V. Ex². se avistou com o fim de tratar do abastecimento dos géneros de primeira necessidade, para este conselho e obedecendo às instruções de V. Ex²., expõe o seguinte: — o conselho de Marinha Grande e seus arredores é constituído por terrenos arenosos, onde se encontra a maior parcela do pinhal nacional (pinhal de Leiria) pelo que a sua região nem é agrícola nem comercial, mas somente industrial.[179]

A situação social enfrentada pelos operários vidreiros, mais uma vez, fazia com que estes extrapolassem o universo meramente sindical, atingindo de modo mais amplo todo o conselho da Marinha Grande. Neste sentido, a atitude do sindicato era demonstrativa de que ele reconhecia sua importância como mantenedor da comunidade. Da mesma forma, o sindicato também percebia a importância do conselho para sua própria existência. Por isso a procura de soluções que diziam respeito ao conselho como um todo:

> Esta região não tem como outras do distrito se auto-abastecido de milho, é desprovida de recursos agrícolas e o seu número aproximado de operários de esforço penoso deve ser de 1.500 indivíduos distribuídos pelas categorias de 4° e 5° ajudantes ao mestre.
> É do conhecimento deste sindicato que as capitações atribuídas à Marinha Grande é das maiores do País, mas, apesar disso, a sua direcção e como ela as respectivas autoridades reconhecem que as mesmas apesar de tudo são insuficientes para atender às necessidades mais urgentes dos vidreiros, razão por que nos parece ser de atender o pedido dos operários para que na medida do possível as capitações possam ser aumentadas para mais: — em óleo, 2 decilitros por pessoa, bacalhau, 0,200 por pessoa,

> azeite, 2 decilitros por pessoa, toucinho 5 kg por mês, pão, o aumento da capitação em 109 sacas de farinha de 1ª e 209 de 2ª em cada mês.
> Apresentando a Sua Exª. os nossos respeitos nos subscrevemos.
> A bem da Nação — Pelo SNOVOC do Distrito de Leiria.
> a) J. Barbosa.[180]

As atitudes dos operários da Marinha Grande distanciavam-se daquelas apontadas pelo governador civil, que considerava haver uma permanente tendência dos operários a um comportamento "inquieto". Ao contrário, demonstravam uma tendência de reivindicação a partir do reconhecimento dos poderes públicos. Em outra correspondência, que tratava dos problemas de saúde no conselho, os vidreiros da Marinha Grande buscavam, sempre reconhecendo a legalidade do poder instituído, fortalecer seus argumentos sobre os graves problemas sociais vividos por aquela população:

> Para que V. Exª. possa avaliar a situação dos operários desta vila, comunicamos que depois de ouvir os Exmos. médicos e em especial o Exmº. dr. Júlio Alves Vieira, se pode garantir que os operários tuberculosos, candidatos e doentes em consequência de uma subalimentação deve ir além de quinhentos.
> Igualmente informamos que, segundo declarações feitas na Câmara Municipal por um componente da mesa de inspecção aos novos mancebos em idade para o serviço militar, a percentagem de indivíduos livres em consequência do seu estado de fraqueza geral é de certo modo assustadora, podendo indicar-se que, no segundo dia de inspecção, foram presentes cinquenta indivíduos e desses ficou um esperado, nove apurados e os restantes livres.[181]

Talvez o problema da Marinha Grande esteja em seu "pecado original", ou seja, na memória de um tempo em que aquela região foi, por imposição do próprio Estado, marcada pela contestação e pela rebeldia. Como sabemos, as tradições, mesmo quando inventadas, costumam permanecer.

CONCLUSÃO

A legislação do Estado Novo posta em prática no período em estudo dava sinais de eficiência, evidenciada tanto na sua procura constante por parte dos trabalhadores como na permanente tentativa do empresariado em evitá-la. O Estado, por seu turno, buscava garantir a harmonia em meio a interesses conflitantes. Tarefa árdua, em se tratando de um país onde a cultura empresarial, talvez em razão da escassa industrialização, era profundamente contrária à existência de políticas de caráter social. É interessante notar que esta cultura chegava ao próprio Estado, quando este fazia as vezes de patrão, conforme o dramático caso dos trabalhadores gráficos lotados precariamente no Anexo da Imprensa Nacional.

Entretanto, os regimes políticos, mesmo quando autoritários — como era o caso português —, sempre se viram obrigados a conviver com demandas e pressões dos diversos grupos sociais. E, ao que parece, naquele final da década de 1940, a tendência era a favor do patronato. O decreto-lei nº 36.173 criava novas regras nas relações entre capital e trabalho, que, na prática, afastavam o Estado das disputas entre as partes conflitantes. Era, como disse Fátima Patriarca, uma vitória do empresariado contra um projeto de corporativismo considerado, para seus interesses, pernicioso. Deve-se lembrar que a "mudança de rota" aconteceu quando se abria a conjuntura do pós-guerra, período em que o desgaste do salazarismo se ampliava além das camadas populares, atingindo até segmentos das elites dirigentes. Necessitava-se, portanto, de um novo rearranjo de forças, que passava, necessariamente, por concessões que recuperassem o apoio e a confiança das classes empresariais.[182] Era, portanto, a vitória de um projeto que, a rigor, dava vazão aos interesses privados, de grupos econômicos, em detrimento da vontade coletiva e da "harmonia nacional".

As razões das transformações ocorridas no âmbito da esfera social, e que desembocaram no novo decreto-lei, podem ser percebidas no período final deste nosso estudo. A primeira, foi o crescimento do descontentamento popular, evidenciado em inúmeras tentativas de greve e atos de rebeldia. Os protestos decorrentes do aumento no preço do pão, já em

1944, davam sinais de um desgaste difícil de ser superado pelo regime. Diante das dificuldades, a solução encontrada só poderia ser o recrudescimento da violência institucional. E, neste contexto, deve-se ressaltar a participação comunista "dentro" dos sindicatos nacionais como um momento que, para o governo, significava a necessidade de maior controle sobre os organismos de representação profissional, enquanto, para os comunistas, uma evidente prova da força dos sindicatos e da sua representatividade, a despeito de seu caráter "fascista". Tendo os comunistas optado por participar dos sindicatos nacionais no início da década de 1940, próximo a meados da década era natural que sua representatividade houvesse crescido. E, na medida em que o anticomunismo era um amálgama de mobilização do regime, nada mais natural que a perseguição aos comunistas se tornasse, para este, uma verdadeira obsessão.

Mas, além da oposição comunista e de sua participação nos sindicatos nacionais, é importante ressaltar a participação popular em diversos momentos de contestação, o que só vinha a comprovar um evidente clima de descontentamento popular. Não por acaso, em diversos momentos, os poderes públicos — a começar pelos governadores civis e pelos agentes do INTP — reconheciam que as precárias condições de vida eram responsáveis pelo clima de agitação cada vez mais crescente naqueles anos. Entretanto, mesmo reconhecendo-se as razões da insatisfação, na medida em que a "ordem" era um princípio preconizado pelo Estado, a violência se fazia constantemente presente para impedir que o descontentamento viesse a público. A crise da Marinha Grande, que encerra este capítulo, representava, em certa medida, um retorno ao início do trabalho. Região símbolo na chamada resistência ao regime, por iniciativa do próprio regime, a Marinha Grande terminou por manter-se como uma região "inquieta", chegando a convencer as próprias hostes do Estado Novo de seu papel historicamente oposicionista. E mostrava também os parcos resultados obtidos com a política social implementada, que não conseguiu transformar plenamente uma região caracterizada, desde o longínquo janeiro de 1934, como subversiva. Apesar da conduta respeitosa que mantiveram com os poderes públicos, a simples mobilização dos vidreiros — que reivindi-

cavam melhorias básicas, como a concessão de pão e gêneros básicos —
era vista como a possibilidade de se reacender uma tendência latente entre aqueles operários. O problema não estava no método da conduta, mas na existência da própria conduta. Mais uma vez lembrando Hobsbawm e Ranger, o Estado havia inventado uma tradição para a Marinha Grande e ela havia se tornado uma incômoda realidade. Principalmente à medida que as dificuldades de implementação de políticas de ordem social eram cada vez mais evidentes, de modo que o decreto-lei n° 36.173 foi apenas o coroamento de um processo que, a despeito do próprio regime, parecia inevitável.

Notas

1. PATRIARCA, Fátima. *A questão social*... Ibid. pp. 626-628.
2. Correspondência, datada de 8 de janeiro de 1944, da Companhia das Fábricas de Cerâmica Lusitânia ao INTP. AHMQE.
3. Ibid.
4. Correspondência datada de 1º de fevereiro de 1944, de Luís Ricardo de Oliveira Esteves, ao subsecretário de Estado das Corporações e Previdência Social. AHMQE.
5. Ibid.
6. Ibid.
7. Ibid.
8. Ibid.
9. Ibid.
10. Correspondência da Fábrica de Louça de Sacavém, de 27 de julho de 1944, ao presidente da Comissão Corporativa Central Emergente do contrato coletivo de trabalho, assinado entre o Grémio dos Industriais de Cerâmica e os Sindicatos Nacionais dos Empregados de Escritório. AHMQE.
11. Correspondência datada de 8 de setembro de 1944, da Sociedade de Porcelanas ao presidente do INTP. AHMQE.
12. Ibid.
13. Correspondência de 27 de setembro de 1944, da Empresa Electro Cerâmica, ao diretor do INTP.
14. Correspondência datada de 28 de setembro de 1944, da Fábrica de Loiça de Sacavém, ao diretor geral do INTP. AHMQE.
15. Ibid.
16. Ofício nº 4.050 CC, de 17 de outubro de 1944, da 2ª Repartição do INTP, ao presidente da Comissão Corporativa para os Empregados de Escritório da Indústria de Cerâmica.
17. Correspondência datada de 16 de outubro de 1944, da Companhia das Fábricas de Cerâmica Lusitânia, ao INTP. AHMQE.

18. Correspondência datada de novembro de 1944, da Fábrica de Cerâmica do Carvalhinho ao delegado do INTP no Porto.
19. Correspondência datada de 8 de maio de 1945, da Fábrica de Cerâmica do Carvalhinho, de Vila Nova de Gaia, ao presidente da Comissão Corporativa Central da Indústria de Cerâmica. AHMQE.
20. Correspondência da Fábrica Jerónimo Pereira Campos, Filho, de 14 de janeiro de 1945, ao presidente da Comissão Corporativa dos Empregados de Escritório da Indústria de Cerâmica. AHMQE.
21. Correspondência de 28 de maio de 1946, da Comissão Corporativa dos empregados de escritório da Indústria de Cerâmica Pereira Bernardes à Fábrica Jerónimo Pereira Campos, Filhos. AHMQE.
22. Ofício nº 826, de 15 de setembro de 1945, do delegado do INTP em Coimbra ao presidente da Comissão Corporativa Central emergente do contrato coletivo de trabalho para os empregados de escritório da indústria de cerâmica e ofícios correlativos. Quase um ano depois, a resposta da Comissão Corporativa ainda não tinha sido dada. Tanto assim que, em março de 1946, o assistente do INTP enviou uma correspondência ao presidente da Comissão Corporativa pedindo resposta ao questionamento feito. Cf. ofício n° 1.703, de 16 de março de 1946, do delegado do INTP em Coimbra ao presidente da Comissão Corporativa Central emergente do contrato coletivo de trabalho para os empregados de escritório da indústria de cerâmica e ofícios correlativos. AHMQE.
23. Ibid.
24. ROSAS, F. Ibid., p. 361.
25. Ibid., p. 362.
26. É bom lembrar, entretanto, que a opção comunista por participar dos sindicatos nacionais é um pouco anterior. Data de seu congresso clandestino de 1943. É possível, assim, que certa demora em se vincular aos SN se deva a esperanças quanto às greves do período. Seu fracasso é possível que tenha apressado decisão já tomada. Sobre a decisão dos comunistas em aderir aos SN: PATRIARCA, Fátima. *A questão social...* Ibid., pp. 335-336. Ibid.
27. "Instruções aos delegados dos SMI." ANTT/MI-GM, maço 546/cx. 104.
28. Ibid.
29. Ibid.
30. Sobre as análises do PCP acerca das relações entre a classe operária portuguesa e o Estado Novo: VILAÇA, Alberto. Para a história remota do PCP em Coimbra: 1921-1946. Lisboa: *Avante!*, 1997. Ver também alguns documentos oficiais do Partido: PCP. O Partido e as grandes greves de 1942 e 1943 (Alberto). I Congresso Ilegal

do Partido Comunista Português. Editorial *Avante!*, 1944; O PCP e a luta sindical. Ibid.; 60 anos de luta. Ibid.
31. Cópia de correspondência do tenente Sérgio Augusto dos Santos, da PSP da Covilhã ao delegado do INTP na mesma cidade, encaminhada à Secretaria dos Serviços de Segurança da PSP e datada de 2 de junho de 1944. ANTT/MI-GM, maço 540/cx. 98.
32. Ibid.
33. Ibid.
34. Ibid.
35. Ofício nº 1.569, do Sindicato Nacional dos Tipógrafos, Litógrafos e Ofícios Correlativos do Distrito de Lisboa, de 9 de dezembro de 1944, ao ministro do Interior. ANTT/MI-GM, maço 531/cx. 89.
36. Ibid.
37. Correspondência dirigida ao ministro do Interior, de dezembro de 1944, assinada pelos trabalhadores gráficos lotados na Imprensa Nacional e subsidiados pelo Fundo de Desemprego. ANTT/MI-GM, maço 531/cx. 89.
38. Correspondência dirigida ao comissário do Desemprego, de 8 de dezembro de 1944, assinada pelos trabalhadores gráficos lotados na Imprensa Nacional e subsidiados pelo Fundo de Desemprego, 11 pp., p. 1. ANTT/MI-GM, maço 531/cx. 89.
39. Ibid., pp. 1-2.
40. Ibid., pp. 3-4.
41. Ibid., p 4.
42. Ibid., pp. 4-5.
43. Ibid., p. 5.
44. Ibid., pp. 5-6.
45. Ibid., p.6.
46. Ibid., pp. 6-7.
47. Ibid., pp. 10-11.
48. Correspondência, datada de 22 de março de 1945, do chefe de gabinete da presidência do Conselho, José Manuel da Costa, ao Ministério do Interior. ANTT/MI-GM, maço 531/cx. 89.
49. Correspondência, datada de 20 de março de 1945, dos operários gráficos lotados no Anexo da Imprensa Nacional subsidiados pelo Fundo do Desemprego, ao presidente do Conselho de Ministros, Oliveira Salazar, 5 pp. ANTT/MI-GM, maço 531/cx. 89.
50. Ibid., p. 1.
51. Ibid., p. 2.
52. Ibid, pp. 2-3.

53. Ibid., p. 3
54. "Parecer — Salários mínimos para a indústria de marcenaria", do assistente do INTP, Pereira Bernardo, de 6 de setembro de 1945.
55. Ibid., p. 2.
56. Ibid., pp. 2-3.
57. Ibid., p. 3.
58. Ibid.
59. Ibid., p. 4.
60. Ibid., pp. 4-5.
61. Ibid., p. 5
62. Ibid., p. 6.
63. Ibid., ibid.
64. Ibid., pp. 6-7.
65. Ibid., p. 7-8.
66. "Informação — Comissão técnica para o estudo das condições de prestação do trabalho e sua remuneração na indústria de marcenaria", de 8 de setembro de 1945, assinada pelo assistente do INTP, Pereira Bernardo. AHMQE.
67. Carta do presidente da direção do Grémio Nacional dos Industriais de Cerâmica, de 5 de novembro de 1945. AHMQE.
68. Ofício nº 2.270, de 13 de novembro de 1945, da Comissão Administrativa do SNEEDL, enviado a Hermínio Luís da Costa. AHMQE.
69. Este ofício não foi encontrado nos AHMQE.
70. Carta da gerência da Fábrica de Loiça de Sacavém à direção do SNEEDL, datada de 16 de novembro de 1945. AHMQE.
71. Carta de Hermínio Luís da Costa, de 23 de novembro de 1945, ao secretário da Comissão Administrativa do SNEEDL. AHMQE.
72. Ofício nº 2.436 da Comissão Administrativa do SNEEDL, à Comissão Corporativa emergente do contrato coletivo de trabalho. AHMQE.
73. Cópia de correspondência, não datada, ao presidente do Sindicato Nacional dos Empregados de Escritório do Distrito de Lisboa. AHMQE.
74. Ofício nº 1.302, de (?) de maio de 1946, do Sindicato Nacional dos Empregados de Escritório do Distrito de Lisboa à Comissão Corporativa emergente do contrato coletivo de trabalho e ao Grémio dos Industriais de Cerâmica. AHMQE.
75. Parecer do advogado do Sindicato Nacional dos Empregados de Escritório do Distrito de Lisboa, datado de 15 de maio de 1946. AHMQE.
76. Correspondência datada de 28 de maio de 1946, do assistente do INTP, Pereira Bernardes, à Companhia das Fábricas de Cerâmica Lusitânia. AHMQE.
77. Correspondência, datada de 4 de junho de 1946, da Fábrica de Loiças de Sacavém,

ao presidente da Comissão Corporativa Central emergente do contrato coletivo de trabalho assinado entre o Grémio dos Industriais de Cerâmica e os Sindicatos Nacionais dos Empregados de Escritório. AHMQE.
78. Ibid., p. 1.
79. Ibid., pp. 1-2.
80. Ibid., p. 2.
81. Ibid., ibid.
82. Ofício n° 4507L9, do SN dos Empregados de Escritório do Distrito de Lisboa, ao presidente da Comissão Corporativa emergente do contrato coletivo de trabalho entre o Grémio dos Industriais de Cerâmica e os Sindicatos Nacionais dos Empregados de Escritório. AHMQE.
83. Ofício n° 4790L9, data ilegível, do Sindicato Nacional dos Empregados de Escritório de Lisboa, ao presidente da Comissão Corporativa emergente do contrato coletivo de trabalho entre o Grémio dos Industriais de Cerâmica e os Sindicatos Nacionais dos Empregados de Escritório. AHMQE.
84. "Informação — Âmbito do despacho de regulamentação do trabalho na indústria metalúrgica", de 5 de janeiro de 1946. AHMQE.
85. Ibid., p. 1.
86. Ibid., ibid.
87. Ibid., p. 2.
88. Ibid., p. 3.
89. "Informação — Sobre a fixação, por despacho, de salários mínimos para os operários da indústria de construção civil", n° 495-K, do assistente do INTP (assinatura ilegível), de 16 de outubro de 1944. AHMQE.
90. Ibid., p. 1.
91. Ibid., pp. 1-2.
92. Ibid., p. 2.
93. Ibid., ibid.
94. Ibid., p. 3.
95. Ibid., ibid.
96. Ibid., p. 4.
97. Anexo II. "Informação...", cit.
98. Anexo I. "Informação..." Ibid.
100. Ibid.
101. Ibid., ibid.
102. Ibid., p. 8.
103. Ibid., p. 9.
104. Ibid., ibid.

105. Ibid., pp. 9-10.
106. Ibid., p. 10.
107. Ibid., pp. 10-11.
108. Ibid., pp. 11-12.
109. "Relatório — Salários mínimos para os operários da construção civil", do assistente do INTP, Pereira Bernardo, de 11 de junho de 1945. AHMQE.
110. Ibid., p. 1.
111. Ibid., p. 2.
112. Ibid., ibid.
113. Ibid., p. 3.
114. Ibid., pp. 3-5.
115. Ibid., pp. 5-6.
116. Ibid., p. 6.
117. Ibid., pp. 6-8.
118. Ibid., p. 11.
119. Ibid., ibid.
120. Ibid., p. 12.
121. Ibid., ibid.
122. "Parecer — União dos Sindicatos dos Operários da Construção Civil", do assistente de INTP, Pereira Bernardo, de 1º de outubro de 1945. AHMQE.
123. Ibid., p. 1.
124. Ibid., p. 2.
125. Ibid., pp. 2-3.
126. Ibid., p. 3.
127. Ibid., ibid.
128. Ibid., p. 5.
129. "Informação — Reunião em Lisboa das direcções dos Sindicatos dos Operários da Construção Civil", do assistente do INTP, Pereira Bernardo, de 10 de outubro de 1945.
130. Ibid., p. 1.
131. Ibid., ibid.
132. "Relatório — Condições de trabalho dos operários da construção civil", de 6 de março de 1946. AHMQE.
133. Ibid., p. 1.
134. Ibid., p. 2.
135. Ibid., ibid.
136. Ibid., ibid.
137. Ibid., p. 3.

138. Ibid., pp. 4-6.
139. Ibid., pp. 6-7.
140. Ibid., p. 8.
141. Ibid., ibid.
142. Ibid., p. 9.
143. Ibid., p. 10.
144. Ibid., pp. 10-11.
145. Ibid., pp. 11-12.
146. "Parecer — Constituição dos Grémios dos Industriais da Construção Civil", do assistente do INTP, Pereira Bernardo, de 18 de março de 1947. AHMQE.
147. Ibid., p. 1.
148. Ibid., pp. 1-2.
149. Ibid., p. 2.
150. Ibid., p. 3
151. Ibid., p. 4.
152. Ibid., ibid. As leis reguladoras da profissão de construtor civil eram o decreto-lei nº 35.721, de 26 de junho de 1946, e o despacho do subsecretário de Estado das Corporações, de 5 de junho de 1946, que determinava a obrigatoriedade da carteira profissional dos construtores civis.
153. Ibid., p. 5.
154. "Parecer — Reorganização sindical dos operários da construção civil", do assistente do INTP, Pereira Bernardo, de 22 de abril de 1847. AHMQE.
155. Ibid., pp. 1-2
156. Ibid., p. 6.
157. Ibid., pp. 7-8.
158. Ibid., p. 8
159. Ibid., pp. 8-9.
160. Correspondência, datada de 18 de março de 1946, do governador civil de Braga, Henrique Cabral de Noronha e Menezes, ao ministro do Interior. ANTT/MI-GM, maço 542/cx. 100.
161. Ibid.
162. Quando o governador civil de Braga cita a PVDE, em vez da PIDE, ele se equivoca, haja vista a Polícia de Vigilância e Defesa do Estado (PVDE) ter sido substituída em 1945 pela PIDE (Polícia Internacional de Defesa do Estado). Talvez ele utilize o nome original da polícia política do Estado Novo pela força do hábito, devido ao pouco tempo de mudança da nomenclatura. A seguir, no próprio texto, o mesmo governador passou a utilizar PIDE no lugar de PVDE. Segundo RIBEIRO: "Em 1945 a PVDE é transformada em PIDE, no rescaldo do conflito mundial e no qua-

dro das reformas 'cosméticas' do regime, que então enfrenta sua primeira crise grave. Obrigado a ceder às demandas vencedoras da Segunda Guerra Mundial, o Estado Novo conhece alguns anos de forte abalo, iniciando-se uma nova fase da sua história." Cf. RIBEIRO, Maria da Conceição. *A polícia política do Estado Novo, 1926-1945*. Ibid., p. 17.
163. Correspondência, datada de 18 de março de 1946... Ibid.
164. Ibid.
165. Ibid.
166. Ibid.
167. Cópia de correspondência do presidente da Câmara Municipal de Fafe, de 8 de março de 1946, dirigida ao governador civil do distrito de Braga. ANTT/MI-GM, maço 452/cx. 100.
168. Ibid.
169. Ibid. Quanto ao recenseamento, citado acima pelo presidente da Câmara de Fafe, afirma BRAGA DA CRUZ: "(...) a partir de 1946 e até 1964, as comissões eleitorais da UN passaram a auxiliar as comissões de recenseamento, recebendo para esse efeito do governo 'verbas necessárias'. Este acesso da UN à feitura do próprio recenseamento constituiu, ao longo de todo o regime, 'um poderoso instrumento político' de controle das eleições, como oficialmente se reconhecia. Através dele se procedia à inscrição nos cadernos eleitorais dos elementos afectos e à depuração dos elementos hostis ao Estado Novo." Cf. BRAGA DA CRUZ, Manuel. *O partido e o Estado no salazarismo*. Lisboa: Presença, 1988, p. 200. Como se tratava, portanto, do primeiro recenseamento eleitoral, é possível que o alistamento "escrupuloso" a que se referia o presidente da Câmara Municipal de Fafe significasse uma tentativa de confundir os órgãos oficiais afetos ao Estado Novo.
170. Cf. "Mais acção no campo sindical." In: *O militante*, III série, nº 40, outubro de 1946. O PCP e a luta sindical. Documentos para a história do Partido Comunista Português. Lisboa, *Avante!*, 1975, p. 86. É interessante notar que, na passagem citada, o PCP adota a política de participar ativamente de campanhas contra a fome por intermédio dos SN, ou seja, contribuindo para a consolidação destes como verdadeiros representantes dos trabalhadores portugueses.
171. Correspondência confidencial nº 238-LA-529, do chefe de gabinete do Ministério do Interior, capitão Manuel Pereira Coentro, ao secretário de Sua Excelência o subsecretário de Estado das Corporações e Previdência Social, de 27 de março de 1946. ANTT/MI-GM, maço 542/cx.100.
172. Correspondência confidencial nº 23, do governador civil de Leiria, Acácio Sampaio Correia de Paiva, ao senhor ministro do Interior, de 11 de março de 1946. ANTT/MI-GM, maço 542/cx. 100.

173. Ibid.
174. Ibid.
175. Ibid.
176. Sobre as diversas possibilidades de relações entre "representantes" e "representados", ver: SANTANA, Marco Aurélio. "A teoria na prática pode ser outra ou a política comunista na base metalúrgica do RJ (1945/1964)". Trabalho apresentado ao XVII Simpósio Nacional de História, maio de 1993, mimeo.
177. Correspondência confidencial nº 23, do governador civil de Leiria, Acácio Sampaio Correia de Paiva, ao senhor ministro do Interior, de 11 de março de 1946. Ibid.
178. Ibid.
179. Cópia de correspondência do Sindicato Nacional dos Operários Vidreiros e Ofícios Correlativos do Distrito de Leiria, n° 2.118-L° I, de 3 de setembro de 1946, ao governador civil do distrito de Leiria. ANTT/MI-GM, maço 543/cx. 101.
180. Ibid.
181. Segunda cópia de correspondência do Sindicato Nacional dos Operários Vidreiros e Ofícios Correlativos do Distrito de Leiria, n° 2.118-L. I, de 3 de setembro de 1946, ao governador civil do distrito de Leiria. ANTT/MI-GM, maço 543/cx. 101.
182. PATRIARCA, Fátima. *A questão social no salazarismo...* Ibid., p. 652.

Considerações finais

O Estado português deve ser organizado, segundo a Constituição, em República corporativa; para dar começo de realidade a esta aspiração, vários decretos estabeleceram posteriormente as grandes linhas a que há-de obedecer a organização das corporações.
  Esta entende-se desde os interesses materiais aos interesses intelectuais e morais que os indivíduos prosseguem no seio da Nação; e por esse motivo, e porque cada vez mais se aproxima o momento de o trabalho remunerado ser além de dever social um facto para toda a população activa e livre, segue-se que por intermédio da organização corporativa a vida económica é elemento da organização política. (...) Isso se faz não só por uma espécie de valorização política do trabalho, digamos assim, e de se aspirar à representação nacional mais perfeita que a inventada pelo individualismo, mas por força do novo conceito do que seja o Estado ou do que deva sê-lo no futuro.

Oliveira Salazar (1934)

Vinte anos de paz e progresso acreditam o sistema, malgrado as deficiências e imperfeições, e o confronto com os vinte anos anteriores devia ser bastante (se não fora o orgulho dos homens) para demonstrar pela experiência vivida quão fecunda é a unidade e como se serve mal o País reincidindo contra a sua saúde moral no que podemos chamar de pecado da divisão. Que tenebrosas algumas causas, e ligações, e dependências, e propósitos! Que fúteis alguns motivos sobre que se movem pequenos grupos — moinhos de vento que moem areia! Pois temos de dar-lhes batalha, decididamente, decisivamente, pela Nação, por nós e... até por eles.

Oliveira Salazar (1947)

O projeto de Nação consubstanciado no Estado Novo português apresentou-se a partir de duas vertentes. A primeira, predominante, era aquela de matriz moderno-conservadora. Apropriando-se de uma concepção histórico-territorialista nascente com a formação dos Estados modernos, buscava se realizar na oposição a valores universalistas. Assim, a Nação realizava-se necessariamente "por dentro" do Estado Nacional. A segunda vertente, submetida à primeira, conferia certo valor universalizante ao projeto de Nação que se constituía a partir do Estado Novo. Este universalismo constrangido por determinações endógenas permitiu ao regime a manutenção do sistema colonial, por um lado e, por outro, o papel de guardião da fé cristã contra outro universalismo fundado na razão.[1] Assim, a importância da crise liberal do entreguerras na implementação do Estado Novo deve ser vista como circunstancial, não ultrapassando os limites da própria conjuntura à época. A racionalidade constituinte do Estado Novo buscava fazer com que a história portuguesa, quando efetivamente "portuguesa", se auto-explicasse. O valor das influências externas era, assim, reduzido. Na maioria dos casos, essas influências externas eram motivo de preocupação e, na melhor das hipóteses, deveriam ser evitadas.

Ao mesmo tempo, a "reconstituição" da história de Portugal, na perspectiva dos arquitetos do Estado Novo, amparava-se na tentativa de estabelecer um vínculo com um passado anterior ao liberalismo e um futuro a ser construído. O "olhar para trás" de Salazar e seus epígonos não significava a mera tentativa de reconstituição de um tempo perdido. A perspectiva de futuro em Portugal tinha, por certo, um olhar voltado para o passado. O mito sebastianista e a nostalgia do "Antigo Regime" remetiam a um tempo em que Portugal havia sido grandioso e moderno. Ao mesmo tempo, a formação católica de Salazar, assim como o próprio tradicionalismo da sociedade portuguesa, impedia a possibilidade revolucionária de tipo fascista. Deste modo, a rejeição ao fascismo era plenamente compensada na elaboração de um "corporativismo" dotado de profunda nostalgia e, conseqüentemente, do compromisso com o resgate de uma antiga modernidade.

Para o desenvolvimento das teses aqui afirmadas, foram escolhidos, como objeto de pesquisa, os trabalhadores urbanos. Estes, é evidente, não podem ser entendidos sem que se entenda também sua heterogeneidade. A classe trabalhadora não é um todo único. Longe do monopólio da memória comunista ou anarquista, vários foram os projetos políticos que tiveram intervenção direta no movimento sindical. Assim, não podemos dizer que a constituição da ordem corporativa tenha sido apenas uma imposição externa aos trabalhadores, haja vista a presença de correntes políticas no meio sindical favoráveis a uma presença do Estado como regulador das relações de trabalho. Se nos lembrarmos de que Portugal constituiu-se como um Estado sem maiores problemas de identidade nacional, podemos perceber que determinadas tradições se fizeram presentes em sua formação cultural desde a gênese. Tradições que, estando presentes nos diversos segmentos econômicos, políticos e sociais que compunham o Estado português como um todo, atingiam de maneira específica cada segmento. As tradições aqui referidas são aquelas referentes às instituições do Antigo Regime, aos "corpos intermediários" que eram influenciados e influenciavam o poder do Estado e, por fim, ao peso da Igreja Católica como suporte ideológico a influenciar os mais diversos setores da sociedade portuguesa.

Sabendo das dificuldades de constituição, em Portugal, de uma classe operária forte, devido ao predomínio agrário entendido como uma forte barreira à consolidação do capitalismo português, procuramos considerar os limites de fortalecimento de uma cultura operária de tipo moderno, como aquela que se realizou em países como a Grã-Bretanha e a França. Além disso, nestes países a classe operária fez-se, para usar a expressão de E. P. Thompson, em meio a um processo de constituição de valores democrático-liberais. No caso específico do presente estudo, buscamos analisar o comportamento dos trabalhadores e de suas organizações sindicais no momento de consolidação do modelo corporativo-autoritário, ou seja, no momento em que se consolidava uma ordem antiliberal. Diversa, portanto, dos casos britânico ou francês. Mais do que uma ordem antiliberal, um antiliberalismo profundamente antiindustrialista, ao contrário dos regimes fascistas. Apesar da oposição de setores das elites operárias — ou seja, de suas vanguardas —, a força das tradições estatistas, o peso significativo da idéia de "Estado Providência" favoreceram a consolidação do modelo "corporativo" com o apoio da maioria dos trabalhadores portugueses. Trabalhadores cuja memória aldeã, agrária, parecia ainda ser determinante em suas escolhas.

A primeira fase de organização do regime foi, conforme pudemos observar no primeiro capítulo, difícil. Em primeiro lugar, pelas dificuldades do próprio Estado em ajustar de modo adequado a política "corporativa" adotada. Ao mesmo tempo que se acreditava em um novo tempo, marcado pelo anticomunismo e pelo antiliberalismo, a "dosagem certa" deste corporativismo não estava ainda bem definida. E nem sequer veio a estar definida algum dia, pelo menos durante o período em estudo. Mas não há como deixar de reconhecer que, para os anos iniciais do regime, havia um inquestionável otimismo. A própria adoção de uma política de propaganda organizada por um dos mais importantes "quadros" do regime, António Ferro, já era demonstrativo da forte confiança quanto ao futuro do regime. Ao mesmo tempo, esta política de propaganda já era, ela mesma, representativa de uma política de Estado moderna, adotada à época por praticamente todos os regimes de tipo "corporativo". Inclusive por aqueles que, embora "reguladores", mantinham um sistema político democrático. A criação do Subsecretariado de Estado das Corporações e Previdência Social e do Instituto Nacional de Trabalho e Previdência também demonstravam que este "Estado Novo" desejava apresentar-se como uma novidade de fato para as classes trabalhadoras. Uma novidade que incluía tanto uma política de defesa intransigente da ordem como a garantia de direitos sociais até então inexistentes.

Outra ordem de dificuldades foi com relação às vanguardas operárias e demais segmentos refratários à implementação das novas políticas do regime. Entretanto, o mais simbólico de todos os movimentos de resistência ao regime, o "18 de Janeiro" de 1934, caiu ao regime como uma luva. Levando-se em conta que os regimes "autoritário-corporativos" instaurados ao longo das décadas de 1920-30 necessitavam de um "outro conveniente", para a defesa e justificativa de sua conduta, a escolha de um inimigo capaz de mobilizar um conjunto amplo de setores era fundamental. Com o "18 de Janeiro", o problema foi resolvido. Por um lado, relegava-se o anarquismo à condição de "periferia" da oposição ao Estado Novo, enquanto por outro "ungia-se" o comunismo e, conseqüentemente, o Partido Comunista Português à condição de inimigo central do "Estado corporativo" e da "Revolução Nacional".

Na crença de constituição de um novo projeto, o regime não hesitou em formalizar o "novo tempo" por intermédio de uma série de comemorações e datas simbólicas. Não por acaso, já em 1935, no dia 1º de maio, promoveu uma manifestação em Lisboa com a presença de filiados dos sindicatos nacionais e casas do povo. O "novo tempo" começava a se ritualizar. Ainda nesse ano, o governo criava a FNAT — Federação Nacional para a Alegria do Trabalho. Tratava-se de mais uma iniciativa no sentido de, aproveitando-se de determinado modelo de cultura do trabalho projetada pelo regime, reforçar sua própria imagem junto aos trabalhadores.

Claro está que, à medida que o regime se institucionalizava, diversos de seus apoiantes dele se afastavam. As rupturas em geral foram mais amplas no momento de seu acontecimento, mas invariavelmente se restringiam conforme os "novos" regimes se estabeleciam. Assim, alguns dos segmentos que se opunham ao regime dele se afastaram quando não conseguiram mais espaço dentro da nova ordenação político-institucional, ou não conseguiram implementar seus projetos político-ideológicos ou ainda pelas duas razões.[2] Assim, a frustrada tentativa de golpe contra Salazar em setembro de 1935 foi, ao mesmo tempo, uma demonstração de "restrição" do campo político apoiante do regime e de força deste mesmo regime.

Passados três anos de institucionalização do Estado Novo, em 1936, o regime viveria uma conjuntura européia tendente à polarização político-ideológica. Ao mesmo tempo, procurava organizar de modo mais "perfeito" a sua política repressiva. Por um lado, criava o Tarrafal, temida "colônia penal" que simbolizava a cruel violência do regime salazarista. Por outro, diante da Guerra Civil Espanhola, o governo procurava, ao mesmo tempo, manter uma aparente neutralidade enquanto, de fato, apoiava as forças "nacionalistas" lideradas pelo general Franco. Não por acaso, em 30 de setembro, o governo rompia formalmente as relações diplomáticas com o governo republicano espanhol. Para os trabalhadores, estas duas políticas — de aperfeiçoamento do regime repressor e de apoio ao franquismo — eram apresentadas ao mesmo tempo, de modo a demonstrarem uma opção político-ideológica própria, profundamente anticomunista, e também a capacidade do regime de enfrentar seus adversários, internos e externos. Assim, neste mesmo ano, por intermédio do decreto-lei nº 27.003, impunha-se a todos os indivíduos a denúncia contra cidadãos que professassem "doutrinas subversivas". Depois, procurando mobilizar contingentes da população no sentido da defesa do regime, o governo do Estado Novo criava, em 30 de setembro, a Legião Portuguesa. Na medida em que o liberalismo e o comunismo eram considerados "velhos", algum tipo de definição deveria ser feita, mesmo que escondida por razões de ordem pragmática. Apoiar abertamente a Espanha era inviável em virtude das "circunstâncias" decorrentes das relações com a Inglaterra e, sobretudo, do frágil equilíbrio europeu. Não apoiar a Espanha, no entanto, era da mesma forma inviável, principalmente diante do perigo comunista no único país que lhe fazia fronteira. Em fevereiro de 1937, a assinatura do acordo de não intervenção foi um ato de mera formalidade e a presença de membros da Legião Portuguesa ao lado dos "nacionalistas" espanhóis, um fato previsível. No ano seguinte, como corolário deste processo, o Estado Novo reconhecia, *de jure*, a Junta de Burgos, o governo paralelo chefiado pelo general Franco. O Estado Novo procurava apoiar sem hesitação um regime que lhe garantisse maior estabilidade. No futuro, em particular no pós-guerra, quando as forças do Eixo foram derrotadas, as coisas desencadear-se-iam de tal maneira que a decisão de apoiar os "nacionalistas" espanhóis viria a se revelar de extrema correção, assim como a decisão de manter uma postura "neutra" diante do conflito mundial. O Estado Novo preparava-se para uma longa duração. A posição diante da Guerra Civil Espanhola e a crescente importância atribuída à Legião Portuguesa e à Mocidade

Portuguesa, que em 28 de maio substituíram as Forças Armadas nos desfiles comemorativos do aniversário da "Revolução Nacional", faziam aumentar os sentimentos de oposição ao regime. No dia 4 de julho, Salazar saía ileso de um atentado organizado por um grupo de anarquistas. Talvez o único lamento do regime, naquela ocasião, tenha sido o fato de o atentado não ter sido obra dos comunistas, e sim daqueles que já estavam definitivamente excluídos de qualquer possibilidade de intervenção política contra o Estado Novo. Como resposta, além de uma imediata manifestação de apoio ao chefe de governo promovida pela Mocidade Portuguesa e pela Legião Portuguesa, aumentava a onda repressiva, não só contra os anarquistas mas contra sindicalistas e comunistas. Estes, em novembro, já tinham sua estrutura organizacional praticamente desarticulada.

Quando a guerra eclodiu, o governo mantinha certa estabilidade política e procurava reproduzir uma política de propaganda e mobilização em torno da figura de Salazar. Na verdade, esta atitude era conseqüência de um processo anterior. Não por acaso, ainda em 1938, o chefe de governo recebia da Assembléia Nacional o título de "Benemérito da Pátria". Do ponto de vista de uma política mobilizatória, entretanto, o ano de 1939 foi exemplar no sentido da preocupação de se garantir uma maior visibilidade ao regime. Já em fevereiro, o Estado Novo promovia no Terreiro do Paço uma manifestação em apoio à "política corporativa", com a presença das casas do povo, casas dos pescadores e sindicatos nacionais. Mais tarde, em setembro, através do decreto-lei nº 29.931, o governo decretou a cotização obrigatória na origem, visando ao fortalecimento dos "sindicatos corporativos" por meio da ampliação compulsória do número de sócios e da arrecadação dos organismos sindicais. Ainda com relação aos sindicatos nacionais, em outubro, por meio de um despacho, o presidente do Conselho determinava que se desse prioridade, nas obras públicas realizadas pelo Estado, à contratação de operários inscritos nos sindicatos nacionais. Se por um lado tais medidas reconheciam uma política equivocada presente desde a implementação do Estado Novo até aquele momento, por outro, procuravam dar uma feição mais "orgânica" ao regime.

Tratava-se de um divisor de águas nas políticas do Estado Novo diante das questões de ordem "corporativa". Se o Estado não procurava naquele momento romper com seu passado, ao menos buscava dar maior nitidez a seus objetivos. Em particular no que concernia à sua relação com as classes trabalhadoras e à presença desta na ordem institucional "corporativa".

Do ponto de vista da política externa, diante do conflito e das posições beligerantes das diversas potências européias, a postura era de cautela. Em abril, o governo do Estado Novo recusava-se a participar do Pacto Anti-Komintern, aliança subscrita por Itália, Alemanha e Espanha contra a URSS. Depois, diante da declaração de guerra da Grã-Bretanha e da França à Alemanha, o governo reafirmava sua postura de neutralidade diante do conflito. Esta postura foi reafirmada no ano seguinte, quando, em junho, os governos português e espanhol afirmavam os princípios de "neutralidade" e de "não-beligerância".

Ao mesmo tempo que se mantinha alheio ao conflito, o regime procurava manter uma postura de proximidade e colaboração com a Igreja Católica, de modo que a Concordata e o Acordo Missionário assinados a 7 de maio de 1940 foram o coroamento de um processo que teve continuidade até pelo menos o início da década de 1960. Embora a Igreja não tivesse uma participação diante de sindicatos com grande representatividade, seu papel de divulgador dos valores "cristãos" do regime era de inquestionável importância. Talvez a fragilidade da Igreja junto aos sindicatos nacionais fosse expressão de sua efetiva força na sociedade portuguesa. Os sindicatos não precisavam ser formalmente católicos para reproduzir os valores professados pela Igreja. Além do mais, sendo a Igreja representativa do corpo da Nação, sua atividade não deveria restringir-se a um segmento particular, fato este que, se viesse a ocorrer, quebraria sua feição universal.

Entretanto, apesar da propaganda e da permanente tentativa de constituição de um regime "organicamente corporativo", o regime começava a enfrentar dificuldades. Por um lado, a oposição patronal às políticas sociais e, por outro, a deterioração das condições de vida faziam aumentar um descontentamento popular cada vez mais difícil de ser controlado. As greves de 1941 e 1942 eram um evidente sinal das dificuldades de efetiva implementação das políticas "corporativas" diante de uma conjuntura econômica hostil e da recusa do empresariado em apoiar decisivamente o projeto "orgânico" governamental. Diante da famosa greve de outubro-novembro de 1942, quando mais de 20 mil operários paralisaram o trabalho na região de Lisboa, o governo foi obrigado, em nota oficiosa, a declarar-se intolerante contra qualquer manifestação. Apesar disso, internamente, reconhecia as péssimas condições de vida da maioria da população operária e, como sempre, o descompromisso patronal. Essas manifestações aconteciam ao mesmo tempo que manifestações oficiais — como a que, em julho de 1942, outorgou ao governo o título de "sócio honorário" dos sindicatos nacionais —, as quais procuravam demonstrar uma estabilidade que, evidentemente, já não mais existia. As greves camponesas do Alentejo e do Ribatejo de 1943 e 1944 eram mais uma evidente expressão do esgarçamento social. O "fôlego" do regime parecia esgotar-se e sua política junto aos trabalhadores urbanos começava a restringir-se às atitudes repressivas. Conseqüência natural do desgaste, a oposição começava a se rearticular, de modo que, em dezembro de 1943, nascia o MUNAF — Movimento de Unidade Nacional Antifascista —, agregando os mais amplos segmentos oposicionistas.

    A política de "neutralidade" diante do conflito mundial não impedia que o regime sofresse pressões tanto internas como externas, que, em certa medida, também contribuíam para expressar sua fragilidade. Assim, em conseqüência das pressões exercidas pelos países aliados, e de manifestações públicas contrárias à venda de volfrâmio à Alemanha, o governo decidiu, em junho de 1944, suspender a venda do mineral aos países beligerantes. Ao mesmo tempo que intensificava a repressão aos movimentos sociais, o regime se via obrigado a "recuar" na questão da permanência de uma importante relação econômica com a Alemanha, ainda que com a aparente neutralidade decorrente da decisão de não mais vender o mineral aos "países beligerantes", incluindo aí também os aliados.

    A oposição via, neste momento, um regime cada vez mais enfraquecido. Não por acaso, em janeiro de 1945, um grupo de militares aliado a segmentos monarquistas tentou desencadear um golpe, cujo resultado, embora não tenha sido o esperado, não deixou de refletir esperanças quanto a um breve fim do Estado Novo. No Ribatejo e no Alentejo, durante o mês de maio, continuavam as manifestações contra a falta de alimentos e o aumento nos preços. Também em maio, enquanto o governo decretava "luto oficial" em virtude da morte de Hitler, em diversas localidades do país realizaram-se manifestações de regozijo pela vitória dos aliados. Aproveitavam as oposições para defender que, à semelhança dos regimes nazifascistas, o salazarismo deveria ser também substituído.

O governo, por seu turno, procurava manter-se naquela conjuntura difícil e de evidente processo de redemocratização em todo o mundo. Além da postura "neutra" durante a guerra, o regime buscava também garantir o apoio do capital monopolista que se organizara a despeito das intenções "corporativas" e "sociais" do Estado Novo. Por isso, em março de 1945, por intermédio da lei nº 2.005, o governo adotava uma política de crescimento industrial coadunado com os interesses hegemônicos do capital monopolista. O regime, diante das adversidades, procurava reagir. Entretanto, suas ações de massa correspondiam agora à tentativa de reverter um quadro cada vez mais desfavorável. Não se tratava mais, portanto, da busca de adesões ao regime, mas da tentativa de convencimento de que este ainda existia com força e capacidade de ação. Este foi, por exemplo, o caráter da manifestação de apoio ao Estado Novo ocorrida a 19 de maio a partir da ação das Câmaras Municipais e das organizações de massa vinculadas ao regime. Manifestações não por acaso ocorridas pouco depois daquelas de consternação decorrente da vitória dos aliados. A sobrevida do regime, entretanto, viria não da sua força, parcamente demonstrada, mas das manifestações de apoio explícito a ele conferidas pela Grã-Bretanha e pelos Estados Unidos, ambas ocorridas em junho.

Nos meses seguintes, a vida política portuguesa assistiu a inúmeras manifestações de oposição ao regime, a começar pela tentativa frustrada de golpe militar implementada pelo general Norton de Matos. Em outubro, quando do aniversário da República, manifestações comemorativas no Porto e em Lisboa exigiam o fim do Estado Novo. Também em outubro, no dia 8, foi criado o Movimento de Unidade Democrática (MUD). Dois dias depois, o MUD apresentava uma série de reivindicações de caráter democrático, consideradas fundamentais para a realização de eleições livres: adiamento das eleições por seis meses, preparação de um novo recenseamento eleitoral, autorização para a criação de novos partidos políticos e jornais, garantia das liberdades individuais e coletivas. Nenhuma dessas reivindicações teve aceitação por parte do regime. Entretanto, a pressão em favor de liberdades, característica do pós-guerra, impunha mudanças, ainda que parciais. Assim, a 18 de outubro, o governo concedeu, pelo decreto-lei nº 35.041, uma anistia parcial abrangendo parte dos cidadãos acusados de "crimes contra a segurança interna e externa do Estado". Também em outubro, no dia 22, procurando atenuar sua imagem negativa, o regime extinguiu a Polícia de Vigilância e Defesa do Estado (PVDE) e criou a Polícia Internacional e de Defesa do Estado (PIDE).

Entretanto, apesar das constantes tentativas de atenuar a imagem negativa do regime, o fato é que, para a maioria dos trabalhadores, as condições econômico-sociais continuavam ruins. Assim foi que, em novembro, novas greves foram protagonizadas por trabalhadores assalariados do Alentejo e do Ribatejo. No ano seguinte, em janeiro, os operários têxteis da Covilhã também iniciaram um amplo movimento grevista, demonstrando que o declínio da qualidade de vida alcançava tanto os trabalhadores rurais como os urbanos. Apesar da intervenção policial, os grevistas da Covilhã conseguiram aumento dos salários e redução da jornada de trabalho.

Neste quadro de gradual desgaste do regime, em julho realizou-se o IV Congresso do PCP, em um clima de grandes esperanças no sentido do declínio e queda do Estado Novo. As esperanças oposicionistas cresceram ainda mais durante o mês de agosto, quando da tentativa de filiação de Portugal à ONU. No dia 3 daquele mês, ao apresentar em Nova York sua candidatura, a mesma foi vetada pela União Soviética, que ressaltou o caráter "fascista" do regime e seu apoio aos "nacionalistas" da Espanha e à Itália, Alemanha e França de Pétain durante a Segunda Guerra Mundial. As oposições ao regime corroboraram o veto soviético. Em documento assinado pelo MUD, e intitulado "O MUD perante a admissão de Portugal na ONU", as oposições portuguesas afirmaram que o veto à presença de Portugal na ONU se devia a seu caráter ditatorial, tendo sido portanto correta a atitude adotada pelo organismo internacional. Em outubro, mais uma vez uma tentativa de golpe militar, desta vez liderada pelo capitão Fernando Queiroga, era derrotada. Em dezembro, novos movimentos grevistas demonstravam um esgarçamento social cada vez maior, embora incapaz de apresentar uma efetiva alternativa ao Estado Novo. Também no início do ano seguinte, em janeiro, os trabalhadores da construção naval entravam em greve, sob a liderança do PCP, na defesa por melhores salários. O movimento grevista, apesar de fortemente reprimido pelo regime, era demonstrativo de sua incapacidade de garantir uma aliança permanente com as classes trabalhadoras a partir das políticas de caráter social cada vez menos presentes. As constantes demonstrações de descontentamento e tentativas de golpe evidenciavam a incapacidade do regime em manter o consenso originalmente pretendido. E impunham uma nova política de alianças e compromissos. Assim, por intermédio do decreto-lei nº 36.173, de março de 1947, o regime alterava o caráter dos contratos e convenções coletivas, ficando os novos acordos a serem resolvidos apenas entre as partes interessadas, ausentando-se o Estado da mediação dos conflitos. Esta medida garantia uma aproximação maior do Estado exatamente com aqueles que mais se opuseram à implementação das políticas sociais e "corporativas": os empresários. Estes, agora livres do constrangimento provocado pela presença estatal, poderiam determinar políticas salariais de acordo com seus interesses privados. O "modelo corporativo" comprometido e restrito ficava quase confinado à sua feição repressora.

Tão importantes quanto a descrição etapista do regime, fundamental para a compreensão das transformações vividas pelo Estado Novo, do ritmo adotado a cada momento no sentido da outorga da nova legislação, são as relações possíveis de serem estabelecidas entre os modelos clássicos de nação e nacionalismo com o estabelecido em Portugal. Sobretudo porque alguns dos mais importantes modelos de compreensão da Nação não se coadunam com o constituído em Portugal. Em Anderson, existem dois modelos básicos de comunidade imaginária destinada à compreensão da Nação. Por um lado, a comunidade-potência, como a Nação realizada a partir da Inglaterra e da França. Por outro, a comunidade-existência, como a Irlanda, a Bélgica, a Itália e a Alemanha. Na medida em que Portugal esforçou-se, durante o Estado Novo para universalizar valores por meio do sistema colonial, compreendendo esta universalização como uma "missão histórica", deve-se destacar a presença de valores concernentes à comunidade-potência.[3] No entanto, como Portugal sempre se imaginou como resultado de unidades internas, unidades estas que lhes deram coerência e garantia de unidade e independência, ele pode ser pensado também como a expressão de uma comunidade-existência. A rigor, portanto, o Portugal do Estado Novo oscilou, de acordo com suas conveniências, entre os dois modelos paradigmáticos criados por Anderson. Não foi exatamente uma comunidade-potência, mas também não deixou de sê-lo. E também não foi apenas uma comunidade-existência, embora também tenha sido.

Também poderíamos discutir com Guelner, que pensou a unificação da Nação moderna por intermédio da escola. Ora, se pensarmos que, durante o Estado Novo, as taxas de alfabetização oscilavam em torno de 40%,[4] não seria possível considerar a escola como o fator fundamental da unificação da Nação portuguesa. Entretanto, se pensarmos a escola em um sentido mais amplo, poderemos perceber o processo de unificação da Nação portuguesa por meio do Estado, entendendo este como o pilar básico da formação das identidades portuguesas. Um Estado, por certo, auxiliado por um conjunto de outras instituições, sobretudo a Igreja, mas cuja orientação política era por ele próprio definida em primeira instância.

Do ponto de vista da política em seu sentido mais amplo, o regime manteve, durante o período estudado, um perfil marcadamente conservador e de direita. A expressão moderna do conservadorismo português encontrava-se presente na intervenção permanente do Estado, como acima sugerimos, e na criação de instrumentos institucionais capazes de dar racionalidade aos conflitos de diferenciados grupos. Sobretudo os sindicatos e a legislação social.

Tomando como base a tipologia apresentada por Costa Pinto, consideramos que prevaleceu no Estado Novo aquela de caráter antiliberal, porém não fascista, procurando incorporar, ao mesmo tempo, "católicos, monárquicos e republicanos autoritários".[5] O modelo construído necessitou de um permanente resgate do passado, entendido como fonte legitimadora do discurso no presente e dos objetivos para o futuro. Este projeto conservador logrou algum êxito junto aos trabalhadores urbanos na medida em que apresentava alternativas possíveis às suas condições de vida e trabalho. Entretanto, o equilíbrio era frágil, conseqüência da pequena densidade industrial do regime, da oposição sistemática do empresariado e da incapacidade de implementar melhoras substantivas na vida cotidiana dos trabalhadores. Assim, diante da possibilidade do esgarçamento, a repressão apresentava-se como única medida garantidora da permanência da ordem. Deste modo, frustrando as expectativas dos arquitetos do regime, a "ordem" perdia seu caráter "orgânico" e passava a assemelhar-se com todo e qualquer regime de exceção. Perdia-se um elo e abria-se um novo momento na história do salazarismo. Um novo momento, marcado, claro está, por heranças do passado. Mas já um novo momento, cuja compreensão ultrapassa os objetivos do presente estudo.

Notas

1. FONTES, Virgínia. "A questão nacional: alguns desafios para a reflexão histórica." In: MENDONÇA, Sônia & MOTTA, Márcia. *Nação e poder: as dimensões da história*. Niterói: EdUFF, 1998, pp. 6-11.
2. Este processo de restrição das elites golpistas começou já no golpe de maio de 1926, com o afastamento do grupo do general Mendes Cabeçadas e do conseqüente fortalecimento da facção vinculada ao general Gomes da Costa, favorável à implementação de um regime antiliberal de longo prazo (cf. BRAGA DA CRUZ, Manuel. *O Partido e o Estado no salazarismo*. Ibid., p. 39). Durante o salazarismo, os fascistas, apesar das ilusões quando do breve consulado de Gomes da Costa, imediatamente viram suas esperanças de participação no regime "corporativo" alijadas, sendo obrigados a caminhar para a oposição (cf. PINTO, António Costa. *Os camisas azuis...* Ibid., pp. 223-265).
3. ANDERSON, Benedict. *Nação e consciência nacional*. São Paulo: Ática, 94-123.
4. PROENÇA, Maria Cândida. "Analfabetismo". In: BRANDÃO DE BRITO, J.M. & ROSAS, Fernando. *Dicionário de história do Estado Novo*. Vol. I., ibid., pp. 46-48.
5. PINTO, António C. Ibid., p. 77.

Fontes

1. RELATÓRIOS DE ASSOCIAÇÕES SINDICAIS

Livro de Actas das reuniões de direção do Sindicato Nacional dos Caixeiros do Distrito de Lisboa — 1934/1938

Livro de Actas das assembléias gerais do Sindicato Nacional dos Caixeiros do Distrito de Lisboa — 1934/1947.

MÓNICA, Maria Filomena (org.). *A formação da classe operária portuguesa — antologia da imprensa operária* (1850-1934). Lisboa, Fundação Calouste Gulbenkian, 1982.

SINDICATO NACIONAL DOS EMPREGADOS E OPERÁRIOS DA INDÚSTRIA DE PANIFICAÇÃO DO DISTRITO DE LISBOA. Relatório e contas da gerência do ano de 1937. Lisboa, 1938.

Vidreiros da Marinha Grande, Os. Actas Sindicais (1919-1945). Prefácio e notas de Maria Filomena Mónica. Lisboa, Instituto de Ciências Sociais da Universidade de Lisboa, s/d.

2. PUBLICAÇÕES DO PARTIDO COMUNISTA PORTUGUÊS

Avante! Órgão do Partido Comunista Português.

CUNHAL, Álvaro. Duas intervenções numa reunião de quadros. Lisboa, *Avante!*, 1996 (Col. Cadernos de História do PCP-3).

PCP. O Partido e as grandes greves de 1942 e 1943 (Alberto). I Congresso Ilegal do Partido Comunista Português. Editorial *Avante!*, 1944.

——. O PCP e a luta sindical. Documentos para a história do Partido Comunista Português. Ed. *Avante!*, s/d.

——. 60 anos de luta. Lisboa, *Avante!*, 1982.

SILVA, Manuel da. 30 anos de vida e de luta na clandestinidade. Entrevista-depoimento. Lisboa, *Avante!*, 1996 (coleção Cadernos de História do PCP-2).

3. PUBLICAÇÕES

ENCÍCLICA RERUM NOVARUM. *Condição dos operários*. 7ª ed. Petrópolis, Vozes. (Documentos pontifícios), 1967.

FERNANDES, António Júlio de Castro. *Temas corporativos*. Edições SPN, Lisboa, 1944.

FERRO, António. *Salazar: o homem e sua obra*. 3ª ed. Portugal, Empresa Nacional de Publicidade, 1935.

NOGUEIRA, Cônego Dr. Eurico. *A Igreja e o Estado em Portugal. A Igreja em Portugal e a Concordata de 1940*. SNI, s/d.

SANCTIS, Frei Antonio de, O.F.M. Cap [org]. *Enciclopédia e documentos sociais: da "Rerum Novarum" à "Octagesima Asveniens"*. SP, LTR, 1972.

4. ARQUIVO OLIVEIRA SALAZAR — AOS/ANTT

AOS/CO/CR-4 Pasta 1; AOS/CO/ECONÔMICA-14 Pasta 2; AOS/CO/ECONÔMICA-16 Pasta 5; AOS/CO/ECONÔMICA-18; AOS/CO/MA-2; AOS/CO/OP-2B Pasta 1, 4; AO/CO/PC-3H Pasta 12/3-19; AOS/CO/PC 3I Pasta 3; AOS/CO/PC -10A; AOS/CO/PC-10B; AOS/CO/PC 11 Pasta 10.

5. ARQUIVO DO MINISTÉRIO DO INTERIOR-GABINETE DO MINISTRO/ANTT

Maço 490/Cx. 45; Maço 493/Cx. 48; Maço 494/Cx. 49; Maço 498/Cx. 53; Maço 502/Cx. 59; Maço 503/Cx. 61; Maço 504/Cx. 62; Maço 514/Cx. 72; Maço 515/Cx. 73; Maço 516/Cx. 74; Maço 534/Cx. 92; Maço 535/Cx. 93; Maço 536/Cx. 94; Maço 537/Cx. 95; Maço 540/Cx. 98; Maço 543/Cx. 101; Maço 542/Cx. 100; Maço 544/Cx. 102; Maço 546/Cx. 104.

6. ICS (INSTITUTO DE CIÊNCIAS SOCIAIS) DA UNIVERSIDADE DE LISBOA

Boletins do Instituto Nacional de Trabalho e Previdência (INTP) — 1933-1947.

7. ARQUIVO HISTÓRICO DO MINISTÉRIO PARA A QUALIFICAÇÃO E O EMPREGO

Correspondências de sindicatos nacionais 1933-1947.

8. DISCURSOS E OBRAS DE OLIVEIRA SALAZAR

SALAZAR, António Oliveira. *Questão cerealífera — o trigo*. Faculdade de Direito de Coimbra. Imprensa da Universidade de Coimbra, 1916.
SALAZAR, Oliveira. *Discursos*. Vol. I, 1928-1934, 5.ª edição, revista. Coimbra Editora, Limitada.
——. *Discursos e notas políticas*. II, 1935-1937. 2ª edição, Coimbra Editora, Lda., 1945.
——. *Discursos e notas políticas*. III, 1938-1943. 2ª edição. Coimbra Editora, Lda. 1959.
——. *Discursos e notas políticas*. IV, 1943/1950. Coimbra Editora, *Lda.* 1951.

Bibliografia geral

ANDERSON, Benedict. *Nação e consciência nacional*. São Paulo: Ática, 1989.
AYÇOBERRY, Pierre. *La question nazie: Essai sur les interpretations du nacional-socialisme (1922-1975)*. Paris: Seuil, 1979.
BAGET-BOZO, Gianni. "Pensamento social cristão." In: BOBBIO, Norberto (et alii). *Dicionário de política*. 4ª ed. Brasília: Editora UnB, 1992, pp. 918-923.
BARTOLOTI, Mirella. *O fascismo (Origens e análise crítica)*. Lisboa: Edições 70, 1975.
BOTTOMORE, Tom. "Fascismo." In: BOTTOMORE, T. (org.). *Dicionário do pensamento marxista*. Rio de Janeiro: Jorge Zahar, 1988, pp. 147-148.
BRACHER, Karl Dietrich. "Nacional-Socialismo." In: BOBBIO, Norberto (et. alii). *Dicionário de política*. 4ª ed. Brasília: Editora UnB, 1992, pp. 806-812.
BRITTO, José M. B. "Sobre as idéias económicas de Salazar." In: ROSAS, F. & BRITTO, J. M. B. (orgs). *Salazar e o salazarismo*. Lisboa: Dom Quixote, 1989, pp. 33-58.
BONAZZI, Tiziano. "Conservadorismo." In: BOBBIO, Norberto (et alii). *Dicionário de política*. 4ª ed. Brasília: Editora UnB, 1992, pp. 242-246.
CABRAL, Manoel Vilaverde. "Situação do operariado nas vésperas da implantação da República." In: *Análise Social*. Revista do Gabinete de Investigações Sociais da Universidade de Lisboa, nº 50, XIII. 1977/2º, pp. 419-448.
CARVALHO, Paulo Archer de. "De Sardinha a Salazar: o nacionalismo entre a euforia mítica e a formidável paranóia." In: "O comunismo: um anátema estadonovista." In: *Do Estado Novo ao 25 de Abril. Revista de história das idéias*, (17). Instituto de His-

tória e Teoria das Idéias. Faculdade de Coimbra. Coimbra, 1995, pp. 79-123.

——. "Ao princípio era o verbo: o eterno retorno e os mitos da historiografia integralista." In: *História- memória-Nação. Revista de história das idéias*, (18). Instituto de História e Teoria das Idéias. Faculdade de Coimbra. Coimbra, 1996, pp. 231-243.

CASTANHEIRA, José Pedro. *Os sindicatos e o salazarismo: a história dos bancários do sul e ilhas*. Lisboa: SBSI, 1983.

CASTRO, Armando de. "Capitalismo." In: *Dicionário de história de Portugal e do Brasil*. Porto: Iniciativas Editoriais, s/d, v. 2, C-D, pp. 468-471.

——. "Indústria". In: SERRÃO, Joel (org.). *Dicionário de história de Portugal e do Brasil*. Porto: Iniciativas Editoriais, s/d, v. 4, I — M, pp. 535-538.

CATROGA, Fernando. *O republicanismo em Portugal: da formação ao 5 de outubro de 1910*. 2ª edição. Lisboa: Editorial Notícias, 2000.

CESA, Claudio. "Romantismo político." In: BOBBIO, Norberto (et alii). *Dicionário de política*. 4ª ed. Brasília: Editora UnB, 1992, pp. 1.131-1.140.

CERVELLÓ, José Sanches. "Portugal." In: GUERRERO, Andrés de Blas (dir.). *Enciclopedia del nacionalismo*. Madri: Tecnos, 1997, pp. 422-424.

CHÂTELET, François & PISIER-KOUCHNER, Évelyne. *Les conceptions politiques du XXe siècle*. Paris: Press, s/d.

CLEMENTE, Maria Inácia Rezola Palácios y. "Igreja, operários e corporativismo. Problemas em torno da 'questão social'" (1931-1948). Dissertação de mestrado apresentada à Faculdade de Ciências Humanas da Universidade Nova de Lisboa. Lisboa, 1995.

COINTET-LABROUSSE, Michele. *Vichy et le fascisme*. Bruxelas: Éditions Complexe, 1987.

CONFRARIA, João. "Política industrial do Estado Novo. A regulação dos oligopólios no curto prazo." In: *Análise Social*. Revista do Gabinete de Investigações Sociais da Universidade de Lisboa, vol. XXVI, nº 112-113, 1991/3º-4º, pp. 791-803.

COUTINHO, Carlos Nelson. *A dualidade de poderes — introdução à teoria marxista de Estado e Revolução*. São Paulo: Brasiliense, 1987.

CRUZ, Manuel Braga da. "Salazar e a política." In: ROSAS, F. & BRIT-

TO, J. M. B. *Salazar e o salazarismo*. Lisboa: Dom Quixote, 1989, pp. 59-70.

——. *O partido e o Estado no salazarismo*. Lisboa: Presença, 1988.

——. "As origens da democracia cristã em Portugal e o salazarismo (I)." In: *Análise Social*. Revista do Gabinete de Investigações Sociais da Universidade de Lisboa, vol. XIV, 1978/2°, pp. 265-278.

——. "As origens da democracia cristã em Portugal e o salazarismo (II)." In: *Análise Social*. Revista do Gabinete de Investigação Social da Universidade de Lisboa, vol. XIV, n° 55, 1978/3°, 525-607.

——. "O integralismo lusitano nas origens do salazarismo." In: *Análise Social*. Revista do Instituto de Ciências Sociais da Universidade de Lisboa, vol. XVIII, n° 70. 1982/1°, pp. 137-182.

——. "Notas para uma caracterização política do salazarismo." In:*Análise Social*. Revista do Instituto de Ciências Sociais da Universidade de Lisboa, vol. XVIII. n° 72-73-74/3°-4°-5°, pp. 773-794.

——. "As elites católicas nos primórdios do salazarismo." In: *Análise Social*. Revista do Instituto de Ciências Sociais da Universidade de Lisboa, vol. XXVII, n° 116-117.1992/2°-3°, pp. 547-574.

——. "O Estado Novo e a Igreja Católica." In: ROSAS, Fernando (coord.). *Portugal e o Estado Novo (1930-1960)*. Nova História de Portugal: Direção de Joel Serrão e A. H. de Oliveira Marques. Lisboa: Presença, 1990, pp. 201-255.

——. *O Estado Novo e a Igreja Católica*. Lisboa: Bizâncio, 1998.

DOMINGUES, Beatriz Helena. *Tradição na modernidade e modernidade na tradição: a modernidade ibérica e a revolução copernicana*. Rio de Janeiro: COPPE/UFRJ, 1996.

FALCON, Francisco J. C. "1. Fascismo: autoritarismo e totalitarismo." In: SILVA, José L. W. da. *O feixe e o prisma — uma revisão do Estado Novo*, vol. 1, O Feixe — o autoritarismo como questão teórica e historiográfica. Rio de Janeiro: Jorge Zahar, 1991, pp. 29-43.

FARIA, Telmo D. "O comunismo: um anátema estadonovista." In: *Do Estado Novo ao 25 de Abril. Revista de História das Idéias*, (17). Instituto de História e Teoria das Idéias. Faculdade de Coimbra. Coimbra, 1995, pp. 229-261.

FARINHA, Luís. *O Reviralho: Revoltas republicanas contra a ditadura e o Estado Novo, 1926-1940*. Lisboa: Estampa, 1998.

FELICE. Renzo de. *Entrevista sobre o fascismo*. Rio de Janeiro: Civilização Brasileira, 1988.

FERNANDES, António Teixeira. *O confronto de ideologias na segunda década do século XX: à volta de Fátima*. Lisboa: Afrontamento, 1999.

FERNÁNDEZ, Paloma Aguiar. "Franquismo y nacionalismo." In: GUERRERO, Andrés de Blas (dir.) *Enciclopedia del nacionalismo*. Madri: Editorial Tecnos, 1997, pp. 189-193.

FERREIRA, David. "Legião Vermelha." In: SERRÃO, Joel. *Dicionário de história de Portugal e do Brasil*. Porto: Iniciativas Editoriais, s/d, vol. 4, I-M, pp. 672-674.

FERREIRA, José Medeiros. *O comportamento político dos militares: forças armadas e regimes políticos em Portugal no séc. XX*. Lisboa: Estampa, 1992.

——. "As relações entre as Forças Armadas e o regime (1933-1960)." In: ROSAS, Fernando (coord). *Portugal e o Estado Novo (1930-1960)*. Nova História de Portugal: direção de Joel Serrão e A. H. de Oliveira Marques. Lisboa: Presença, 1990, pp. 144-200.

FERREIRA, Jorge Luís. *Trabalhadores do Brasil*. A cultura político-popular no primeiro Governo Vargas (1930-1945). Dissertação de mestrado, UFF/ICHF, Dep. de História, Niterói, 1989, mimeo.

FONTES, Virgínia. "A questão nacional: alguns desafios para a reflexão histórica." In: MENDONÇA. Sônia & MOTTA, Márcia. *Nação e poder: as dimensões da história*. Niterói: EdUFF, 1998, pp. 1-21.

FURET, François & NOLTE, Ernst. *Fascismo e comunismo*. Lisboa: Gradiva, 1998.

GAY, Peter. *O cultivo do ódio: a experiência burguesa da Rainha Vitória a Freud*. São Paulo: Companhia das Letras, 1995.

GELLNER, Ernest. *Nações e nacionalismo*. Lisboa: Gradiva, 1993.

——. "Nação." In: OUTHWAITE, William, BOTTOMORE (et alii), Tom. *Dicionário do pensamento social do século XX*. Rio de Janeiro: Jorge Zahar Editor, 1996, pp. 507-508.

——. "Nacionalismo." In: OUTHWAITE, William, BOTTOMORE (et alii), Tom. *Dicionário do pensamento social do século XX*. Rio de Janeiro: Jorge Zahar Editor, 1996, pp. 508-510.

GOMES, Ângela Maria de Castro. *A invenção do trabalhismo*. São Paulo: Vértice, 1988.

———. *República, trabalho e cidadania*. Rio de Janeiro: FGV/CPDOC, 1991.
GÓMEZ, Hipólito de la Torre. *Do "perigo espanhol" à amizade insular. Portugal-Espanha (1919-1930)*. Lisboa: Estampa, 1985.
———. "Iberismo." In: GUERRERO, Andrés de Blas (dir.). *Enciclopedia del nacionalismo*. Madri: Tecnos, 1997, pp. 223-226.
GUERRERO, Andés de Blas. "Nación." In: GUERRERO, Andrés de Blas (dir.). *Enciclopedia del nacionalismo*. Madri: Tecnos, 1997, pp. 337-339.
———. "Nacionalismo". In: GUERRERO, Andrés de Blas (dir.). *Enciclopedia del nacionalismo*. Madri: Tecnos, 1997, pp. 342-346.
GRAMSCI, Antônio. *Maquiavel, a política e o Estado Moderno*. Rio de Janeiro: Civilização Brasileira, 1988.
———. *Os intelectuais e a organização da cultura*. Rio de Janeiro: Civilização Brasileira, 1978.
GRUPPI, Luciano. *O conceito de hegemonia em Gramsci*. 3ª ed. Rio de Janeiro: Graal, 1978.
GUIBERNAU, Montserrat. *Nacionalismos: o Estado nacional e o nacionalismo no século XX*. Rio de Janeiro: Jorge Zahar, 1997.
GREENFELD, Liah. *Nacionalismo: cinco caminhos para a modernidade*. Lisboa: Publicações Europa-América, 1998.
HENZE, Hanz H. M. *O Centro D. Vital: Igreja, sociedade civil e sociedade política no Brasil (1930-1945)*. Dissertação de mestrado defendida junto ao Depto. de História da Universidade Federal Fluminense. Niterói, 1995.
HERMET, Guy. *História das nações e do nacionalismo na Europa*. Lisboa: Estampa, 1996.
HESPANHA, António Manuel (org.). *Poder e instituições na Europa do Antigo Regime*. Coletânea de textos. Lisboa: Fundação Calouste Gulbenkian, 1984.
———. *As vésperas do Leviathan: Instituições e poder político em Portugal — século XVII*. Coimbra: Almedina, 1994.
HEWITT, Andrew. *Fascist modernism*. Califórnia: Stanford University Press, 1993.
HOBSBAWM, Eric. *Nações e nacionalismo desde 1780: programa, mito e realidade*. Rio de Janeiro: Paz e Terra, 1990.
———. *A era dos extremos: o breve século XX (1914-1991)*. São Paulo: Companhia das Letras, 1995.

———. & RANGER, T. (orgs.). *A invenção das tradições*. São Paulo: Paz e Terra, 1984.

INGERSON, Alice. "Consciencia de classe em Vila Nova de Famalicão." In: *Análise Social. Revista do Gabinete de Investigações Sociais da Universidade de Lisboa*: vol. XVII, n° 67-68-69, 1981/3°-4°-5°, pp. 863-884.

KUIN, Simon. "A Mocidade Portuguesa nos anos 30: anteprojectos e instauração de uma organização paramilitar da juventude." In: *Análise Social. Revista do Instituto de Ciências Sociais da Universidade de Lisboa*, vol. XXVIII, n° 122, 1993/3°, pp. 555-588.

LERMA, Gustavo Palomares. "Fascismo y nacionalismo." In: GUERRERO, Andrés de Blas (dir.). *Enciclopedia del nacionalismo*. Madri: Tecnos, 1997.

LEAL, Ernesto Castro. *António Ferro: espaço político e imaginário social (1918-1932)*. Lisboa: Cosmos, 1994.

———. *Nação e nacionalismos: a Cruzada Nacional D. Nuno Álvares Pereira e as Origens do Estado Novo (1918-1938)*. Lisboa: Cosmos, 1999.

LEVI, Lucio. "Nacionalismo." In: BOBBIO, Norberto (et alii). *Dicionário de Política* 4ª ed. Brasília: Editora UnB, 1992, pp. 799-806.

LOPES, Fernando Farelo. *Poder político e caciquismo na 1ª República portuguesa*. Lisboa: Estampa, 1994.

LUCENA, Manuel de. *A evolução do sistema corporativo português*, vol. I: O salazarismo. Lisboa: Perspectivas e Realidades, 1976.

———. "Uma leitura americana do corporativismo português." In: *Análise Social. Revista do Instituto de Ciências Sociais da Universidade de Lisboa*, vol. XVII, n° 60, 1981/2°, pp. 415-434.

———. "Interpretações do salazarismo: nota de leitura crítica — I." In: *Análise Social. Revista do Instituto de Ciências Sociais da Universidade de Lisboa*, vol. XX, n° 83, pp. 423-451.

MACEDO, Jorge Borges de. "Portugal na perspectiva estratégica européia." In: *Estratégia. Revista de Estudos Internacionais*. Lisboa, n° 4, 1987-88.

MADEIRA, João. *Os engenheiros de almas: o Partido Comunista e os intelectuais*. Lisboa: Estampa, 1996.

MANOILESCO, Mihail. *O século do corporativismo; Doutrina do corporativismo integral e puro*. Rio de Janeiro: José Olympio, 1938.

MARQUES, A. H. de Oliveira (coord.). *Portugal: da Monarquia para a República*. Lisboa: Presença, 1991 (col. Nova História de Portugal, dirigida por Joel Serrão e A. H. de Oliveira Marques).

MARTINS, Hermínio. *Classe, status e poder*. Lisboa: ICS, 1998.

MATTOSO, José (dir. geral). *História de Portugal*, vol. VII: *O Estado Novo (1926/1974)*, coordenação: Fernando Rosas. Lisboa: Estampa, 1994.

MAYER, Arno. *A força da tradição: a persistência do Antigo Regime — Europa (1848-1914)*. São Paulo: Companhia das Letras, 1987.

MEDEIROS, Fernando. *A Sociedade e a economia portuguesa nas origens do salazarismo*. Lisboa: A Regra do Jogo, 1978.

MEDINA, João. *Salazar e os fascistas: salazarismo e nacional sindicalismo. A história dum conflito. (1932-1935)*. Amadora: Bertrand, 1979.

MÓNICA, Maria Filomena. *Artesãos e operários. Indústria, capitalismo e classe operária em Portugal (1870-1834)*. Lisboa: ICS/Universidade de Lisboa, 1986.

——. *O movimento socialista em Portugal (1875-1934)*. Lisboa: Imprensa Nacional/Casa da Moeda/Instituto de Estudos para o Desenvolvimento, s/ed. s/d.

——. "Poder e saber: os vidreiros da Marinha Grande." In: *Análise Social*. Revista do Gabinete de Investigações Sociais da Universidade de Lisboa: XVII, n° 67-68-69, 1981/3°-4°-5°, pp. 505-567.

——. *A formação da classe operária portuguesa*. Antologia da imprensa operária. Lisboa: Fundação Calouste Gulbenkian, s/d.

MOORE, Barrington. *As origens sociais da ditadura e da democracia — senhores e camponeses na construção do mundo moderno*. São Paulo: Martins Fontes, 1983.

MORAIS, João & VIOLANTE, Luís. *Contribuição para uma cronologia dos factos económicos e sociais, Portugal 1926-1985*. Lisboa: Livros Horizonte, 1986.

NOLTE, Ernst. *La guerra civil europea, 1917-1945: Nacionalsocialismo y bolchevismo*. México: Fondo de Cultura Económica, 1994.

NUNES, João P. A. "As organizações de juventude no Estado Novo (1934-1949)." In: *Do Estado Novo ao 25 de Abril. Revista de história das idéias*, (17). Instituto de História e Teoria das Idéias. Faculdade de Coimbra. Coimbra, 1995, pp. 167-227.

OLIVEIRA, César. "Os limites e a ambigüidade: o movimento operário português durante a guerra de 1914-18." In: *Análise Social*. Revista do Gabinete de Investigações Sociais da Universidade de Lisboa, n.º 40, v. XX, 1973/4º, pp. 679-702.

———. "A evolução política." In: ROSAS, Fernando (coord.) *Portugal e o Estado Novo (1930-1960)*. Nova História de Portugal: direção de Joel Serrão e A. H. de Oliveira Marques. Lisboa: Presença, 1990, pp. 21-85.

PATRIARCA, Fátima. *A questão social no salazarismo, 1930-1947* (2 vols.). Lisboa: Imprensa Nacional/Casa da Moeda, 1995.

———. "O triângulo corporativo. Acta e encenação de um despacho salarial (1946-47)." In: *Análise Social*. Revista do Gabinete de Investigações Sociais da Universidade de Lisboa, vol. XXIII, nº 99, 1987/5º, pp. 905-944.

———. "A institucionalização corporativa — das associações de classe aos sindicatos nacionais (1933)." In: *Análise Social*. Revista do Gabinete de Investigações Sociais da Universidade de Lisboa, vol. XXVI, nº 110, 1991/1º, pp. 23-58.

———. "O '18 de Janeiro': uma proposta de releitura." In: *Análise Social*. Revista do Gabinete de Investigações Sociais da Universidade de Lisboa, v. XXVIII, nº 123-124, 1993/4º-5º, pp. 1.137-1.152.

PASCHKES, Maria Luísa de Almeida. *A ditadura salazarista*. São Paulo: Brasiliense, 1985 (Coleção Tudo É História, nº 106).

PAULO, Heloísa de Jesus. "Vida e arte no povo português": Uma visão da sociedade segundo a propaganda do Estado Novo." In: *Do Estado Novo ao 25 de Abril. Revista de história das idéias*, (16). Instituto de História e Teoria das Idéias. Faculdade de Coimbra. Coimbra, 1994, pp. 105-134.

———. "Salazar e a elaboração de uma imagem." In: *História-memória-Nação. Revista de história das idéias,* (18). Instituto de História e Teoria das Idéias. Faculdade de Coimbra. Coimbra, 1996, pp. 245-275.

PAYNE, Stanley. "Autoritarisme portugais et autoritarismes européens." In: *Do Estado Novo ao 25 de Abril. Revista de história das idéias,* (16). Instituto de História e Teoria das Idéias. Faculdade de Coimbra. Coimbra, 1994, pp. 7-18.

PERROT, Michelle. *Os excluídos da história*. São Paulo: Brasiliense, 1987.

———. "Maneiras de morar." In: PERROT, Michelle (org.). *História da vida privada 4: da Revolução Francesa à Primeira Guerra*. São Paulo: Companhia das Letras, 1991, pp. 307-323.

PINTO, António Costa. "O salazarismo e o fascismo europeu." In: ROSAS, F. & BRITTO, J.M.B. *Salazar e o salazarismo*. Lisboa: Dom Quixote, 1989, pp. 153-188.

———. *O salazarismo e o fascismo europeu: Problemas de interpretação nas ciências sociais*. Lisboa: Estampa, 1992.

———. *Os camisas azuis. Ideologia, elites e movimentos fascistas em Portugal — 1914-1945*. Lisboa: Estampa, 1994.

———. "As elites políticas e a consolidação do salazarismo: o nacional sindicalismo e a União Nacional." In: *Análise Social*. Revista do Instituto de Ciências Sociais da Universidade de Lisboa, vol. XXVII, n° 116-117, 1992/2°-3°, pp. 575-613.

———. *Salazar's dictatorship and european fascism*. Nova York: Social Science Monographs, Boulder, 1995.

———. "Muitas crises, poucos compromissos: a queda da Primeira República." In: *Penélope: fazer e desfazer história*. Lisboa: Cosmos, 1998, pp. 113-143.

PROENÇA, Maria Cândida. "Analfabetismo." In: ROSAS, Fernando & BRITO, J. M. Brandão de. *Dicionário histórico do Estado Novo*, vol. 1. Lisboa: Círculo de Leitores, 1996, pp. 46-48.

QUINTAS, José Manuel. "Origens do pensamento de Salazar." In: *História*. Lisboa: Publicultura, ano XX, n° 04/05, julho/agosto 1998, pp. 76-83.

QUINTELA, João G. P. *Para a história do movimento comunista em Portugal (1° Período 1919-1929)*. Porto: Afrontamento, 1976.

RABI, D. L. *Fascism & resistance in Portugal: comunists, liberals and military dissidents in the oposition to Salazar, 1941-74*. Manchester/Nova York: Manchester University Press, 1988.

REBELO, José. *Formas de legitimação do poder no salazarismo*. Lisboa: Livros e Leituras, 1998.

RIBEIRO, Maria da Conceição. *A polícia política no Estado Novo: 1926-1945*. Lisboa: Estampa, 1995.

RODRIGUES, Edgard. *Breve história do pensamento e das lutas sociais em Portugal*. Lisboa: Assírio e Alvim, 1977.

RODRIGUES, Luís N. *A legião portuguesa: a milícia do Estado Novo (1936-1944)*. Lisboa: Estampa, 1996.

RODRIGUES, Teresa. "População." In: ROSAS, Fernando & BRAN-

DÃO de BRITO, J. M. (orgs.). *Dicionário de história do Estado Novo*, vol. II, M-Z, Lisboa: Círculo de Leitores, 1996, pp. 786-788.

ROELS JR., Reynaldo. "Cultura e Estados nacionais." In: MENDONÇA, Sônia & MOTTA, Márcia. *Nação e poder: as dimensões da história*. Niterói: EdUFF, 1998, pp. 31-45.

ROSAS, Fernando. "Salazar e o salazarismo: um caso de longevidade política." In: ROSAS, F. & BRITO, J. M. B. *Salazar e o salazarismo*. Lisboa: Dom Quixote, 1989, pp. 13-31.

——. *O Estado Novo nos anos 30*. 2ª ed. (1928/1938). Lisboa, Estampa, 1986.

——. "Introdução." In: ROSAS, Fernando (coord.). *Portugal e o Estado Novo (1930-1960)*. Nova História de Portugal: direção de Joel Serrão e A. H. de Oliveira Marques. Lisboa: Presença, 1990, pp. 9-18.

——. "As grandes linhas de evolução constitucional." In: ROSAS, Fernando (coord.). *Portugal e o Estado Novo (1930-1960)*. Nova História de Portugal: direção de Joel Serrão e A. H. de Oliveira Marques. Lisboa: Presença, 1990, pp. 86-143.

——. "Um estudo comparado do fascismo: O 'autoritarismo moderno' do Estado Novo português." In: SILVA, J. L. W. da. *O feixe e o prisma — uma revisão do Estado Novo*, vol. 1. O feixe: O autoritarismo como questão teórica e historiográfica. Rio de Janeiro: Jorge Zahar, 1991, pp. 57-69.

——. "As primeiras eleições legislativas sob o Estado Novo: as eleições de 16 de dezembro de 1934." Lisboa: *O Jornal*, 1985.

ROSSOLILLO, Francesco. "Nação." In: BOBBIO, N. (et alii). *Dicionário de política*. Brasília: Editora UnB, 1992, pp. 795-799.

SANTANA, Marco Aurélio. *A teoria na prática pode ser outra ou a política comunista na base metalúrgica do RS (1945-1964)*. Trabalho apresentado no XVII Simpósio Nacional de História. Maio de 1993, mímeo.

SARAIVA, José H. *História de Portugal*. Lisboa: Alfa, 1993.

SACCOMANI, Edda. "Fascismo." In: BOBBIO, N. (et alii). *Dicionário de política*. 4ª ed. Brasília: Editora UnB, 1992, pp. 466-475.

SILBERT, Albert. *Do Portugal de Antigo Regime ao Portugal oitocentista*. 2ª ed. Lisboa: Horizonte Universitário, 1977.

SMITH, Anthony D. "Criação do Estado e construção da Nação." In:

HULL, John A. (org.). *Os Estados na história*. Rio de Janeiro: Imago, 1992, pp. 334-385.

SOARES, Mário. "Constituição." In: SERRÃO, Joel. *Dicionário de história de Portugal e do Brasil*. Porto: Iniciativas Editoriais, s/d, vol. 3, C-D, pp. 672-682.

STERNHELL, Zeev; SZNAJDER, Mario; & ASHÉRI, Maïa. *Nascimento da ideologia fascista*. Venda Nova: Bertrand, 1995.

STOPPINO, Mario. "Autoritarismo." In: BOBBIO, Norberto (et alii). *Dicionário de política*. 4ª ed. Brasília: Editora UnB, 1992, pp. 94-104.

TANNENBAUM, Edward R. *La experiencia fascista: sociedad y cultura en Italia (1922-1945)*. Madri: Alianza, 1975.

TEIXEIRA DA SILVA. Francisco Carlos. "Fascismos: uma questão atual. A propósito dos 50 Anos do Fim da Segunda Guerra Mundial (1945-1995)." In: *Temas e Textos*. Rio de Janeiro: IFCS/UFRJ, n° 2, Nova Série, 1995, pp. 7-24.

——. *Conservadorismo como visão de modernidade*. Trabalho apresentado originalmente ao Centro de Estudos do Tempo Presente. Rio de Janeiro: IFCS/UFRJ, s/d.

——. *Europa ou o concerto das nações. Idéias conservadoras e política internacional na obra de Leopold von Ranke (1795-1886)*. Tese apresentada ao concurso público para professor titular de história moderna e contemporânea da Universidade Federal do Rio de Janeiro. Rio de Janeiro, 1993.

THOMPSON, E. P. *Tradición, revolta y consciencia de clase*. Critica: Barcelona, 1979.

——. *A formação da classe operária inglesa* (3 vol.). São Paulo: Paz e Terra, 1987.

TORGAL, Luis Reis. "Salazarismo, Alemanha e Europa: discursos políticos e culturais." In: *Do Estado Novo ao 25 de Abril. Revista de história das idéias* (16). Instituto de História e Teoria das Idéias. Faculdade de Coimbra. Coimbra, 1994, pp. 73-104.

VÁRIOS. *O Estado Novo: das origens ao fim da autarcia — 1926-1959*, vol. I. Lisboa: Fragmentos, 1987.

——. *O Estado Novo: das origens ao fim da autarcia — 1926-1959*, vol. II. Lisboa: Fragmentos, 1987.

VILAÇA, Alberto. *"Para a história remota do PCP em Coimbra: 1921-1946"*. Lisboa: *Avante!*, 1997.

WEBER, Max. "Conceito e categorias de cidades." In: VELHO, Otávio (org). *Cidades e urbanismo*. Rio de Janeiro: Zahar, 1964, pp. 73-96.

WHEELLER, Douglas L. *História política de Portugal, 1910-1926*. Lisboa: Europa-América, 1985.

WINOCK, Michel (apres.). *La droite despuis 1789. Les hommes, les idées, les réseaux*. Paris: Seul, 1995.

Este livro foi composto em Sabon, desenho tipográfico de Jan Tschichold de 1964, baseado nos estudos de Claude Garamond e Jacques Sabon no século XVI, em corpo 10/13,5. Para títulos e destaques, foi utilizada a tipografia Frutiger, desenhada por Adrian Frutiger, em 1975.

A impressão se deu sobre papel Chamois fine 80g/m² no Sistema Cameron da Divisão Gráfica da Distribuidora Record.